新编公共行政与公共管理学系列教材

公共行政学
Public Administration

邹东升 / 主编

北京大学出版社
PEKING UNIVERSITY PRESS

图书在版编目(CIP)数据

公共行政学/邹东升主编. —北京:北京大学出版社,2014.10
(新编公共行政与公共管理学系列教材)
ISBN 978-7-301-24863-8

Ⅰ. ①公… Ⅱ. ①邹… Ⅲ. ①行政学—高等学校—教材 Ⅳ. ①D035

中国版本图书馆 CIP 数据核字(2014)第 221333 号

书　　　名:	公共行政学
著作责任者:	邹东升　主编
责 任 编 辑:	倪宇洁
标 准 书 号:	ISBN 978-7-301-24863-8
出 版 发 行:	北京大学出版社
地　　　址:	北京市海淀区成府路 205 号　100871
网　　　址:	http://www.pup.cn　新浪官方微博:@北京大学出版社
微信公众号:	北京大学出版社　北大出版社社科图书
电 子 邮 箱:	编辑部 ss@pup.cn　总编室 zpup@pup.cn
电　　　话:	邮购部 010-62752015　发行部 010-62750672　编辑部 010-62753121
印 刷 者:	北京虎彩文化传播有限公司
经 销 者:	新华书店
	730 毫米×980 毫米　16 开本　24.5 印张　380 千字
	2014 年 10 月第 1 版　2024 年 5 月第 4 次印刷
定　　　价:	46.00 元

未经许可,不得以任何方式复制或抄袭本书之部分或全部内容。
版权所有,侵权必究
举报电话:010-62752024　电子信箱:fd@pup.pku.edu.cn
图书如有印装质量问题,请与出版部联系,电话:010-62756370

前 言

本书是国家级行政管理特色专业建设精品规划系列教材之一。教材阐释了政府管理社会公共事务和自身内部事务活动的主体与客体、内容与形式、理念与技术、体制与过程,有助于学生全面了解公共行政学科的发展历程、目前现状、未来趋势、基本路向和主要知识点,认识和把握公共行政的基本规律,从而学会用规范的、科学的、法治的、民主的和高效的价值衡量、分析和评价公共行政现象。

目前国内公共行政学教材非常多,各有特色,从不同角度解释和介绍了公共行政学相关的概念、理论、模式及研究途径,本教材在既有教材的基础上,注重当代行政管理实践问题的发展趋势,在借鉴西方政府改革经验的同时,着力对当代中国公共行政问题的解析。在创新性方面,本教材总结出一些以往教材较少或者略微叙述的内容,如公共财政、政府工具、公共行政研究方法,从一定程度上丰富了公共行政学的教学内容。在体例编制上,本教材注重理论和实践相结合,每章设计了"本章小结""关键词""思考题"以及"扩展阅读"等内容,方便学习者更好地思考与分析。

本教材是由西南政法大学政治与公共管理学院公共管理系多位公共行政学专业教师共同完成的,是集体智慧的结晶,凝聚了教材编写者的大量心血,也反映出编写者多年从事公共行政学教学和研究积累的经验和心得。教材可以用于本科生和研究生教学,也可用作公务员及干部培训教材和其他公共机构的学习资料。

本教材的编写分工如下：

主编：邹东升

副主编：郭春甫　郑万军

具体各章的编写分工为：

第一章　导论：公共行政学的发展　邹东升

第二章　行政组织　郑万军

第三章　行政职能　刘云香

第四章　人事行政　金　莹

第五章　公共财政与公共预算　张　岌

第六章　行政决策　周正春、郭春甫

第七章　行政执行　周正春、郭春甫

第八章　政府工具　郭春甫

第九章　行政法治　冯　春

第十章　行政伦理　周连辉、李锋

第十一章　行政绩效　张　岌

第十二章　行政改革　邹东升

第十三章　公共行政研究方法　石海燕、郭春甫

本教材获得了"国家级特色专业——行政管理"项目、重庆市本科高校"三特行动计划"特色专业建设项目——行政管理，以及中央财政支持地方高校发展专项资金—公共管理建设项目的支持，也得益于北京大学出版社的鼎力支持。在此，我们致以谢忱！

由于编写者水平有限，教材不免存在一些疏漏和不足，期望学界同仁和广大读者不吝指正，以便再版时修正完善。

邹东升

2014年3月于西南政法大学

目 录

第一章 导论：公共行政学的发展 / 1

  第一节 公共行政学概述 / 1

  第二节 西方公共行政学的发展历程 / 7

  第三节 中国公共行政学的兴起与发展 / 17

  第四节 公共行政学的研究内容 / 20

    本章小结 / 27

    关键词 / 27

    思考题 / 28

    推荐阅读 / 28

第二章 行政组织 / 29

  第一节 行政组织概述 / 29

  第二节 行政组织的结构与体制 / 36

  第三节 行政组织理论 / 45

  第四节 行政组织的变革与发展 / 53

本章小结 / 59

关键词 / 60

思考题 / 60

推荐阅读 / 60

第三章 行政职能 / 62

第一节 行政职能的含义及其特征 / 62

第二节 行政职能的历史发展脉络 / 64

第三节 行政职能的构成 / 70

第四节 服务型政府：我国政府行政职能转变的目标 / 78

本章小结 / 84

关键词 / 84

思考题 / 85

推荐阅读 / 85

第四章 人事行政 / 86

第一节 人事管理、人力资源管理和人事行政 / 86

第二节 文官制度的演变及基本理论 / 93

第三节 中国国家公务员制度 / 102

本章小结 / 114

关键词 / 115

思考题 / 115

推荐阅读 / 116

第五章 公共财政与公共预算 / 117

第一节 公共财政的内涵 / 117

第二节 公共预算 / 119

第三节 政府间财政关系及其改革 / 130

本章小结 / 137

关键词 / 139

思考题 / 139

推荐阅读 / 140

第六章 行政决策 / 141

第一节 行政决策概述 / 141

第二节 行政决策理论的发展 / 148

第三节 行政决策的模型 / 151

第四节 行政决策过程 / 156

本章小结 / 169

关键词 / 170

思考题 / 170

推荐阅读 / 171

第七章 行政执行 / 172

第一节 行政执行的涵义与特征 / 172

第二节 行政执行的模型 / 176

第三节 行政执行的方法 / 185

第四节 行政执行的过程 / 198

本章小结 / 205

关键词 / 206

思考题 / 206

推荐阅读 / 207

第八章 政府工具 / 208

第一节 政府工具概述 / 209

第二节 政府工具研究的理论脉络 / 213

第三节 政府工具体系 / 224

本章小结 / 238

关键词 / 239

思考题 / 239

推荐阅读 / 240

第九章　行政法治 / 241

第一节　行政法治概述 / 241

第二节　行政法治的理论发展 / 247

第三节　行政法治的制度基础 / 250

第四节　法治型政府：行政法治的实践目标 / 260

本章小结 / 268

关键词 / 268

思考题 / 269

推荐阅读 / 269

第十章　行政伦理 / 271

第一节　行政伦理概述 / 271

第二节　行政伦理的结构 / 280

第三节　行政伦理的功能 / 286

第四节　行政伦理的制度化 / 288

本章小结 / 290

关键词 / 290

思考题 / 291

推荐阅读 / 291

第十一章　行政绩效 / 293

第一节　效率与行政绩效 / 293

第二节　行政绩效的管理要素 / 296

第三节　中国行政绩效评估 / 308

本章小结 / 311

关键词 / 313

思考题 / 313

推荐阅读 / 314

第十二章 行政改革 / 315

第一节 行政改革概述 / 315

第二节 行政改革的动力与阻力 / 318

第三节 当代政府行政改革实践 / 322

第四节 未来的行政发展 / 335

本章小结 / 341

关键词 / 342

思考题 / 342

推荐阅读 / 343

第十三章 公共行政研究方法 / 344

第一节 研究方法概述 / 344

第二节 公共行政学研究方法发展史 / 348

第三节 公共行政定性研究方法 / 353

第四节 公共行政定量研究方法 / 364

本章小结 / 382

关键词 / 383

思考题 / 383

推荐阅读 / 383

第一章 导论：公共行政学的发展

第一节 公共行政学概述

在现代社会，政府的行政活动不仅对政治、经济、社会等方面的影响范围广泛，而且与人们一生的工作与生活紧密相关，可以说是"从摇篮到坟墓"，因此对公共行政活动的研究与思考十分必要。公共行政作为一门独立的学科已有一百多年的历史，是一门研究国家行政组织及社会公共事务管理活动的科学，具有理论性与应用性相统一的特点，其在发展过程中提出了不同的思想、理论和方法形成了公共行政学的基本框架。本章首先对公共行政学的基本概念进行界定，以揭示其基本状况和整体特征，为进一步探索公共行政奠定理论基础。

一、行政

"行政"是行政学科最基础、最核心的概念，是公共行政学的逻辑起点，因此对"行政"的含义进行梳理是十分必要的。然而，对于什么是行政，人们历来有不同的解释。不同的时期和不同的地区，对于行政也有着不同的用法和含义。

"行政"一词在我国有着悠久的历史。从文字构成上来看，"行政"中的"行"

即为"多人前行"之义,而"政"的引申含义是督促、引导人们去做正确的事,行政二字连用,即把"政务"推行开来。《史记·周本纪》描述的"成王少,周初定天下,周公恐诸侯畔周,周乃摄行政当国",以及《左传》中的"行其政事""行其政令"中的"行""政"大抵就是这个意思。"行"与"政"两个字在古文中都具有其独立的含义和用法,在中国近代之前的辞书中并没有"行政"一词。也就是说,将近代之前出现的"行政"与其称为"词语",不如称为"连用"更为恰当。古汉语字典中"行"有32种不同或近似的用法,而"政"有17种不同或近似的用法,可见,无论是"行"还是"政",都有多种含义和用法。"行政"中的"行"可取"推行""实行"之意,"行政"中的"政"可取"政务""政令"之意。所谓"行政",简单地说,大抵就是推行政务,实行政令。然而,关于"行"和"政"连用始于何时何处,目前国内学者观点不一,一般认为"行"与"政"连用最早见于先秦时期,记载在《管子》《孟子》等书籍。据《管子》记载:"罪人当名曰刑,出令时当曰政,当故不改曰法,爱民无私曰德,会民所聚曰道。立常行政,能服信乎?""行""政"连用最早出现在春秋战国时期的文献,但作为秦汉时期的重要文献,《史记》是出现"行""政"连用频率最高的文献。《史记》主要从以下两个方面使用"行政"一词,一是专指君王"行政",二是指君王以外的人"行政"或称"摄行政"。可见,"行""政"连用到秦汉时期有三种基本形式:一是指君王"行天子事",二是指君王以外的人"代行天子事",三是指"行政事""行政令"等相对具体的情况。"行政"的传统用法在此后两千余年的历史中虽时有变化,却始终没有摆脱"君主意志"的束缚。

"行政"一词的现代含义最早出现于19世纪80年代。现代西方"行政"的概念在传入中国之前已经历从"executive"到"administration"的变化,但由于当时学者深受"东学"影响,在使用"立法""行政""司法"等西学概念时,还尚未直接接触"administration"等西文词汇,而日本对"行政"一词的理解与定位为国人提供了范本。19世纪末20世纪初,中国翻译出版了日本人写的《行政学总论》《行政法撮要》等书。然而,无论当初是主动选择还是被动接受,作为行政学的基础概念,将"administration"译作"行政"已成定势。

在西方,最早提出"行政"的是古希腊思想家亚里士多德。在古希腊,行政主要被看做是从事执行的职务或职位,但那时的执行是等级社会条件下的执行问题,是附着于立法之下的执行,在很多情况下就是执行官的意思。到了罗马帝国后期和中世纪时期,逐渐地出现了把行政作为一种权力来认识的倾向。所以说,在从古希腊到中世纪后期漫长的历史阶段中,行政的概念是非常含混的,与近现代的行政概念完全不同。而将行政作为国家权力结构中一项专门的权力来看待的是近代启蒙思想家孟德斯鸠,他最早把行政权看做是与立法权和司法权相平等的权力。在18世纪的启蒙运动中,洛克是较早对国家权力进行区分的思想家,他区分出立法权、执行权和对外权三种权力,虽然其中执行权与对外权这两种权力几乎难以区分,但洛克更多地强调了执行的权威性和主动性,从这一点上来说还是具有重要意义的。

二、公共行政与公共性

公共性是一个历史生成的概念,它是在公共领域与私人领域、公共部门与私人部门分化和分立的过程中出现的,具有公共性的公共行政是在近代社会才出现的。作为公共行政学中的基本范畴,公共性是指公共部门的属性。一般情况下,它指政府应根据社会的共同利益和人民的意志制定与执行公共政策,以求最大可能地保证公民利益的实现。对于公共行政而言,公共性的概念是与合理性、合法性和代表性联系在一起的,并需要通过这些概念来加以理解。公共性是公共行政的本质属性,不同于以利润和利益最大化为宗旨的私人部门,它决定着政府的目标和行政行为的取向。当代公共行政需要在维护公共利益、提高公共服务的品质、鼓励行政人员的创新意识和加强责任感方面表现公共性。

随着公共行政在我国的研究日趋深入,公共性的"丧失"问题也逐渐引起重视。当代行政体系面临的最大挑战在于公共行政中公共精神的衰微,这种衰微主要表现三个方面,即公共行政理论的非公共倾向,试图寻找既适合于私人管理,又适用于公共部门管理的普遍法则;公共行政基本价值的偏差,倾向于把效率视为公共行政的最终目的,而实际上现代公共行政的价值很大程度上在于促进民主社会所拥有的基本价值:自由、秩序、正义、公民利益和公共利益等;公共行政实践的误区,将公共行政看成是追求私人利益的手段。总而言之,公共性是公共行政的应有之义,公共行政中公共性问题亟须解决。

公共行政的公共性主要体现在公共行政主体的公共性、伦理价值的公共性、管理手段的公共性、公共部门运作过程的公共性以及利益取向上的公共性等方面。第一，在公共行政主体上，政府作为管理的主体具有不同于其他私人组织的公共性特征，主要表现在组织的代表性、行为的公务性、宗旨的公益性、权力的法定性等方面。第二，在伦理价值层面上，公共性体现公共部门活动的公正与正义。第三，在公共权力的运用上，公共性体现人民主权和政府行为的合法性。第四，在公共行政管理手段上，公共权力是公共行政活动的后盾和基础，公共权力的公共性充分体现了公共行政的公共性。第五，在公共部门运作过程中，公共性体现为公开与参与。第六，在利益取向上，公共性表明公共利益是公共部门一切活动的最终目的，必须克服私人部门利益的缺陷。第七，在理念表达上，公共性是一种理性与道德，它支持公民社会及公共舆论的监督作用。总之，倾向于把公共性作为公共部门管理活动的最终价值观，这样才能构建公正、公平、公开、平等、自由、民主、正义和责任等一系列价值体系。

近年来，公共行政在公共性的实现问题上做出了许多可贵的探索，这是人类社会文明的成果，我们需要加以吸收和借鉴。但我们同时也要清楚，公共性是公共行政的根本性质，因而是公共行政发展的永恒目标，在公共行政发展过程中要不断朝着这个目标前行。因此，对于公共行政来说，认识公共性问题是根源于把握公共行政的发展方向和推动人类社会治理文明进步的要求。

三、公共行政与私人行政

公共行政和私人行政之间的异同是一直为专家学者所关心的课题。一般来讲，公共行政是以国家行政机关为主的公共组织管理公共事务和提供公共服务的活动，而私人行政是私人管理者为实现私人利益最大化对私人领域的私人事务的管理活动。从私人行政和公共行政所共同具有的一些抽象的行政管理职能的角度来说，无论是公共行政还是私人行政，都具有计划、组织、指挥、协调、控制的职能，都需要制定目标、工作程序、绩效标准及各种规章制度，都需要有一整套进行决策、加强人力资源管理和资源管理的措施、方法等等。而公共行政与私人行政二者之间的差异主要表现为以下几点：

一是利润底线与绩效衡量的差异。公共行政讲经济核算、财政收支平衡，其主要目的是以保障国家利益、社会利益和公共利益为前提，是提供服务而不是营利,这就使得公共部门的管理者和员工的绩效评估变得复杂起来。因此,努力工作、良好服务的态度和行为往往成为一种绩效标准,而这种标准很难量化和准确衡量。与公共部门把社会目标放在优先位置不同,私人行政受私营经济的制约,私营部门通常把利润目标放在首位,作为其主要目的和绩效标准,私人组织可以通过利润率的测量标准对整个组织实行监控。

二是使命不同。公共行政为公众服务,追求公共利益,而私人行政是以营利为目的和以利润为导向的。公共部门的非营利性和非利润导向使得公共行政活动更关注整体利益,在公平与效率的权衡中更注重公平,经济利益让位于社会利益的情况普遍存在。

三是人事制度上的差异。在公共组织中,无论考试、录用、升迁、考核还是解雇、退休等都有详细的法令规章与一定的行政程序,公共部门管理者很难从效率的角度对人力资源进行充分利用;而私人部门管理者对人事的任用、调任与免职有很大的权限,可对人力资源作较佳的利用。

四是政策的一贯性与权变。公共行政的政策从提出、制定到执行需要花费大量时间,而且公众接受政策也需要大量的时间与精力,所以公共行政的管理方式上要有始终一致的贯彻精神,一项政策在长时间内一般不会发生大的变动。而私人行政的变动则受社会因素的影响较大,其可在政府法令范围内,随时调整并加以变通。与公共行政相比,私人行政更关注产业的发展、社会某一方面的变迁与领导人个人的素质等因素,而且私人组织相对权威的集中与规模的较小,也使它在短时间里发生剧烈的改变成为可能。

五是社会监督的公开性与封闭性。公共行政和私人行政都要接受法律部门、新闻媒介和公众舆论的监督。不同点在于,公共行政由于其管理社会公共事务、保障公共利益的性质,必须主动置于社会监督的目光之下,接受社会公众的批评监督,与私人行政相比具有相当大的公开性。除上市公司外,私人企业的内部决策和管理活动一般不需要经过大众的审视,很少向外界公布其决策,因此较为封闭。

六是责任形式的分权与集中。公共行政是一个在众多主体之间合作、博弈与磋商,经过一系列讨价还价而达成共识的过程,基于宪法、法律的原则与制度的设计,公共部门要向政治领导人、议会、公众和司法系统的各种部门负责,因此，公共部门组织的权力与责任是分散的；而私人行政的管理部门对股东负责，目标比较单一，没有权威分散的特点，也无须花时间去开展外部的谈判。

四、公共行政与行政管理、公共管理

早在20世纪30年代，英语中的Public Administration一词就被译为"公共行政"，至80年代这一学科在我国恢复时，"公共行政"一词广泛地被"行政管理"所代替，也就是说二者并无本质的或重大的差异。公共行政泛指现代政府出于服务社会公共利益的目的而对社会公共事务进行管理，以有效地解决社会公共问题，满足公共需求的制度化体系。威尔逊认为，公共行政是公法的细述和进行系统执行的活动。沃尔多对"公共行政"下了两个定义：一是公共行政是人和物的组织与管理，目的是要实现政府的目标；二是公共行政是适用于国家事务管理的科学或艺术。我国台湾学者张润书将公共行政描述为下列内容：(1)与公众有关事务需要由政府或公共团体来处理；(2)涉及政府部门组织及其行政人员；(3)包括各类政府政策的形成、执行和评估；(4)以法制为基础的管理技术；(5)运用管理方法完成政府机构任务及使命；(6)以追求社会福祉公共利益为目的。由此可见，在西方公共行政发展的历程中行政的概念是不断变化的，我们需要用历史的眼光来看待行政概念的变迁。

而行政管理表述的是一个复合概念，其中"行政"通常指政府公共行政过程中的政务的分析和推行，具体表现为政府以为全体国民服务等宪法原则和宪法精神为依据，以实现社会公平和社会正义等行政理念为指导，以运用公共权力为基础，以承担行政责任为前提，以合法的行政管理方式为手段，以追求卓越为目标，履行政府职能，制定国家宏观公共政策。"管理"通常指政府运用依法获得的国家公共权力，并在法律原则规定的范围内运用行政裁量权，以行政效率和社会效益为基本考虑标准，处理公共事务的过程和活动。

公共管理的英文名称为Public Management。简单地说，公共管理就是研究公共部门管理过程及其规律的科学，主要是研究公共部门如何高效率地为社会提供公共服务和公共产品的科学。目前学界对于公共行政和公共管理二者的关系有三种不同的理解：一是将公共行政等同于公共管理，这种用法常见于日常公共部门管理活动中，认为二者含义并无二致；二是把公共管理当做公共行政的一

个分支学科,是关于公共行政的项目设计、组织结构化、政策和管理计划,经由预算系统的资源配置、财政管理、人力资源管理、项目评估和审计的应用方法论方面的总的看法;三是将公共管理看做一种不同于传统的公共行政的新途径、新范式。

公共行政与公共管理在许多方面存在共同点,即二者都研究"纯粹的"公共部门即政府组织的管理问题,把探讨政府组织如何高效率地运用公共资源为社会提供更有效的公共服务或更多的公共产品作为自己的重要研究内容。因此,政府部门的组织问题、领导问题、决策问题、执行问题、监督问题及其管理过程中的规律性问题,既是公共行政关注的焦点,也是公共管理关注的要点。但公共行政和公共管理在其研究对象和范围、研究焦点及学科基础等方面有很大区别。首先,就研究对象与范围来说,公共管理并不像传统公共行政一样主要局限于政府行政机关特别是官僚机构的研究上,而是将研究对象扩大到其他政府机关和非营利组织或第三部门甚至私人部门的公共方面。其次,公共管理的研究焦点集中于项目、结果和绩效的研究上,而传统公共行政则较为重视机构、过程和程序研究,这使得战略管理、公共管理的政治环境、绩效评估及公共责任制这些在传统公共行政中未受重视的主题成为公共管理的核心主题。再次,传统公共行政的主要学科基础是政治学,尤其是以官僚体制理论和"政治—行政二分法"作为理论基础,而公共管理学科的基础更加广泛,大量运用经济学和管理学的理论方法来分析问题。最后,公共管理所关注的是公共部门如何高效率地利用现有公共资源为社会提供更多的公共服务和公共产品,研究的重点是如何把政府机构自身管理好,以便更有效地为社会提供公共服务和公共产品,而公共行政则强调把政府机构作为管理社会公共事务的主体地位。因此,公共管理更强调公共部门自身的管理,而公共行政则更注重公共部门对社会公共事务的管理。

第二节 西方公共行政学的发展历程

一、西方公共行政学产生的历史背景

(一)资本主义国家行政管理的客观需要

资本主义国家行政管理的客观需要是行政学产生的决定性因素。在奴隶社

会和封建社会中，由于国家事务比较简单，中央高度集权，君主、皇帝集中一切国家权力，因此不需要专门研究国家管理的科学。自由资本主义时期，"小政府"理论盛行，因而政府管理的事务较少，机构也较为简单。19世纪末20世纪初，西方各主要资本主义国家都先后由资本主义的自由阶段过渡到垄断阶段。这时，一方面由于劳资纠纷和阶级矛盾的不断尖锐激化，促进资本主义国家不断强化其政治职能；另一方面，由于垄断造成经济危机，国家也不得不日益多地直接干预经济，加强了国家的经济职能。这两方面因素互相作用，促进了国家职能的日益膨胀和国家公务人员队伍的急剧增加，但国家面临的问题依然没有得到解决，政府管理的效能也未能提高。因此，为了有效地发挥政府各部门的作用与效能，保证资产阶级国家机器正常有序、灵活高效地运转，以适应资产阶级进行政治统治和经济发展的需要，资产阶级不得不开展其对国家管理问题的研究，这样专门以国家管理为研究对象的公共行政学就应运而生。

（二）社会经济迅速发展的需要

社会经济的迅速发展要求对行政理论和实践进行深入研究。19世纪中叶，第二次科学技术革命开始，生产技术方面发生巨大的变革和进步，重工业取代轻工业在国民经济中占据主导地位，经济高速发展，科学技术突飞猛进，由生产和资本集中所引起的垄断统治开始形成，社会经济以更大的规模和更快的速度发展。社会生产力的迅速发展和经济结构的巨大变化，使政府管理社会经济的任务日益繁重。与此同时，垄断统治使社会各种矛盾进一步扩大和加深，也要求政府加强干预和调节。在此背景下自由放任逐渐消逝，政府干预经济生活和其他社会事务的活动开始增多，行政活动变得越来越重要。

（三）西方管理思想理论的发展

西方管理理论的发展为公共行政学的产生提供直接的理论基础。在19世纪末期，随着工业和社会经济的迅速发展，资本主义国家面临着一系列新的矛盾和问题，比如生产技术的进步与传统的经验管理之间的冲突、劳资双方矛盾尖锐导致劳动生产率低下以及专门化管理知识和人才的缺乏使专业化协作大生产陷于混乱。为了适应工业企业管理的发展要求，西方国家的管理思想应运而生。

泰勒的"科学管理理论"、法约尔的"组织管理理论"等理论的成功应用,极大地推动了科学技术和社会生产力的发展,这些理论在工业界所取得的显著成效也促使西方国家政府积极将这些管理理论引入国家管理领域。因此,西方管理理论的发展为政府行政的改革提供了线索和方法,促进了公共行政学的产生和发展。

(四)文官制度的确立

文官制度发源于英国,英国在1805年设立了常任文官,1854年正式确立了常任文官制度。1883年美国颁布《文官法》,确立了通过选举和考试择优录用的方式来选拔官员的文官制度,具体包括政务官的任期制、文官的常任制以及功绩至上的管理制度。文官制度为公共行政学的公共人事行政的研究提供了最主要的范畴和最早的规范,它既体现了国家体制的共和特征,也使公共行政的具体承担者具备较高的素质,并且打破了封建专制君主时期官吏之间的人身依附关系,因而对公共行政学的形成具有直接的促进作用。

二、西方公共行政学的演变

公共行政学的演变是指公共行政学的发展在不同阶段所呈现的不同内容和特点。公共行政学的思想理论源远流长,19世纪末威尔逊《行政学之研究》一文的诞生标志着对公共行政逐步形成系统而科学的认识。随着西方文官制度改革运动的兴起,公共行政学成为一个迫切需要研究的领域。一般来看,根据新学派的创立、新理论的形成以及新的研究方法的提出的划分,西方公共行政学的发展演变主要可以分为五个时期。

(一)传统公共行政时期

19世纪末,西方主要资本主义国家相继进入城市化、工业化国家的行列,由此产生了一系列的政治和社会问题,资本主义社会基本矛盾激化,行政学应运而生。从1887年威尔逊提出倡议到20世纪30年代,公共行政学开始问世并逐步发展成为一门独立科学,这一时期是传统的公共行政学理论时期。

一般认为,伍德罗·威尔逊是最早提出把公共行政研究作为专门研究领域的人,因而他被看成是行政学的奠基人。1887年威尔逊发表了《行政学之研究》一文。他认为对政府行政管理的研究非常重要,因为执行一部宪法比制定一部宪法要困难得多,但传统的论证主要集中在政治过程方面,对如何实施法律关注不够;公共行政就是公法的明确而系统的执行活动,可以找到一种为人们所认同的具有普遍意义的行政规律,因此,他主张政治与行政分离,建立一门独立的学科——行政学。此外,威尔逊在该文中还论及了创造精神、行政责任、文职官员培养等问题。尽管《行政学之研究》并未真正提出行政学的基本框架和基本范畴,但因其拟定了行政学的内涵,因而奠定了行政学的基础。

在早期研究阶段,另一个著名的学者是弗兰克·J.古德诺,他为公共行政学从政治学中分离出来起了强有力的推动作用。他在1900年出版的《政治与行政:对政府的研究》一书中,对政治——行政二分法进行了认真的论证。他认为,在所有政府体制中存在着两种性质截然不同的职能,即"政治"和"行政",政治是国家意志的表达职能,而行政是国家意志的执行职能。行政学研究的目标,首先应是了解政府能够适当和成功地进行什么工作,其次是了解政府怎么样才能有效地完成这些工作。此外,古德诺还主张将政党的因素和政治权宜等政治排斥在行政之外。《政治与行政》是最早的行政学专著之一,对后来的行政学发展有着深刻的影响。

马克斯·韦伯的官僚科层组织理论是公共行政学的重要理论之一。他的理论集中表现在1922年出版的代表作《社会组织与经济组织理论》一书中。他认为官僚科层组织并不是指文牍主义、效率低下的组织现象,而是指一种组织形态及其结构特点,合理合法的职权是官僚概念的内涵,这种组织是应用于复杂组织的最有效的形式,它在纪律的精确性、稳定性、严格性、可靠性和效率等方面比其他组织形式更为优异。韦伯的官僚制理论是传统管理理论最有影响、最有代表性的学派之一,并因此被称为"组织理论之父"。

作为科学管理理论之父,美国学者泰勒强调科学管理的首要目标是提高效率,"力求使个人发挥他的最大的效能和获得最多的财富"[①]。为提高效率,泰勒提倡整体观念、系统分析、完善组织、协作计划、协调合作、教育培训等一系列科

---

① 泰罗:《科学管理原理》,机械工业出版社2007年版,第109页。

学管理原则,其在1911年发表的《科学管理原理》一书标志着科学管理理论的产生。科学管理理论实现了管理从经验到科学的巨大飞跃,为公共行政学的研究提供了经验。

作为"过程管理学派"的奠基人,法约尔于1916年出版的《工业管理与一般管理》一书中,总结了关于组织管理的14项原则,即精密分工、权责一致、纪律、统一指挥、统一领导、个人利益服从整体利益、报酬、集权、等级系列、秩序等级系列、秩序、平等、稳定、主动性和集体精神,还提出了组织管理的五个功能,即计划、组织、指挥、协调和控制。以上组织管理原则和功能不仅被广泛应用于企业界,还被政府管理机关普遍采用。法约尔的理论对一般组织管理都有一定的应用价值,因此他也被厄威克认为是"直到本世纪上半叶为止,欧洲贡献给管理运动的最杰出的人物"。

1926年,美国公共行政学家怀特出版了《公共行政学研究导论》一书,强调在一个日趋复杂与相互依赖的社会中政府管理的重要性、管理效率的重要性以及对行政管理进行研究发展的重要性,并将组织原理、人事行政、财务行政、行政法规等作为行政学的基本内容,形成了公共行政学的基本理论框架。怀特将行政实践的理论总结和各种政府管理研究成果熔为一炉,将行政学的研究重点转向了行政管理内部和技术性细节,其《公共行政学研究导论》一书是世界上公认的第一本行政学教科书,标志着行政科学的正式诞生。

(二)行为科学时期

行为科学产生于20世纪30年代,其创始人和早期代表人物是哈佛大学教授梅奥和美国的罗特利斯伯格。在梅奥带领下进行的"霍桑实验"开创的人际关系以及对人的行为的研究,在管理发展史上具有里程碑式的意义。在行为科学时期,把有关行为科学的理论和方法引入行政学研究领域最著名的人物是C. I. 巴纳德和H. A. 西蒙。

巴纳德是行为科学理论的重要奠基人,他运用社会系统的观点对正式组织进行研究,认为组织是一个协作的"开放系统",任何组织都包含协作的意愿、共同的目标和信息联系这三种普遍的要素。此外,他还强调非正式组织对正式组织的重要作用,认为非正式组织的存在可以增强组织功能和提高组织效率,所以行政主管人员要重视和创造条件发挥非正式组织的作用。巴纳德开创了现代组织理论的重要途径,提出了许多具有重大理论价值的观点,因此被誉为"现代管理理论之父"。

西蒙是行政学家中运用行为科学理论研究行政最有成就的人之一。西蒙在行政学理论方面最突出的贡献就是把决策概念引入行政管理,建立了一个比较完整的决策理论体系。西蒙在《行政行为:行政组织中决策程序的研究》一书中认为,管理就是决策,决策是行政的中心,行政行为之根本就是组织中决策制定的整个过程,因此行政学应注重决策问题的研究。他将决策过程分为三个阶段,即情报阶段、设计阶段和抉择阶段,强调信息沟通在决策活动过程中的作用。西蒙在此书中广泛引用心理学、社会学等其他学科研究成果,开拓了行政学研究新视野,对公共行政学的决策理论产生了重要影响。

(三)新公共行政时期

进入20世纪60年代以后,在第三次科技革命浪潮的有力冲击下,西方国家的管理理论日益科学化和现代化,为行政科学的发展注入新的活力,行政学日渐成为一门多种学科相互交叉和相互渗透的综合性学科。这一时期的理论主要有里格斯的行政生态学说和以弗雷德里克森为代表的"新公共行政学"等。

概括起来说,新公共行政的理论观点主要集中在以下几个方面:(1)新公共行政理论在批判主流行政学的效率经济观的基础上提出价值考量。新公共行政理论认为,公共行政不仅是执行政策的工具,它更影响着公民的福利,因而必须重视价值观的引导,加强对政府工作人员的社会责任感的塑造。(2)主张社会公平。新公共行政理论认为,实现社会公平是公共行政的根本目的,也是新公共行政学的理论基点。社会公平重点强调所有公民平等的政治和社会机会,意味着一系列组织机构设计和管理风格的优先权取向。(3)主张突出政府公共行政管理的公共特征。新公共行政理论指出公共行政的特性在于公共性,它是建立在信念与价值之上的,强化公民精神和服务理念。(4)主张构建新型的政府组织状态。新公共行政理论特别强调封闭体系的观念必须让位于开放体系的观念,以高度的公共责任感关注民主社会中的政策问题。(5)提出民主行政的理念。新公共行政不仅期待政府能够通过观念与行为转换解决社会存在的尖锐矛盾,同时希望在当代民主社会中构建民主行政的模型,认为公众的权利或利益高于政府自身的利益扩张和满足。(6)主张公民参与。新公共行政提倡在公共事务中广泛程度的公民与公务员参与,它鼓励公民以个体或集体的形式广泛地参与公共行政,这种参与通过新公共行政的联合模型和冲突模型来实现,从而使公共行政以顾客为中心。

从20世纪60年代末、70年代初开始出现的"新公共行政学",对传统的行政学提出了挑战和许多富有创意的转变和修正,主要代表人物有乔治·弗雷德里克森等一批美国新一代学者。新公共行政学在行政学的经典目标中着力增加了对社会公平的追求,主张变革传统的官僚组织理论,寻求具有灵活性、多样性和适应性的行政组织形式以及以公民顾客为导向和公民参与的行政管理追求。新公共行政学扩大了公共行政的领域范围,完善了公共行政组织理论的内容,其对社会公平价值观的极力倡导推进了美国政府在参与性和变通性等方面的改革,同时也对世界各国的行政管理理论与实践产生了间接的影响。

作为当代西方享有盛誉的行政学家之一,里格斯继高斯之后把生态学观点引入行政学领域,用生态学的理论和方法研究行政现象,即从公共行政的社会环境、文化背景、意识形态等外部关系上着手,去了解一个社会的行政制度和行政行为。里格斯于1961年发表了《行政生态学》一书,认为人类历史上存在着三种基本社会形态,即传统的农业社会、过渡社会和现代工业社会,而每一种社会形态都各有其独特的生态行政环境,且提出了与这三种社会形态分别相适应的三种行政类型,即融合型行政模式、衍射型行政模式和棱柱型行政模式。里格斯为行政学开辟了新的领域,被美国行政家黑迪称赞为"见广识博,立论精深,诚乃当代最具代表性的理论家"①。

(四)公共政策阶段

20世纪60年代至70年代,随着政府管理社会公共事务的增多,西方政府面临着大量愈来愈复杂和尖锐的社会矛盾,诸如暴力犯罪增加、经济停滞、环境污染等众多的社会问题,使得公众向政府提出强烈的转变政策、摆脱困境的诉

---

① 彭文贤:《行政生态学》,台湾:三民书局1988年版,第43页。

求。与此同时,包括社会科学和自然科学在内的诸多学科的不断发展为政策科学的形成提供了一定的理论基础,公共政策分析成为公共行政学研究的重要领域,公共行政学的发展进入到公共政策阶段。

政策科学主要研究政府的政策及其过程,即研究政府公共政策的制定、实施、评价以及政策系统与环境的关系等方面的问题。政策科学的奠基人是拉斯韦尔,而其作为一门独立学科的形成,则是以德罗尔的政策科学"三部曲"——《公共政策制定检讨》《政策科学构想》和《政策科学进展》的出版为代表。"政策科学三部曲"丰富了有关政策系统、政策制定、政策分析、政策执行、政策评估等内容,形成了较为完整系统的政策科学理论。在公共政策研究方面较有影响的学者还有耶鲁大学的经济学家林德布罗姆,他认为整个政策制定过程是为了响应短期政治条件而做出的一系列渐进式决策,其核心思想是:政策制定不取决于政策制定者的意愿,而是决定于具体的事件和环境。由此,他创造了公共行政新的分支领域——"渐进分析"。20 世纪 60 年代,美国率先吸收和采取了政策科学的研究成果,将其直接应用于联邦所面临的若干大型、复杂国策问题的研究和处理,成功地大规模集中和组织专业力量和生产力量,解决了诸如国防、空间探索等领域里的一些问题,从而引起了各国政府的普遍重视。

政策科学在西方国家得到了长足的发展,特别是对政策分析理论与方法的研究日趋系统化,相继产生了一批新的政策分析理论和方法,其中比较有代表性的是美国著名政策分析专家奎德的政策分析理论。奎德在其《公共政策决策分析》等著作中系统阐述了其理论。他认为,政策分析是在运筹学和系统分析的基础上发展起来的,其目的在于寻求既出色又节省地完成任务的方法,政策分析主要包括目标、备选方案、效果、标准、模型这五个要素,通过总体概述、广泛探索、多方比较、说明解释和测试检验五个过程阶段找到合适的决策方案。由于政策分析"从分析的角度为决策者提供了帮助"①,因而政府可以得益于政策分析的应用。此外,对于政策分析与政治因素二者之间的关系这个问题,奎德认为,政策作为一定政治系统的产物必然与各种政治因素相关联,因此,政策分析人员在整个政策分析的过程中始终应该妥善处理政治问题,并将其放在政策分析的

---

① 爱德华·S.奎德:《公共政策分析》,北京:中国社会科学出版社 1989 年版,第 262 页。

首要位置。奎德提出的政策理论和方法为当代政府决策的科学化奠定了重要的方法论基础。

(五)新公共管理时期

第二次世界大战以后,发达国家政府普遍采用凯恩斯主义作为治理向导,不断扩大职能界限,实行全面干预,最终造成了政府的财政危机和管理危机。于是,以企业价值、市场价值和民主参与价值为导向的公共行政学改革开始了,又被称为新公共管理运动。新公共管理理论不是某一种理论,而是一种范式。这一时期有代表性的公共行政理论有奥斯本的企业家政府理论、登哈特的新公共服务理论以及治理和善治理论等。

企业家政府理论来自于美国学者奥斯本和盖布勒于1992年出版的《改革政府——企业精神如何改革着公营部门》一书,"重塑政府"将60年代开始的公共行政典范革命推向了高潮。他们对政府工作的重新设计概括为十大原则:(1)政府只掌舵而不是划桨;(2)授权于社区而不是服务;(3)竞争的行政而不是垄断的行政;(4)灵活的管理而不是僵化的行政;(5)讲究效果的财政而不是计划的财政;(6)以公民为顾客而不是满足官僚政治需要;(7)讲究成本收益而不是挥霍浪费;(8)把握战略预见而不是专注于治疗;(9)实施参与协作而不是固守官僚等级;(10)建设以市场为导向的政府而不是拘泥于以计划为旨归的政府。奥斯本提出的政府改革十大原则提供了一种认识政府的新视角,对于重新审视现时代的政府角色和正确地认识政府职能具有重要启示。

新公共服务理论是在对传统公共行政理论和新公共管理理论进行反思和批评的基础上提出和建立的。在对三者进行比较的基础上,登哈特在其著作《新公共服务:服务而不是掌舵》中主张用一种基于公民权、民主和为公共利益服务的新公共服务模式来替代当前的那些基于经济理论和自我利益的主导行政模式。在登哈特看来,公共利益超越了个人自身利益的聚集,新公共服务是通过广泛的对话和公民参与来追求共同的价值观和共同的利益。新公共服务理论从公民权利、社会资本和公共对话三个维度树立了检验公共行政发展的标尺,构建了政府与市民平等对话、沟通协商与互动合作的公共管理模式,"为我们描述了一个充分重视民主、公民权和为公共利益服务的理论框架"①。

治理和善治理论。20世纪90年代以来,在经历了"市场失败"和"政府失败"后,西方国家考虑以一种全新的模式来对公共行政活动进行改革,治理和善治理论开始在西方社会科学中流行起来。治理理论的主要创始人之一罗森瑙在其代表作《没有政府统治的治理》和《21世纪的治理》等论著中将治理定义为"一系列活动领域里的管理机制,虽未得到正式授权,却能有效发挥作用。与统治不同,治理是一种由共同的目标支持的活动,这些管理活动的主体未必是政府,也无须依靠国家的强制力量来实现"②。可见,治理理论与传统的政府理论的不同之处在于:它是在国家——市场经济——公民社会或公共部门——私人经济部门——第三部门的三维结构框架下来探讨政府作用与能力等问题。治理理论的一个基本前提是,国家的作用和能力都是有限的,它强调公共行政主体的多元化,包括社团组织、企业在内的社会力量都可以承担公共行政职能;强调多中心治理和管理方式与手段的多样化,提倡平等协商与合作,主张国家、市场和公民社会组织之间在职能上是一种相互补充和彼此合作的关系。治理可以弥补国家和市场在调控和协调过程中的某些不足,但也可能导致社会资源配置中的国家失效和市场失效。为此,学术界提出了"善治"的概念,概括地说,善治就是使公共利益最大化的社会管理过程,其本质特征就在于它是政府与公民对公共生活的合作管理,是政治国家与公民社会的一种新颖关系;它有六个基本要素:合法性、透明性、责任性、法治、回应性、有效性。治理和善治理论的一些观点与理念是对新公共行政理论的进一步深化,对我国政府改革和职能定位仍有着积极的指导意义。

总之,西方公共行政学的演进变迁基本上体现了灵活、高效、廉洁、公正的取向,强调在变革的基础上实现民主与效率的统一,反映了西方公共行政学的发展轨迹。行政研究领域的不断扩大以及新的理论和方法的不断引进,表明了西方公共行政学的日益完善。

---

① 罗伯特·B.登哈特等:《新公共服务:服务而不是掌舵》,丁煌译,北京:中国人民大学出版社2004年版,第164页。
② 俞可平:《治理与善治》,北京:社会科学文献出版社2000年版,第2页。

第三节　中国公共行政学的兴起与发展

一、中国公共行政学的兴起

我国在漫长的封建社会发展史上,逐步形成了一套内容丰富、制度完备、结构严密、运作有序的封建行政管理制度。自秦朝开始,我国就建立了统一的中央集权制的国家,形成了一整套比较健全的具有中国特色的行政制度,行政机关的职能分工的政治与行政制度、比较完备的科举制度、比较完善的行政法典以及比较健全的监察制度,丰富的行政管理实践为后人留下了丰厚的遗产。然而,在封建专制时代,对集权专制和特权地位的崇尚,使得国家行政管理活动的决策和施行大多只是按照最高统治者的意志行事,而不是按行政科学办事,与崇尚民主、公正、自由等精神的现代公共行政相去甚远,因而公共行政学并未能真正得到发展。

近代以来,随着西学东渐的逐步深入,西方的公共行政学传进中国,学术界积极引进外国行政学,翻译国外的公共行政学著作,倡导学习公共行政科学。20世纪初,中国江南制造局出版了美国的《行政纲目》和日本的《行政法撮要》等著作。孙中山先生参考国外行政学的理论与实践,并结合中国国情,提出了行政、立法、司法、考试、监察五权分立思想,使我国长达几千年的封建行政体制开始转向现代行政体制。从20世纪30年代开始,一些高等院校开始设立行政学课程,公共行政学科正式建立。1935年,张金鉴先生出版了我国第一部行政管理学专著《行政学之理论与实际》。这一时期学者编译和发表的著作相继出版,包括《行政学概论》《行政精神》等。但从总体上看,当时的行政学建设仅仅处于初始阶段。

新民主主义革命时期,行政学研究的主要成就主要体现在行政管理实践方面。在中国共产党领导下,各个革命根据地都建立了人民政权,形成了具有中国革命特色的行政体制。这种在战争环境下形成的行政体制,在组织领导、政权机构、人事管理以及行政工作作风等方面,形成了一整套良好的制度。不仅如此,在毛泽东、邓小平等领袖人物的著作中,也有许多关于根据地革命政权建设和行政管理方面的论述,这些都是我们今天进行政权建设、深化行政管理改革实践及研究行政管理学所应当重视的。

新中国成立初期,从中央到地方都建立起新的公共行政管理体制,大学中开设公共行政学和行政组织学等课程,我国的公共行政进入了一个新的历史发展时期。但由于1952年高等学校院系调整和学科建设认识上的偏差,行政学的有关专业和课程被取消,直至1979年后,行政学才得以逐渐恢复和发展。从新中国建立到改革开放之前的三十年中,我国建立了一套新的行政体系,并随着形势的变化不断地对行政体制和机构进行调整和改革。但我国行政管理目前还存在一些问题,在行政体制、机构设置、人事管理、行政管理方式和程序等方面仍存在一些弊端,需要随社会发展需求做调整。

二、中国公共行政学的发展

改革开放四十多年来,公共行政学研究的发展异常迅速。1982年夏书章教授在《人民日报》上发表文章,首次呼吁"要把行政学研究提到议事日程"。1984年,国务院办公厅和劳动人事部召开行政科学研讨会,明确将公共行政学作为一门综合性学科提出来,提出了我国行政管理科学应研究的主要课题及指导原则以及建立具有中国特色的行政管理学体系,为实现行政管理科学化、法制化、现代化服务。这标志着公共行政学在我国的重建,并成为行政学进一步发展的起点。

中国行政学恢复、重建以来,尤其是20世纪90年代后,公共行政学进入高速发展阶段,各方面都取得重大进展。这主要表现为:在学科建设方面,行政学作为一门独立学科的地位牢固地被确定下来并获得了重大发展,包括行政管理在内的公共管理学科已成为目前中国最具活力与潜力的学科之一;在学术研究方面,中国行政学经历了从引进、学习、借鉴到消化、提高、创新的渐进发展过程,加强了对中国重大现实问题的研究,适时地提出了国际化与本土化相结合的时代要求,对深化行政管理体制改革和建设服务型政府作出了应有的理论贡献;在基本理论研究领域和研究方法方面,更多地注重与政治学、法学、经济学、管理学等相关学科研究的紧密结合,互相借鉴与渗透;在理论研究队伍和人才培养方面,中国行政学的教学、科研、实践体系已基本形成并逐步完善,建立了一批全国性和区域性的学术团体与研究机构,中国行政管理学会成立以后,理论队伍不断壮大,层次完备的公共管理类各专业的教育系列已经形成并处于不断完善之中,为国家和社会培养了大批政府管理和其他公共部门的专门人才。此外,广泛开展国际交流活动,大量引进国外行政学研究成果,以开放的姿态大胆学习和借鉴国外行政学理论和实践经验,举办并参加国际性的学术研讨会,加强学者之间的沟通交流,为培养和引进人才起到了积极作用。

21世纪以来,全球化背景下的中国公共行政学的发展呈现出新的发展态势。从公共行政学学科自身发展和中国行政改革与发展实践对中国公共行政学提出的挑战来看,公共行政学在中国尚有很大发展潜力,体现出多元化、多渠道、多层面的发展趋势,坚持学科基础理论研究与系统化研究,贯彻体制改革和制度创新的主线,改进研究方法,突出实际应用,强调国际化和本土化等,将使公共行政学在中国走向辉煌。

随着我国加入WTO,全球化背景下的中国传统公共行政面临着全能行政、经验行政、管制行政、暗箱行政、人治行政等方面的严重挑战,而这些挑战也给我国公共行政的发展带来新的思路。在全球化时代,可以从四个方面来推进我国公共行政的发展。首先,将以人为本的行政观念作为行政研究和实践的出发点,建立有限政府,加快改革现有政府的管理模式以适应全球化的要求;其次,运用现代技术手段,建立行政管理规则,建立一个高效的行政管理系统;再次,加强行政公开,贯彻公开透明原则、法治原则和诚信原则,建立一个透明法治诚信的政府;最后,我国须加快建立责任型政府的步伐,加强行政机构责任意识,建立行政责任追究制度建设,以适应经济全球化发展和我国经济参与国际竞争的要求。

伴随全球化的深入,我国电子政务的发展也迫在眉睫。自1999年"政府上网工程"正式启动以来,我国电子政务的基础建设和发展前景呈现出良好的态势,但也存在着公众参与度不高、缺乏基本的法律制度保障和信息安全等问题,离构建服务型和创新型政府的目标要求相差很远。如何在全球化背景下推进我国电子政务的发展和建设具有中国特色的电子政务值得进一步探讨。首先,明确当前阶段我国电子政务的发展状况。当前我国电子政务已经进入由基础设施建设为主向深化应用为主的过渡时期,是"制度重于技术"的深化整合时期,以云计算为代表的新一代信息技术要求当前电子政务转变发展方式。其次,将电子政务社会管理职能向"以公众为中心"的理念转变,强化电子政务公共服务,加强政府各部门间的沟通和协作,最大限度地满足社会公众方便地获取信息、接受服务。再次,发挥绩效评估对电子政务公共服务的导向作用,建立以公共服务为导向的指导思想和原则、指标体系、操作方法和运行程序,加大对行政效率、行政成本以及便民性的评估考核权重。

自 2007 年中山大学举办"首届中国青年公共行政学者论坛:反思中国公共行政"到 2010 年兰州大学举办"2010 中国管理国际学术论坛:全球视野下的中国本土研究"国际学术会议,中国公共行政学者对公共行政"身份危机"的反思性研究为我国公共行政的本土化研究提供了新的发展契机。行政学本土化不仅是指行政学的语言、术语上的本土化,营造属于中国的行政学语境和话语体系,更重要的是要在行政理念、行政制度、行政原则和行政方法等方面从根本上加以本土化。进行行政学本土化研究,首先要凸显中国问题意识。也就是说,我们要发现中国问题,从中找寻具有中国特色的行政规律和本质,逐渐形成和建立中国行政学知识自我发展的机制,并注入公共危机管理、绩效管理、大部制等当前中国行政领域中仍需进行学术性反思和创新的热点或焦点问题。其次,创新行政学研究方法。西方公共行政学主要以实证主义研究方法为主导研究方法,这是与西方行政学发展的情景相联系的,故我国不能简单照搬西方的研究方法,应注重我国公共行政独特的历史和文化,以真实问题为导向,适度开展经验研究,克服单一的研究途径,引入不同的研究方法,以创新我国行政学研究方法。最后,构建中国自己的行政学知识体系。从我国公共行政的历史和文化出发,与西方理论体系相联系,建构本土性的概念和理论,并建立起中国特色的公共行政知识评价标准。

第四节 公共行政学的研究内容

一、公共行政学的体系架构

公共行政学是一门系统化的理论、逻辑和知识的学科,有其独特的体系架构,其体系是在前人关于公共行政理论构建的基础上,根据一定逻辑规则将其拼接而构成的公共行政学体系。在研究公共行政学体系时应当分清以下二者的区别,一是探讨和确定公共行政学体系应当包含的内容,二是如何将公共行政学的内容呈现出来。二者实际上是不可分割的,即公共行政学体系的形式应当服从于并服务于公共行政学的知识内容。在这方面不少公共行政学家都先后做过探讨并提出了自己的观点,其中具有代表性的是卢瑟·古立克、林达尔·厄威克、伦纳德·怀特、罗伯特·达尔等。

古立克和厄威克在他们合编的《管理科学论文集》中提出了著名的"七环节"理论,并以此概括出行政管理的七大基本职能。这七个环节是计划、组织、人事、指挥、协调、报告、预算,也被称为 POSDCORB 要素说。此外,厄威克还提出了包括目标原则、相符原则、职责原则、组织阶层原则、控制幅度原则、专业化原则、协调原则在内的行政管理基本原则,这些构成了初期公共行政学的主要内容。

怀特论述过公共行政学体系建立的假设。他认为,行政是单一的过程,不同级别的行政的特质基本相同;行政不是建立在法律而是建立在管理的基础之上;行政学是从艺术转变为科学的;行政过去是现在仍然是现代政府的中心问题。在这一假设下,怀特将公共行政学划分为四大部分:组织理论、人事理论、财务理论和行政法规。此后,怀特又补充了公共行政学的内容,其中包括:行政的范围与性质、行政学的产生与发展、组织问题、人事问题、行政条例与行政规章、行政监督、行政趋势。

20 世纪 40 年代中后期,达尔在《公共行政学评论》上发表《公共行政科学:三个问题》一文,在论文中达尔首先提出公共行政学作为一门学科,对于目的问题,应该关心它、研究它、重视它,努力把构成公共行政科学基本成分的目的或价值阐释清楚。其次,达尔认为,虽然在公共行政科学的某些方面可以不考虑人的行为,但是,大多数公共行政总是围绕人展开的,因此公共行政研究的本质是对处在具体环境中表现出某种行为,以及预计或预测会表现出某种行为的人的研究。最后,达尔指出,没有理由设想公共行政的原则在任何一个国家都同样有效,因此,公共行政学要研究公共行政与环境的关系,要研究不同社会环境所造成的差异对公共行政的多种影响。

我国台湾学者张金鉴试图用更细致的分类来表述公共行政学的研究内容,提出了"15M"理论,即目标(Aim)、计划(Program)、人员(Men)、经费(Money)、物材(Material)、组织(Machinery)、方法(Method)、领导(Command)、激励(Motivation)、沟通(Communication)、士气(Morale)、协调(Harmony)、及时(Time)、空间(Room)、改进(Improvement)。①

我国著名行政管理学专家夏书章先生认为,公共行政学应当研究行政原理、行政组织、行政领导、行政决策、人事行政、财务行政、行政方法、行政法规、机关管理等内容。②

一般来说,公共行政学的基本研究内容主要有以下几个方面:行政原理、行政职能、行政权力、行政组织、人事行政、行政领导、行政决策、行政计划、行政程序、行政执行、行政技术、行政行为、行政效率、财务行政、行政责任、行政监督、法治行政、行政改革等,这也是本书的内容体系。本书所关注和研究的内容仅仅只是构成了公共行政学研究的核心内容,尚不能概括现代公共行政学的全部研究范围。随着社会的不断发展和公共行政学研究的日益深入,公共行政学研究的领域将不断得到拓展。

二、公共行政的研究途径

公共行政的研究途径是指认知和理解公共行政学的视角、方法和手段。罗森布鲁姆在其著作《公共行政学:管理、政治和法律的途径》一书中把"公共行政"定义为:公共行政乃是运用管理、政治及法律的理论和过程来实现立法、行政以及司法部门的指令,为整个社会或者社会的局部提供所需的管制与服务功能。定义开门见山,指出公共行政的三种研究途径:管理、政治和法律,它们根源于当代世界各国普遍的政治制度中的分权制(立法、行政、司法)。从多元角度对公共行政进行探究,有利于全面而系统地把握公共行政的理论内涵和本质,促进公共行政实践的发展。

(一) 管理的研究途径

从管理的研究途径来看,公共行政侧重于追求效能、效率以及经济的最大

---

① 张金鉴:《行政学典范》,台北:台湾三民书局1979年版,第5页。
② 夏书章:《行政管理学》,太原:山西人民出版社1985年版,第9—11页。

化。从这个角度理解的行政机关被定位为实现政策目标的工具,可以在不考虑政治因素情况下充分发挥技术理性,以行政的技术、程序和方法看待和解决问题。美国公共行政思想的创始人威尔逊就主张行政问题是管理问题,公共行政的研究目标在于政府如何能在花费最少的金钱与资源的条件下,以最有效率的方式来从事各种活动。换言之,管理者处在管理控制的地位,效率成为公共部门"至高的善",也就是说政府应该是高效率、低成本、社会效益显著的政府,政府工作人员应该以"功绩"和"绩效"为甄选、聘用和晋升的主要标准。而对于行政机关这类大型的组织来说,马克斯·韦伯所称官僚体制就是效率管理的最佳写照,官僚体制重视劳动分工的重要性,员工的功能和责任界定清晰,员工能够在完成任务时达到专业化,尽可能以最小的投入达到最大的产出。总之,在管理的研究途径中,公共行政更多的是被视作一种"管理行为",应该按照管理原则与价值进行分析。

（二）政治的研究途径

对公共行政研究的政治途径来源于学者对美国新政时期及第二次世界大战时期公共行政脱离政治的批判,其视公共行政为一种政治过程,政治途径所强调的价值体系必然与传统途径不同。从政治的研究途径来看,公共行政一直推崇最大化地实现代表性、回应性和责任的价值,认为这些价值应贯穿于政府各个层面的运作之中,并且为提高公众的参与程度提供一定的标准。具体而言,公众委以政府合法权威,使其成为制定国家政策和提供公共服务的中心,因而行政部门要能够代表社会不同政治、经济和社会团体的利益。在公共行政活动中,公众期望政府能够回应其种种需求,一旦这种需求没有得到有效的回应,公众对政治系统的支持就会减少,政府权威的正当性便会受到挑战;而另一方面,政府会因无法调和的民众利益而使自己陷入矛盾冲突的境地。此外,公共组织负有实现公共利益的民主责任。因此,在行政活动过程中,应强调利害关系团体平等参与意见的机会,并从中找寻可能的平衡点。就此而论,公共行政应以回应民众需求与完善民主责任为导向,行政部门应以更积极的态度参与到公共政策制定的政治过程中,扮演好利益汇聚、利益折中、利益调和的角色,这是政府运作的重中之重。

(三) 法律的研究途径

法律途径是公共行政研究的一种重要途径,但由于长期受到正统的管理途径的压制而被人们所忽略。法律途径的兴起主要可追溯至行政法、公共行政"司法化"和宪法这三个源头,确保个人合法权益不受侵犯。法律途径主要是将公共行政视为在特定情境中应用法律与施行法律的活动,换言之,行政活动就是执法的活动,故而法律途径的公共行政特别重视法治、裁决和对维护宪政权利的承诺。具体来说,其包含着以下几个核心价值:首先是"程序性正当法律程序",即保护个人免于遭受政府恶意的、错误的或反复无常的违宪剥夺生命、财产与自由权利的必要程序;其次是在行政行为中个人应享有的实质权利和法律的平等保护;最后是公平价值。此外,公共行政的法律途径关注的焦点是个体权利的本质而非保护这些权利的社会成本。进一步来说,公共行政是一种有条件限制的执法活动,是执法过程中对宪政价值的实践。

三、公共行政学的研究对象

公共行政学作为一门独立的、系统化的知识和逻辑体系,有其独特的研究对象。

第一,研究和提高行政学术水平,增进公共行政的知识积累,追求公共行政中的理论真问题。通过对行政现象的调查分析和概括以及回顾公共行政的不同学说史,提出和发展公共行政新理论、新方法,提高对行政行为的理论认识水平和提高行政学术水准。

第二,发展行政理论和技术方法,为政府公共行政管理提供系统的、专业的知识,包括政府行为的理论依据、论证方法和实证技术等内容,为国家行政发展切实提出解决具体行政问题的对策方案和专业性意见。

第三,研究关于建立和健全行政制度的理念、理论和方法,确保政府及其官员确实担负起公共责任,依法行政,履行好行政职能,同时防止政府及其官员渎职、越权和滥用权力行为的发生,促进政府廉洁,确保政府积极而有效地履行宪法和法律赋予的公共行政职能。

第四,研究关于提升政府公共行政管理的水平和效率的思想、方法及途径。

主要集中在四个方面,即不断改善政府的政策制定水平,不断提高政策执行力,不断强化政府管理社会公共事务和提供公共服务的能力,不断提升政府与时俱进的能力,提高行政绩效。

第五,选拔、培养和任用合格优秀的行政人才。公共行政学其综合性的学科优势有助于加强对政府自身的认识,提高自身管理水平,培养和培训行政人员,提高他们管理社会公共事务的能力和行政责任意识自觉。此外,还可以对未来工作人员进行基础教育,为选拔优秀的行政人才奠定良好基础。

四、公共行政学研究的基本方法

公共行政学作为一门社会科学,是一门系统的、综合性的新兴学科,在借助于社会学、经济学等学科的研究方法基础上,研究公共行政学有多种方法和途径。这些研究方法具有两个方面的特征:一是公共行政学使用的大多数研究方法是众多社会科学共同使用的方法;二是在实际的研究过程中,公共行政学使用的研究方法常常是交叉、交替和混合使用的。一般研究方法从定量和定性的角度分为定性和定量研究方法,从规范性的角度分为规范分析方法和实证分析法,从逻辑素材分为调查法、文献法、法规分析法、系统分析法和利益分析法等。根据公共行政学的学科特点和我国的实际情况,从方法体系来看,公共行政学的基本研究方法有:

(1)比较分析方法。比较分析方法主要通过对不同行政制度或行政模式、不同公共政策选择等行政问题的对比分析,探究异同,权衡利弊,研究不同政府间在行政理念、行政体制、行政模式和管理职能、管理体制、管理方式等方面的差异,研究实现高效、民主行政的途径和方法。行政生态学就是比较分析方法的典型运用,比较研究既可以使用于空间序列,又可以适用于时间序列,但使用时需要特别注意不同比较对象间的可比性和可比程度。采用比较分析研究方法,有利于了解当代世界一些主要国家行政管理的实际情况,从比较和借鉴中更好地把握行政管理规律,建立适合我国国情的最优化的行政管理模式。

(2)实证分析法。实证分析法是通过观察和描述事实,在取得经验事实的基础上进行分析和论证从而得出结论。实证分析方法要回答的问题是"是什么"的问题,是"实然"性的,需要最大限度地收集与客观事实相关的一切资料或数据集,本着具体情况具体分析而不拘泥于通则或定律的原则,研究行政问题的症结所在,并制定切合实际、行之有效的对策。除此之外,分析的客观程度与分析者的修为程度息息相关,为保证分析的结论能够尽可能正确及准确地反映客观事实,不断加强研究修为便成为分析者的必修课。

(3) 系统分析方法。系统分析方法是将相关行政活动进而整个行政过程乃至社会环境视为一个有机整体,采用系统的观点着重研究各个相关部分的交互影响、双向往来、动态平衡、彼此关系,寻找其中的因果关系及其对行政绩效的影响,进而寻求最优化的行政选择。由于系统具有几乎无限的相关性,因此,作为一种分析方法,如何合理地建立"分析单元",进而正确地解析各个分析单元之间的联动、因果关系,是系统分析方法的基础性工作。

(4) 案例分析法。案例分析法自20世纪初由美国哈佛商学院首创以来,逐渐在公共行政学教学中得到广泛运用,它是对研究对象中的某一特定对象或行政事件加以调查分析,通过广泛收集资料,厘清其特点及规律,再以公正的观察者的态度撰写成文,总结出公共行政的某项原理原则,以获得对特定行政现象的认识和理解的方法。该方法的关键在于资料真实、全面,充分反映事件全过程中的各个主要因素及其相互关系,而该方法的困境也在于所依据资料的真实性、完整性以及分析者价值观念的客观性、公正性以及专业训练的水准。

(5) 利益分析方法。利益分析方法主要从人与人、组织与个人、组织与组织之间的利益关系入手,分析人和组织的思想、行为背后的利益诱因,研究利益在公共行政管理过程中的特殊作用,揭示各种社会现象和行政现象及行政活动之间的相互关系。利益分析方法注重分析利益的形成,利益的存在形式,利益的合法性、合理性,利益的分配与再分配的原则,利益的表现或争夺形式以及利益集团的形成及其演变等利益问题。由于现代社会存在明显的表现为群体化、集团化、区域化、行业化的利益分化的趋势,所以,运用利益分析法可以很好地透视行政过程中个人、组织的行为选择,更深入地理解政策的本质。

新时期下公共行政的研究要注重前沿理论和实践的变化发展,公共行政的学习和研究公共行政学的各种方法不是孤立的,要注意结合运用,在实践中不断丰富和改进,重视本土经验的总结和提炼,构建中国特色的公共行政研究方法,逐步形成适合我国国情的、多层次的公共行政学研究方法体系,以实现公共行政学研究本土化与国际化的有机统一。

本章小结

公共行政作为一门独立的学科已有一百多年的历史,是一门研究国家行政组织及其社会公共事务管理活动的科学,具有理论性与应用性相统一的特点,其在发展过程中提出了不同的思想、理论和方法,形成了公共行政学的基本框架。本章分别从公共行政学的相关基本概念、西方公共行政学的发展历程、中国公共行政学的兴起与发展和公共行政学的研究内容四个方面对公共行政进行研究。"行政"是行政学科的最基础和最核心的概念,其在不同时期和地区有着不同的用法和含义。对于公共行政而言,公共性是与合理性、合法性和代表性相联系,公共性是公共行政的本质属性,它决定着政府的目标和行政行为的取向。公共行政与私人行政在利润底线与绩效衡量、使命、人事制度、政策的一贯性与权变、社会监督的公开性与封闭性以及责任形式的分权与集中上存在着显著差异。

公共行政学的思想理论源远流长,19世纪末威尔逊《行政学之研究》一文的诞生标志着对公共行政逐步形成系统而科学的认识,西方公共行政学的发展演变主要可以分为传统公共行政、行为科学、新公共行政期、公共政策阶段和新公共管理五个时期。我国自改革开放以来,公共行政学研究的发展异常迅速,并呈现出多元化、多渠道、多层面的发展趋势。

在最后一节"公共行政学的研究内容"中主要介绍了公共行政学的体系架构、公共行政的三种研究途径——管理、政治和法律、公共行政学的研究对象以及公共行政学的研究方法,尤其是新时期下要注意结合运用研究公共行政学方法,逐步形成适合我国国情的、多层次的公共行政学研究方法体系。

关键词

行政　公共行政　行政管理　公共管理　新公共行政　私人行政　公共政策　公共性　新公共管理　研究途径

思考题

1. 简述行政、公共行政的概念。
2. 简述公共行政与行政管理、公共行政与公共管理的区别。
3. 试分析公共行政与私人行政的区别。
4. 如何理解公共行政的公共性。
5. 简述西方公共行政学产生的历史背景。
6. 试论述公共行政的发展阶段。
7. 试论述公共行政的三种研究途径。
8. 简述公共行政学的研究对象。

推荐阅读

1. 张康之、张乾友:《公共行政的概念》,北京:中国社会科学出版社2013年版。
2. 吴琼恩:《行政学的范围与方法》,台北:五南图书1992年版。
3. 丁煌:《西方行政学说史》,武汉:武汉大学出版社2011年版。
4. 戴维·H.罗森布鲁姆:《公共行政学:管理、政治和法律的途径》,北京:中国人民大学出版社2002年版。
5. 戴维·约翰·法默尔:《公共行政的语言》,北京:中国人民大学出版社2005年版。
6. 杰伊·M.沙夫里茨:《公共行政导论》,北京:中国人民大学出版社2011年版。
7. 奥萨利文:《公共行政研究方法》,上海:上海财经大学出版社2008年版。
8. 和经纬、吴逊:《公共行政学的范式转变与本土观照——对中美两国大学公共行政导论课程教学提纲的经验研究》,《公共行政评论》2008年第6期。

第二章 行政组织

组织是伴随人类群体活动的出现而产生,并不断发展完善。当今社会逐渐演变成一个高度的"组织化社会"。一方面,物以类聚,人以群分。作为群居动物,人们需要通过组织来获得归属感。另一方面,在资源稀缺的约束下,要想生存、发展得更好,人们必须凭借组织而联合起来,采取集体行动,以克服个体所不能克服的困难,实现某些共同目标。

社会组织林林总总,但最为瞩目的当属行政组织。在现代社会中,行政组织是社会各种组织中规模最大的组织,其管辖的范围涉及社会生活的各个方面、各种领域。行政组织是政府进行行政管理的最为重要的主体,政府大部分的行政管理活动都是靠行政组织来推行的。可以说,有效的行政管理来自行政组织能够有效运转,行政组织是否科学、合理是决定行政管理效率最主要的因素之一。因此,学习、研究行政组织,对于了解公共行政的规律、提高公共行政的效率具有重要意义。

第一节 行政组织概述

一、行政组织的概念

"组织"一词,在中国源于"丝麻织成布帛",即"组合编织"的意思;在西方源于医学术语"器官",指由相互依赖和作用的各个部分构成的具有特定功能的整体。在现代语义中,组织是指由诸多要素按照一定方式相互联系起来的系统,它具有汇聚功能、转换功能和释放功能,即能汇聚个体能量转变成整体力量去实现个体所不能及的目标。

行政组织是动态组织活动和静态组织结构的统一。就动态而言,行政组织是指为完成行政管理任务而进行的组织活动过程。它具体包括,为实现行政管理目标而进行的组织机构设计、组织权力划分与配置、人力资源管理、组织文化建设等活动。就静态而言,行政组织有广义、狭义之分。广义的行政组织就是指各种为达到共同目的而负有执行性管理职能的组织系统。它既包括各类企事业单位、群众团体、政党等负有管理职能的组织系统,也包括国家机关中的立法、司法系统中负有执行性职能的各类单位和国家的整个组织系统。公共行政学所研究的是狭义的行政组织。狭义的行政组织是指依法成立的行使国家行政权力、管理社会公共事务的政府组织机构总称,也就是通常所说的国家行政机关体系。本节主要分析静态的狭义的行政组织,即政府行政组织。

在我国,行政组织包括中央和地方各级人民政府,及其内设部门、职能部门、直属机构、办公机构、办事机构和派出机关。它们依法成立,拥有规定的行政职能和职权,在国家机构序列中称为"行政单位",其成员按照国家公务员制度进行管理。

二、行政组织的要素

任何组织都是由若干要素构成的有机体。一般来说,行政组织的基本构成要素包括以下八个方面:

1. 组织目标

任何组织都是为了实现一定的目标而建立起来的,因此,组织目标是组织得以建立和存在的前提及基础,是组织活动的出发点和归宿。行政组织的目标决定着行政组织行为的方式和发展的方向,是组织凝聚力的重要保证。在构建行政组织系统的过程中,建立合理、明确、完整的目标体系是极为重要的。行政组织应根据社会发展需要、政府自身能力状况等及时调整、设定科学、合理的目标,并在此基础上建立科学的层级和部门体系以及权力体系,建立和健全行政组织。

2. 机构设置

机构是履行组织职能、实现组织目标的载体。行政机构是行使行政权力、实现公共利益的载体和工具,也是影响行政效率的重要因素。没有系列机构的设置,就不存在行政组织,行政目标也无法实现。科学合理、精干高效是行政机构设置的追求目标。行政机构必须依据职能目标、法定程序、科学原则来设置。

3. 权责体系

权责体系,即组织内部权力分配、权责关系、指挥系统、运行程序、协调沟通,以及各种机构、岗位在组织中的地位、作用及其内在联系。它直接涉及组织机构的设置和运转。行政组织是一个纵横交错的权责体系,每一层级、部门和职位都具有一定权力和承担一定的责任。为了实施科学管理,必须明确界定职能范围、正确划分行政权力,合理确定职责,理顺组织内外上下左右的关系,探求行政组织集权和分权的适度点,做到权责明确、一致,以保障行政组织各个组成部分的有序、协调、高效地运转。

4. 职位设置

职位是以一定的职权和责任为内容的工作岗位,职位设置是一定机构内部职级、职数、职责的确定。合理设置职位是构建科学的行政组织的前提。组织管理者要按照组织职能、具体任务和职责要求对组织中的具体岗位进行设计。在进行组织职位设置时,应保证每一职位应有其明确的任务和职责,包括量与质的要求,每一职位应有其特定的规范。

5. 行政人员

人既是组织的组成要素,也是组织的核心。组织任务的完成和目标的实现离不开组织成员的共同努力。行政人员是行政组织诸要素中最活跃、最为积极的部分。和其他构成要素不同,行政人员具有主观能动性,他能正确了解和掌握客观事物产生和发展的规律,能正确认识和把握管理对象的特点,能在正确认识的指导下,对社会公共事物进行科学管理,以实现组织目标。在行政管理活动中,行政人员的素质及结构是影响行政组织效率的一个重要的因素。

6. 物质因素

巧妇难为无米之炊，物质因素是行政组织必不可少的一大要素。具体包括办公场所、办公设备、办公经费、物质、用品等行政管理活动所必需的系列物质条件。

7. 法规制度

法规制度是行政组织依法行政的保障。行政组织要有效地发挥其职能，必须要有健全的法规制度作保证。行政组织法规制度具体涉及行政机关管理制度、人员管理制度以及运行程序制度。行政组织机构的设置、调整、撤销和行政人员的编制、任用、考核、奖惩等都必须用一定的规章制度加以管理。科学合理的规章制度对行政组织的整体性、连续性及其成员的组织性和纪律性有重要的保障作用。在行政管理活动过程中，必须要有科学、合理的运行规则和办事程序，以规范、程序、制度的力量来规范行政行为，实现行政管理的现代化、科学化、高效化。法规制度的完善程度也是衡量行政组织是否健全的主要标志，因此建立健全行政组织法、编制法以及组织内部的各项具体法规、制度，是行政组织建设的重要内容。

8. 组织文化

组织文化是在长期发展过程中形成的组织成员共同具有的价值观、责任感、职业道德以及工作作风的综合体现。它是作为一种精神和心理状态而存在的，具有整体性、渗透性、发展性。行政组织文化是行政组织的灵魂，关系到组织成员的工作状态和进取精神，关系到组织的和谐与稳定、效率与廉洁，关系到行政效率的高低和政府形象的好坏。因此，一方面我们应坚决摒弃形式主义、官僚主义，改进文风会风，整治慵懒散奢等不良风气；另一方面应始终秉持以人为本、执政为民的理念，大力宣扬廉政、勤政和效能文化，加快学习型、节约型政府建设，建立职能科学、结构优化、廉洁高效、人民满意的服务型政府。

三、行政组织的特征

作为社会组织的一种，行政组织具有一般社会组织的特征。但作为掌握行政权力的公共组织,行政组织又有别于其他社会组织,具有自身的特殊性质。

1. 公共性

作为公共组织,行政组织的目标在于谋求和维护公共利益。从行为宗旨上看,行政组织谋取的是全社会的公共利益,而非某个阶层、部门或个人的利益;从职能上看,行政组织以管理社会公共事务、提供社会公共产品、满足社会公共需求为其基本职能,追求社会的公平和公正;从手段上看,行政组织以行政权这一公共权力作为其活动的后盾和基础,具有强制性。

2. 政治性

行政组织是国家机器的一部分,是统治阶级用以维护统治秩序、实现阶级利益、协调社会政治关系的重要工具。从其产生之时,行政组织的首要目标就是利用政权的力量维持社会秩序、强化统治意志、体现统治阶级的意志以及协调统治阶级内部各方面的关系。可见,行政组织并不是单纯为管理社会公共事务建立起来的,它的活动具有明显的政治目的,必须从政治的视角才能准确理解和深刻把握行政组织的性质。

3. 执行性

行政是国家意志的执行。相对于国家民意机关(国家权力机关),行政组织居于从属地位。其基本使命是执行国家民意机关制定的法律、法规、政策和命令,代表国家对全社会公共事务进行管理,并提供公共服务,这是行政组织明显区别于其他国家机关的主要特点。与立法、司法机关相比,行政组织活动具有明显的执行性。

4. 权威性

行政组织是依照国家宪法和法律享有和行使行政权力的,其行政行为体现国家的意志,具有广泛的约束力和强制执行能力,能直接或间接引起法律效果。行政组织通过行使法定权力,可以在其职责范围内颁布各种行政法规和行政规章,干预和管理各种社会公共事务,对社会的价值和利益进行权威性分配和调整,其管辖范围内的任何组织和个人都必须遵守和服从,而不能抗拒,否则会引起强制执行的法律后果。

5. 法制性

行政组织是依据宪法和法律建立和运行的国家组织系统,具有很强的法制性。这主要表现在两个方面:一是行政组织设立和管理的法制性。行政组织的机构设置和调整、主要领导人员的产生、普通公务员的录用和管理、财政预算等都必须符合宪法和法律的规定。二是行政组织活动的法制性。行政权力的运用和行使,行政管理内容、方式、手段、程序必须符合宪法和法律的要求。

6. 非营利性

作为公共组织,行政组织没有盈利的目标和功能,其为社会提供的公共产品和服务都不以营利为目的。社会公众享受政府提供的服务一般不需要缴纳费用。当然,政府为少部分或某些特殊人群提供的一些服务,有时也会收取一定的费用,但其目的不是营利,而是为了保障纳税人权利的公平,所收取的费用也都将投入到公共福利等公共产品中去。

四、行政组织的类型

行政组织是一个复杂而庞大的组织体系,故而可作不同标准的分类。

(一)根据管辖地域范围分类

根据管辖的地域范围,可将行政组织分为中央行政组织和地方行政组织。中央行政组织管辖范围涉及全国。比如,我国的国务院及其职能部门,美国的联邦政府及其各部、英国的枢密院、内阁和政府各部,地方行政组织管辖范围只涉及一定区域。比如,我国的地方各级人民政府(省、市、县、乡镇)及其职能部门,美国的县、市、市镇及乡村政府,英国的郡、市、教区或社区。

(二)根据权限性质分类

按照权限性质,可将行政组织分为一般权限机关和专门权限机关。一般权限机关是指管理全国或一定地方区域内的全面性、综合性行政事务,统领各行政部门的行政组织,如各级地方政府。专门权限机关是指在全国或一定地方区域内管理一项或几项行政事务的行政组织,所主管的业务带有局部性和专业性,如各级政府的职能部门。

（三）根据组织时限分类

根据组织存续时限的长短,可将行政组织分为常设机构与非常设机构。常设机构是指为完成具有长期性和常规性的工作任务而设置的机构。非常设机构可以分为议事协调机构和临时机构。议事协调机构一般是为了组织协调某些跨地区、跨部门的工作而设立的机构;临时机构一般是为了办理临时性质的行政事务而设置的组织。

（四）根据组织功能分类

按照功能和作用的不同,可将行政组织分为领导机关、职能机关、监督机关、辅助机关、咨询机关和派出机关。

1. 领导机关

领导机关的主要功能是决策、指挥、协调和控制。它统筹全局、运筹帷幄,是各级行政组织的中枢,如我国的国务院及地方各级人民政府。

2. 职能机关

职能机关是行政组织系统中根据行政管理的专业分工需要而设置的分管某一方面行政事务的执行机关。它服从领导机关的意志,在其管辖范围内负责专业行政事务和社会事务。我国的国务院各部委就属于职能机关。

3. 监督机关

监督机关是指对行政机关及其管理活动进行监督检查的执法机构,如我国的监察和审计部门。

4. 辅助机关

辅助机关是行政组织系统中协助行政领导处理日常事务、承担辅助性工作的机关。它可分为综合性的(如国务院和地方政府的办公厅或办公室)和专业性的(如各个机关的人事和财务部门),政务性的(如国务院港澳办公室)和事务性的(如各级政府的机关事务管理局)。

5. 咨询机关

咨询机关亦称智囊团或参谋机构。它是由权威的专家学者和富有实际经验的政府官员组成，专门为政府出谋划策、提供咨询意见和决策方案的机构。咨询机关不具决策和执行功能，也不同于秘书班子，其基本职能是调查预测、参谋咨询、协调政策、辅助决策。当今，咨询机关已成为行政决策体制的重要组成部分，受到各国政府的普遍重视。如我国各级政府的政策研究室，美国的兰德公司等。

6. 派出机关

派出机关是一级政府或政府部门按管辖地区授权委派的代表机构。如，我国县级人民政府的相关职能部门派驻到乡镇的各所、站等。派出机关的主要职责是承上启下地实行管理，督促检查辖区内贯彻上级行政机关的指示、决议、决定的情况，同时向委派机关报告辖区内的相关情况。派出机关不是一级政府机关，一般而言它没有独立的法律地位，只能以派出它的政府或部门的名义行使行政权力，其行为的法律责任也应由派出它的政府或部门承担。

第二节　行政组织的结构与体制

结构与体制同属组织的基本属性，两者既相互区别又紧密联系，共同决定着组织的效能。因此，二者是学习和研究行政组织的必要内容。

一、行政组织结构

众所周知，构成要素相同，但组合方式不同，结果迥异。行政组织结构即指行政组织的要素构成模式，即行政组织中各层级、部门、单位和成员等之间的分工协作及沟通、联系方式。每个成员承担一个职位，若干职位形成一个工作单位或部门，继而构成一级政府，最后形成整个国家的行政组织系统。简而言之，我们需要了解，行政组织构成要素以何种方式组合才能够达到最佳效果。

（一）行政组织结构模式

在实践需要和认识加深的双力推动下，在科层组织的基础上，人们总结设计出了一些模式化的组织结构形式。下面简要介绍四种常见的经典组织结构模式。

1. 直线结构模式

直线结构模式的特点是单一垂直领导,结构简单,隶属关系明确,每一层级组织或个人只有一个垂直领导,不与相邻组织或个人及其领导发生命令服从关系。其优点是信息传递途径单一、快速;缺点是基层自主性小,且各职位工作程序固定,容易僵化。该模式适合规模不大,职能较为简单的行政组织。（如图 2-1）

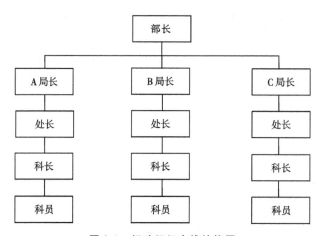

图 2-1　行政组织直线结构图

2. 职能结构模式

职能结构是相关部门在水平方向依职能不同进行分工,再分别对下级部门实施领导的模式。在该模式中,每个上级部门并不只单一领导自己的下级部门。同样,每个下级部门也不只服从一个上级部门。职能结构模式依靠水平分工领导,拓展了各层管理事务的范围,适合相对较复杂的管理工作。弊端是多头领导容易导致政出多门,造成执行混乱。（如图 2-2 所示）

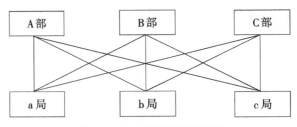

图 2-2　行政组织职能结构图

3. 直线—职能结构模式

直线—职能结构模式是在综合直线结构模式和职能结构模式基础上形成的一种组织结构模式。各级部门间既有垂直领导关系，又有水平领导关系。直线—职能结构形式加强了对水平层次领导部门的协调领导，有助于克服政出多门的问题，同时每个下级部门在只有一个明确上级领导的基础上，接受其他相关上级部门的指导和监督，有助于决策科学化、民主化。但该模式潜在的缺憾是，垂直领导有可能排斥水平领导，导致部门间关系复杂化。（如图 2-3 所示）

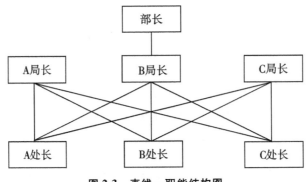

图 2-3　直线—职能结构图

4. 矩阵结构模式

矩阵结构模式是以完成某项工作为核心，从有关部门抽调人员组成临时机构来履行工作任务的结构。与直线—职能结构不同的是，矩阵结构中垂直领导与水平领导是并重的。它既保持了组织成员的稳定性，又有助于充分发挥组织成员的综合优势，组织效率相对较高。与前述三种模式相比，该模式更加灵活，适应能力强。由于较能适应复杂工作的需要，在行政组织中该模式得到了普遍运用。政府设置的临时办公机构，如各种工作领导协调小组及其办公室等就属

此种结构模式。(如图 2-4)

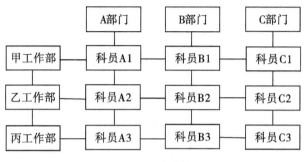

图 2-4 矩阵结构图

(二) 管理层次与幅度

任何组织的结构都可分为纵向与横向的两个方面,而且两者的关系还会影响到组织的效能。因此,行政组织的构成必须考虑管理层次与幅度的关系问题。

管理层次是指组织内部纵向划分的等级数。一般而言,行政组织可划分为三个层次,即高层、中层和基层。高层侧重于决策,中层承上启下,基层侧重于执行。管理幅度是指一个组织或一名上级管理者有效管理的下级单位、部门或人员的数目。管理幅度是衡量管理工作复杂性的重要标志,一项工作越复杂,管理幅度一般也越宽。管理幅度的宽窄并没有普遍适用的标准,只能因人、因事而定。

管理层次多、管理幅度小的组织结构,其形态类似"金字塔",因此被称为尖形结构。尖形结构中管理层次分明,上级对下级控制严格、影响力强。优点是权力集中,分工明确,便于统一行动。缺点是层次多,信息容易失真,决策执行易走样。此外,上级对下级的严格控制,抑制了下级积极主动性的发挥,工作缺乏灵活性,容易僵化。

管理层次少、管理幅度大的组织结构,其形态扁平,因此称为扁形结构。扁形结构管理层次少,信息传递迅速,不易失真,决策执行迅速,下级人员拥有较大的自主权,决策、执行面较广,也较灵活。弊端是上级对下级的控制力弱,扁形结构组织相对比较松散,集体行动难度大。

实践中,人们力图把尖形结构与扁形结构结合起来,以扬长避短。已有研究表明,管理层次与管理幅度在规模一定的组织内成反比关系,即管理层次越多,管理幅度越小;管理层次越少,管理幅度越大。就当前改革的趋势来看,我国的行政组织亦呈现出扁平化的趋势,即减少行政层级,适当增加管理幅度,扩大地方自主权。如,正在推行的省直管县、扩权强县、扩权强镇等试验。

（三）行政组织原则

行政组织原则即进行行政组织设置、改革时必须遵守的基本准则。在长期的行政管理实践和理论研究中,人们总结了一些规律性的行政组织原则,主要包括：

1. 职能目标原则

职能目标是组织存在的基础。明确的行政目标是科学合理设置行政组织的前提。因此在进行政府组织设置或机构改革时,首先应根据职能需要设置和改革政府机构。职能目标原则要求:科学界定政府职能目标、合理配置和划分政府职能、以职能而设置和改革机构、明确政府与其他社会组织目标的不同、以政府职能目标是否顺利实现来检验政府机构设置的合理性。

2. 完整统一原则

完整统一原则要求一个国家各层级和各部门的组织应有机地形成一个完整统一的组织功能齐全的行政体系。首先是职能目标的完整统一。行政组织的总体目标应完整,无遗漏,子目标与总目标之间、长期目标与短期目标之间要协调一致。其次是政府职能要完整统一。要按照行政组织功能齐全的要求来设置机构,以确保每一个职能都有机构承担,做到功能齐全,职能机构配套完整,既无"权力真空",又无"政出多门"。政府机构设置要纳入政府机构编制管理范围,机构级别、名称要规范统一。再次是行政权力的完整统一。行政组织要明确各自的职权范围,要明确隶属关系、平行关系以及制约关系,从而形成完整统一的行政权力体系。最后,领导指挥统一。在行政管理活动中,必须由上级机关或行政首长统一领导和指挥,各部门密切配合,如此效率才能提高。

3. 精简效能原则

我国宪法规定:"一切国家机关实行精简的原则。"为此,应做到:(1)行政机构设置要精干。行政组织的部门设置和管理层次都要力求精简,机构设置与职能相称,严格控制机构规模。(2)是人员编制要精干。人员配备与机构职能相称。实行定编定员,严格编制管理。同时,要大力提高公务员的管理能力和业务素质。(3)是办事程序要精简。合理的程序是必需的,但繁杂的程序也是影响组织效率的障碍。办事程序复杂、手续繁多、文山会海必然影响行政效率的提升。

4. 职、权、责一致原则

行政组织是一个权责体系,任何行政组织及其工作人员都必须贯彻职、权、责确定一致的原则。首先,职、权、责明确清楚,即明确规定行政组织中每一职位的职能范围、权利界限和责任形式。其次,职、权、责协调一致。行政组织中每一职位的职能范围、拥有的权力和承担的责任要协调一致,有职就有权,有权就有责,职位有多高,权力就有多大,责任就有多重。最后,建立严格的责任制和奖惩制。严格监督考核和奖惩,激励行政人员有效地行使职权、履行职责,保证权责一致原则有效实施。

5. 管理幅度适宜原则

所谓管理幅度应适当,是指管理者所管理的下属单位或人员数量应保持在管理者有效管理的限度内。管理幅度和管理层次是影响行政效率的重要因素,一个组织只有保持适当的管理幅度和管理层次,才能高效运作。管理幅度过宽,往往会管不过来,造成穷于应付的局面;管理幅度过窄,则会造成对下属干涉过多,使下级无法开展工作。通常要根据行政管理事务的难易程度、管理者的素质和管理手段的先进程度、下属人员的能力来确定管理幅度。

6. 法治原则

法制原则是依法行政的必然要求和重要内容。它要求行政组织的设立、变更、运行都必须依法进行,受法律的规范和制约。首先,要建立、健全行政组织法和其他相关法律,使行政组织的设立、调整、运转有法可依;其次,要严格依据法律的规定来设立、调整行政组织,依法律规定的职权、行为规范、行政程序进行管理。坚持法治原则有利于维护行政组织的权威性、统一性和规范性,提高行政组织的效率。

(四) 我国的政府组织结构

从层级上看,我国的政府组织结构主要可分为中央和地方两级。

1. 中央政府

中华人民共和国国务院,即中央人民政府,是最高国家权力机关的执行机关,是最高国家行政机关,由总理、副总理、国务委员、各部部长、各委员会主任、审计长、秘书长组成。国务院实行总理负责制。国务院秘书长在总理领导下,负责处理国务院的日常工作。国务院设立办公厅,由秘书长领导。

除国务院办公厅和各部、委员会、人民银行、审计署等国务院组成部门外,属于中央层次的行政组织还有:国务院直属特设机构(国务院国有资产监督管理委员会)、国务院直属机构(如国家税务总局等)、国务院办事机构(国务院侨务办公室等)、国务院直属事业单位(新华社等)、国务院部委管理的国家局(国家铁路局等)和国务院议事协调机构(国家国防动员委员会等)。

2. 地方政府

宪法规定,我国地方政府的管理层次为"三级",即"省、自治区、直辖市;自治州、县、自治县、市;乡、民族乡、镇"。但实际上,我国地方政府组织的结构层次大致分为以下三种类型:

(1) 两级制。只有一种情况,即直辖市—区。

(2) 三级制。包括四种情况:直辖市—区—乡(镇);直辖市—县—乡(镇);省、自治区—地级市—区;省、自治区—县(市)—乡(镇)。

(3) 四级制。包括三种情况:省、自治区—地级市—县(区)—乡(镇);省、自治区—自治州—县级市—区;省、自治区—自治州—县(市)—乡、镇。

除此之外,在地方行政组织中,我国还设有特别行政区一级,包括香港和澳门。特别行政区政府不同于一般的地方政府,它享有更高更多的自治权。例如,根据《中英联合声明》和《中华人民共和国香港特别行政区基本法》的有关规定,除外交和国防事务统一由中央人民政府负责管理外,香港特别行政区享有行政管理权、立法权、独立的司法权和终审权,可以用"中国香港"的名义进行国际经济文化交流活动。

二、行政组织体制

行政组织体制即行政组织内部的权力分配及运行模式,它以行政权力的分配为核心。行政权力的分配是指行政组织按照宪法和法律的规定,根据客观需要将自身拥有的行政权力分配给不同层级、部门及个人的过程,其关键在于行政权力的实际归属和运用。行政权力的分配形式影响其归属,而行政权力的归属又影响和决定行政组织体制。所以,不同的行政权力分配形式对应着不同的行政组织体制。或者说,不同的行政组织体制反映着不同的行政权力分配形式和特征。

行政组织体制可以按照不同的标准进行分类:根据最高决策权所属人数可分为首长制和委员会制;根据功能和性质可分为层级制和职能制;根据行政权力的分配可分为集权制和分权制;根据同一层级各部门所受的指挥和控制可分为完整制和分离制。当然这种分类是相对的,因为即使在同一国家里也常常是几种类型同时并存。

1. 首长制与委员会制

首长制又称一长制或独任制,是指行政组织的法定最高决策权归一个行政首长执掌的组织体制。首长制历史十分悠久,古代君主制便属首长制。现代国家中首长制仍然是一种重要的行政组织体制,美国的总统制是典型的首长制,总统享有一切内政、外交、军事等重大事务的决策权,其他行政人员只向总统一人负责。我国行政组织实行"首长负责制",从国务院总理到省长、市(区)长、县(区)长、乡(镇)长都是相应级别行政组织的"首长"。首长制的优点:权力集中,责任明确,指挥有力,便于迅速完成任务。缺点是:行政决策大权一人独揽,容易导致权力滥用,独断专行,压制民主,营私舞弊而无人牵制监督。加之个人在精力、知识、才能的局限,不利于问题的周密考察与恰当处理。

委员会制又称合议制,是指行政组织的法定最高决策权由两个以上的委员通过委员会议集体执掌的组织体制。古罗马时代,委员制便已经产生。当今的瑞士联邦委员会是典型的委员制。瑞士联邦委员会由议会选举七位委员组成,每届任期四年,联邦委员会主席由议会从委员中选举,任期一年,不得连任,不管是主席还是委员,其地位完全平等。委员制的优点:能够集思广益,处事考察周全;委员互相牵制,利于监督。缺点:责任不明确,争功诿过;不易协调,力量难以集中,决策迟缓。

首长制与委员制各有利弊,现实中应视具体情况而综合运用,以扬长避短。我国在实行首长制的同时,也吸收了委员制的优点。在国务院,实行国务院会议制度和常务委员会议制度,地方各级政府实行政府会议制度。一般情况下,重大问题都要经过会议集体讨论,最后才由首长集中。行政首长要对人大及其常务委员会负责,受其监督。

2. 层级制与职能制

层级制又称为分级制,是指行政组织纵向分为若干层次,上下层业务性质相同,但有隶属关系,业务范围由上至下逐层缩小的组织体制。层级制的优点:系统业务相通,便于沟通领导;权力集中,便于统一指挥。缺点:上级任务繁杂,往往顾此失彼;缺乏专业分工,工作弹性小;行政首长权力集中,要求下级对上级的绝对服从,容易造成独断专行。

职能制又称为分职制,是指行政组织横向依据不同的业务性质、职能而平行划分为若干部门,每个部门所管业务内容不同,但所管范围大小基本相同的组织体制。职能制的优点:分工明确,专业化,效率高,有利于行政首长进行宏观管理。缺点:部门主管多,政出多门,责任不明,下级部门无所适从,全局协调难度大。

为扬长避短,现代行政组织大都是将层级制与职能制有机结合起来,以层级制作为基础,在每一层级上进行职能分工。如我国,在层级方面,从中央到地方,分为国务院、省(自治区、直辖市)、市(州)、县(区)、乡(镇);职能方面,国务院分设若干部、办、委、局;省、自治区政府分设若干厅、委;市(州)、县(区)政府分设若干局;乡(镇)政府分设若干所(站)。同时,国务院各部、办、委、局与各级地方政府相对应的厅、局、所(站)之间,也还存在着纵向的领导或指导关系。

3. 集权制与分权制

集权制是指行政权力集中于上级机关,下级机关只有有限的裁量权的组织体制。集权制的优点:政令统一,力量集中,便于统筹兼顾,发挥优势。缺点:层级节制过严,下级行为被动,积极性得不到发挥;高层机关包揽较多事务决策,不能因地制宜,容易导致独裁和长官意志。

分权制是指下级组织在其管辖范围内有较大的裁量权,上级组织不予干涉的组织体制。分权制的优点:各级行政组织可以因地制宜地发挥自己的特长处理事务,能紧贴实际、适应客观环境的变化;各层级有自己的权力和责任,容易激发工作积极性,同时可防止独断专行。缺点:权力过于分散,上级组织的目标、意图难以实现,上级反受下级牵制;下级组织机关彼此分离,中央调控无力,容易形成地方势力,相互冲突,甚者造成行政组织的分裂。

集权抑或分权,各有利弊,争论未休。如何既能保证中央的有效调控,又能充分发挥地方积极性是个尚未很好解决的问题。实践来看,集权或者分权的选择主要取决于一国之传统和国民之偏好认同。当然,合理的行政组织体制,就是结合集权制与分权制的优势,而不能偏执一端。

4. 完整制与分离制

完整制又称集约制或一元统属制,是指行政组织中同一层级的各个机关受一个机关或一位行政首长指挥、监督的组织体制。完整制下的组织实行分工协作,以取得协同一致的效果。我国属于完整制。完整制的优点:权责集中明确,组织结构简单统一,便于分工协作,利于领导机构的全局统筹和命令的贯彻执行,并能人尽其才,发挥专业优势。缺点:行政首长权力过于集中,属下单位缺乏自主性,容易因循守旧。

分离制又称独立制或多元统属制,是指同一层级的各机关,受两个以上的机关或行政首长的指挥、监督的组织体制。在分离制之下,各机关彼此独立,无隶属关系。美国是实行分离制的典型国家。分离制的优点:行政机关独立性大,措施灵活有力,易于发挥专业优势。缺点:机构间协调合作难度大,个别部门的行动可能导致整个系统的混乱,从而降低效率。

实践中,分离制迎合了社会多元化的需求,但各部门的密切合作,更能提高行政效益,因而完整制被更多采用。

第三节 行政组织理论

行政组织理论是关于行政组织的设立、运行和发展规律的认知体系。组织现象出现较早,但对组织进行系统的理论研究则是近代的事。19世纪末以来,西方许多学者开始关注组织现象,并提出了各种组织理论。此时正逢行政学的诞生,在吸取和借鉴西方组织理论的基础上发展形成了行政组织理论。因此,学习行政组织理论首先必须了解西方组织理论的发展和演变。纵向上看,西方组织理论的发展演变可大致分为四个阶段:古典组织理论、新古典组织理论、现代组织理论、组织理论的新发展。

一、古典组织理论

古典组织理论形成于19世纪末20世纪初,主要代表人物有泰勒、法约尔、韦伯、古立克和厄威克等。

1. 泰勒的科学管理理论

著名美国管理学者弗雷德里克·温斯洛·泰勒(Frederick Taylor,1856—1915)于1911年出版了其代表作《科学管理原理》,而被尊称为"科学管理之父"。泰勒以车间、工厂等企业组织为研究对象,强调效率,认真探讨工人的操作方式和工作程序,总结出了"工作定额原理""标准化原理""计件工作制"等许多宝贵经验。其组织理论的主要观点包括:一是组织中管理者的计划职能应与工人的作业职能相分离。既要各负其责,又要相互协作;二是强调组织管理职能的专业化,每个管理人员都要尽可能分担某一项专门职能;三是提出了"例外原则",即强调高层管理人员应把部分权力下放给下级,自己只保留例外事项的处理权,以便集中精力办大事。泰勒的"科学管理"的思想为行政组织中职能部门的建立、管理专业化、高层管理者的职能分工以及组织效率的提高等提供了有益的启示。

2. 法约尔的一般组织管理理论

享利·法约尔(Henri Fayol,1841—1925),法国著名管理学者。1916年出版《工业管理与一般管理》,以整个工业企业组织为研究对象,就组织结构的规定性和管理过程的原则性,提出了适用于不同类型组织的一般组织管理理论。主要思想包括:首先提出了组织管理的5种职能和14项原则。5种职能是:计划、组织、指挥、协调和控制。14项原则是:精密分工、权责一致、纪律、统一指挥、统一领导、个人利益服从整体利益、报酬、集权、等级系列、秩序、平等、稳定、主动性和集体精神;其次,提出了建立参谋组织及"跳板"原则;最后,探讨了组织的外部形态和层级结构等。法约尔的组织理论具有较强的概括性和普遍性,为管理的基本理论的建立提供了一个非常有用的框架,对西方行政组织理论的发展有重大影响,是以后各种组织管理理论和管理实践的重要依据之一。

3. 韦伯官僚制组织理论

马克斯·韦伯(Max Weber,1964—1920)是德国著名的社会学家、政治经济学家和官僚组织理论的奠基人。官僚组织理论奠定了现代组织理论的基础,对整个20世纪乃至更久远的未来产生了深刻影响。韦伯认为,任何组织的存在都是靠权威来维持的,合法的权威主要有三种来源:一是基于习俗惯例的传统权威;二是基于领袖个人超凡魅力的神授型权威;三是基于理性和社会契约的法理型权威。每一种权威各有其理想的组织类型,而官僚制则是法理型权威最适宜的组织形式。官僚制主要内容包括:组织成员分工明确;报酬、晋级和提薪相对固定;组织内部层级节制;组织中规章和制度严明;管理中的决定和命令形成文件下达,以文件"档案"作为管理的基础。官僚制具有专门化、等级化、规则化、非人格化、技术化、公私分明化等特点,它是现代社会各种社会组织中占主导地位的组织形态,在现代行政组织中得到了充分运用。但是随着时代的发展,传统官僚制也面临着各种危机,尤其是自20世纪70年代以来,西方社会开始进入"后官僚时代",着手探索对传统官僚制的各种改革,并取得了积极成果。

4. 古立克和厄威克的组织理论

厄威克(Urwick),英国著名管理学家,主要贡献是把科学管理理论系统化,把泰勒、法约尔、穆尼等人的理论联系起来,综合出一套科学的逻辑框架。主要著作有《管理的要素》《组织的科学原则》《管理备要》等。他提出了认为适用于一切组织的十条原则:目标原则、专业化原则、协调原则、权限的原则、职责原则、明确性原则、一致性原则、控制幅度原则、平衡原则、连续性原则。

古立克(Gulick)是美国著名管理学家,在管理学史上同厄威克处于几乎同等的地位,其主要贡献也在于古典管理理论系统化方面所做的大量工作。1937年古立克和厄威克合编出版了《管理科学论文集》,其中包含了一系列反映当时管理学方面不同意见的论文,文集还包括了霍桑试验早期成果的报道。文集中的作者,除梅奥和福莱特以外,大都属于组织理论中的传统学派的代表人物。在这本文集中,古立克将法约尔有关管理过程的论点加以展开,提出了有名的管理七职能论,取其每种职能英文词的首字而称作 POSDCORB,即计划(Planning)、组织(Organising)、人事(Staffing)、指挥(Directing)、协调(Coordinating)、报告(Reporting)、预算(Budgeting)。此后,虽有人加以增减或修改,但基本上包括了到那时为止的有关管理过程的观点,并成为以后有关这类研究的出发点。

古典组织理论是现代组织理论发展史上的第一个里程碑,它适应了产业革命初期组织管理科学化、规范化、效率化的需要,为组织管理提供了一般的理论指导。然而,传统科学组织理论也存在着不足,它偏重于对组织内部的静态研究,把人看做是机器的附属物,强调的是等级、命令和服从,忽视了社会环境对组织的影响以及组织成员的社会心理需求。

二、新古典组织理论

新古典组织理论又称"行为科学组织理论"。从 20 世纪 30 年代起,行政组织理论的研究逐渐引进行为科学的方法,形成了新古典组织理论。主要有以梅奥为代表的人际关系组织理论、以巴纳德为代表的组织平衡理论、以西蒙为代表的决策过程组织理论。

1. 梅奥的人际关系组织理论

乔治·埃尔顿·梅奥(George Elton Mayo,1880—1949),原籍澳大利亚的美国行为科学家,人际关系理论的创始人,是行为科学理论的奠基之人,进行了著名的霍桑试验,主要代表著作有《组织中的人》和《管理和士气》。梅奥的人际关系理论的重要贡献主要有两个方面:一是发现了霍桑效应;二是创立了人际关系组织理论。在美国西方电器公司霍桑工厂进行的长达九年的实验研究——霍桑试验的研究结果否定了传统管理理论的对于人的假设,表明了工人不是被动的、孤立的个体,他们的行为不仅仅受工资的刺激,影响生产效率的最重要因素不是待遇和工作条件,而是工作中的人际关系。据此,梅奥提出了人际关系组织理论的主要论点:社会人理论、非正式组织理论和满足理论。显然,梅奥对人性做出了不同的假设,强调人的心理和社会因素对生产劳动所起的作用,大大扩大了管理理论的研究范围和研究领域,促进了管理科学理论的发展。

2. 巴纳德的系统组织理论

切斯特·巴纳德(Chester l. Barnard,1886—1961),美国著名管理学家,近代管理理论奠基人之一,主要代表作《经理人员的职能》。巴纳德将社会学概念应用于分析经理人员的职能和工作过程,并把研究重点放在组织结构的逻辑分析上,提出了一套协作和组织的理论。他认为,社会的各类组织都是一个协作的系统,这些协作组织是正式组织,都包含三个要素:协作的意愿、共同的目标和信息联系。所有的正式组织中都存在非正式组织,两者是协作中相互作用、相互依存的两个方面。一个协作系统是由相互协作的许多人组成的。对于个人目标和组织目标的不一致,巴纳德提出了"有效性"和"能率"两条原则。当一个组织系统协作得很成功,能够实现组织目标时,这个系统就是"有效性"的,它是系统存在的必要条件。系统的"能率"是指系统成员个人目标的满足程度,协作能率是个人能率综合作用的结果。这样就把正式组织的要求同个人的需要结合起来了,这在管理思想上是一个重大突破。该理论也被称作为"组织协作理论"。巴纳德使用社会的系统的观点分析管理问题,对现代管理学的发展起了重大作用,被后人成为现代管理理论之父。

3. 西蒙的决策组织理论

赫伯特·亚历山大·西蒙(Herbert A. Simon,汉名司马贺,1916—2001),美国著名的行政学家,他在管理学、组织行为学、政治学、心理学和计算机科学方面都有所造诣。尤其是主要从行为科学的角度探讨了决策理论,在这方面,他的研究取得了令人瞩目的成就,因而被公认为是决策理论学派的创始人,并因此而荣获1978年的诺贝尔经济学奖。

西蒙以巴纳德的思想作为出发点,建立起一个更加系统、更加全面和成熟的现代组织理论体系,即西蒙的决策理论。其主要思想包括:(1)决策论。组织的基本功能就是决策,"管理就是决策"。(2)"有限理性"决策。由于主观上认识能力、知识、价值观念等方面的限制,客观上的时间、经费、情报来源等方面的限制,任何组织不可能追求到"最理想""最优化"的决策。只能追求在当时条件下"令人满意"的决策。(3)平衡论。组织是由人组成的集体平衡系统,而要顺利实现组织的目标,要注意组织对个人诱因和个人对组织的贡献之间的平衡。(4)影响论。研究组织如何影响个人的决策行为。(5)组织设计论。组织设计要有利于组织决策,以及为决策所必需的信息传递、信息处理工作。

三、现代组织理论

20世纪60年代以后,西方组织理论进入了一个新的发展阶段,我们称之为现代组织理论阶段。该时期组织理论的研究引进了系统论、控制论和信息论的成果,不再把组织作为封闭、孤立的团体,而是看作一个与内外部环境密不可分的开放系统。既注重组织的静态研究,也注重动态研究,更注重组织与内外环境的适应性研究,从而更加广泛、全面和深刻地认识组织问题。现代组织理论可分为系统与权变组织理论和行政生态组织理论两大流派。

1. 系统权变组织理论

塔尔科特·帕森斯(Talcott Parsons,1902—1979),美国社会学家,结构功能主义的代表人物,是最早把一般系统论用于组织研究的学者。其代表作有《社会系统论》《现代社会的结构和进程》。他认为,任何组织其本身就是一个处在各个社会系统之中的社会分系统,此社会系统之内又包括了许多小的社会系统。处在社会系统中的组织,必须具备这样几个特质:适应环境、达成目标、统一协调、形态维持。这四个方面的特质主要通过组织的三个层级来维持:(1)决策层级。该层次负责决策和组织方向,处于组织的前锋地位,与客观的社会环境直接发生关系,其工作是开放式的。(2)管理层级,又称为协调层级。其主要任务是协调组织内部各单位的活动,同时负责维持组织与外在社会团体的接触。其工作属半开放、半封闭状态。(3)技术层级,又称操作层级。处在这一层级的人们一般不与社会环境直接发生关系,工作呈封闭状态。帕森斯认为,三个层级各有"界线"标志,工作性质各不相同,各层级职责清楚,授权分明,各司其职,互不干涉。

继帕森斯之后,美国学者卡斯特和罗森茨韦克发展了其观点。两人于1970年合作出版了《组织与管理——系统方法与权变方法》,系统阐述了其系统权变思想:第一,组织是一个开放的系统。任何组织都处在开放系统与环境相互作用之中,并努力达到动态平衡。第二,组织是个整体系统。任何组织作为一个整体系统都由目标与价值、技术、社会心理、结构和管理等五个分系统组成。第三,组织的权变理论。任何组织的外部环境和内部各分系统都处在动态的变化之中,组织在这种变化着的特殊环境中具有多变量性,而并不存在普遍适用于任何组织的组织原则和管理方法。所以,对一个成功的组织而言,应该视具体情况而采取不同的设计和管理。

2. 生态行政组织理论

最早提出行政生态学的学者是美国哈佛大学教授高斯。他于1947年在《政府生态学》一文中强调外部生态因素对行政管理的重要性,正式把生态学一词引入行政学研究领域。后来美国著名学者里格斯继承和发展了高斯的理论,运用生态学的理论与方法研究发展中国家的行政问题,使行政生态学成为一门比较系统的理论学科,从而被称为比较行政学和行政生态学的创始人。他所著的《农业型与工业型行政模式》《行政生态学》被引为典范式的生态行政学论著。

里格斯以传统泰国、现代泰国、菲律宾以及现代美国为对象,通过分析它们各自的社会经济结构及文化、历史与公共行政之间的相互影响,系统地阐述了他的行政生态学观点。其基本思想包括:首先,行政组织存在三种模式,即融合型(传统农业社会)、棱柱型(农业社会向工业社会过渡时期)和衍射型(发达的工业社会)。里格斯利用光谱现象解释了三种类型的社会组织模式。在农业社会,行政组织与立法、司法等组织混同,如同自然光在折射前是一束无区别的白光;到了发达的工业化社会,已经有了非常明确的分工,立法、司法和行政三权分立,如同五彩斑斓的光,光芒四射;而在过渡时期,行政组织呈半分化状态,异质性与异种性并存,形式主义、重叠性特点突出,既有农业社会的特征,又有工业社会的特征。其次,社会经济机制和生产力水平是影响公共行政最主要的生态因素。另外,社会沟通网路、政治制度、社会结构和认同意识等外部生态环境也影响着公共行政。

四、组织理论的新发展

20世纪80年代以来,随着科学技术的迅速发展,西方社会发生了从工业社会到后工业社会的转变。环境变化极大地推动了组织管理的发展,一些新的组织理论思想也应运而生。

1. 企业家政府组织理论

企业家政府组织理论的主要代表是戴维·奥斯本和特德·盖布勒。他们在

1992 年合作出版的《改革政府——企业家精神如何改革着公营部门》一书中提出了"企业家政府理论",指出重塑政府的十大原则:政府的职能应是"掌舵"而不是"划桨";政府应广泛采用授权方式进行管理;政府应在公共管理中引入竞争机制;要改变政府行为的内部驱动力——由"任务驱动的政府"取代"规则驱动的政府";要转变政府的投入产出观念;政府应该树立"顾客意识";变花钱政府为赚钱政府;政府应该有预见未来的能力;政府应该重分权模式和合作式组织;政府应该以市场为导向。戴维·奥斯本和特德·盖布勒的企业家政府理论为人们重新定义政府提供了一种新的思维,对美国政府的行政改革产生了很大影响。

2. 学习型组织理论

1990 年,美国麻省理工大学彼得·圣吉教授撰写的《第五项修炼——学习型组织的艺术和实务》引起了管理理论界的瞩目。从此,建立学习型组织成为管理理论和实践的热点。所谓学习型组织,是指一种充满学习氛围,充分发挥员工的创造性思维能力的有机的、柔性的、能持续发展的组织。学习型组织的五项修炼是:超越自我、改善心智模式、建立共同远见、团队学习、系统思考。学习型组织的精神在于透过学习实现心灵的改变。彼得圣吉指出学习型组织的真谛在于:"透过学习,我们重新创造自我。透过学习,我们能够做到未能做到的事情,重新认知这个世界及我们跟它的关系,以及扩展创造未来的能量。"①

3. 任务型组织理论

在向后工业社会的转型中,随着社会的不确定性、复杂性和风险的逐步增加,人们在处理一些紧迫、重大的一次性任务时,特别是在危机事件的应对过程中发现既有的常规组织往往难以胜任,于是"临时性组织""任务小组"等各类非常设性组织在实践中应运而生。作为理论回应,以张康之为代表的中国学者把这类不同于常规组织、以任务为导向的组织形式称为"任务型组织",率先进行了较为系统的研究,并于 2009 年出版了《任务型组织研究》一书。通过比较的方法,作者对任务型组织的产生背景、任务与目标、结构、运行机制、管理方针、资源获取、设立与解散等进行了深入的开拓性研究。作者认为任务型组织的研究

---

① 彼得·圣吉:《第五项修炼——学习型组织的艺术与实务》,上海三联书店 1998 年版,第 425 页。

目标就是要弥补传统的以官僚制为基础常规组织的缺陷,在理论上实现对官僚组织的解构和超越,进而构建能够适应现代社会的不确定性、复杂性和突发性特点的组织形态,以满足非常规性管理迅速有效反应的需求。

组织理论思想的新发展是对当下社会发展加速转型的积极回应,具有一些与以往行政组织理论完全不同的特点。他们非常重视组织管理理念的更新,并提出了各自的组织理念。尽管这些理论还不完善,但他们所倡导的理念对行政组织的发展仍具有里程碑式的影响。

第四节 行政组织的变革与发展

所谓行政组织变革与发展,是指行政组织根据内外环境变化,有组织、有计划地不断地调整和完善其职能配置、机构设置、结构与体制以及管理方式,不断提高行政组织效能的过程。它是行政组织适应环境变化、实现动态平衡、追求自身生存与发展的一种持续性的革故鼎新的过程。

一、行政组织变革与发展的环境

行政生态理论认为,任何行政组织都不是一个绝对独立、自我封闭的系统。它在运行过程中要经常地与社会环境相互影响、相互作用。面对迅速变化和发展的内外环境,以管理社会公共事务为己任的行政组织必须在组织功能、结构、体制和规模等方面不断地调整、变革和发展,以提高行政管理效能。

1. 国际环境

开放体系中,世界各国在交流中受益的同时,又彼此相互影响、相互作用。一方面,当下错综复杂、博弈加剧的世界政治格局不断影响着国内形势,考验着当局政府;另一方面,受现代信息技术的引领全球化不断加速,世界经济持续向着国际化、区域化、集团化方向纵深发展,经济一体化趋势明显增强。各国在政治上相互博弈,经济上相互依赖,科技文化上相互交流、相互影响,联系日益广泛、深入,关系也更加密切和复杂。为适应国际环境的迅速发展,大多数国家都对传统的行政职能和行政管理方式进行调整和改革,以提升政府的应对能力。

2. 政治环境

国内政治环境对行政组织的主要影响有：第一，政治体制确定了行政组织在社会政治生活中的地位和作用；第二，政治权力划分勾勒出了不同组织间的政治关系，并规定了行政组织的影响力和约束性；第三，国家结构形式决定了行政组织的活动范畴；第四，政党制度对行政组织的职责、权限范围、独立程度等有着深刻的影响。各国执政党执掌着行政机关，在国家社会生活中扮演着极其重要的角色，其对政府工作的控制范围、程度、途径，以及这些关系的变化，直接影响着行政组织的职、责、权的独立性，决定着行政组织的变革。

3. 经济环境

经济基础决定上层建筑。经济的不断发展变化，必然带动行政组织的变革和发展。人类社会从自给自足的自然经济，发展到商品经济、市场经济，在经济形态不断演进的同时，经济结构逐步完善。与此同时，作为上层建筑的行政组织也在不断地变革、发展，以适应变化了的经济基础。尤其是，随着世界各国间竞争的日益加剧，经济发展已经成为衡量综合国力的核心指标，为了在国际竞争中取得有利地位，就必须主动进行政府组织变革，以适应和进一步促进经济的发展。中国等发展中国家尤为如此。

4. 社会文化环境

一方面，社会企事业组织的发育、独立和成熟程度，社会群团组织的独立程度和参与意识，大众传播媒介对社会的介入程度和自身的现代化程度，公民素质的高低，以及公共舆论等社会因素在很大程度上影响着行政组织的目标和行为，进而引起行政组织的职、责、权以及管理方式、机构设置的变革；另一方面，任何组织的变革都是在一定的文化环境中进行的。虽然文化对组织的影响相对政治和经济而言较为迟缓，但作用时间却更长。社会认知、价值、意识形态、行为规范、道德传统等文化因素的变化必然影响到行政组织的变革发与展。当前我国正处于社会转型的加速期，非政府组织成长迅速，文化、认知多元，在从政府管理走向公共管理；目前，中国改革进入深水区，需要改变部门利益、地区利益、行业利益突出的局面，更需理顺政府、市场、社会三者的各自关系。同时，社会矛盾显化，社会风险加剧，整个社会文化环境都对行政组织的变革提出了迫切的要求。

5. 技术环境

技术本身是组织因素之一，制约着组织管理活动的方式方法。农业技术支持着农业型组织，工业技术则支持着工业型组织。当今，信息技术的发展则从多个方面影响着现代行政组织的结构和行为，其在组织环境子系统中的地位达到了前所未及的高度。技术的发展对行政组织的影响是显而易见的，信息技术以及其他新技术的运用，除开改变了行政组织运作的物质依赖条件、缩短了组织过程、提升了组织效率之外，还逐步改变着行政组织的结构和活动方式。近年来随着信息技术在我国各级政府的推广普及，电子政府、政务微博等正方兴未艾，构成了新兴的行政组织技术环境。

6. 行政组织内部环境

行政组织内部环境的变化也是引致行政组织变革的重要因素。行政组织改革是消除行政组织自身弊端、提高行政效率的重要途径。帕金森定律表明，行政组织天然具有自我扩张的趋势。一是职能扩张。各部门竞相扩张自身的职能，结果致使职能冲突、工作重复、相互侵权、管理混乱。二是机构膨胀。职能扩张伴随着机构的膨胀。当组织规模超出了必要的限度必然导致机构臃肿，冗员增加，开支庞大，财政负担过重，效率低下。故而，行政组织机构的周期性改革总是在所难免。

二、行政组织变革的内容

纵观各国，受环境影响和目标指引，行政组织发生或正在发生着以下四个方面的变革：

1. 行政组织职能的转变

众所周知，行政组织职能是随环境的发展变化而不断调整的。总体而言，在适应行政环境变化的过程中，各国行政组织的职能呈现出以下三个方面的转变：首先，在职能领域方面，行政组织职能从以政治职能为重心，转向以经济职能、社会事务管理职能、科技文化职能为重心，实行重心下沉；其次，在职能性质方面，行政组织职能从政治统治职能为主转向以管理和服务职能为主,强调"结果导向"和"顾客导向";最后,在职能分化程度方面,行政组织职能由高度统合型向专业分化型转变,实行政策制定与执行的分离,强调战略管理。

2. 行政组织权力体系的变革

随着行政环境和行政组织职能的转换,各国行政组织权力体系呈现出以下五个方面的变化:一是改革组织内部集权结构。向下级授权,使其承担责任。向地方分权,地方政府享有更多的管理本地社会事务的自主权。二是向社会还权。行政组织是从社会中产生,后又逐步凌驾于社会之上的公共权力组织。随着市民社会的发展,行政组织又将部分权力交还于社会,由其实行自我管理。三是重视决策的参与和组织的参与。随着工作业务量的扩大及其复杂性、专业性的提高,参谋部门在组织中已经拥有了一定程度的、相对独立的决策权、控制权和协调权。行政组织权力体系由先前的直线权力关系转向直线权力与参谋权力关系并存状态。四是以制度性的对话、知识和专门技能作为权力的来源。五是以团队精神而非命令与服从达到整合与控制。

3. 行政组织结构的变革

行政组织结构的变革体现在纵向层级结构和横向部门结构两个方面。在纵向层级结构方面,随着行政组织成员素质的提高,技术条件的发展,组织内部民主化、分权化要求的日益强烈,纵向管理的层次和环节减少了,管理幅度扩大了,呈现出扁平化的趋势。

横向部门结构方面:一是转换职能,精简机构,裁减人员,压缩政府财政支出。行政组织职能由微观、宏观并重发展为控制宏观、放活微观。体现在组织结构上就是减少对社会微观活动进行直接管理的部门,增强对社会宏观活动进行综合管理的部门。二是适应管理科学化、民主化的要求,加强了行政组织体系中咨询、信息和监督部门,使其与决策、执行部门合理配套。三是构建开放性,以民众需求为导向的富有弹性和回应性的政府组织。四是建立跨部门、跨区域的合作组织,形成网状的沟通与联系,构建"无缝隙政府"。

4. 行政组织效能的提升

行政组织变革与发展的目的在于通过不断提升行政组织的效能,以更好地履行其职能,即政府职能。为了应对环境急剧变化所带来的机遇和现实挑战,各国政府纷纷启动了学习型政府的建设,以提升政府的总体效能。学习型政府源于学习型组织理论。学习型组织理论认为新的组织所依赖的技术不以机器为基础,而以知识为基础,组织成员的首要任务不是为了追求单一的效率,而是如何识别和解决新的问题。因此,组织内成员必须不断地学习,使组织能不断地进行新任务的尝试。它强调的是组织内的学习精神实质,组织成员如何提高自己的学习能力和适应持续变化的能力,促使组织成员主动地参与到组织问题的识别与解决过程中来,并因此而改变人们的行为模式,促进组织适应环境能力和创新能力的提升。学习型政府建设是指政府组织在力求精简、扁平化的同时,追求终生学习、不断自我组织再造,以维持和提升政府竞争力。

三、我国行政组织的改革与发展

新中国成立以来,为建设职能科学、结构优化、廉洁高效、人民满意的服务型政府,在中国共产党的领导下进行了长期探索和多次改革。从1949年10月1日新中国成立至今,规模较大的政府机构设置改革共计15次,其中,1978年以前6次,改革开放以后9次。关于各次政府机构改革的详情将在后面的相关章节中进行叙述,在此仅从宏观上对历次改革的总体脉络和特征进行扼要梳理。

1. 计划经济体制下政府机构改革的反复

1949年新中国成立至1978年改革开放以前,为"超英赶美"、早日实现"四个现代化",我国进行了多次大规模精兵简政的尝试。其中较大的政府机构改革有6次,包括:1951—1953年、1954—1956年、1956—1959年、1960—1965年、1966—1975年、1976—1981年。简而言之,由于历史的局限,1978年以前我国历次的政府机构改革总体呈现出"放乱收死"的共同特征。此间的每次政府机构改革基本都是围绕着"放权—收权"的逻辑展开,进而形成了"放权—精简—乱—收权—膨胀—死"的循环。即为了快速发展经济,实现"赶超"目标,中央政府放权并精简机构设置,但结果却导致了国家经济活动的混乱,为治理经济混乱局面中央不得已而上收下放权力,结果却又导致了中央政府机构的膨胀,同时也致使国家经济管理的僵化。究其症结,关键原因有三:一是建国初期在经济基础还相当穷弱的情况下,核心决策者选择了重工业优先发展的"赶超战略";二是为了配合"赶超战略"的实施,不得已提前结束了既定的新民主主义经济制度,效仿苏联快速建立起了高度集中的计划经济体制;三是在高度集中的计划经济体制不可动摇和意识形态严重"左"倾的背景下,"放权—收权"成为政府机构改革的唯一路径选择。"放乱收死"则成为此间历次改革的必然结果。

尽管1978年前的历届政府机构改革未能取得理想之效果,但依然为后续改革提供了宝贵的经验,是特定历史条件下的有益探索,因此我们只能在正确回顾历史的基础上吸取教训、积累经验、提升智慧,而不能一味用现今的标准去苛责故人、苛求历史。

2. 改革开放初期政府机构改革的探索

1978年党的十一届三中全会以后,我国进入了改革开放的新时代。至1989年为止,我国又进行了两次较大的政府机构改革,即1982年和1988年的政府机构改革。在改革开放的大背景下,这两次改革取得了一些突破,呈现出不少亮点。如,1982年的改革精简了机构和领导班子、废除了领导职务终身制、加快了干部队伍年轻化,提高了政府效率;1988年的改革则提出了"转变政府职能是机构改革的关键"的核心命题。当然,由于高度集中的计划经济体制这一关键症结依然存续,因此1982年改革之后,政府机构和人员数量又出现了反弹。1988年的改革亦曾一度置身于政治体制改革和经济体制改革的宏观背景下,并提出了较好的改革思路和方案,但由于后来一系列众所周知复杂的政治经济原因,此次改革尚未完全"破题"便进入了治理、整顿时期,致使诸多改革方案搁浅。

回顾改革开放初期我国政府机构改革的历史,我们不难发现尽管改革出现了"膨胀—精简—再膨胀"的怪圈,但也逐步获得了一些至今仍为难能可贵的认识:一是政府机构改革的根本在于摒弃高度集中的计划经济体制;二是政府机构改革的关键在于及时转变政府职能;三是稳定的政治经济环境是改革的根本条件。

3. 社会主义市场经济体制确立后政府机构改革的深化

1992年邓小平南方谈话及党的十四大确立社会主义市场经济体制以后,我国的改革开放重新起航并加速前进。在此背景下,迄今为止又持续进行了1993年、1998年、2003年、2008年、2013年、2018年、2023年等7次政府机构改革。总体而言,这7次改革呈现出以下特点:其一,此段的政府机构改革与先前的显著区别在于,历次改革是在同一大背景下的依次递进和深化,而非反复。每次改革都是在巩固先前改革成果基础上的继续推进和深化,所以总体取得了比较理想的效果。其二,历次改革的目标明确,即建立与社会主义市场经济体制相适应的行政管理体制,完善行政运行机制,建设服务型政府。其三,历次改革的重点相同,即切实推进政府职能转换,理顺职责关系,改革管理方式,提高政府效能。其四,历次改革的趋势是调整、整合政府组织结构,积极探索、稳步推进大部制。

纵观党的十四大以来我国历届政府机构改革可发现,持续性的经济改革和对外开放的深化倒逼和促进了政府自身的改革,因此不仅历次改革的方向、目标及步骤越发明确,而且每次改革都更具深度和力度。

本章小结

学习和研究行政组织,首先必须准确把握其科学内涵。为此,需在理清行政组织的基本含义、构成要素和常见类型的基础上理解其区别于其他组织的特征。

行政组织设置的科学与否决定着行政效率的高低,而行政组织的效能又决定于行政组织的结构与体制。为探究行政组织系统的最佳组合方式,需要分析其内部要素结构和权力配置,具体既包括行政组织设置、变革的原则、要素构成模式和纵横向关系,又包括其内部权力分配及运行模式。

学习行政组织理论应先了解西方组织理论演变的脉络。古典组织理论是组织理论发展史上的第一个里程碑,它适应了产业革命初期组织管理科学化、规范化、效率化的需要,为组织管理提供了一般的理论指导。为克服传统科学组织理论偏重组织内部静态研究、忽视社会环境影响和组织成员社会心理需求等不足,从20世纪30年代起行政组织理论的研究引进了行为科学的方法,形成了新古典组织理论。20世纪60年代以后,组织理论的研究又引进了系统论、控制论和信息论的成果,从而形成了现代组织理论。20世纪80年代以来,随着后工业化和信息时代的来临,新的组织理论思想应运而生,形成了组织理论的新发展。

行政组织变革与发展是指行政组织根据内外环境变化,有组织、有计划地不断地调整和完善其职能配置、机构设置、结构与体制以及管理方式,不断提高行政组织效能的过程,也是行政组织适应环境变化、实现动态平衡、追求自身生存与发展的动态过程。新中国成立以来,经过反复实践和长期探索,当前我国政府机构改革不仅方向、目标及步骤越发明确,而且每次改革都更具深度和力度。

关键词

行政组织　行政组织要素　行政组织特征　行政组织类型　行政组织结构模式　管理层次与幅度　行政组织原则　行政组织体制　古典组织理论　新古典组织理论　现代组织理论　行政环境　行政组织变革

1. 如何理解行政组织的科学涵义?
2. 行政组织与其他组织有何异同?
3. 影响行政组织设置的因素有哪些?
4. 试述我国行政组织结构与体制的特征。
5. 试述行政组织理论演变的脉络与趋势。
6. 行政组织变革的原因是什么?
7. 试述行政组织变革的趋势。
8. 试论我国政府机构改革的动力与阻力。

推荐阅读

1. 弗兰克·J.古德诺:《政治与行政》,上海:复旦大学出版社2011年版。
2. 马克斯·韦伯:《经济与社会》,上海:上海人民出版社2010年版。
3. 沙夫里茨、奥特:《组织理论经典(英文版)》,北京:中国人民大学出版社2004年版。
4. 罗伯特·登哈特:《公共组织理论》,北京:中国人民大学出版社2011年版。

5. 巴兹雷:《突破官僚制》,北京:中国人民大学出版社2002年版。

6. 詹姆斯·Q.威尔逊:《官僚机构:政府机构的作为及其原因》,北京:生活·读书·新知三联书店2006年版。

7. 弗雷德·W.里格斯:《行政生态学》,台北:台湾商务印书馆1985年版。

8. 倪星:《行政组织学》,北京:北京师范大学出版社2011年版。

第三章　行政职能

行政职能的核心在于回答政府"应该做什么,不应该做什么"的问题。行政职能的内容、实质和方向,表明了政府在国家社会生活中所扮演的角色和发挥的作用,决定了政府的规模、行政组织的结构与形态以及行政人员的配置,限定了国家与市场、社会之间的关系。无论处在哪个时代和国家,也无论在哪种社会形态和政治制度下,政府的一切活动始终围绕和服务于行政职能的有效履行。因此,它在公共行政学中占有十分重要的地位,是公共行政学研究的逻辑起点。

第一节　行政职能的含义及其特征

一、行政职能的概念解析

职能,一般指人、事物、机构应有的职责和功能。行政职能,又称政府职能,指的就是国家行政机关所承担的职责和所具有的功能,回答的是政府"想干什么"或"应干什么"的问题,体现了政府对社会的承诺和担负的义务。这一概念可以从以下几个方面深入理解:

一是行政职能的主体是政府。对政府的理解,通常有广义和狭义两种含义。

广义的政府是对所有依法行使国家权力机关的统称,包括立法机关、行政机关、司法机关等。狭义的政府则特指执行和贯彻国家法律,负责组织、管理和实施国家事务的行政机关。这里所指的政府是指狭义上的政府。

二是行政职能的客体涉及政治、经济、文化、社会等多个领域,具有广泛性和多样性。

三是行政职能一般由法律予以明确规定,即任何行政机关的职能设定必须有明确的法律依据,政府职能部门在宪法和法律的框架内依法承担职责。在我国,各级政府及其所属的各个职能部门的职能内容及其设定与变更,必须依据组织法并通过法定程序确定。

四是行政职能是国家职能的具体执行和体现。国家的本质是阶级性与公共性的有机统一。国家本质的阶级性决定了国家的基本职能之一是政治统治,其功能和作用在于对内控制被统治阶级,对外维护国家主权的统一和领土的完整。国家本质的公共性则要求政府发挥经济管理和公共管理职能。经济职能的作用在于干预社会经济活动,促进物质财富的创造,保障人民的基本生活。公共管理职能则在于管理社会公共事务和发展社会科教文卫事业,以适应社会的政治、经济和文化发展的需要。无论哪种职能的表达和执行,都必须建立、发展和维持一个自上而下的行政组织,作为实施国家职能的物质载体。这些根据国家的本质和基本的政治制度建立起来的、用于履行国家职能的机关,就是行政机关。从这个意义上来说,行政职能从属于国家职能,是国家职能的具体体现。

二、行政职能的特征

1. 公共性

政治与经济的发展必须适应于社会,行政职能的价值、目标、结构以及实现方式的选择都是由社会而生,依社会而设的,并以实现公共利益为最终的价值目标。因而,公共利益作为政府存续的合法性基础来源,亦是行政职能界定的核心价值标准,仅从政治、经济等狭窄领域之中去考量政府职能,是舍本求末的。任何时候,行政职能都应以满足社会对公共产品的需求为根本目的。

2. 执行性

国家政权机关包括立法机关、司法机关以及行政机关,分别执行立法、司法和行政管理职能。从行政与立法、司法的关系来看,行政职能是执行性职能,主要负责执行立法机关的意志,进行具体的管理活动。它的行使以国家强制力为后盾,与其他非国家活动的管理相比,它有明显的代表国家意志的权威性。我国是工人阶级领导的,以工农联盟为基础的社会主义国家,行政管理必须贯彻执行中国共产党的路线、方针和政策,必须执行人民代表大会的决定和决议。

3. 多样性

行政管理范围涉及国家和社会生活的各个方面,因而行政管理职能是多种多样的。性质上可以分为政治统治和社会管理职能;范围上可以分为对外和对内职能;具体领域上可以分为政治、经济、文化和社会等基本职能;运行过程可以分为决策、组织、协调、控制等职能;管理层次上可以分为中央职能、地方职能和基层政府职能的高低层次划分。

4. 动态性

行政职能随着国家经济、社会生活以及行政环境的变化而变化。社会发生变迁,行政职能的范围、内容、主次关系、作用、对象也必然发生变化。在古代,受社会生产力发展水平、文明进步程度和国家阶级观念等重要因素的制约,统治职能是最主要的行政职能,除此之外,只能提供水利、交通等相当有限的社会职能。现代社会,统治职能转变为政治职能,经济与社会职能则逐渐凸显,并且,为了克服公共行政系统自我衍生的惰性和弊端,20世纪的各国政府不断对自身的职能进行调整和改进,行政职能在不同的时期侧重点各不相同,表现出动态发展的鲜明特征。

第二节 行政职能的历史发展脉络

近代意义上的政府产生于资本主义经济基础和结构之上。在资本主义产生之前的奴隶制和封建制社会时期,国家行政职能的重点是政治统治,奴隶主或封建地主通过不断地强化政治职能,维护自身的阶级利益;由于仍处于自然经济阶段,经济职能微弱,社会管理职能也相对较少。而在资本主义产生之后,经济发展事务增多,社会矛盾逐渐凸显,从整体上来看,行政职能的演变经历了一个不断膨胀和扩张的发展过程,行政职能的范围由窄变宽,政府权力由小变大。根据不同时期行政职能的不同特征,我们将行政职能的演变划分为五个阶段。

一、重商主义时期的"国家主义"型政府

在西方国家市场经济发展早期,传统的教会和封建势力还没有肃清,他们对人们的观念意识和经济行为都还存有实际的控制力,欧洲传统的封建庄园模式也没有完全消除,资本本身的向外扩张性与国内狭小的和封闭的市场相矛盾。为在经济上彻底地战胜封建势力,当时资产阶级的学者和政治家极力鼓吹重商主义经济理论,与现实相适应的政府职能理论就是强政府理论,即在市场经济并未立足的条件下,强调政府对社会和经济的干预。政府在实践中扮演了打破地方割据,消除封建势力,组织建立新型市场秩序,实施对外贸易和扩展,扩大市场范围,实现资本的增值,可见,早期的资本主义政府是市场经济确立和发展的实际操纵者,其作用不可小觑。①

二、自由主义时期的"守夜人"政府

自由主义时期是资本主义发展的上升期,以英国为代表的资本主义经济呈现出了蓬勃发展的势头,这时重商主义所制定的一些诸如保护关税制度、居住资格法令等政策措施已经严重阻碍了经济的自由发展和资产阶级的对外扩张,因而要求政府尽可能地减少对经济生活的干预。

英国古典经济学家亚当·斯密积极倡导"守夜人"政府,在其《国富论》一书中有对国家行政职能的精辟阐述。他认为,在自由放任的情况下,个人追求私利的结果会自然而然地增进整个社会的利益,社会经济活动的运行应该交由市场这一"看不见的手"去引导,君主(政府)的职责应被限制在"一是保护社会不受其他独立社会的侵犯,二是尽可能保护社会成员不受其他成员的欺侮,三是建立和维持某些对于一个大社会当然是有很大利益的公共机构和公共工程"②。政府应当尽量减少税收,减轻人民的税收负担,政府应当是节俭的政府,最好的政

---

① 高慧军:《当代行政职能理论和实践变迁对我国政府职能转变的启示》,载《教学与研究》2003年,第7页。

② 亚当·斯密:《国富论》,唐日松等译,北京:华夏出版社2005年版,第497页。

府就是最"廉价"的政府。

法国著名经济学家萨伊也是大力倡导经济自由主义的代表。萨伊认为,一个仁慈的政府应该尽量减少干涉,政府只要管好国防、司法和公共事业就行了,而不应过多地干预经济生活,不应干预生产生活——无论是生产什么还是怎样生产。对工业、农业和外贸的干预,他都反对。

约翰·穆勒在《政治经济学原理及其在社会哲学上的若干应用》一书中指出,"政府职能行使所依据的共同理由除了增进普遍的便利外,不可能再找到其他任何理由;也不可能用任何普遍适用的准则来限制政府的干预,能限制政府干预的只有这样一条简单而笼统的准则,即除非政府干预能带来很大便利,否则决不允许政府干预"①。

在这些经济学家的大力倡导下,"自由放任"成为当时奉行的信条,社会普遍认为"管得最少的政府,就是最好的政府",因此,这一时期的西方各国的行政职能范围显得格外狭窄。政府的职能被限定在维护国家安全、社会秩序以及个人财产不受侵犯等方面,政府的组织结构简单,机构少,人员少,财政收支少,经济社会和其他各项事业的发展主要依靠市场这只"看不见的手"来调节和引导。

三、福利资本主义时期的"干预型"政府

19世纪末,工业化、城市化和产业化给西欧资本主义国家带来了严重的社会问题,贫困、公共卫生、环境污染、童工等问题日益严峻,要求政府扩大职能范围的社会呼声越来越高。20世纪前期,主要资本主义国家生产和消费之间的紧张关系日渐突出,尤其是在20世纪30年代,生产和消费之间的链条崩溃,资本主义国家陷入了严重的经济危机之中。而以自由放任理论为基础的自由竞争机制面对危机束手无策,主张加强国家干预经济,主张由政府调节生产,通过政府的各种积极政策来克服危机和消除失业的凯恩斯国家干预理论应运而生。

凯恩斯主义认为,市场不是万能的,如果没有国家的宏观管理,市场经济会成为万恶之源,资源也会遭到毁灭和破坏。政府不应只是社会秩序的消极保护

---

① 约翰·穆勒:《政治经济学原理及其在社会哲学上的若干应用》(下卷),北京:商务印书馆1991年版,第371—372页。

人,还应该是社会秩序与经济生活的积极干预者。经济危机的解决途径在于增加社会的有效需求,而为了增加有效需求,政府必须有效地运用财政政策干预经济、消除市场的不稳定,从而推动经济发展。这意味着,政府职能不仅仅局限在行政上,其社会经济管理的职能得到了加强。在凯恩斯主义的指导下,当时的美国总统罗斯福推行了全面的国家干预政策,通过两个"百日新政",政府进行了一系列的改革,制定了紧急银行法案、事业救济法案、工业复兴法案、以供代赈法案等,大大强化了美国政府的行政职能。"罗斯福新政"还拉开了整个西方国家政府干预的序幕,各发达资本主义国家纷纷采用各种手段实施宏观调控,动用扩张或紧缩政策抑制经济危机,推动经济发展。

凯恩斯主义为福利国家的发展创造了条件。凯恩斯的有效需求不足理论鼓励政府不仅要干预生产,也要干预分配,以创造有利条件刺激经济增长,维护社会公平。1935年,罗斯福新政中颁布的《社会保障法》是对这个理论的初步回应。1942年,英国的贝弗里奇爵士发表的《社会保险及相关服务》(又称《贝弗里奇报告》)则标志着国家社会职能的全面拓展。该报告设计的"从摇篮到坟墓"的一整套社会福利方案,极大地影响了战后西方国家的社会制度设计,推动了西方资本主义国家投身于福利制度的建设。此后的几十年时间内,社会福利制度在全世界范围内广泛建立,由政府强制性地提供社会保障和社会福利的制度成为普遍性的政府行为,政府的社会职能至此发展起来。

总的来说,这一时期各个国家的行政职能都处于扩张与膨胀的势头之中,政府通过行政和法律手段保障市场秩序的发展,政府通过高额税收平衡国民收入再分配,通过扩大公共财政投入提升社会福利水平、维护社会公平,政府的行政权力在这些过程中扩大了许多,经济职能和社会职能都得到很大程度的强化。

四、新自由主义时期的"适度干预型"政府

行政职能的加强使资本主义国家走出了危机的阴影,在战后的相当一段时间内出现了新的繁荣与进步。然而,进入20世纪70年代以后,随着资本主义基本矛盾的日趋激化,许多国家普遍出现了经济停滞、失业人数增加、通货膨胀、物价上涨并存的局面。而凯恩斯主义在解决这些问题时一度失灵,各主要资本主义国家开始了新一轮的行政职能调整。简单来说,西方资本主义国家抛弃了凯

恩斯的"全面干预"理念,而转向了"适度国家干预"阶段。

与经济发展的实践要求相适应,出现了多种多样的新自由主义思潮,以弗里德曼为代表的新自由主义学派这一时期大放异彩。新自由主义的基本主张是:"市场失灵"不是把问题转交给政府处理的充分条件。市场本身具有调节和校正机制,通过自身的调整就可以纠正和校正"市场失灵"现象,依赖市场以外的政府干预反倒会起破坏作用。政府干预经济的结果之所以不尽如人意,关键在于政府干预亦有不可克服的缺陷,政府本身也会失灵,而且政府失灵往往比市场失灵更为普遍,危害也更大。他们认为,滞胀危机不是资本主义的危机,而是国家资本主义的危机,问题不是市场太多,而是市场不足。只有实行私有化政策,消除官僚垄断,排除束缚市场机制的障碍,充分发挥市场机制的作用,使整个经济处于稳定状态,才能消除经济"滞胀"。

里根、撒切尔夫人是新自由主义的信奉者,他们在自由主义思潮的指导下实施了一系列的改革措施,其内容涉及政府职能的重新定位和政府组织结构的重塑。这些改革措施包括:

(1) 政府功能定位的市场化取向。市场化取向是20世纪80年代以来西方政府职能转变的主要趋势,其实质是政府与市场的功能选择问题——政府的退却和市场价值的回归。民营化和自由化是压缩政府经济职能的主要改革措施,如撒切尔夫人执政时期的英国施行了大刀阔斧的改革,大量的国有企业被推向市场。鼓励在政府内部引入竞争机制,建立企业家政府,以合同出租、公私合作、用者付费和凭单制等形式提供公共产品。

(2) 缩减社会福利与社会保障规模。多年来福利的发展使得发达国家的福利体现大而全,这给国家财政体系带来了沉重的压力。而人口老龄化、长期失业、单亲家庭增多、贫困现象的有增无减,使得人们对福利国家的幻想破灭。各国开始有计划、有步骤的削减社会福利计划,通过鼓励竞争与就业、提高保障门槛、削减福利水平的方式缩减社会福利的规模,提高保障效率。

(3) 行政权力配置格局的分散化。分权的意思是放松中央集权,实现行政权、财政权、资源配置权和政治权力从中央政府到地方政府的纵向转移。关于地方分权合理性的论证集中体现为财政联邦主义。地方分权的合理性首先在于地方政府比中央政府更加接近民众,也就是说比中央政府更加了解其所管辖民众的需求和效用。其次,一个国家内部不同地区的民众有权对不同种类和数量的公共服务进行个性化选择,而向地方政府分权恰恰是实现不同地区的民众个性化选择的机制。

新自由主义思潮弱化了政府的经济干预职能。政府的社会职能在一定程度上被削减,主要资本主义国家在20世纪八九十年代陷入广泛的失业与就业不足泥沼中,社会的不平等进一步加剧,中低收入者的生活条件与工作条件恶化。因此到了90年代以后,政府主义又有一定的回归趋向。

五、21世纪以来行政职能发展的新趋向

进入21世纪,世界正迎来一个新的时代——政治多极化发展、科技进步日新月异、全球竞争日益激烈,这些对各国政府管理提出了新的挑战。相应地,各国的行政职能也产生了新的变化。

1. 强调政府的公共服务职能

新公共管理理论所倡导的市场化、企业化运作并没有实现预期的效果,反而使社会公共产品供给的公平程度降低,公务员的廉洁、忠诚、责任等价值观受到损害。在反思和批判新公共管理理论的基础上,新公共服务理论应运而生。该理论建立尊重公共利益的观念之上,突出了公民在治理体系中的中心位置和政府的服务职能,认为政府的角色既不是划桨,也不是掌舵,而是提供服务。行政职能结构的重心在于提供社会服务,即所谓的服务型政府。

2. 强调政府与社会的合作伙伴关系

新世纪以来,政府组织不再被认为是公共管理的唯一主体,政府的社会角色以及政府与市场、政府与社会之间的边界再次发生变化,政府、市场与社会之间被看成是平等的治理伙伴关系。第一,强调政府决策职能的社会化。社会服务提供虽然是政府的主要职能,但提供什么样的服务,怎样提供服务,却不取决于政府意志,而是取决于公民的意愿和要求。这就鼓励政府健全公民参与机制,畅通公民参与渠道,让公民表达和选择各自需要的社会服务,促使政府的决策尽可能地贴近的公民需求。第二,服务生产职能的社会化。公共产品的提供和生产分开,原先由政府承担的服务生产职能转移给市场、社会企业或民间组织,主张

政府与社会对公共事务进行协同治理,形成社会治理的多元行动机制。第三,多种社会主体出现,要求政府加强综合协调职能和综合管理职能。

3. 强调政府的网络社会管理职能

计算机和信息网络技术的发展迫使政府面临许多新的问题,各国的政府职能因此需做相应的调整。网络问政、电子政务在全世界迅速发展,其所带来的信息扩散成为促进政府与网民互动、通达社情民意的重要渠道,它也促使各国政府必须直接面对公众的质疑和呼声,政府的反应能力、回应速度受到考验;网络安全、身份认证、网络购物、电子银行的发展要求政府强化其网络社会管理职能,政府需要强化了建立法律法规基础,设置相应的管理机构来引导和推进信息化建设,推动电子技术朝着规范和有益的方向发展。

4. 强调国家间的政府合作

当今时代,各种风险如环境污染、生态恶化、食品安全、传染性疾病、恐怖主义以及核辐射的风险等层出不穷,且有越演越烈之势。不同于传统的源于外部的自然风险,现代风险最重要的特征是其"脱域性",不受地理和社会文化边界的限制,人类社会的每个个体或迟或早都受到它的影响,并且它造成的影响和伤害常常是潜在的、持续的、不可逆的。德国社会学家乌尔里希·贝克(Ulrich Beck)将这种社会形态称为"风险社会"(risk society)。① 由于风险社会的超域性质,对风险进行有效治理不再是一个国家或地区的责任,而是世界各国的共同责任。单纯地依靠以地域、国家、民族为基础的治理机制已经无法解决"风险社会"所要面临的社会问题,必须突破既有的利益障碍,建立风险治理的国际合作战略,寻求多方面、多层次的合作。

第三节 行政职能的构成

一、行政管理的基本职能

国家的本质是阶级性与公共性的有机统一。因此,国家的基本职能之一是

---

① 乌尔里希·贝克:《风险社会》,何博闻译,南京:译林出版社2004年版,第38页。

政治统治,其功能和作用在于对内控制被统治阶级,镇压敌对势力的反抗,协调统治阶级内部的利益冲突,维持统治秩序;对外维护国家主权的统一和领土的完整,为实现统治阶级的统治和社会经济发展创造良好的外界环境。国家本质的公共性则要求政府发挥经济管理和公共管理职能,即广义的社会职能。经济职能的作用在于干预社会经济活动,促进物质财富的创造,保障人民的基本生活。公共管理职能则在于管理社会公共事务和发展社会科教文卫事业,以适应社会的政治、经济和文化发展的需要。国家这三个方面的职能是相互联系、相互制约和相互促进的,任何时候都不能偏废任何一种职能。行政管理作为国家权力的执行活动,必然要以履行国家职能为根本,上述的三项职能是公共行政学的应有之义。具体地,我们可以将行政职能概括为政治、经济、社会和文化职能四项。

1. 政治职能

政治职能的根本目标在于维护国家统治,巩固国家政权。它主要包括对内和对外两个方面。对内政治职能具体包括三个方面:其一是维持社会秩序,保证私人生命和财产的安全,制止私人纠纷导致的公民之间的暴力冲突,它主要依靠暴力型的国家机器来实现,包括国家军队、警察及其物质附属物、建筑物和装备在内的强制机关是维持社会秩序的主要力量。其二是发展政治民主,政府要通过健全民主制度、丰富民主形式、拓宽民主渠道,依法实行民主选举、民主决策、民主管理、民主监督,来保障人民的知情权、参与权、表达权和监督权,提高政府活动的公开性和透明性,保障政治和政府组织的良性运行。其三是维护民族团结。在一些多民族国家,国家以多种方式塑造民族国家的象征性意义,减缓族群之间的冲突,协调族群之间的关系,维护各民族之间的安定与团结。

国家的对外职能主要以武力为后盾,防御外敌的入侵,维护国家主权与领土安全,以保障国内现代化建设的顺利进行。现代国家树立综合的国家安全观十分必要,即不仅通过加强国防建设、军队建设与武器装备来确保领土安全,还应注重国家的经济文化安全、重视科技信息发展来确保我国的文化与信息安全。除此之外,冷战以后,国家关系由对抗走向合作,因此强化外交手段、加强国际合作也成为国家对外职能的一个重要方面,其地位日益提升。我国对外的政治职能主要通过国防、外交、安全、保密等机关来具体实施。

2. 经济职能

经济职能是指政府促进社会经济发展和进步,提高社会生产力水平,提高人民生活水平和综合国力的职能。当前,在世界现代化进程中,政府的经济职能已成为各国政府最重要的职能之一。政府在经济方面的作用大致分为三个方面:一是保持宏观经济稳定,以避免市场经济活动的过度波动。由于市场经济机制具有自身难以克服的弱点,所以需要由代表公共利益的政府来进行宏观调整,以保证国民经济的总体结构合理,维护国民经济和社会发展的良性循环。政府的宏观调控功能主要包括对社会经济建设进行统筹规划、政策组织、信息引导、提供服务和协调监督。政府一般要对国民经济的发展提出中长期的发展规划,以作为国家和地方政府经济发展的目标;通过制定税收政策、产业政策和重大投资政策,优化和调整生产力布局和产业结构;通过信息引导、弥补信息不完全或者不对称造成的市场失灵,引导社会资本的走向;通过加强市场监管,打击市场不规范行为,推进市场的完善和发展,协调市场主体之间的利益。政府宏观调控的手段包括经济手段,法律手段,行政手段。

二是在"市场失灵"的情况下,政府通过干预资源配置,使得资源利用最大化。一般认为,导致市场失灵的因素主要有公共物品、外部性、垄断和信息不对称。当市场失灵产生以后,私人部门已无法很好地解决资源的配置问题,此时往往需要政府部门的介入,即采取政府干预的手段来提高资源配置效率。著名的经济学家斯蒂格里茨指出,政府在纠正市场失灵方面具有某些明显优势,政府拥有的强制力如征税权、禁止权、处罚权可以使得政府拥有交易成本低、组织费用低、不存在搭便车、收集信息多、调节社会组织,避免逆向选择等优势,这些优势使得政府在生产公共物品、消除外部性时极具优势。如对具有外部性的物品(如高污染产品、高社会效益产品和公共物品)的生产进行调节,执行反垄断、反不公平竞争法。

三是收入再分配,即通过调节国家、企业、个人之间的税收、实施社会保障政策等,对由市场决定的收入分配进行调节,以避免收入两极分化,保障人们拥有足够的购买能力,促进市场供需之间的有效平衡,从而推动经济的可持续发展。

3. 社会职能

社会职能是指政府对社会生活领域中的公共事务的管理职能,主要包括了提供各类公共服务、发展社会保障、培育各类社会团体和中介组织、繁荣社会文化事业等,社会职能在现代国家的政府职能中占据非常重要的位置。1997年,世界银行提出的政府应具有六项作用与职能中,社会职能占到其中的三项,分别是促进教育、防止环境恶化、建立和维护社会保障体系。① 社会职能的重要性可见一斑。

(1) 提供公共服务是政府社会职能最为重要的组成部分。所谓公共服务,通常是对政府满足社会公共需求、提供公共产品的服务行为的总称,它是发挥政府作用、履行政府社会职能的核心问题,也是促进经济增长和保障社会不断发展进步的重大理论与实践问题。诸如教育、食品安全、环境保护、公路交通、娱乐休闲设施等满足公民衣、食、住、行、乐等方面的基本需求,均属于公共服务的内容。政府提供公共服务以财政资源作为基础,其最重要的法则是均等化。

(2) 社会保障是现代国家的重要社会职能之一。当代西方资本主义国家,均形成了以社会保险、社会救助、社会福利为基础,以基本养老、基本医疗、最低生活保障制度为重点,以慈善事业、商业保险为补充的社会保障与社会福利体系。通过提供全方位的社会保障,缩小社会贫富差距,改善社会弱势群体的生活,化解社会阶层之间的矛盾,保障公民的生活与发展权利。

(3) 社会组织的培育与管理是社会职能的一个重要组成方面。新公共服务理论倡导发展公域与私域的对话与沟通,平衡二者的关系;倡导建立政府与私人组织、社会志愿组织之间的联盟,把各方面的力量集中到公共政策的实施过程中;注重帮助和支持创立社区和各种社会组织。在现代开放社会,社会组织同政府、企业共同构成了现代社会结构的三大支柱,各类社会组织在社会公共事务中起着政府不可替代的重要作用,是社会治理结构中的重要力量。为此,政府将发展各类社会中介组织,加强城市社区建设,提高社会自治能力作为社会职能的重要组成部分之一。

长期以来,"以经济建设为中心"的政策论纲使我国政府更加注重经济职能,社会职能被忽视,公共管理职能较为弱小,这导致了我国经济和社会发展的不协调。

---

① 1997年世界银行提出的政府应具有六项作用与职能包括:1.促进教育;2.促进技术进步;3.支持金融部门;4.进行投资基础设施和制度的建设;5.防止环境恶化;6.建立和维护社会保障体系。

2007年10月15日,在中国共产党第十七次全国代表大会上,胡锦涛总书记做了题为《高举中国特色社会主义伟大旗帜　为夺取全面建设小康社会新胜利而奋斗》的报告。该报告用整章(第八章)的篇幅全面系统地论述了社会建设的设想:"必须在经济发展的基础上,更加注重社会建设,着力保障和改善民生。"2012年,党的十八大报告继续强调:"加强社会建设,必须以保障和改善民生为重点。提高人民物质文化生活水平,是改革开放和社会主义现代化建设的根本目的。要多谋民生之利,多解民生之忧,解决好人民最关心最直接最现实的利益问题,在学有所教、劳有所得、病有所医、老有所养、住有所居上持续取得新进展,努力让人民过上更好生活。"党的二十大报告指出,必须坚持在发展中保障和改善民生,从完善分配制度、实施就业优先战略、健全社会保障体系、推进健康中国建设四个方面增进民生福祉,提高人民生活品质。这一论述为我国未来的社会职能建设指明了重点和方向。

4. 文化职能

在当今社会发展过程中,文化发展直接推动经济增长,同时又决定经济发展的质量和高度。早在1948年12月,联合国大会通过的《世界人权宣言》将文化方面各种权利的实现作为基本人权的重要内容。1966年12月,联合国大会通过的更有强制性的《经济社会和文化权利国际公约》进一步对上述权利加以强调。2001年2月28日九届全国人大常委会第20次会议通过批准关于《经济、社会和文化权利国际公约》的决定,表明中国政府对人民享有文化权利的认同。而进入新世纪以来,政府的文化职能呈现加强之势,不少国家在制定新发展战略时都把"文化立国"当成是重要的内容,把推动文化发展与传播当成本国政府的一项重要的行政职能。

从内涵上来看,政府的文化职能主要包括加强公共文化设施建设、提供文化事业服务、发布公共文化信息、为社会公众参与文化活动及文化产业发展提供保障和创造条件等。公共图书馆、文化馆、展览馆、博物馆、戏院、电影院等是社会文化传播的有效载体,图书发行、艺术表演、电影与音像制作、社区文化活动是文化传播的主要形式。而政府是文化服务的最重要责任主体,其职责主要在于营造良好的文化传播环境,合理界定政府与各类文化单位的职能分工,动员社会力量广泛参与文化建设,形成政府主导、多元参与的公共文化服务体系。

上述四个方面仅是政府职能的最基本内容。纵观世界各国政府,由于不同的社会环境和社会结构,政府职能也会表现出不同的体系,具有不同的特色。但总体上来说,政府都需履行政治、经济、社会、文化几大职能,所不同的只是侧重点和介入的广度、深度方面的差别。也就是说,各国政府的主要分野并不在职能的"类别"上,而在于职能的"结构"上,即不同类别的行政职能在职能总量中的比重和相对地位。

二、行政管理的运行职能

上述行政管理的基本职能,必须通过各个管理环节才能实现。从行政管理过程的角度来看,行政职能还应包括一系列运行职能。国内外学者对此有不同的论述,比较常见的有行政管理的"三功能说""五功能说"和"七功能说"。

(一)行政管理运行职能的不同学说

1. 五功能说

法国管理学家法约尔在其著名的《工业管理和一般管理》一书中,提出了适应于公私企业的管理"五功能说"①。法约尔强调管理和经营是两个不同的概念,管理意味着考虑未来,管理由计划、组织、指挥、协调和控制五种要素构成,管理实际上就是实行计划、组织、指挥、协调和控制。具体地:

计划:是根据组织行为为组织找准目标,制订行动计划方案;

组织:建立组织的物质和社会的双重结构;

指挥:使组织人员发挥作用;

协调:连接、联合、协调所有的活动及力量;

控制:注意是否一切都已经按照制定的规章和下达的命令进行。

2. 七功能说

美国学者古立克和厄威克将古典管理学派有关管理职能的理论加以系统化,进一步提出了著名的"七功能说",简称为"POSDCORB"②。

---

① 法约尔:《工业管理和一般管理》,北京:中国社会科学出版社1982年版,第46—119页。
② 丁煌:《西方行政学说史》,武汉:武汉大学出版社2011年版,第114页。

计划(Planning)。为了实现企业所设定的目标而制定出所要做的事情的纲要,以及如何做的方法。

组织(Organizing)。为了实现企业所设定的目标,就必须建立权力的正式机构和组织体系,以便对各个工作部门加以安排、规定和协调。

人事(Staffing)。包括有关职工的选择和训练、培养和适当安排等方面的职能。

指挥(Directing)。指包括以下各项的一种连续的工作:作出决策;以各种特殊的和一般的命令和指示使决策具体化;作为企业的领导者发挥作用,包括对下属的领导、监督和激励。

协调(Coordinating)。使各部门的工作相互联系起来,步调协同地实现组织目标的一种的重要职能。为了协调职能,古立克提出所谓"一致性原则",认为应按照任务目标、作业的不同性质、服务的人群、服务的场所等方法要把企业的活动进行分类,并把类似的活动划归同一个领导人管辖。

报告(Reporting)。指必须使那些经理人员应对其负责的人得到有关正在进行的情况的报告,并使自己及其下属通过记录、调查和检查而得到有关情报。

预算(Budgeting)。包括所有的财务计划、会计和控制形式出现的预算。

由于古立克所提出的行政管理的"七功能说"一直都是现代政府行政管理工作的主体内容,并且他的思想有很强的规范性,因此他的思想在世界范围内有着广泛的影响。

(二) 现代行政管理的运行职能

根据上述公共行政理论家的论述,本书将行政管理的运行职能划分为决策、组织、协调、控制四个组成部分。

1. 决策职能

行政决策指的是国家行政机关及其工作人员为了履行政府职能而设计并选择解决问题方案的活动,它包括目标和计划两个层面。对现代公共行政而言,几乎所有的行政管理活动都依赖于一定的行政决策来实现,因此,行政决策在公共行政中占有核心地位,发挥着重要作用。主要体现两个方面:其一,行政决策是行政管理过程的首要环节和各项管理职能的基础。行政决策是行政执行的前提和依据、行政管理中遇到的各种问题,都必然依赖于科学的行政决策来加以解决。同时,行政管理的各个环节也都是围绕行政决策来进行的。其二,重大决策决定了政府工作的成败和成效,影响国家和社会的发展。由于决策职能是科学管理的关键一步,因此为了实现行政决策的科学化、民主化,必须健全民主决策机制,鼓励民众参与决策过程。

2. 组织职能

为了实现组织的既定目标,设置组织机构、配备人员、划分权力和责任、提供财力和物力保障,将组织内部各要素联合成一个有机整体,实现人、财、物之间的合理配置使用,就是行政管理的组织职能。它具体表现为:对机构的设置、调整和有效运用,搞好编制管理;对组织内部的职权划分和人员选拔、调配、培训和考核;对具体行政工作的指挥和监督。组织水平的高低,直接关系到公共行政职能能否实现及其在多大程度上实现。

3. 协调职能

行政管理过程涉及的主体繁多,有效的政策执行要求行政组织上下级之间、一级组织的各部门之间、行政组织内部与外部环境之间的协调配合。协调活动是行政管理过程的重要环节,通过行政管理协调职能的发挥,理顺各类型主体之间的关系,减少和消除不必要的冲突和能量损耗,以建立和谐的分工合作和相互配合关系,有效率地实现行政管理的目标。行政协调主要包括三个方面:首先,指行政机关与外部环境之间的协调,主要的协调方法包括转变政府职能、建立或撤销政府机构、政府职能分化、公民参与和磋商、行政反馈等。其次,行政协调是指政府横向部门之间之间的协调,其主要方法是建立部门横向协调组织,明确职权划分。最后,层级部门之间的协调,主要通过明确划分职权与事权,层级之间的协调主要通过授权、权力委任、行政督导等方式进行。

4. 控制职能

控制是为了保证行政执行过程与行政计划的一致性,对出现的偏差及时采取措施加以纠正,以使公共行政活动朝着预定的计划和目标前进。控制职能一般包括四个连续的环节:第一,确立控制标准。根据行政目标和行政计划的内容,决策者提出行政成效、时间等方面的控制标准,作为行政过程的检查和衡量的标准。第二,获取偏差信息。通过实地调查、现场反馈的方法获取实际工作和标准之间的偏差信息。第三,采取纠偏措施。获取偏差信息之后,对形成偏差的原因要进行深入的分析,在此基础上采取对策措施予以纠正。第四,实行有效监督。在整个控制职能的发挥过程中,采取强制或者非强制的检查督促手段,保障调节的顺利进行和纠正措施的落实。由于偏差纠正存在一定的时间滞后性问题,因此现代公共行政特别强调事前控制,即要求在行政执行之前,尽可能地全面考虑各种可能出现的情况,提前做好预案,使得控制时间提前,尽量减少偏差错误的影响。

第四节 服务型政府:我国政府行政职能转变的目标

一、新公共服务理论的发展背景与理论要点

新公共服务理论源于对20世纪80年代流行的新公共管理理论的反思。新公共管理理论以倡导公共服务市场化、鼓励在政府管理中引入竞争机制、建立企业家政府为主要内容,主张用合同出租、放松规制、使用者付费和凭单制等形式提供公共产品,效率、市场、竞争等词汇受到该理论的大力吹捧。该理论在解决传统公共行政的官僚化、低效率等方面取得了一定的成绩,但是也带来了一些新的问题。彼得斯指出,企业化运作会使公务员制度的廉洁、忠诚、责任等价值观难以实现,减少政府雇员的工作责任感和追求卓越的动机。新公共管理理论的代言人奥斯本也承认,许多人一味地追求政府像企业那样来运作是不对的,必然不会有好的效果。而新公共服务理论的倡导者登哈特则指出,新公共管理理论影响下的政府,与其说公共行政的官员正集中于控制管理机构和提供服务,倒不如说他们更加关注"掌舵"而不是"划桨",但是,在他们忙于"掌舵"的时候,他们却忘记了是谁拥有这艘船。[①]

在"新公共服务理论"家看来,公共行政官员应集中于承担为公民服务和向公民放权的职责,政府的角色既不是划桨,也不是掌舵,而是提供服务,以及建立一个明显具有完善整合力和回应力的公共机构。具体来说,"新公共服务理论"

---

① 丁煌:《西方行政学说史》,武汉:武汉大学出版社2011年版,第409—413页。

的要点包括：

第一，政府的职能是服务而非掌舵。公务员日益重要的作用在于帮助公民表达和实现他们的共同利益，而不是试图通过控制或者掌舵使社会朝着新的方向发展。

第二，公共利益是目标而非副产品。行政官员必须致力于建立集体的、共同的公共利益观念，这个目标不是要在个人选择的驱动下找到快速解决问题的方案，而是要创造共享利益和共同责任。

第三，战略地思考，民主地行动。符合公共需要的政策和计划，可以通过集体努力和协作过程得以最为有效地、最负责任地贯彻执行。

第四，服务于公民而非顾客，即公共利益源于对共同价值准则的对话协商，而不是个体自我利益的简单相加。因此，公务员不仅仅要回应"顾客"的需求，而且更要关注建设政府与公民之间、公民与公民之间的信任与合作关系。

第五，责任并不是单一的，公务员不应当仅仅关注市场，更应该关注宪法和法律，关注社会价值观、政治行为准则、职业标准和公民利益。

第六，重视人而不只是生产效率。如果公共组织及其所参与的网络，能在尊重所有人的基础上通过合作和共同领导的过程来运作，它们最终就更有可能获得成功。

第七，超越企业家身份，重视公民身份。与视公共资金为己所有的企业家式行事方式相比，如果公务员和公民都致力于为社会做出有意义的贡献，那么公共利益就会得到更好的实现。

通过以上的描述和分析，可以看出，登哈特倡导的是一个充分重视民主、公民权和公共利益服务的理论框架，与新公共管理将公民视为"顾客"不同，新公共服务理论认为公民应是政府的主人，强调通过广泛的对话和公民参与来追求共同的价值观和共同的利益，并且能够为了追求更大的利益而采取行动。

二、服务型政府的基本意涵

"服务型政府"是指在公民本位、社会本位理念指导下，在民主制度框架内，把服务作为社会治理价值体系核心和政府职能结构重心的一种政府模式或政府形态。理解这个概念，要着重把握四点。

1. 服务型政府职能结构的重心在于社会服务

社会服务职能是服务型政府的主要职能,其他一切职能都处在次要的位置。在传统政府模式下,政府职能结构的重心在政治统治职能上,政府虽然也提供社会服务,但是政府提供社会服务不过是维持政治统治、稳定统治秩序、争取政治合法性的手段。服务型政府要求社会服务职能在政府职能体系中居于中心位置,社会服务本身成为政府的目的,政府进行资源配置,并决定是否把哪些社会资源用于社会服务事务上。

2. 服务型政府提倡公民参与

通过健全公民参与机制,畅通公民参与渠道,服务型政府鼓励公民自由表达和选择各自需要的社会服务。一定意义上说,服务型政府的这层内涵与民主理念是相吻合的,政府权力民主化是服务型追求的目标,公共利益应是政府的基本立场,最大程度上尊重和体现了"民意"是政府的价值观。

3. 服务型政府主张社会的多元治理

服务型政府认为实现政策目标的机制,显然不能只靠单一的现存政府机构,应该致力于建立公共、私人和非营利机构之间的联盟,把各方面的力量集中到计划的实施过程中,注重发挥集体的合力使计划得以贯彻执行,从而满足相互一致的需求。它所描绘的是这样一种社会治理结构,即政府的治理方式完全以服务代替了控制,政府、私人组织与公民组成的各种志愿组织共同构成了社会的治理体系,政府与社会、公民之间不再是一种自上而下的单一的"权力—服从"型的关系,而是一种多向的、信任合作的良性互动关系。

4. 服务型政府是对传统政府模式的根本性改变或超越

与传统政府模式相比,服务型政府的职能体系发生了结构性的变化,价值导向进行了根本性的调整。因此,"服务型政府"绝不是对传统政府模式的修修补补,也不是对传统政府模式进行局部性的、操作层面的改革,而是一种新的政府类型,标志着社会治理进入了一个新的阶段。

三、转变政府职能,建设服务型政府

对于我国而言,在计划经济体制下,政府职能带有"全能主义"特点。具体

表现为行政权力对社会进行全方位的渗透,直接干涉社会的每个角落,权力运行过程中以命令、服从为主要形式,带有很强烈的"人治"色彩。改革开放以后,随着计划经济体制向社会主义市场经济体制逐步转变,我国逐步形成了一个"经济建设型政府"模式。政府长期主导资源配置,并将其掌握的资源主要运用在经济领域,这使政府长期充当了经济建设主体和投资主体的角色。经济建设型政府有几个严重的误区:一是政府长期作为经济发展的主体力量,起主导作用;二是重视经济建设的投入,形成了建设型财政体制,社会投入长期被忽视,造成了经济与社会发展的失衡;三是不恰当地把一些本应该由政府提供的公共产品和公共服务推向市场、推向社会,社会贫富差距日渐增大,社会问题日益突出。总体来说,这一时期我国行政职能结构可以归结为:政治、经济职能过强,社会、文化职能过弱;管制功能过强,服务功能过弱;微观控制过多,宏观调控较弱。政府职能与角色的严重错位扭曲了行政权力公共性的本质属性,使整个政府职能系统处于紊乱无序的状态之中,从而构成了现代化进程中的一种深层次障碍。[①]

当前,我国要实现经济持续快速增长,必须实现由"经济建设型政府"向"公共服务型政府"的转变。新世纪以来,"非典"的爆发、环境和社会公平问题的显性化,以及人们对经济政治发展规律认识的加深,使我国出现了反思市场作用和凸显社会公平因素的潮流,政府和社会开始集中地思考政府职能的转变问题。自党的十七大明确提出把"建设服务型政府"作为行政管理体制改革的重要目标以来,我国在新的历史基点上开始了探索政府职能转变的问题。借鉴新公共服务理论的核心理念和思想,本书认为,构建服务型政府应当从以下几个方面着手。

1. 确立民主行政和服务行政的理念

政府的作用在于服务,政府应该重视人而不只是经济发展。树立"公民本位"的服务思想,给予公民个体的价值观和利益以充分的关注,旨在培养出负责任的、活跃的和热心公益的雇员或公民,是政府的终极价值目标。当然,这不是说效率与生产力等价值观应该丧失,但是认为其应被置于民主、社区和公共利益这一更广泛的框架体系之中。生产率的改进、过程的再造和绩效测量等被视为

---

① 侯玉兰:《新公共服务理论与建设服务型政府》,《国家行政学院学报》2005年第4期。

设计管理制度的重要工具,而工具的根本存在价值是服务于人。

2. 强化政府社会管理和公共服务职能

我国计划经济时期形成的"全能型政府",使得政府干预几乎无孔不入,政府管了许多"不该管""管不好""管不了"的事,这不仅导致社会资源和财富的极大浪费,同时也造成社会生活的僵化和滋生大量腐败。当前,转变政府职能要求严格把政府职能限定在公共领域,政府的主要职责应放在保护产权、维护社会秩序和公共安全等公共服务上,政府工作的重点转变到经济调节、社会管理、公共服务和市场监管上来。实现政府从全能型向有限型政府转变,当是解决当前我国经济社会发展失衡、实现高效行政的关键。

3. 构建政府与公民的合作治理格局

政府应该与他人共享权力,共同领导、合作和授权应成为组织内外的共同规范。良好的治理局面取决于公民社会中的公民、组织、社会自发性解决问题的责任感和行动力,取决于政府与整个社会的良好互动。因此,面对日益复杂的社会问题和不断增加的公共问题,政府单独主治的局面已经不合时宜,政府部门必须发展与公民、社会其他组织共同治理、共同管理的伙伴关系和合作格局。这就要求,政府一方面要激发、培养公民和社会组织共同参与治理的责任感,充分调动他们的积极性,将社会性、公益性、服务性的职能交给社会中介组织、各种自治组织和事业单位承担,给市场和社会以充分的、自主的发展空间。另一方面,政府要致力于为企业和公众发展营造良好的自然、社会环境,创造公平竞争和信任合作的平台,从而实现政府和私人部门、社会志愿组织,责任共担、利益共享、共同治理的格局,使每个社会成员既是服务的消费者、享用者,又是服务的生产者和安排者。

4. 建立政府与公民的对话沟通机制

新公共服务理论认为,公共利益应是共商共同价值观的结果,政府应该致力于搭建舞台,建立各种行之有效的与公众的沟通对话机制。实践中,通过各种形式实施政务公开,建立社会公众听证制度、公示制度、新闻发言人制度等,通过现代信息技术构建电子政府、开展电子政务,都是促进政府与公民沟通对话和确保公民权的有效措施。

5. 强化社会职能和公共服务职能

加快构建和完善公共财政体制,实现经济与社会的协调发展。服务型政府要以人为本,要实现以人为中心的人类发展战略,经济增长本身不是目的,而只是实现社会发展的手段,发展的政策目标应当是不断地提高人的生活质量和提高人的能力,最终实现每个社会成员的自由、平等和全面发展。总体而言,当前的财政体制还是一个经济建设型的财政体制。社会发展投入占财政支出的比例明显偏少,公益性投资项目中,卫生、体育和社会福利事业、教育文化等所占比例更少。为此,应当加快建立公共财政体制建设:一要建立公共收入制度,逐步提高财政收入占的比重。关键是要建立和完善旨在调节居民收入分配、避免贫富差距悬殊的个人所得税征收制度,开征社会保障税,对高收入者开征遗产税、财产税等。二要调整公共支出范围,将公共支出优先分配于政府更具有比较优势和有利于社会公正的领域,加大对社会公共服务、公共基础设施建设和社会保障的投入,尤其是要加大对农村和偏远地区公共事业的投入。

6. 大力培育和发展社会组织

新公共服务理论倡导发展公域与私域的对话与沟通,平衡二者的关系;倡导建立政府与私人组织、社会志愿组织之间的联盟,把各方面的力量集中到公共政策的实施过程中;注重帮助和支持创立社区和各种社会组织。社区和各类社会组织是距离公民最近的组织,公民的利益最可能首先和准确的在社区和社会组织中得到体现,因此政府应该采取积极的姿态,主动放权,大力发展各类社会中介组织,加强城市社区建设,提高社会自治能力。

7. 提升公务员整体素质

服务型政府认为公务员首要的作用乃是帮助公民明确阐述并实现他们的利益,公务员的激励基础在于公共服务和期望对社会有所贡献,公务员应处于一个多样化的责任体系之中。可以看出,服务型政府对公务员提出了更高的要求,公务员必须从传统的专才变成通才,从传统的注重管理和善于服从命令向注重服务和独立解决问题转变。公务员不仅要具备较为广博的知识,了解本机构的职责权限,要与其他部门建立经常性的联系,以获取支持与帮助,随时随地接收、消化和处理公民表达的各种愿望、诉求甚至抱怨,还要具备调停、磋商和解决冲突和突发事件的新技能,要具备能够综合和平衡各方利益达成共识的能力。

本章小结

行政职能,又称政府职能,是指国家行政机关所承担的职责和所具有的功能,回答的是政府"想干什么"或"应干什么"的问题,体现了政府对社会的承诺和担负的义务。行政职能具有公共性、执行性、多样性和动态性四大特征。关于行政职能构成,我们可以从基本职能和运行职能两个方面加以理解,行政管理的基本职能包括政治职能,经济职能,文化职能,社会职能;而行政管理的运行职能主要由决策、组织、协调、控制四个方面组成。

根据不同时期的行政职能的范围,我们可以将行政职能的历史演变分为这样几个阶段:重商主义时期的"国家主义"型政府、自由主义时期的"守夜人"政府、福利资本主义时期的"干预型"政府、新自由主义时期的"适度干预型"政府。新世纪以来行政职能的发展出现了一些新趋向,更加强调政府的公共服务职能、政府与社会的合作伙伴关系、政府的网络社会管理职能和国际间的政府合作。

20世纪80年代以后服务型政府的理念逐渐流行起来。"服务型政府"是指在公民本位、社会本位理念指导下,在民主制度框架内,把服务作为社会治理价值体系核心和政府职能结构重心的一种政府模式或政府形态。我国长期以来存在政治、经济职能过强,社会、文化职能过弱;管制功能过强,服务功能过弱,微观控制过多,宏观调控不足等问题。因此,未来一段时间,我国要实现经济持续快速增长,必须实现由"经济建设型政府"向"公共服务型政府"的转变。我国构建服务型政府可从以下几个方面着手:确立民主行政和服务行政的理念,强化政府社会管理和公共服务职能,构建政府与公民的合作治理格局,建立政府与公民的对话沟通机制,强化社会职能和公共服务职能,大力培育和发展社会组织,提升公务员整体素质。

关键词

行政职能　政府职能　政治职能　经济职能　社会职能　文化职能　决策

职能　组织职能　协调职能　控制职能　服务型政府

思考题

1. 什么叫行政职能？它有哪些基本特征？
2. 行政职能的历史演变可分为哪几个阶段？每个阶段的特征分别是什么？
3. 阐述罗斯福"新政"对于政府职能再认识的意义。
4. 简述行政管理的职能体系。
5. 简述登哈特的新公共服务理论。
6. 论述服务型政府的基本意涵。
7. 联系实际，试析改革开放以来我国政府职能的主要特征。
8. 结合服务型政府的理论，分析我国政府职能转变的要点。

推荐阅读

1. 曹闻民：《政府职能论》，北京：人民出版社2008年版。
2. 高小平、王俊豪、张学栋：《政府职能转变与管理方式创新》，北京：人民出版社2010年版。
3. 刘华：《经济转型中的政府职能转变》，北京：社会科学文献出版社2011年版。
4. 沈荣华：《关于转变政府职能的若干思考》，《政治学研究》1999年第4期。
5. 吴爱明：《服务型政府职能体系》，北京：人民出版社2009年版。
6. 周志忍：《新时期深化政府职能转变的几点思考》，《中国行政管理》2006年第10期。
7. 朱光磊：《地方政府职能转变问题研究》，天津：南开大学出版社2011年版。

第四章 人事行政

人事行政是公共行政的重要组成部分,行政管理活动的有序开展,离不开科学的人事行政制度的保障。人事行政是国家行政机关对国家行政人员进行的人事管理活动。人事行政的目标在于谋求人与事之间的科学配合,并通过调整人与人之间、人与事之间的关系,使行政人员在工作中持续、充分地发挥其主动性、积极性和创造性,从而提高行政效率,完成行政任务,实现行政职能。本章主要介绍人事行政的内涵、人事行政管理机构与制度的变迁与发展以及中国国家公务员制度等内容。

第一节 人事管理、人力资源管理和人事行政

一、从人事管理到人力资源管理

从人类社会有人群活动开始,就有了对活动及其相关事务的管理,而人作为活动的执行者,必然牵涉其中,因而对活动事务、人以及相互之间的关系的管理自古有之。但随着工业革命带来的社会分工的不断深入,人与事的关系日益复杂,特别是在不断提高劳动生产率的需求下,处理人与事的任务量猛增,使其能

够迅速积累大量的实践经验并归纳出诸多科学规律。最终在19世纪末20世纪初,人事管理作为一项独立的管理职能登上历史舞台,并逐渐发展成为一门独立学科。在经历了快速而短暂的迅猛发展之后,在科技进步、理论研究深入、人员素质提高以及生产实践需要的多重推动下,20世纪60年代,人事管理的观念开始被人力资源管理这一全新理念所取代,伴随而来的是将"人"作为所有资源中最宝贵资源而受到的高度重视。这种对人的重视,到了20世纪末发展得更为明显。在全球经济一体化和信息化的时代背景下,社会向知识经济转型,而承载知识的"人"已然成为关乎组织长期竞争力的战略资源,人力资源管理也成为所有组织最为重视的管理职能之一。从早期的劳工管理、雇用管理到人事管理,再从人事管理到人力资源管理、战略人力资源管理,其演进过程中名字的改变标志着管理理念的不断革新。

(一)人事管理

1. 含义

人事管理是指以人和事的关系为对象,通过组织、协调、控制、监督等手段,谋求人与事匹配、人与人协调,最终实现组织目标的管理活动。其管理的核心是"关系",出发点是"事得其人、人尽其才"。人事管理有广义和狭义之分。广义的人事管理是指各类组织依据相应原理、原则和方法对所需人员进行的录用、调配、奖惩、培训、考核、薪酬等管理活动。狭义的人事管理是指国家机关为实现其职能,通过人事部门依照法规制度对国家公务员所实施的管理活动。

2. 特征

第一,理念上,人事管理将人视为一种工具性资源,服务于其他资源。强调个人对组织的服从、对工作要求的适应,很少考虑个体的兴趣、爱好和需要。

第二,性质上,人事管理属于组织的日常性、行政事务工作,扮演执行者和操作者的角色。因而人事管理部门也被视为非生产、非效益的辅助性部门,很少参与组织的重大、战略决策过程。在早期甚至没有专门的部门,而是在行政部门下设对应岗位处理事务即可。

第三,内容上,人事管理强调使用和监管,轻培育和开发。由于将人视为工具,甚至是机器设备的附属物,往往见物不见人,故而在管理内容上侧重于招聘、选拔适合工作的人,将人分派到适应的岗位,通过人事记录、档案、考核、工资发放等人事制度对人进行监管。并没看到人的巨大能动性和潜力,不重视通过一定方式调动其积极性和创造性,更不注重开发人的潜能和人才培养。

第四,方式上,人事管理侧重于被动工作,强调对已发生事务的处理,而非对未来状态的预防。对员工强调现状和使用,主要采取控制、命令的管理方式,通过金钱、物质引诱和严格的制度、监控来促使人服从工作安排,完成组织的任务和目标,忽视对员工的长远开发。

(二) 人力资源管理

1. 人力资源的含义与特点

通常对人力资源的理解是从广义出发的。有学者认为,人力资源是指存在于劳动者自身、能够创造新的使用价值和价值、可供开发利用的劳动人口的总和;也有学者认为,人力资源是指能够推动整个经济和社会发展的具有智力劳动和体力劳动能力的人口的总和。广义的理解,既包括现有在生产过程中投入的劳动人口,也包括即将进入生产过程的潜在的劳动人口或暂时失去工作但仍有劳动能力的失业或待业人口。狭义的人力资源是指一个国家、地区或组织能够作为生产要素投入经济社会事务活动的劳动人口的总和。

对人力资源的理解可以从数量和质量两个方面深入。第一,人力资源的数量,是衡量人力资源总量的基础性指标。人力资源的绝对量一般包括:适龄就业人口、未成年就业人口、老年就业人口、失业人口、就学人口、从事家务劳动的人口、正在军队服役的人口和其他人口。人力资源的相对量一般是指现实的人力资源数量在国家或地区总人口中所占的比重。第二,人力资源的质量,是衡量人力资源总体素质的指标。人力资源质量是单个劳动力素质的集合,主要由心理、智力、知识能力和身体四个方面构成。对于国家和组织的作用而言,人力资源的质量比数量更为重要。

与其他资源相比,人力资源具有以下特点:(1)社会性。人力资源具有的知识、能力不是生而具有的,是在后天的社会活动中逐渐学习、积累而成,因而受到社会状况的影响和制约。(2)能动性。人力资源作为生产要素进入生产过程后,起着引导、控制其他资源的作用,同时还能自我强化、自主选择职业并有目的、有计划地运用自己的劳动能力。(3)时效性。人力资源无法储存和暂停,若不及时使用就不能获得应有的价值;但不同时期的人力资源,其能力、心理、身体机能等都有不同特点,需要适时使用才不会导致浪费。(4)持续性。人作为知识的载体,其承载的知识量可以随时间的推移不断积累、延续加强;同时,人力资源还具有多种潜在素质,也可以在成长和使用过程中不断地被开发。(5)增值性。人力资源质量的高低是投资的结果,取决于投资的程度;同时,人力资源给投资者带来的收益超出了直接的货币形态,体现出收益递增的规律,其收益份额大大超过了自然资源和资本资源。

2. 人力资源管理的含义与特征

人力资源管理是指运用现代化的科学方法,根据人力和物力及其变化,对人力进行合理的招聘、录用、培训与调配,使人力物力的配备符合发展需要并发挥最佳效应,同时对人的思想、心理和行为进行恰当的诱导、控制和协调,充分发挥人的主观能动性,以实现目标的过程。宏观的人力资源管理是国家立足于经济社会发展的总体规划对人力资源整体进行的管理;微观的人力资源管理指组织基于战略发展目标对其管辖内的人力资源进行的管理。

与人事管理相比,人力资源管理具有如下特征:

第一,理念上,人力资源管理将人看成是关系组织生存发展的第一资源,因而与人事管理的成本性思考不同,人力资源管理进行的是资本性思考,变缩减成本投入为积极投资开发,围绕"人"这一要素,创造各种机会、条件和环境,以充分激发其创造性,获取更大效益。

第二,性质上,人力资源管理涉及人力资源内部以及组织层面的管理决策工作。它作为组织战略决策的信息提供者和重要参与者,扮演决策者和执行者的双重角色。因而,与人事管理的职能导向不同,人力资源管理强调战略导向,重视合作、主动和系统性。

第三,内容上,由于其理念、性质的变化,使得人力资源管理的内容大大丰富,除传统的人事管理外,还有员工培训、绩效管理、薪酬管理、职业生涯管理、员工关系管理和战略规划等,并强调以"人的开发"的核心,对各个内容板块的综合运用。在此情况下,人事管理阶段在行政部门下设一岗位或简单的由两三个岗位组成部门已经远远不能满足职能运行的需要,人力资源管理不仅成立独立的部门,还逐渐发展成为由专业人员在相对分工的岗位上协同工作的综合型部门。

第四,方式上,人力资源管理强调主动工作,通过预测分析,提前应对未来状态。对员工主要采取民主、参与等灵活的管理方式,通过尊重员工、激励员工来引导其发挥主动性、创造性;不断挖掘员工潜能,使其在未来发展中具有较大的弹性;创造融洽、合作的氛围,与员工共同推进组织目标的实现。

无论是人事管理还是人力资源管理,作为一种对"人"的基本管理思想而言,最初都产生并运用于一般社会组织中,而后逐渐运用到政府部门。因而,这里所讲的基本理念、性质、内容、方式等,都会对人事行政产生深刻影响。人事行政的诸多理念随着人事管理思想逐渐发展为人力资源管理思想,而随之发生变化。

二、人事行政概述

(一) 人事行政的含义与地位

公共行政学所研究的"人事"是指人们在工作中形成的人与人、人与事、人与组织之间的关系的总和。对人事行政的理解,不同学者的角度和观念有所不同。

西蒙等人认为:"广义上说一切行政都是人事行政,因为行政所研讨的就是人的关系与行为,但一般所说的人事行政是指狭义而言,即指组织中工作人员的选用、升迁、调转、降免、退休、训练、薪资、卫生及福利诸事宜。"

F. 奈格鲁认为:"人事行政是新进人员的选拔与原有人员的运用的一种艺术,因而可以使机关人员工作的质与量达到最高的境界。"

夏书章认为:"人事行政就是国家人事管理机关对国家工作人员的职位、选任、培训、考核、奖惩、工资及福利待遇等方面通过一系列的规范、制度和措施所实施的实践。"

席巧娟等认为:"人事行政是指政府为完成国家行政管理任务,在政府公务员的选拔、任用、奖惩、权益等方面所制定和形成的一整套规章、制度、标准、政策、管理方法和艺术的总和。"①

但从整体来看,学者们基本认同人事行政是指国家政府部门的人事管理活动。宏观上,主要是指国家人事行政机关通过一系列法规、制度和措施对行政人员进行的组织、计划、指挥等整体性、统筹性的管理活动。微观上,是指各个行政机关和部门内部对公务员进行的录用、考核、培训、薪酬等具体的执行性的管理活动。

人事行政在整个公共行政活动中处于关键和核心地位。人事行政是公共行政组织赖以活动的基本条件。行政人员是履行行政职能的主体,政府的一切行政管理活动,包括行政决策、行政执行、行政协调、行政监督等工作,都要依靠人去实现。因而,能否科学的选人、用人、励人、育人、留人,关系到整个行政人员队伍的质量水平,进而影响和制约着政府行政管理的成败。特别是在行政管理范围越来越大、管理所需要素日趋复杂的当今,对高效政府的需求,本质上是对行政人员素质的高要求,更加强化了人事行政的核心和关键地位。

(二)人事行政的基本原则

人事行政作为公共行政的组成部分,必须遵从一定的原则:

1. 公平——公开原则

公平体现为,人事行政中所有活动必须以法律和客观事实为依据,所涉及的个体具有平等的权力,不因家庭出身、民族、宗教信仰、性别等不同而受到歧视或享有特权,做到一视同仁、公平合理,不假公济私、打击报复。公开则要求,除按规定需要保密的外,人事行政的录用、考核、升降、奖惩、薪酬等的法律法规、方针政策、原则、标准、程序、结果等必须公之于众,自觉接受广泛的社会监督。公平公开是保证人事行政权威性、有效性的基础。

2. 竞争——择优原则

人事行政过程中必须打破故步自封的自我满足思想,促进和培养公务员奋发向上的工作精神和不进则退的危机感,主动追求"更好、更高"的工作目标。

---

① 本页引文均转引自席巧娟、吴铁榜、王武玲:《中国行政学》,北京:北京理工大学出版社2004年版,第74—75页。

同时,通过公平公正的程序,使优秀人员脱颖而出加以录用或提升,从而不断优化整体队伍,提高行政水平。

3. 依法—独立原则

依法原则是人事行政法制化、科学化的重要标志。它要求将人事行政的目的、要求、内容、步骤和方法等通过立法程序加以规范,然后在实施过程中始终以法律法规为准绳,确保人事行政管理的有效实施。独立原则则要求人事行政要保持相对独立和中立,除国家法律法规、政策和客观事实外,不受个体倾向、团队利益等其他外在因素的干扰。

4. 适应—发展原则

一方面,由于各级政府行政人员的素质和各地实际情况的不同,人事行政必须根据其对象和内容的差异适时调整相关政策、方法,灵活处理各种问题,才能保持人事行政的稳定性和持续性。另一方面,随着社会的进步和政府职能的转变,人事行政的原则、方法、策略、手段等必须随之发展变化,才能始终保证合理、科学和有效。

(三) 人事行政的内容

公共行政组织是一个结构完整、规模庞大、人员众多的组织系统,为了保证系统的持续、高效运转,需要对其中的行政人员有一套科学、完善、严格的制度。总体而言,人事行政的内容主要包括以下方面:

第一,行政人员的录用。主要包括确定各类人员的编制和比例结构,确定人员的职位空缺、任职条件、选拔程序,对备选人员进行甄选和分配,控制人员的进出等。

第二,行政人员的培养。主要是营造终身学习的氛围,通过在职培训、脱产培训、进修、学历教育等多种形式,不断提高行政人员的素质和能力,激发工作热情。

第三,行政人员的使用。主要包括岗位责任制度、考核制度、奖惩制度、晋升制度等,目的在于使人员在适合的岗位上,能够发挥最大效用,实现人尽其才、物尽其用,财尽其力。

第四,行政人员的保障。主要指为行政人员的工作创作良好的组织环境和工作条件,以保证人员队伍的稳定,包括工作环境、工资、福利、退休制度等。

第二节 文官制度的演变及基本理论

一、文官制度的演变与特征

西方国家的政府工作人员,凡在非军事领域供职的都可以称为文官(Civil Servant 或 Civil Service),主要由两大类组成:一类是政务官,即经选举或任命而产生的官员,任期有限,通常随政府的更迭而进退;另一类是事务官,又称常任文官,是由考试产生的一批职业官员,其去留不受政府更迭影响,一经择优录用,只要无重大过失,就可长期任职。由于政务官人数有限,且随着政府更迭而进退,西方国家没有就政务官的管理问题展开深入研究,而是主要集中研究常任文官的制度,即现在所说的文官制度,它是有关文官的考试、录用、考核、奖惩、工资、培训、晋升、调动、退休等方面的各项管理制度的统称。

(一) 文官制度的产生

文官制度是在资产阶级反对封建君主的"恩赐官职制"和总结资产阶级早期的"政党分肥制"经验的基础上,逐渐形成发展起来的。它最早产生于英国,随后扩展到了美、法、德、日等国。

恩赐官职制。17世纪以前,在封建君主专制制度下,专制统治者(国王或皇帝)集立法、司法、军事和行政大权于一身,所有官员都是统治者的臣仆,通过统治者的恩赐而获得官职,其任用、升迁和生死,取决于血缘、门第出身和对统治者的忠诚,有着明显的宗法主义世袭制特点。

政党分肥制。1688年,英国资产阶级革命胜利后确立了资产阶级君主立宪制,议会成了最高权力机关,资产阶级地位迅速提升。19世纪初,在议会制度进一步完善的同时,资产阶级两党制随之产生,两党通过竞选轮流执政。虽然在法律上明确规定"人人皆有在政府中任职的平等权利",但实际中,在政府竞选中获胜的政党掌握了对重要职位官员的任免权,甚至可以独占主要政府要职。执政党的更迭往往引起政府行政人员的大规模换班,新上台的执政党把官职作为战利品,凡是对竞选有功或与党派领袖有个人关系者,均可参与对政府官职的

"分赃",取得一官半职。

政党分肥制导致的贿赂公职、权钱交易,给社会带来一系列问题,特别是频繁的官员更替严重影响政府工作的稳定性和有效性。而随着政府的社会管理内容扩大,又急需一批职业化、专业化的文官队伍来管理国家。为保证社会生产力的持续发展,在"天赋人权""人人生而平等"思想的影响下,资产阶级,特别是后起的工业资产阶级要求建立廉价高效政府、向社会公开政府官职、平等参与政治事务的呼声高涨,推动了现代文官制度的诞生。

1. 英国文官制度的建立

1854年,英国政府为研究文官状况而专门成立的诺克斯特—屈维廉委员会提出了"关于建立英国常任文官制度的报告",史称《诺克斯特—屈维廉报告》。该报告建议:确立公开竞争的考试制度择优录用;确立公务员考试和管理的统一标准;以工作成绩和勤奋程度作为提升文官的依据;将政府文官分为高级和低级两类,实行分途而治。[①] 这些建议全面奠定了现代文官制度的基础。1855年5月,英国政府颁布了第一个有关文官制度的命令,即《关于录用王国政府文官的枢密院命令》,决定成立文官委员会,负责文官的考试录用等事宜。1870年6月,英国政府又颁布第二号枢密院令,对文官的考试、录用、等级结构等重要原则作出了进一步的确定和完善。至此,世界上第一个现代文官制度在英国正式建立。

2. 美国文官制度的建立

美国的文官制度是在反对政党分肥制和借鉴英国文官制度的基础上逐渐调整完善而形成。1853年,美国国会提出公务员录用必须经过考试;1867年国会通过《官吏任期法》,规定经国会同意任命的官员,未经国会同意,总统不得随意更换;1870年内政部规定以公开竞争考试来选拔政府工作人员;1871年国会授权总统颁布命令,规定录用的公务员必须有知识、能力、年龄、品德等方面的要求;1883年1月,美国国会通过了由议员彭德尔顿提出的《公务员制度法案》(即《彭德尔顿法》),标志着美国现代公务员制度的诞生。该法确立了公务员制度的"功绩制"原则,公务员不论其种族、宗教、性别、身份、年龄等,都应在人事使

---

① 吴江、胡冶岩:《公共部门人力资源管理》,北京:中共中央党校出版社2003年版,第77页。

用的各个方面受到公平合理的对待;实行公开竞争考试,择优录用;公务员为职业人员,不犯错误,不得解雇;公务员不得参与政治活动,在政党政治中保持中立,同时也受保护不会被迫为政党的政治目的而活动、不因政党关系等政治原因被革职;公务员的评价着重于实际的工作能力和贡献,公务员管理机构对文职官员进行定期考查①;依法成立公务员委员会,负责联邦公务员的统一管理活动。

3. 法、日、德文官制度的建立

英美的文官制度主要是在与恩赐官职制和政党分肥制斗争的基础上建立的,而法国、日本和德国则是在原有的帝国官僚制和封建制的基础上逐步演变而来。法国在拿破仑时期就建立了庞大的官吏队伍,1946 年法国颁布了统一的公务员法,开始将文官的管理纳入法制化的轨道。日本在明治维新以后建立了以天皇为权力中心的中央集权的官僚政治体制,1947 年日本通过了《国家公务员法》,规定文官实行公开考试、择优录用,实行功绩制等。德国在俾斯麦执政时期建立了强大的中央集权政府体制;二战之后,联邦德国于 1949 年制定通过了《德意志联邦共和国基本法》,对帝国的官吏制度进行了一系列改革,确立了"考试用人""机会均等""文官常任"等原则;1950 年又颁布了《德意志联邦共和国公务员法》,并相应制定了公务员的有关条例,从而形成了一套比较完整的现代公务员制度。

(二)文官制度的发展

以英、美为代表的西方各国建立文官制度后,仍然不断根据社会经济发展要求进行着调整和完善。特别是在 20 世纪 60 年代以后,随着新科技革命的兴起,西方国家开始进入信息社会后,越发感到经济发展对新技术手段的依赖,以及科技成果被推广到政府管理领域的强大势头。而这也对政府职能的分化和人员专业化提出了更高要求,推动了公务员制度的改革。

1. 《富尔顿报告》

英国的文官制度在 20 世纪初就得到了完善。1917 年,英国政府组建了由下议院副议长惠特利为首的"惠特利会议",用协商的方法解决劳资冲突;1919

---

① 孙柏瑛:《公共部门人力资源管理》,北京:中国人民大学出版社 1999 年版,第 46—47 页。

年,这种方法推广到了公务员系统,成为公务员与政府组织之间维护权益、解决矛盾的重要通道;1920年,英国政府借鉴了美国的职位分类制度,重新划分业务公务员的等级结构,使管理更加科学规范。

1966年,威尔逊政府决心全面改革公务员制度,以苏塞克斯大学名誉副校长富尔顿勋爵为首的12人委员会提出了包括158项具体建议的改革报告,即《富尔顿报告》。主要内容包括:精简文官层次,打破文官系统的封闭性,建立开放统一的分类制度;成立文官事务部,在首相的直接领导下行使文官管理权限;改革文官考核办法;重视专家和专业技术人员的作用;成立文官学院,专门培训公务员和研究专业问题。报告中的诸多建议在实践后效果显著,大大推动了文官制度的发展。

2.《公务员制度改革法》

二战后,美国国会先后通过了一系列公务员制度的法律,职位分类法是其中最为重要的。1923年,美国正式通过了第一个《职位分类法》,并成立人事分类委员会推行该制度。1949年,美国国会又通过了新的《职位分类法》,对分类结构进行调整。美国的职位分类法注重职位的性质和对职位的工作要求,强调职位与责任、职位与能力的匹配,有效地提高的人员选拔的科学性,促进了政府工作效率的提升。

1978年10月,卡特政府提出并通过了《公务员制度改革法》,对美国公务员制度进行了全面改革,成为美国公务员制度改革历史上重要的里程碑。这次改革的内容主要有:成立人事管理局,行使人力资源的管理、评估、联邦人事法规的实施等职责;成立功绩制保护委员会,对联邦功绩制实行监督;成立联邦劳工局取代联邦劳工关系委员会,负责解决联邦机构中的劳资争端;将职位分类表中的最高等纳入高级行政职务行列,促进人员流动和管理灵活性;对中级职员采取功绩工资制;建立联邦文官学院,专门培训公务员;制定和运用机构绩效评价制度等。[①]

3. 英国、美国的减员增效改革

1979年,撒切尔夫人执政后针对政府机构过于庞大、文官人员极度膨胀的

---

① 杰伊·M.谢夫利兹等:《政府人事管理》,彭和平等译,北京:中共中央党校出版社1997年版,第25—27页。

现象,开始对文官制度改革:公务员人数从73万人减至59万人;扩大政府各部的人事自主权;调整公务员工资,使之尽量与民间企业人员收入保持基本平衡。后来,撒切尔夫人的政策顾问伊布斯效率小组提出一项结构性改革方案:把决策文官与执行文官分开,前者由政府专门机构领导,后者划归独立或半独立于白厅的机构负责,通过权力下放,达到精兵简政、提高效率的目的。而在美国,自1993年开始,克林顿政府一直在推行业绩考评、裁减联邦公务员,以各种形式实现了裁员28万人的预期目标。[1]

从文官制度的发展趋势可看出,目前的文官制度越来越重视公务员的专业化、重视公务员的权力保障、强化公务员的流动性和开放式管理、强化人事行政管理机构等。

(三) 文官制度的特征

不断改革和完善的文官制度,较为有效地克服了以往政府工作缺乏稳定性、效率低下的问题,体现出公平、效率、法治等特征,对世界人事行政制度的发展有着重要贡献。其主要特征有如下几点:

1. 功绩主义

西方文官制度强调"功绩""任人唯贤",以工作成绩和能力作为文官任用或晋升的标准,以工作实绩、效果与贡献大小作为文官待遇调整的主要依据,不以性别、出身、年资、亲疏、党派等因素评价公务员,有效地提高了公务员队伍的整体素质和政府的行政效率。

2. 公平竞争

在反对"恩赐官职制"和"政党分肥制"基础上诞生的文官制度,将公平竞争作为其最基本的原则,采用公开考试、择优录用的方法选拔公务员,通过严格考核、论功行赏的方式管理公务员;并创造出机会均等、公开、民主、自由的政治环境,以促使优秀人才脱颖而出。

3. 法治精神

文官制度本身就是对公务员的招录、考核、培训、晋升、奖惩、工资、退休等一

---

[1] 应松年、马庆钰:《公共行政学》,北京:中国方正出版社2004年版,第127页。

系列规定的集合,表现为一整套法律法规体系,是人事管理制度规范化、理性化、科学化的标志。文官制度反对任何形式的"人治",要求"以法管理",强调公务员管理立法工作的重要性;更要求"依法管理",所有管理行为都必须有法律根据。

4. 政治中立

文官制度要求文官在政党政治中保持中立,不得卷入政党竞争,并限制公务员参加政党的政治活动,不对执政的政治决策的成败负责,从而建立起不受执政党更迭影响的常任文官队伍,有效保证了公务员队伍和政府工作的稳定,也有利于政策的公正性和连续性。

5. 专业化管理

文官制度的产生和发展本身就是社会化生产高度发达和社会公共事务日趋复杂的结果,因此为了满足社会的不断发展,人员的专业化、正规化、知识化成为必需。在"专业精神"的指导下,以分类管理为核心的一套有关公务员等级、门类、职务、职责以及对应的编制核定、绩效测量、薪酬测算的规定,强化了人事管理的科学化。①

二、文官制度建立的主要理论

文官制度的建立是资产阶级自由平等思想和功利主义原则在人事制度上的体现。资产阶级兴起后,为打破旧有封建等级制及其思想禁锢,提出了天赋人权、人人平等、主权在民等思想,广泛深入人心,成为资本主义社会的基本原则。在此背景下,一批学者积极为构建新的政治制度和社会秩序寻找思想、理论解释,为文官制度的建立提供了思想和理论依据。

(一)奠定思想文化背景的基础理论

以边沁的功利主义和费边社会主义为代表的理论,为民主主义思想的形成奠定了基础,也为现代文官制度的创立提供了深厚的理论土壤。

---

① 参见吴琼恩、周光辉、魏娜、卢维斯:《公共行政学》,北京:北京大学出版社2006年版,第282—285页。

1. 边沁的功利主义

功利主义(utilitarianism)思想最早可追溯到古希腊时期。17世纪的许多学者如霍布斯、洛克、孟德斯鸠、哈奇逊和亚当·斯密等人都在其论著中提出快乐主义、幸福主义等功利思想。到19世纪,杰米里·边沁(Jeremy Bentham)继承和完善了前人的思想,先后发表了《政府片论》(1776年)和《道德与立法原理导论》(1789年),第一次系统地阐述了功利主义理论,使其成为一个成熟的理论体系,逐渐渗透到了现代资本主义社会的各个方面,成为资本主义精神伦理和价值标准的核心,以及19世纪以来西方现代资本主义立法和政治改革的道德依据。

边沁功利主义的主要内容包括:第一,苦乐原理。他认为,"自然把人置于快乐和痛苦两大主宰下,只有它们才能指示我们应该做什么,决定我们将要做什么,是非准则和因果关系都由它确定"①。快乐和痛苦作为道德标准,在人的行为中处于支配地位。趋乐避苦是人类的天性,是驱动人们行为的动机和最终目的。第二,功利原理。边沁认为,能够给利益攸关的当事人带来快乐(或幸福、利益、好处、善良)或防止痛苦(或危害、邪恶、不幸福等)的事物特性叫做功利。任何行为都要受功利原理的衡量,看它是否给利益攸关者带来幸福。第三,最大幸福原则。幸福分为个人幸福和最大多数人的最大幸福两种。个人幸福就是个人利益,社会幸福就是社会利益。社会利益是个人利益的总和,每个人利益的最大化,就能达到整个社会利益的最大化。"最大多数人的幸福是正确与错误的衡量标准。"②第四,动机与后果。边沁认为作用于意愿的动机才能产生实质性的行动,即有产生快乐或痛苦的倾向。动机本身没有好坏之分,要根据其实际效果来确定动机的好坏,效果好,就是符合功利原理的行为,即善的行为。

以功利主义思想为前提引申出了诸多政治法律和社会改革的主张,推动了政府的行政改革和选举、刑罚等多项制度改革,也推动了民众观点的巨大变革,为新思想、新社会政治制度的建立奠定了基础。

2. 费边社会主义

费边社会主义是19世纪后期,流行于英国的一种主张采取渐进措施对资本

---

① 边沁:《道德与立法原理导论》,北京:商务印书馆2000年版,第57页。
② 边沁:《政府片论》,沈叔平等译,北京:商务印书馆1995年版,第92页。

主义进行改良的资产阶级社会主义思潮。1884年,部分英国资产阶级知识分子创立了费边社(Fabian Society),先后出版了《费边宣言》(1884年)、《费边社纲领》(1889年)、《费边论丛》(1889年)等代表作。其中的《费边论丛》为费边社会主义奠定了基础。他们的学说被称为"费边社会主义"(Fabian Socialism)简称"费边主义"(Fabianism)。代表人物有乔治·萧伯纳和悉尼·韦伯。

费边社会主义思想包括政治、经济和社会福利三方面。第一,政治方面,费边社会主义者主张通过渐进和渗透道路实现社会主义,而非通过政治变革来推翻现有资本主义制度;重视公民选举权,尤其是男女平等的选举权。第二,经济方面,他们认为一切形式的"租金"是导致当时社会不平等的主要原因,这种租金应该由市议会通过赋税形式进行征集,并交公众所有,以改变不平等生活方式;提出"市政化"政策和"公社储蓄"概念。第三,社会福利方面,费边社会主义认为劳动者的生活水平和福利待遇应随着社会的进步而同步提高。他们主张通过修订租税缩短贫富差距,建立完善的社会保障制度,制定工厂法保护工人的身体健康、提高工人的生活水平,国家应保证公民的生活水平不低于最低生活标准,国家和地方政府应该为教育事业承担主要责任,对济贫法管理机构进行改革,由社会采取措施解决失业问题等。①

费边社会主义思想综合了多种思想的精华,建议通过各种政治、经济、社会福利方面的对资本主义自由失灵部分进行了弥补,促进了民主、立法、社会保障制度的逐步建立和完善。

(二)促进现代文官制度建立的理论思想

1. 政治与行政二分理论

政治与行政二分理论,由伍德罗·威尔逊(Woodrow Wilson)于1887年在被学界誉为公共行政奠基之作《行政之研究》一书中明确提出,后由弗兰克·古德诺(Frank Goodnow)在《政治与行政》(1990年)中加以系统的分析和阐述。

政治与行政二分理论认为,政府具有政治的功能和行政的功能,政治是国家

---

① 参见萧伯纳:《费边论丛》,袁绩藩译,北京:生活·读书·新知三联书店1958年版,第51—200页。

意志的表达,而行政则是国家意志的执行。政治是国家在重大而带普遍性的事项方面的活动;行政是国家在个别和细微事项方面的活动。因而,政治与行政是两个不同的概念。政治关注社会财富、权威价值和利益的分配与再分配,其核心是利益取向,解决方向问题。行政强调对效率的追求,其目的是使政府能够以最少的金钱和精力,最大的效率去完成政府应该从事的恰当的事情。虽然政治与行政在政府机构分工上不能截然分开,政治对行政存在天然的影响,但这种控制必须适度,行政应在很大程度上从政治团体的控制下解放出来。为此,从事行政管理的公职人员应该是不具有明显政治倾向、能够高效完成管理工作的人,不受其政治忠诚和党派情感左右。那么,行政管理人员就必须具备两个条件:一是政治中立。公职人员应具有客观、中立的职业态度,不受政党利益和政党更迭的影响。二是符合知识、能力和技能等资格条件,以胜任高效工作的要求。

政治与行政二分理论,确立了公职人员政治权利、政治责任、职业道德和职业主义精神等,为公务员制度的"政治中立""功绩主义"等原则奠定了理论基础,引领了现代公务员制度建立和发展的基本方向。

2. 行政管理的职业主义倾向

职业化,是一种工作状态的标准化、规范化和制度化,即一定领域中从业人员在意识、心态、道德、思想、行为、知识、技能等方面符合职业规范和标准。对职业化程度的评价可以从职业化素养、职业化行为规范和职业化技能三个方面进行。某职业领域的职业化程度越高,其从业人员所具有的知识技能越专业,工作行为越具权威性,也就越容易获得公众的信任,而产生强大的影响。但与此同时,也由于其知识技能的专业化和技术手段的先进性,难以被公众监控,需要较强的道德操守和自律意识。

政治与行政二分理论对政府行政职能履行的高效性要求,促使公共行政管理具有了职业化的倾向。需要一支专门的从业人员队伍,具备符合规范的思想、行为和能力。而随着公共事务管理范围的不断扩大,一些管理事务具有了越来越高的技术性,还需要由专家加入和不断引入精确、科学的技术方法。所以,在公共行政管理职业化倾向发展过程中,专业人员甚至是专家级人员在政府组织中发挥着越来越大的作用。

行政管理的专业化倾向为公务员制度设定了一系列原则性要求:第一,公职人员的招募和选用采取以客观的资格条件为中心的择优录用制度；第二，公职人员的知识、能力和实际工作成绩是其获得职业发展的基本标准；第三，"去政治化"和对职业精神的忠诚应是公职人员职业伦理的基本要求；第四，以专业化的工作分析和职位划分体系，发挥公职人员的能力，达到人尽其才，应该是公职人员基本制度设计的基础；第五，发挥技术和管理专家在行政管理中的作用。①

第三节　中国国家公务员制度

一、公务员与公务员制度

(一) 公务员的含义

"公务员"一词最初源自英文 Civil Servant 或 Civil Service；在美国称为"政府雇员"(governmental employee)；在法国称为"公务员"(fonctionuaire)；联邦德国称为"联邦公务员"；日本在二战前称为"文官"，战后改称为"公务员"。虽然各国的称呼不大一致，但基本含义相同，一般将在政府各个机关部门中行使国家行政权力、从事社会公共事务管理的人员称为公务员。

根据2018年修订的《中华人民共和国公务员法》，公务员是指依法履行公职、纳入国家行政编制、由国家财政负担工资福利的工作人员，主要分为综合管理类、专业技术类和行政执法类等职位类别，包含从乡科级副职到国家级正职共十个领导职务层次。

(二) 公务员的范围

"公务员"的范围各国有所不同，主要有三种划分方法②：

(1) 小范围的划分法。"公务员"被限定在政府系统内，但将由选举或政治任命产生的官员排除，即指政府中事务次官以下的所有工作人员，又称常任文官。英国是采取这种方法的典型国家。英国的公务员是指中央政府内部除内阁

---

① 参见孙柏瑛：《公共部门人力资源开发与管理》，北京：中国人民大学出版社2006年版。
② 郭济、刘东文：《中国公共行政学》，北京：中国人民大学出版社2003年版，第157—159页。

成员、军职人员、国营企事业单位的管理人员、地方政府官员和国民卫生部门的雇员等之外的经过法定考试而被政府录用的常任文职人员。英国的这种划分影响了许多国家,印度、巴基斯坦、澳大利亚、新西兰、加纳、阿尔及利亚、肯尼亚、南非等国的公务员概念大体与英国相同。

（2）中范围的划分方法。这种方法把国家行政机关中的所有工作人员统称为公务员。美国和联邦德国是采取这种划分方法的典型国家。美国把公务员称为"政府雇员",包括总统、州长、市长等民选人员和部长、副部长、部长助理、独立机构的长官等政治任命官员以及所有行政机关和国营企事业单位的文职人员。但是,受国家公务员法约束的只有除选举和政治任命产生的高级官员以外的政府部门和国营企事业单位的文职公务员,即职业文官。联邦德国把公务员分为特别职公务员和一般职公务员,前者是由选举或政治任命产生的官员如内阁总理、部长等,相当于英、美的政务官,不受公务员法约束；后者是由公务员录用程序产生的各部司局长以下的各级官员和一般职员,相当于英、美的常任文官或职业文官,受公务员法的约束。菲律宾、泰国、韩国、加拿大等国的公务员概念范围基本与美国一致。

（3）大范围的划分方法。这种方法把从中央到地方的政府系统工作人员、立法、司法、检察机关、军职人员和在公共企事业单位供职的人员,全部称为公务员。法国、日本是采用这种划分方法的典型国家。法国把公务员分为两类：一类是不适用于公务员法的,包括议会工作人员、法官、军职人员、工商业性国家管理部门的工作人员、公共事业等部门的工作人员；另一类是适用于公务员法的,包括在中央政府各级部门从事国家事务管理的常任官员,其范围基本与英国的常任文官相同。日本也将公务员分为两类：一类是不适用于公务员法的,包括内阁成员、人事官、检察官、内阁法制局长官、政府次官、驻外大使、法官、国会职员、防卫职员等由选举或任命产生的政府官员和受雇于政府在国有企业、公共事业单位任职的工作人员；一类是适用于公务员法的,指由公务员法定录用程序产生的一般职公务员,包括上至事务次官,下至各官厅一般工作人员在内的各级各类任职人员。摩洛哥、突尼斯、几内亚、尼日利亚、黎巴嫩等国家的公务员范围基本与法国相似。

我国公务员范围与上述几种都不同,我国对公务员不划分政务类和业务类、特别职和一般职,不仅通过公开考试录用的人员属于公务员,要受国家公务员条例的约束,而且依据国家宪法、各级人民政府组织法选举和任命产生的各级人民政府组成人员也属于公务员,都要受国家公务员条例的约束。但我国公务员的范围不包括国有企事业单位的职员和政府部门的工勤人员。

(三)公务员制度的含义

公务员制度,一般而言,是指对国家公务员进行管理的法律法规体系。是一种现代人事行政制度,体现了管理的法治化、科学化,融合了现代人力资源管理的先进理念,是人事行政的核心。

虽然各国的公务员范围有所不同,但对公务员管理的制度一般都涉及考试录用、职位分类、考核奖惩、职务升降、工资福利、辞职辞退、退休待遇等内容,且赋予法律效力,并在实践中不断加以完善。

二、我国公务员制度的发展历程

从十一届三中全会以后,我国开始积极探索改革国家干部人事管理制度,到1993年《国家公务员暂行条例》颁布实施,我国的公务员制度建设主要可分为四个阶段。

(一)探索阶段(1980—1986年)

中共十一届三中全会以后,邓小平同志多次提出改革传统的干部人事制度。1980年,他在中央政治局扩大会议上对人事制度的改革作出明确指示。随后,国家人事局会同各部门下达的招干计划开始明确规定采取"招考录用"的办法。1982年,原劳动人事部制定颁布《吸收录用干部问题的若干规定》进一步完善招干考试。1984年,中央组织部和原劳动人事部根据重要指示,组织相关人员开始起草《国家机关工作人员法》,后改为《国家行政机关工作人员条例》。1986年,中共中央政治局下设的政治体制改革领导小组,在讨论我国政府人事制度改革方向时,提出借鉴西方国家公务员制度的规律和特点,结合我国实际,对《国家行政机关工作人员条例》作出重大修改,第一次使用"公务员"概念,建议实行国家公务员制度。条例的名称定为《国家公务员暂行条例》。国家公务员制度建设开始提上议事日程。

（二）决策阶段（1987—1988年）

1987年党的十二届七中全会通过，同年党的十三大正式宣布，我国将建立和推行有中国特色的国家公务员制度。1988年3月，七届人大一次会议通过的政府工作报告强调要"尽快抓紧建立和逐步实施国家公务员制度"，并决定组建人事部和劳动部，替代以前的劳动人事部。新组建的人事部主要负责建立和推行国家公务员制度。1988年5月，我国的国家公务员制度从理论探讨、法规起草进入实践探索阶段。1988年7月，人事部开始推行国家公务员制度。

（三）试点阶段（1989—1993年）

1989年，国务院的审计署、海关总署、国家统计局、国家税务局、国家环保局、国家建材局进行国家公务员制度的试点，相继对职位分类、录用、考核、职务晋升、回避、培训等多项制度进行了试验。1990年在哈尔滨和深圳两个地方政府进行试点。到1993年上半年，全国已有20多个省、市都不同程度地开展了国家公务员制度的试点工作。条例在试点过程中不断修改和完善。

（四）推行阶段（1993年4月至今）

1993年4月，八届人大一次会议通过了推行国家公务员制度的决定。8月，《国家公务员暂行条例》颁布，标志着我国公务员制度诞生。2005年4月《中华人民共和国公务员法》正式公布，并于2018年修订。

《国家公务员暂行条例》实施三十年来，我国实现了由传统人事制度向现代公务员制度的转变，形成较为完善的国家公务员制度框架。随着职业化程度的增加，各个单项制度在实践中不断追求更加符合中国国情的新举措，如大学生村官制度、政府雇员制度等方面的探索，为公务员录用、调配、考核监督等方面积累了较为丰富的经验。

大学生村官是指到农村（含社区）担任村党支部书记、村委会主任助理或其他村"两委"职务的具有大专以上学历的应届或往届大学毕业生。大学生村官制度的萌芽，可以追溯到1995年江苏省丰县的"雏鹰工程"，率先招聘大学生担任农村基层干部。2000年到2004年，大学生村官制度逐步进入到多省联动、以地区为单位的整体推进与探索阶段。2005年7月，中共中央办公厅、国务院办公厅下发《关于引导和鼓励高校毕业生面向基层就业的意见》。此后，各地纷纷出台相关细则，大学生村官制度在全国快速发展。2010年4月，中共中央组织部下发通知，要求5年内选聘20万大学生村官。大学生村官制度是我国设立的一项具有创新意义的制度，主要有三大功能：第一，将乡村作为人才蓄水池，缓解就业压力；第二，为社会主义新农村建设输送具有专业知识和开拓精神的人才；第三，为政府机关和企事业单位培养具有基层工作经历、懂得基本国情的后备人才。但由于相关的职业规划、晋升通道、福利保障等配套措施还有待完善，目前的大学生村官制度也面临着大学生村官再就业难、留守农村安心工作难、分流发展难的困境。

政府雇员制，是指政府机关根据工作需要，以契约形式聘用和管理某些专门技术人才和承担部分临时性勤务工作的人员的制度。政府雇员主要指包括法律、金融、经贸、城建、规划、信息、外语及高新技术等方面的专门人才，以及打字、驾驶、维修、勤务等普通技能的熟练型工作人员。他们不占用行政编制，不具有行政职务，不行使行政权力，完全按照合同约定享有权利和履行义务，在一段时间内服务于政府某项工作或某一政府工作部门，与编制内的公务员共同完成行政机关所承担的行政管理职能和事务。政府雇员制在20世纪50年代的德国率先被引入公共行政组织，随后在西方许多国家广泛运用，并取得了明显的效果。目前，在推行政府雇员制的德国、英国、美国、澳大利亚等国，政府雇员的人数大致占其公务人员队伍的15%—30%。2002年6月，我国吉林省出台试行方法开始探索政府雇员制，随后上海、无锡、武汉、长沙、珠海、深圳等地纷纷开展起来。2006年1月1日正式实施的《公务员法》，对类似"政府雇员"的岗位做出了明确规定，称为聘任制公务员。政府雇员制把市场用人机制引入政府组织，有利于提升政府公共服务能力与服务效率，淡化政府机关的官本位色彩，创新多元化的用人机制。但目前还缺乏相应的监督、管理配套制度，也有诸多争议。

三、我国公务员制度的主要内容

国家公务员制度由总法规和若干配套的单项法规构成。总法规《公务员法》共十八章一百一十三条,包括总则、公务员的条件、义务和权利、职务、职级与级别、录用、考核、职务、职级任免、职务、职级升降、奖励、监督与惩戒、培训、交流与回避、工资、福利与保险、辞职与辞退、章退休、申诉与控告、职位聘任、法律责任、附则。

（一）职位分类

公务员队伍一般都相当庞大,为了进行科学、有效的管理,必须按照一定的标准将其划分为不同类别,才能在选拔任用、考核奖惩、工资待遇等方面制定相应的规定,这就是人事分类,它是人事管理的基础。

各国的人事分类制度主要有两种:一种是品位分类,即以"人"为对象,根据公务员个人所具备的条件（才能、资历、学历、地位等）来分类。"品"指官阶,标志品味等级,代表地位高低、资历深浅、报酬多寡;"位"指职位,标志权力等级,代表职责轻重、任务繁简。公务员既有官阶又有职位,且两者分离,官阶作为固有身份,可以随人走。英国、法国采用此种分类方法。另一种是职位分类,是以"职位"为对象,根据职位的工作性质、难易程度、责任轻重及所需资格条件进行分类。美国、日本等国采用此种分类方法。

我国在吸收和借鉴品位分类和职位分类优点的基础上,根据我国实际国情制定了人事分类制度。在职位设置、职位调查、职位评价、类别划分以及编制职位说明书等方面,主要采取职位分类的原则,而在列等归级方面,则主要采取品位分类的原则。

1. 职位设置

根据《公务员法》的规定,我国公务员按照职位的性质、特点和管理需要,主要划分为综合管理类、专业技术类和行政执法类三个类别。对于具有职位特殊性,需要单独管理的,可以增设其他职位类别。

2. 职务与职级

在职位分类的基础上,实行公务员职务与职级并行制度。根据宪法、有关法律和机构规格将领导职务分为十个层次:国家级正职、国家级副职、省部级正职、省部级副职、厅局级正职、厅局级副职、县处级正职、县处级副职、乡科级正职、乡科级副职。

公务员职级在厅局级以下设置,且三类职位有所不同。

综合管理类公务员职级设置了十二个序列:一级巡视员、二级巡视员、一级调研员、二级调研员、三级调研员、四级调研员、一级主任科员、二级主任科员、三级主任科员、四级主任科员、一级科员、二级科员。

专业技术类公务员职级序列分为:一级总监、二级总监、一级高级主管、二级高级主管、三级高级主管、四级高级主管、一级主管、二级主管、三级主管、四级主管、专业技术员。

行政执法类公务员职级序列分为:督办、一级高级主办、二级高级主办、三级高级主办、四级高级主办、一级主办、二级主办、三级主办、四级主办、一级行政执法员、二级行政执法员。

职位分类是一项系统工程,一般包括如下步骤:第一,职位调查。通过书面调查、访谈、实地观察、综合法等多种方法,全面收集和研究全国行政单位现有全部职位的有关资料,包括职位本身的情况(如职位的工作性质、时间、责任等)、职位所属机关的情况(机关所承担的任务、权责授予方式、工作流程等)和其他相关情况。第二,职系区分。对职位调查的结果进行分析、整理,使每个职位的工作内容和任职资格明晰,在此基础上,依据职位工作性质的异同,将职位划分为若干类别。属于横向的职业门类划分。第三,职位品评。指根据工作难易程度、责任轻重和所需资格条件高低等,对职位进行职级和职等的纵向划分。第四,编制职位说明书。对每个职位的职位名称、职位编号、职位特征、所属职系、职级、职等、工作职责、任职资格等,进行规范的书面说明。第五,制定法规予以实施。由立法机构以职位分类法的形式公布内容,并由人事行政部门依法实施,以保证职位分类制度的贯彻执行。

(二)录用

国家公务员的录用制度是关于国家录用公务员的各种行为规范和准则的总称,包括录用的原则、标准和资格条件,录用的方法和程序以及录用工作的组织等。录用国家公务员必须坚持公开、公平、竞争、择优原则,即公开考试、严格考核方式和办法、择优录用;同时也要坚持按职位要求选人的原则,根据不同职位的任职资格条件筛选不同人才。我国国家公务员的报考条件一般包括基本条件和特殊条件。基本条件又分为权利条件、品质条件和能力条件。权利条件是指国籍、政治权利等在法律上享有公民权利的资格；品质条件指忠诚、廉洁、作风等道德品质；能力条件指身体健康状况、学历、年龄等执行国家公务的基本能力。特殊条件是报考某种职位所要求的专业知识、职业技能、实践经验等条件。

录用国家公务员的考试分为三种方式：(1)录用非领导职务的公务员，公开考试(含笔试和面试等方式)、择优录用；(2)从持有国家承认的专门技术资格证书者中录用专门技术类国家公务员，通过职业技能考察录用合格者；(3)从行政机关以外的其他机关和单位的公职人员中录用担任领导职务的公务员，一般要经过特种考试，合格者还要经过行政学院培训。

国家公务员的录用程序一般分为：编制录用计划、发布招考公告、资格审查、考试、考察、体检、公示、备案审批、试用和正式录用。

（三）考核与奖惩

1. 考核

公务员的考核是指国家行政机关按照法定权限，根据国家公务员法规和国家其他有关规定所确定的考核内容、原则、方法、形式和程序，对所属公务员进行的考察和评价制度。考核是公务员管理的重要环节，为公务员的奖惩、职务升降、培训、辞退等提供依据。

我国国家公务员的考核主要从德、能、勤、绩四个方面进行，重点考核政治素质和工作实绩。"德"是指公务员在工作中的政治思想和道德品质；"能"是指公务员的业务知识和工作能力；"勤"是指公务员在工作中的态度和敬业精神；"绩"是指公务员的工作实绩，包括数量、质量、效益和贡献大小。

公务员考核遵循客观公正、民主公开和注重实绩的原则。采用平时考核与年度考核相结合、领导与群众相结合的考核方法。考核的基本程序包括：个人总结、主管领导在结合群众意见的基础上做出评价、经考核委员会或考核小组审核后由部门负责人确定考核等次。年度考核结果分为优秀、称职和不称职三个等次。

2. 奖惩

公务员的奖励制度是指国家行政机关依据公务员管理法规，对工作中表现突出并有显著成绩和贡献的公务员给予表彰奖励的制度。对国家公务员的奖励坚持精神鼓励和物质鼓励相结合、精神鼓励为主的原则,公开平等、实施得当的原则以及奖励及时、注重实绩的原则。奖励的种类有嘉奖、记三等功、记二等功、记一等功、授予荣誉称号五种,由授奖机关颁发证书或奖章,同时根据相关规定给予相应的物质奖励、奖品、奖金或工资晋升。

公务员的惩罚制度是指对工作中有违法失职行为、尚未构成犯罪或已构成犯罪但依法不追究刑事责任的公务员,依据其所犯错误的事实、性质、情节、危害及后果给予相应的行政处分的制度。惩罚以公务员纪律为准则,国家公务员纪律的包括政治纪律、工作纪律、廉政纪律和社会公德。公务员在工作过程中违反纪律的,必须给予相应的行政处分,构成犯罪的,还要受到刑事处罚。行政处分分为警告、记过、记大过、降级、撤职、开除六种。

奖惩制度有利于鼓励先进、鞭策后进,约束和规范工作行为,激发公务员的积极性和创造性,保证公共行政的有序和高效。

（四）职务升降与任免

公务员的职务升降制度是指对公务员晋升和降低职务的原则、条件、标准、程序等作出的规范性规定。公务员的职务晋升必须坚持德才兼备、任人唯贤、注重实绩和逐级晋升的原则。拟晋升的公务员应当具备拟任职务要求的资格条件和下一级两个以上职位任职的经历。同时应在国家核定的职数限额内按程序办理。科级以上领导职务的晋升,需进行民主评议或民意测验。一般每次只晋升一级,个别德才表现和工作实绩特别突出的,报有关部门同意后允许越一级晋升。降低公务员的职务必须符合法定事由,经考核确实不称职或不能胜任现职的给予降职。降职不是一种行政处分,但关系到公务员的名誉、地位、待遇和发展,要实事求是、合理安排。

公务员的职务任免是公务员职务任用和免职的总称,指任免机关根据有关法律规定,在其任免权限范围内,通过法定程序任命或免除公务员担任的某一职务。国家公务员的任用有四种方式:一是选任制,即通过选举来确定任用对象。我国各级政府组成人员采用的就是选任制。二是委任制,是指由上级机关按照管理权限和法定条件,经过法定程序,直接指定下属公务员职务的任用方式。我国一般公务员多实行该种方式。三是考任制,即通过公开考试、择优录用公务员的方式。我国各级行政机关中主任科员以下的职位均是"凡进必考"。四是聘任制,是指各政府行政机关通过合同的形式聘用公务员。公务员的任职原则上一人一职,确因工作需要的,可在行政机关内兼任一个实职,但不得在企业或营利性事业单位兼职。公务员的免职主要有两种类型:一种是程序性免职,指在担任新职务之前必须免除原有职务;一种是单纯性免职,指由于公务员实际不能或不再履行现有职务而予以的免职。

(五)培训、交流与回避

国家公务员的培训制度,是指国家行政机关根据社会发展和职位需要,有计划、有组织的对国家公务员进行政治理论、文化知识、专业技能等方面的培养和训练的制度。公务员培训根据培训对象、性质和要求的不同,可分为四种:对新录用人员的初级培训、晋升领导职务的任职资格培训、转换工作岗位的岗位培训、在职人员更新知识的轮训。培训机构一般为国家或地方行政学院和其他指定培训机构。

国家公务员的交流,是指国家行政机关根据工作需要和公务员个人愿望,将公务员调出行政机关或在行政机关内部转换工作岗位,以及将其他机关和单位的人员调入行政机关任职的制度。我国国家公务员交流的四种基本形式为调任、转任、轮职和挂职锻炼。(1)调任,指国家行政机关以外的工作人员调入国家行政机关担任领导职务或助理调研员以上非领导职务,以及国家公务员调出国家行政机关任职。调入任职必须经考核合格,并到行政学院或其他指定机构培训后才能正式任职。调出国家行政机关的公务员不再保留公务员身份。(2)转任,指国家公务员因工作需要或其他正当理由在国家行政机关内部的平级调动。转任者必须符合拟任职务的资格条件,经考核合格后按规定程序办理。(3)轮换,指国家行政机关对担任领导职务和某些工作性质特殊的非领导职务的国家公务员进行有计划的职位调换。一般分为经历轮换、职期轮换和地区轮换。(4)挂职锻炼,指国家行政机关有计划地选派在职国家公务员在一定时期内到基层机关或企事业单位担任职务。挂职锻炼期间,与原机关的人事行政关系不变,但在业务上要受接收单位的领导。①

国家公务员的回避制度,是指为了防止公务员因某种亲情关系而不能秉公执行公务,甚至徇私枉法,而对其所任职务、任职地区和执行公务等方面加以限制的制度。回避分为:职务回避,指有一定亲属关系的公务员在担任某些关系比较密切的职务时要进行回避;公务回避,指公务员在执行公务时,涉及本人或与本人有亲属关系的人员有利益关系的必须回避;地区回避,指在一定级别的政府中担任一定领导职务的公务员要进行籍贯回避。

(六) 工资、保险与福利

公务员的工资,是公务员以其知识和技能为国家提供服务后,国家根据按劳分配原则给公务员的货币形式的劳动报酬。我国国家公务员实行职级工资制,根据公务员不同的职务、级别、年功和实际贡献等因素,确定公务员的工资标准。职级工资由职务工资、级别工资、基础工资和工龄工资四部分组成。职务工资按照公务员所担任的职务高低、责任大小和工作难易程度不同而分别确定标准,并分设若干不重叠的档次,供工资晋升之需。级别工资按照公务员的职务和资历来确定,每个级别对应一个工资标准,由于每个职务可以对应多个级别,因而能解决不升职务通过晋升级别而增加工资的需要。工龄工资按照公务员参加工作的年限,以每一年限确定一个工资标准来计发。基础工资是以一个相对年份中能大体维持公务员基本生活必需的费用为标准核发。除职级工资制外,公务员还实行奖金、津贴作为工资的补充形式。

公务员的保险制度是指国家通过立法程序建立的,对暂时或永久丧失劳动能力的公务员给予物质帮助的保障制度。我国国家公务员的保险主要有生育保险、养老保险、疾病保险、伤残保险和死亡保险等。

公务员的福利制度是指为改善和提高公务员的物质文化生活水平,通过提供设施、服务和发放补贴等形式,给予国家公务员生活保障的一系列措施。国家公务员的福利包括交通补贴、餐饮补贴、住房补贴等各种福利费、年休假、法定节假日、集体福利设施和服务。

---

① 参见张康之、李传军、张璋:《公共行政学》,北京:经济科学出版社2003年版,第124—125页。

（七）辞职、辞退与退休

公务员的辞职是指国家公务员根据本人意愿，依照法律规定，辞去现任职务，解除或部分解除其与国家行政机关权利义务关系的一种行为。辞职是法律赋予国家公务员的一种权利，以公务员的自愿为原则，依照法定程序办理。一般需公务员本人向任免机关提出书面申请，任免机关应当在三个月内予以审批。公务员辞职分为两种：一种是"辞去现职"，指担任领导职务的公务员辞去所担任的领导职务但仍保留公务员身份；一种是"辞去公职"，指公务员依法辞去公务员职务并放弃公务员身份和资格。

公务员的辞退是指国家行政机关依照法律法规，通过法律程序，在法定管理权限内解除公务员全部职务关系的行政行为。辞退是一种强制行为，但必须遵循法定程序：由公务员所在机关提出建议，按管理权限报任免机关审批，以书面形式通知本人。

公务员的退休制度是指国家公务员达到工作和年龄年限，或因公、因病丧失工作能力，按国家规定办理手续，退出工作岗位，享受退休金和其他法定待遇的制度。公务员退休有法定退休和自愿退休两种。退休后，公务员享受国家规定的养老保险金和其他各项待遇，但仍负有保守国家机密、提供公务咨询的责任和义务。

（八）权利与义务

国家公务员除作为公民所享有和承担的各项权利和义务外，还因其负有执行国家公务的职责而与国家行政机关建立了特殊的权利和义务关系。公务员的权利是指法律关于公务员可以享受某种利益或可以作出一定行为的许可和保障。公务员的义务是指法律关于公务员在执行国家公务活动中必须作出一定行为或不得作出一定行为的约束。公务员权利与义务的相关规定，对公务员明确自身义务，增强权利意识，保障权责分配，实施公众监督等都具有非常重大的意义。

（九）管理与监督

国家公务员的管理是指特定机关依据各种法律、法规，对国家公务员的录用、考核、奖惩、任免、升降、培训、交流、工资、福利、辞职、辞退、退休等方面进行的各项管理活动。我国公务员的管理机构包括国家人事部、国务院各部、委、办、局等内设的人事局（司）和地方各级政府的人事部门。国家公务员的监督是指依法享有监督权的监督主体，通过法定方式和程序，对国家行政机关管理公务员的合法性、合理性进行的检查与纠正。公务员管理的监督对象是国家行政机关和负有公务员管理职权的人员在公务员管理活动过程中的工作行为。对公务员管理的监督，通过立法形式强调了公务员管理工作必须依法进行。①

本章小结

人事行政在公共行政管理中处于核心地位。作为公共行政的重要组成部分，人事行政必须遵循公平公开、竞争择优、依法独立、适应发展的原则。虽然其管理对象限于政府行政机关的公务人员，但其管理理念、管理方法等随着人们对"人"的管理理念的变化而随之转变和革新。对"人"的管理，经历了从"人事管理"到"人力资源管理"的发展，"人"从工具性资源转变为战略性资源，对人的管理从日常性事务转变为战略决策，管理内容从简单的记录、考核、工资发放丰富为培训、绩效、薪酬、职业规划、战略等，管理方式从被动、控制、命令转变为主动、协作和尊重。人事行政的发展历史悠久，西方文官制度经历了恩赐官职制、政党分肥制的演变，在现实社会、政治、经济发展的推动和边沁功利主义、费边社会主义、政治与行政二分理论、行政管理职业化倾向等理论思想的影响下，最早在英国建立了现代文官制度，随后扩展到美国、法国、德国、日本等国，并在英美等国的引领下，不断革新。西方文官制度具有功绩主义、公平竞争、法治精神、政治中立、专业化管理的特征，为世界文官制度的发展做出了重要贡献。我国在借鉴西方文官制度、结合我国国情的基础上形成了有中国特色的公务员制度。我国的"公务员"在概念和范围上与国外的界定有差异，在内容上主要集中在职位分类、录用、考核与奖惩、职务升降与任免、培训、交流与回避、工资、保险与福利、辞职、辞退与退休、权利与义务、管理与监督等方面。

---

① 竺乾威：《公共行政学》（第二版），上海：复旦大学出版社2003年版，第227—228页。

第四章 人事行政

 关键词

人事管理　人力资源管理　人事行政　文官制度　政治中立　政党分肥制　恩赐官职制　竞争择优　功绩主义　专业化管理　公务员制度　职位分类

 思考题

1. 比较人事管理与人力资源管理的特点。
2. 什么是人事行政？它的地位如何？
3. 人事行政的基本原则有哪些？
4. 西方文官制度的演变过程包括哪些主要内容？
5. 西方文官制度的特征是什么？
6. 边沁功利主义和费边社会主义的产生和主要内容是什么？
7. 政治与行政二分理论的主要内容是什么？
8. 行政管理的职业化倾向对公务员制度的建立提出了哪些要求？
9. 公务员的概念和范围是什么？
10. 中国公务员制度的发展经历了哪几个阶段？
11. 中国国家公务员制度有哪些内容？

推荐阅读

1. 刘厚金：《中外公务员制度概论》，北京：北京大学出版社2010年版。
2. 周敏凯：《比较公务员制度》，上海：复旦大学出版社2006年版。
3. 石庆环：《美国文官群体研究》，北京：社会科学文献出版社2011年版。
4. 吴春华、温志强：《中国公务员制度》，天津：南开大学出版社2008年版。
5. 舒放、王克良：《国家公务员制度》，北京：中国人民大学出版社2011年版。
6. 楼劲、刘光华：《中国古代文官制度》，北京：中华书局2009年版。

7. 孙柏瑛、祁光华:《公共部门人力资源管理》,北京:中国人民大学出版社 2010 年版。

8. 埃文·M.伯曼等:《公共部门人力资源管理》,萧鸣政等译,北京:中国人民大学出版社 2008 年版。

第五章　公共财政与公共预算

公共财政与预算的精髓在于"取之于民,用之于民"。但如何取,如何用,即如何理财和预算便构成了一个国家现代发展的模式。公共财政与预算涉及资金的汲取、计划、分配、使用和效果,是一个动态发展的过程。其核心在于各方参与者,如政府、人大等如何进行资金使用的辩论和博弈,以确保资金的有效使用。公共财政与预算相当重要,就好比人身上的血脉,将资源输送到国家所需要的地方,以维持整个国家正常运行。如果筹钱、花钱的方式有问题,就会影响整个国家的运转。

第一节　公共财政的内涵

一、公共财政的概念

公共财政是国家为提供公共物品,为履行政府职能,而对全社会资源的汲取并分配的行为和活动。预算则是对这些财政行为所做出的收支计划和政策。它们均涉及国家公共资源的汲取、配置和使用。微观层面而言,公共财政仅指国家政府年度财政收支。宏观层面而言,则涉及国家政策层面,包括对资金的公共权力进行分配。众所周知,国家活动需要资金予以支持,但是公共资源却始终处于稀缺状态,于是,关于如何合理地分配公共资金,如何进行相应的资金制度安排的公共财政活动则是国家活动的重中之重。

公共财政就是政府如何筹钱、花钱。它主要包括四个维度:

第一,政治的维度。公共财政的过程是一个政治过程,是关乎国家治理的大事。它是一种资源配置的机制,通过对支出优先权的排序,进而反映政治权力的分配;预算过程中的各种冲突实质上是政治冲突,公共财政与预算过程本身是一个政治工具。第二,管理的维度。公共财政涉及资金的计划、分配、使用、结果,整个动态的过程是一个管理资源的过程。第三,经济的维度。关注收支的技术性问题,如收入和支出如何计算,带来的宏观效应等等。第四,会计的维度。涉及财政科目的列支、成本核算、收益和审计情况等微观层面问题。

二、公共财政的核心要素:计划、政策与预算

(一) 计划、政策、预算的定义

计划是组织根据环境的需要和自身特点,确定组织在一定时期内的目标,并通过计划的编制、执行和监督来协调、组织各类资源以顺利达到预期目标的过程。① 主要指宏观经济发展计划,用来指导政府政策的制定和实施,有些计划本身就是政策,预算也是一份财政收支计划。计划的内容包括:目标的确定、对其他行动步骤的评估和可选择项目的授权三个方面。② 全面、长期的计划最好自上而下集中编制。目的是要使组织中的资源和人力得到最适度利用。

政策是政府为解决一定的社会问题所作出的正式决定或安排,一般以文件的形式表示。其特点表现为:问题导向性、权威性、稳定性、连续性。

预算是连接财政行为和人类行为以达到政策目标的手段。它的职能包括计划、控制、管理、优先性排序、责任性。

总之,计划、政策与预算三者都是一个动态的过程;计划与政策都是为实现

---

① 芮杰明:《管理学》(第二版),高等教育出版社2005年版,第225页。
② Shick, Allen, "The Road to PPB: The Stages of Budget Reform", *Public Administration Review*, Vol. 26, No. 4. 1966: 243-258.

未来所期望的目标所采取的行为和准则;预算则强调对资源的配置过程。

(二) 计划、预算、政策之间的关系

一个预算就是一份计划,但不是所有的计划都是预算。虽然计划制订过程和预算编制都涉及整个政府范围,但是预算制定看来是从计划编制过程中提炼出来的,计划编制过程更加概括并包含一切,且它能发现在一般政府管辖权之外的一些情况和活动。计划编制是更为重要的方面,而预算编制应该成为计划制订的一个工具而不仅仅与钱打交道。[①]

计划类似指导方针,在某些狭义的空间下与政策等同。总体而言,计划还是要比政策更为广义,在计划制订出来以后,指导具体政策的出台。政策目标要和总体计划目标相一致,并通过预算实现具体政策目标,最终实现计划总目标。这三者密不可分,相互交织。预算并非独立进行,必须和计划、政策挂钩才能更好的运作并有效率。因为战略计划引导政策并指导资金分配,相反,计划、政策实施也需要预算支持。

第二节　公 共 预 算

一、公共预算定义和功能

(一) 公共预算的本质与定义

科伊(Key,1940)提出公共预算的基本问题:将资金分配给活动 A 而非 B 是基于什么基础? 为什么 A 要优于 B 呢? 所有公共预算领域的知识都是企图回答或者解决这一问题。因为这个问题涉及了预算的优先权,即预算应该优先给予谁,谁将作出这些选择,资金应该如何分配,其排序是怎么决定的,是否有冲突,等等。这一系列问题涉及公共预算的政治逻辑。公共预算作为一种资源配置的机制,其背后反映的是政治权力的分配;预算过程中的各种冲突实质上是政治冲突,而预算过程本身是一个政治工具;其理性化与民主化程度决定着公共责任与资源配置效率。其实,预算是为资源分配中的决策选择艺术。同时,预算是

---

① Howard, S. Kenneth, *Changing State Budgeting*, the Council of State Government, 1973:196-213.

一个过程而非计划或者统计文件。国内统一的观点认为,预算是国家财政收支计划,集中反映着政府活动的范围和方向。现代预算必须是经法定程序批准的、政府机关在一定时期的财政收支计划。它不仅是对财政数据的记录、汇集、估算和汇报,而且还是一个计划。这个计划由政府首脑准备,然后提交立法机构审查批准。它必须是全面的、有清晰分类的、统一的、准确的、严密的、有时效的、有约束力的,它必须经过立法机构批准与授权后方可实施,并公之于众。①

（二）公共预算功能

艾伦·希克把公共预算的职能划分为三种：第一,计划。战略计划是关于组织目标、目标变化、使用这些资源获取目标以及管理获得、使用和排列这些资源的政策和决定。第二,管理。管理者保证资源可获得性并合理有效地获得组织目标。第三,控制。运营控制是保证有效执行特定任务的过程。爱伦·鲁宾则增加了两项功能：第一,优先排序(prioritization)。如何利用有限的资源,达到最优的预算分配方案。第二,明确预算责任(accountability)。包括遵守现行的法规；向公众公开；使得选举的官员对预算的结果负责；确保公众能够通过正当的途径对预算施加直接影响。

现代公共预算的基本特征包括：第一,年度性原则：预算每年都必须重新制定一次并只能覆盖某一个特定时期。第二,事前批准原则。政府所有的支出——有时也包括收入——必须获得立法机构的批准。第三,全面性原则。全部政府收支必须纳入预算,受预算过程约束。第四,平衡预算原则。在正常情况下,财政活动中的收入和支出必须平衡,即使字不可避免的出现赤字和盈余的情形下,也要做到财政收支在数量上的大致平衡。第五,严格性原则。预算经立法机构批准后,即成为具有法律效力的文件,执行机关必须照此执行,非经法定程序,不得改变。第六,审计原则。政府部门的收支活动与预算执行必须受到审计监督。第七,公开、透明原则。政府预算的制定过程是透明的、受公众监督的。②

---

① Cleveland(1915), Frederick A, "Evolution of the Budget Idea in the United State", In Hyde, A. C. Ed. 1992, *Government Budgeting: Theory, Process, Politics*, Pacific Grove: Brooks/Cole Publishing Company.
② 马骏：《公共预算读本》,北京：中国发展出版社 2008 年版,第 6—7 页。

二、公共预算模式

预算结构决定了各个预算参与者之间的权力与责任分配,它决定公共预算的基本框架,为公共预算的运行过程提供了一个基本的行为框架。预算程序规定了资源申请、资源配置、资源保护、资源使用必须遵循的程序,它决定了预算活动的顺序,也即在预算活动中先做什么后做什么,决定了信息的流动方向。预算程序涉及两个基本性的问题:(1)行动顺序,即是通常所说的预算周期。(2)预算程序的集权与分权程度,是使用"自上而下"还是"自下而上"的预算程序?

(一) 渐进预算

渐进预算是美国 60 年代的主要预算模式,其特点为当年预算的最大决定因素是上年的预算。即有个特定基数,并在这个基数的基础上进行增减。这个稳定的基数就是个稳定的政治,背后的政治冲突很少,往往可以达成共识。每一预算的主要部分都是以前年度决策的产物。除非有特殊变动的理由,否则,很多项目都是固定不变的,只是每年重复颁布一下。这些固定项目的经费在预算编制中长期保持不变,当年的份额可以从预算总额中分离出来,并被作为年度预算的组成部分。预算编制是渐进式的,即在原有预算的基础上进行调整,而不是进行综合性的全面调整。政治现实使预算制定者们只能将注意力放在他们能够有所作为的项目上——几个新项目和可能削减支出的老项目上。渐进预算其实就是基数+增长的模式。它主要包括这样几个方面:第一,将预算编制与基数和公平份额联系起来。第二,预算是一致同意的意见。第三,预算编制采用历史性方法。第四,预算编制是分散进行。第五,预算编制要简化。第六,预算编制要有社会性。第七,预算编制要令人信服和满意。第八,预算的编制要看起来不分项目。第九,预算编制要重复进行。第十,预算编制要连续。①

(二) 零基预算

零基预算(Zero-based Budgeting,ZBB)要求政府支出机构每年都为他的全部

---

① 阿伦·威尔达夫斯基、内奥米·凯顿:《预算过程中的政治学》,邓淑莲等译,上海:上海财经大学出版社 2006 年版,第 54—55 页。

预算进行辩护,预算基数不再理所当然地成为下一个预算年度进行预算决策的基础。因此,这种预算模式被称为零基预算。零基预算的主要目标是通过取消预算基数来实现财政资源的再分配。其产生的原因包括:第一,传统的预算模式是一种基数预算,每一年的预算决策都是在上一年预算拨款基础上增加一定数额,预算基数的形成和增量的决定都主要依赖于政治上讨价还价。所以,预算决策的理性程度就比较低,政府支出的持续增长也就不可避免。第二,由于基数的存在,使得公共预算很难进行资源的再分配,从而降低了资源的配置效率。

泰勒(1977)认为,零基预算包括三要素:第一,决策单位。决策单位可以是项目、功能、成本中心、组织单位,或者在某些情况下,可以是单个项目或拨款项目;或者整个组织被视为一个单一的决策单位。关键在于如何分配决策资源责任。第二,决策单位的分析和对决策包的简洁陈述。决策单位管理者以优先权顺序来阐述一系列的决策包。把这些决策包加在一起,就等同于他为该决策单位所做的预算请求的总数。每个决策包是由一系列离散的服务、活动或支出项目组成。第一位,或者说最有优先权的决策包,是针对决策单位实行的、最重要的活动。第一位或最高优先级的决策包通常被认为是决策单位的最低水平或生存水平,服务和资金低于这一水平,该决策单位就可能被取消。第三,排序。排序是一个管理者回顾所有决策包(从所有决策单位向他提交的报告中)并建立他们的相对优先权的过程。一份排序表是按照所有决策包的优先权的递减顺序制成的。通常要把注意力放在那些可能处于边界线合理范围内的决策包,即决策包被排序的决策单位的预期资金水平。[①]

(三)绩效预算和新绩效预算

绩效预算(Performance-based Budgeting, PBB)指利用项目目标和愿景整合绩效信息来帮助预算决策制定的系统过程。绩效预算的基本特征包括:第一,目标和总额上的控制。强调运用战略计划来引导资金配置和进行总额控制。第二,手段分权。采取一种管理责任的模式,将支出控制的重点从投入转向产出或结果,增加灵活性。第三,对结果负责。签订绩效合同,实行绩效评估。第四,预

[①] 格拉米·M.泰勒:《零基预算引论》,载于阿尔伯特·C.海蒂:《公共预算经典——现代预算之路》,上海:上海财经大学出版社2006年版,第626页。

算透明与沟通改进。政府应该尽可能地将关于项目、结果和成本方面的信息公开,公民及其代表是最权威的评价者。① 绩效预算是最佳的资源分配方式。因为,第一,由战略计划引导资金的分配。第二,优先性排序:解决"谁应该得到什么"的问题。第三,提高管理者的责任感——由对财务规则的遵从转变为对预算结果的遵从。第四,加强了预算参与者之间的沟通。第五,鼓励节约与创新。

以义务教育为例,绩效为导向的预算普遍模式其结构如图5-1所示:

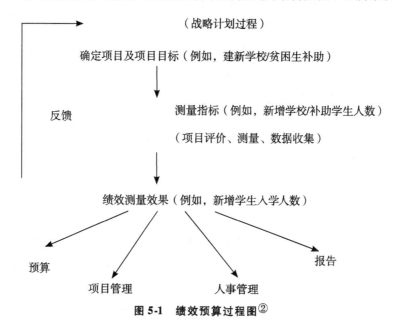

图5-1 绩效预算过程图②

新绩效预算(New Performance Budgeting):Mikesell(1995)将90年代预算投入与结果相联系的绩效预算称为"新绩效预算",以与1949年胡佛委员会提出绩效预算相区别。新绩效预算的主要特征是使命驱动(mission-driven)、结果定位(results-oriented),它将产出所产生的效果、投入与项目链接起来,形成一个战略体系以完成并检验组织目标。

---

① 马骏:《新绩效预算》,《中国预算改革的远期目标》,载于马骏《中国公共预算改革理性化与民主化》,北京:中央编译出版社2005年版,第129—137页。
② 资料来源于马骏:《公共预算读本》,北京:中国发展出版社2008年版。

三、预算平衡与财政风险

预算平衡是财政管理的普遍原则。预算平衡规范包含了如下要素:支出节制、轻税、尽可能争取保持节余、借款最小化以及迅速偿还危机期间产生的债务等。预算平衡需财政收入和财政支出相抵才可能出现,当财政收入大于财政支出时,盈余就有可能出现。反之,当财政收入小于财政支出时,预算赤字便产生了。具体而言,预算赤字是指政府年度支出大于收入的差额,也就是说它的出现是因为政府税收、非税收入等公共财政收入不足以涵盖经济建设支出、行政管理支出等财政支出。但是近年来,世界各国发现遵守预算平衡越来越难,都不同程度地出现财政赤字,如欧债和美债危机。

根据徐仁辉(2010)总结,产生赤字的原因主要有以下几种[①]:

第一,经济周期。政府可以采取扩大公共投资或支出方式,以振兴经济。因此赤字的出现也可能是因经济周期的短期政策的需要,成为协助维持租税效率的工具。即一般恒常性支出由租税支应,一旦出现临时性的支出时(如推动重大投资),则由公债来支应。

第二,国家安全因素。国家遭遇不可抗力的天灾或人祸——如战争、天然灾害(如地震、风灾等)重大事故发生时,基于国家安全或急难救助,政府必然增加支出来应对。

第一、二类赤字都源于经济衰退、战争或自然灾害等在政府可控范围之外或者违背政府意愿而发生的事件。属于被动赤字,是中央政府在没有别的补救办法的情况下对付危机的后果。也属于不常发生的偶然性赤字。那些与经济衰退相关的赤字才具有周期性,它们因在预算中列入的收入在实际上没有实现而产生。

第三,结构性因素。国家政治与预算等制度因素可能是导致政府收支长期出现结构性差距的主因,例如选举期间执政党为争取选票,会企图以扩大支出(特别是社会福利支出)与减税来取悦人民,而造成赤字的出现。这是政策选择

---

① 徐仁辉:《金融风暴后的预算赤字与政策及其对中国的启示》,《公共行政评论》2010 年第 3 期,第 120—138 页。

的结果,是决策者在处理危机时出现的预期后果。这类政策包括收入方面的减税,支出方面的社会福利项目、就业促进项目以及稳定国民收入项目等,属于主动赤字,它们是政府使用财政政策和预算来处理自然事件及其恶果时出现的结果,甚至是为了实现一定水平的就业和国民收入而出现的经济现象,主要是预算结构失衡造成的,又称结构性赤字、经常性赤字。

表 5-1 预算赤字的类型与特点

第一类赤字	发生频率	周期性	性质	意图
经济衰退	偶然性	周期性	被动性	无意图
第二类赤字				
战争	偶然性	非周期性	被动性	无意图
灾难	偶然性	非周期性	被动性	无意图
第三类赤字				
减税	结构性	非周期性	主动性	政策
社会福利/权利性项目	结构性	非周期性	主动性	政策
增进就业	结构性	非周期性	主动性	政策
推动经济增长	结构性	非周期性	主动性	政策

来源:侯一麟、张光、刁大明:《预算平衡规范的兴衰—探究美国联邦赤字背后的预算逻辑》,《公共行政评论》2008 年第 2 期。

年度赤字与国家债务直接相关。当赤字不能用国家财政收入予以弥补时,政府要么提高税率,要么借债。一般而言,提高税率会引致社会的不满,而且想要推行往往比较困难,于是,政府都会倾向于借债的方式进行,这样就会产生财政风险。总的来说,政府面临着四种财政风险,每一种从广义上都可以定义为负债。每种负债均具有以下四个特征中的两个:显性的与隐性的、直接的与或有的。显性债务是指建立在某一法律或者合同基础之上的政府负债。当债务到期时,政府具有偿付的法定义务。常见的例子是财政部发型的本币国债(国库券)和以外币发型的国家主权债务。隐性债务是指政府的一种道义上的偿付责任。这种负债不以某一法律或者合同为基础,而是产生于公众预期、政治压力和社会理解意义上的应由政府承担的义务。如未来养老金缺口。直接负债是指任何情况下都会产生的责任,因而相对比较确定。或有负债是指在某一或某些不确定的事件发生的前提下才会实现的责任。①

四、公共财政与预算主体与结构

(一) 预算能力

希克(Shick,1998)指出,预算能力可以被定义为三种基本的理财能力:第一,为了实现财政可持续,国家将开支控制在可获得的收入限度内之能力;第二,有效率地分配稀缺的财政资源来满足公民需要的能力;第三,有效率地筹集收入并以一种能够实现运作效率的方式进行支出,开展活动,生产和供给公共产品和服务的能力。换言之,预算能力包括三个基本的要素:总额财经纪律、配置效率和运作效率。总额控制是指通过对财政收支总额进行控制,确保日常财政能够平稳运行,以及财政在长期中具备可持续性和财政健康,控制财政风险。总额控制通常要考虑从收入和支出之间的相互关系,对收入和支出的总额进行严格的控制,将赤字、债务控制在一定的范围之内。配置效率,制订合理的战略计划,整合计划与预算,运用战略计划引导资金分配,将资源从低效率活动转向高效率活动,并将支出与绩效联系起来。运作效率是指在预算执行过程中通过有效组织和管理财政交易,确保立法机构通过的预算能够得到严格而有效的执行,防止资金被贪污、挪用和浪费,同时,提高收入和支出管理效率。改进运作效率需要考虑四个问题:控制、灵活、协调与激励。除了上述三种预算能力外,财政问责也是现代预算最为重要的一环。它是一种受托责任,它是指负责管理财政资金的官员必须就资金的使用向资金的所有者(委托人)履行的一种责任。②

(二) 公共财政主体:预算参与者

1. 人民代表大会和人大常委会

根据《预算法》第二章,人民代表大会和人大常委会有如下职能:第一,人大审查预算草案及中央和地方预算执行情况的报告;第二,批准中央和地方本级预

---

① Brixi. H.:《政府或有负债:影响财政稳定的潜在风险》,载 Hana Polackova Brixi、马骏:《财政风险管理:新理念与国际经验》,北京:中国财政经济出版社 2000 年版,第 43—80 页。
② 马骏:《治国与理财》,北京:生活·读书·新知三联书店 2012 年版,第 37 页。

算和中央和地方本级预算执行情况的报告；人大常委会监督中央和地方预算的执行；第三，改变或者撤销人民代表大会常务委员会关于预算、决算的不适当的决议。人大常委会审查和批准中央和地方本级预算的调整方案；第四，人大常委会撤销国务院和地方本级政府制定的同宪法、法律相抵触的关于预算、决算的行政法规、决定和命令；撤销省、自治区、直辖市人民代表大会及其常务委员会制定的同宪法、法律和行政法规相抵触的关于预算、决算的地方性法规和决议。撤销本级政府和下一级人民代表大会及其常务委员会关于预算、决算的不适当的决定、命令和决议。

人大预算执行监督的主要形式：第一，听取和审议预算执行情况报告。第二，审查和批准预算调整方案以及事后备案监督。一是对政府预算调整方案进行审查、批准；二是对法律规定的若干预算变更情况实行后备案制。第三，组织调查委员会对特定问题进行调查。第四，组织人大代表视察和调研。第五，研究和审议有关议案。第六，专项审计监督。第七，立法监督。第八，其他监督形式。①

2. 政府

根据《预算法》第二章，地方各级政府有如下职能：第一，地方各级政府编制本级预算、决算草案并向本级人民代表大会作关于本级总预算草案的报告；第二，将下一级政府报送备案的预算汇总后报本级人民代表大会常务委员会备案；组织本级总预算的执行；第三，决定本级预算预备费的动用；第四，编制本级预算的调整方案；第五，监督本级各部门和下级政府的预算执行；第六，改变或者撤销本级各部门和下级政府关于预算、决算的不适当的决定、命令；第七，向本级人民代表大会、本级人民代表大会常务委员会报告本级总预算的执行情况。

3. 财政部门

根据《预算法》第二章，地方各级财政部门有如下职能：第一，地方各级政府财政部门具体编制本级预算、决算草案；第二，具体组织本级总预算的执行；第三，提出本级预算预备费动用方案；第四，具体编制本级预算的调整方案；第五，定期向本级政府和上一级政府财政部门报告本级总预算的执行情况。

---

① 马骏：《公共预算读本》，北京：中国发展出版社2008年版，第165页。

4. 支出部门和支出部门下属预算单位

根据《预算法》第二章,地方各级支出部门职能包括:第一,各部门和各下属单位编制本部门预算、决算草案;第二,各部门组织和监督本部门预算的执行;各下属单位按照国家规定上缴预算收入,安排预算支出;第三,各部门定期向本级政府财政部门报告预算的执行情况;各下属单位接受国家有关部门的监督。

(三) 公共财务活动主要内容

1. 部门预算编制流程

我国政府机构基本遵循"两上两下"的预算编制程序。其具体过程如下:

"一上":支出部门报送预算建议数。各支出部门编制并组织下属部门编制本部门的预算,根据财政部门要求和原则层层编制汇总,最后上报财政部门。

"一下":财政部门审核确定控制数。财政部门相关科室对报送的计划进行审核,并作出修改,将修改后的部门预算数下达给部门。

"两上":支出单位修改调整后报送。支出部门根据"一下"的控制数对部门预算中的相关数据进行修改,着重对项目数量和金额进行调整,确定后送报财政部门相关科室。

"两下":财政部门根据人大审议批复单位部门预算。财政部门科室对"两上"的部门预算进行审核、修改、汇总编制本级预算,再送报政府审批后,再报人大工作委员会和财经委员会审核,提交人大审议。在人大审核、审查批准后,财政部门相关业务科室30日内批复给支出部门。各部门在财政部批复本部门预算之日起15日内,批复所属各单位的预算,并负责具体的执行。

2. 决算的审查和监督

政府决算是经法定程序批准的年度政府预算执行结果的会计报告。与预算相比,决算更能反映政府财政的实际开支情况,同时也是下年度预算决策的重要依据。因此,决算的审查成为各国立法机关的重要职责之一。主要分为书面审查、就地审查和派人到上级机关汇报审查三种。书面审查是主要审查方法,就地审查和派人到上级机关审查是辅助形式。从审查的具体形式上看,可以分为自审、连审互查和上级部门审查三种。自审是指预算单位自己组织力量对本单位决算进行审查,一般是单位财会部门和部门员工共同参与。有利于培养基层组织成员的理财观念和调动决算审查监督的积极性。连审互查是指主管部门或财政部门把本部门或本地区的预算财务人员组织起来,对本部门的单位决算或者本地区的财政总决算进行审核。有利于各部门或单位互相交流和学习,提高决算审查的质量。上级部门审查是指上级部门或上级领导部门对所属的地方决算或所属行政事业单位、企业等决算的审查。有利于各部门或单位互相交流和学习,提高决算审查的质量,上级部门审查有利于上级部门及时发现问题,提高决策质量。①

决算监督,是指对各级政府决算的合法性和有效性的监督。它是财政监督的一个重要组成部分,是预算管理的重要内容。按监督时间前后划分,预算决算监督一般分为事前监督、日常监督和事后监督。按监督主体划分,决算监督包括各级国家权力机关即各级人民代表大会及其常务委员会对决算进行的监督和各级政府审计部门对决算实行的审计监督。②

3. 审计制度

政府审计是一项非常复杂的工作,为了顺利发挥审计的监督作用,审计工作必须确保独立性、强制性、权威性。我国的《预算法》规定,审计机关对本级各部门(含直属单位)和下级政府预算的执行情况和决算,以及预算外资金的管理和使用情况,进行审计监督。因而,国家审计制度是保证政府财政责任的非常重要的制度安排。

根据审计机关所处的位置,审计模式总结为四种:立法型审计、司法型审计式、独立型审计和行政型审计。具体而言③:

在立法模式下,国家审计机关隶属于立法部门,审计机关对国会或议会负责,独立行使审计监督职权,不受行政当局的控制和干涉,独立性较强。审计机关的审查长通常由国会任命,决算审查委员会的成员由议会推选。立法模式使得审计监督完全处于议会的掌控之下,充分体现了立法监督精神。立法模式的代表性国家包括美国、英国、加拿大等。

---

① 马骏:《公共预算读本》,北京:中国发展出版社2008年版,第6—7页。
② 同上书,第209页。
③ 转引自马骏:《公共预算读本》,第211—212页。

在司法型审计模式下,国家审计机关既不隶属于立法部门,也不隶属于国家行政部门,拥有一定的司法权。与立法型国家审计相比,司法型国家审计更加强调审计机关的权威性,并以法律形式来强化这种权威性。成立审计法院对审计事务进行裁决是司法型审计的普遍实践,在这种模式下,审计人员享有某些司法职权。法国、意大利、西班牙等国家都采用了司法型政府审计。在独立型审计模式下,国家审计机关独立于国家立法部门、司法部门和行政部门,既不隶属于国会和内阁,也不隶属于法院,通常是与国会或内阁平行的机构,对国家财政的执行情况进行审查监督,并定期向国会报告审计结果。

在行政审计模式下,审计机关隶属于国家行政部门,根据法律赋予的权限,对政府各部门、各单位的财政收支活动进行审计监督,并对国家行政部门负责。我国的审计制度是典型的行政审计模式,从中央到地方的各级审计部门隶属于行政机构,而且审计部门首长也是由政府任命的。我国的《审计法》规定,各级审计部门要在政府首长的领导下开展审计工作。除了我国,瑞典、巴基斯坦、沙特阿拉伯等国家都采用的是这种审计模式。

第三节 政府间财政关系及其改革

一、政府之间事权和财权划分

政府间财政关系是理解政府财政预算管理的重要内容之一,而事权和财权的划分是界定中央与地方关系的核心内容。正确划分中央和地方的事权和财权,对于明确各级政府职能、界定各级政府活动范围以及匹配各级政府责任而言具有重要意义。同时,财权事权必须相互对称,要先明确中央与地方事权,再根据各自的权责确定相应的财权,这也是确立政府间财政关系的基本原则之一。为了更好地划分中央与地方的事权和财权,有效率和公平的分配公共资源,须根据各级政府公共物品提供予以考察,从公共财政收入和财政支出上中央与地方应相应承担的职能具体划分。收入与支出责任相对应,才能更好地提供公共产品和服务。

第五章 公共财政与公共预算

（一）关于事权和财政的划分的两个理论框架

1. 公共物品理论

公共物品是指具有非排他性、非竞争性、具有外部效应的物品。因为受益范围较广、成本较高，于是其服务提供都是由政府主导。公共物品的受益范围和性质不同，其提供的主体也不相同，如广州市的治安就不应该由武汉来提供。此外，全国性的公共物品和地方性的公共物品应该都由中央和地方分别提供而不能混淆。所以，鉴于公共物品的受益范围和空间特点，要保证公共物品的有效供给就需要划分中央和地方政府、地方政府之间的事权和财权以及对应的责任，体现在财政管理上就是分权分级管理体制。

2. 财政联邦主义理论

财政联邦主义指各级财政收入和划分的制度是一种财政分权形式，地方政府享有一定程度的自主权。Tiebout 模型是这一理论的代表，它强调分权的最终结果将有助于不同地区人口对提供的公共产品的偏好做出判断，个人可以通过向最能反映其消费偏好的辖区流动来表示他们对原辖区公共产品提供的不满，这个观点被概括为"用脚投票"。在这种流动性居民的约束下，地方政府更加有效地提供公共物品。奥茨在 1972 年对此进行了补充，即奥茨"分权定理"：并非所有的公共产品都具有相似的空间特点，一些公共产品可以使整个国家受益，另一些只能是某一地区受益。那么，对某种公共品来说，如果对其消费涉及全部地域的所有人口，并且关于该公共品的单位供给成本对中央政府和地方政府都相同，地方政府提供公共物品比中央政府要更符合帕累托效率。因为不同地区的消费者对公共产品的偏好程度也存在差异。与中央政府相比，地方政府更接近自己的公众，更了解其所管辖区选民的效用与需求。换言之，如果下级政府能够和上级政府提供同样的公共品，那么由下级政府提供则效率会更高。

上述理论均讨论了中央和地方的财权和事权划分，并界定了中央和地方的责任范围。在我国中央和地方的财权事权划分上，中央政府只是泛泛的确定了财政体制，仅仅直接涉及省级政府，中央政府确定与省级政府之间收入分配的原则，而省级政府在确定与下级政府之间的收入分配上有很大的自主权，然后各省确定与地区之间的收入分配体制，而地区确定与县之间的收入分配体制等。分税制改革以后,财权不但上移和集中,而事权却不断下放,地方政府在提供公共物品上面临着诸多挑战。

(二) 中央与地方财政管理体制演变

1. 财政包干制

财政包干制度是财政管理体制中处理中央与地方关系的一种制度,指地方的年度预算收支指标经中央核定后,由地方包干负责完成,超支不补,结余留用,地方自求平衡,对少数民族地区,中央予以特殊照顾,这种制度是中国20世纪80年代末到90年代初的财政模式。从1980年起,我国财政部门又采用"划分收支,分级包干"的新体制。其特点包括:明确划分中央和地方的收支范围,以1979年各地方的财政收支数为基础,核定地方收支包干的基数,对收入大于支出的地区,规定收入按一定比例上缴,对支出大于收入的地区,将工商税按一定比例留给地方,作为调集收入;工商税全部留给地方后仍收不抵支的,再由中央给予定额补助。收入分成比例或补助支出数额确定后,五年不变。地方多收可以多支,少收可以少支,中央不再增加补助,地方财政必须自求平衡。这种办法把地方权力结合起来,改变了吃"大锅饭"的现象,所以又被称为"分灶吃饭"的财政体制。从1989年起,又调整基数,实行"划分税种,核定收支,分级包干"的体制。

虽然财政包干制激发了地方政府的自主和积极性,但是财政包干制造成了中央财政收入的流失。第一,财政包干制导致各省藏富于民,中央财政收入下降。因为地方年度预算收支已经提前核定,而财政收支具有动态性,中央无法掌握地方全部财政收入信息,所以地方政府可以藏富于民。第二,核定基数比较固化,难以监控到财务的动态信息。由于基于之前年份的收支核定,而非对收支预测,这样财政信息滞后,中央难以监控地方财政收支。此外,讨价还价的财政包干制度还缺乏必要的公开性,中央与省政府财政关系并存着多种形式,并且信息不对称,决策不透明,所以财力分配不均,中央难以宏观调控。而且这种核定收支、分级包干的方法导致财政分配关系围绕着财力切割、财权集散,以至于横向财政机制缺乏。

2. 分税制体制改革

财政包干制过于强调调动地方组织收入的积极性,基数核定,分级包干使得地方收入增量难以显现,最终中央财政收入在整个财政收入增量中所占份额越来越少,造成国家财力过于分散,中央财政收入占全部财政收入的比重不断下降。于是,提出分税制改革,并力图实现三个目标:第一,提高中央财政收入占全国财政收入的比重。第二,实现政府间财政分配关系的规范化。第三,通过调节地区间分配格局,促进地区经济和社会均衡发展,实现基本公共服务水平均等化,实现横向财政公平。

分税制财政管理体制就是将国家的税收在中央和地方之间进行划分,确定中央财政和地方财政的收入范围,以保证中央和地方政府各自职能的顺利实现。根据马骏总结,我国1994年分税制改革确立的我国目前的政府间财政关系的基本框架主要包括这么几个方面①:

第一,根据中央和地方事权的划分,界定各自的支出范围。中央主要承担国防、外交、武警和中央直属行政事业单位的各项事业费支出,调整国民经济结构、协调区域经济发展、实施宏观调控等方面的政策性支出,以及中央直管的事业发展支出。地方政府主要负担本地区政权机构运转以及本地区经济事业发展的支出。

第二,明确中央的收入范围。将维护国家权益、实施宏观调控所必需的税种划分为中央税,将同经济发展直接相关的主要税种划分为中央与地方共享税,将适合地方征管的税种划分为地方税。中央财政的收入包括关税、海关代征消费税和增值税,消费税,中央企业所得税,地方银行和外资银行及非银行金融企业所得税,铁道部门、各银行总行、各保险总公司等集中缴纳的营业税、利润和城市维护建设税,车辆购置税,船舶吨税,增值税的75%部分,证券交易税(印花税)94%部分,个人所得税中的利息所得税,利息所得税之外的个人所得税中央分享的部分,海洋石油资源税。地方财政的收入包括营业税,地方企业所得税,利息所得税之外的个人所得税地方分享的部分,城镇土地使用税,固定资产投资方向调节税,城镇维护建设税,房产税,车船使用税,印花税,屠宰税,农牧业税,农业

---

① 马骏:《公共预算读本》,第68—69页。

特产税、耕地占用税、契税、土地增值税、国有土地有偿使用收入、增值税25%部分，证券交易税(印花税)6%部分和除海洋石油资源税以外的其他资源税。中央地方共享收入：增值税、资源税(海洋石油企业缴纳部分归中央)和证券交易税。增值税中央分享75%，地方分享25%。资源税按不同的资源品种划分，大部分资源税作为地方收入，海洋石油资源税作为中央收入。证券交易税，中央与地方各分享50%。此外，实行中央对地方的税收返还。原属地方支柱财源的"两税"收入(增值税收入的75%和消费税)上划为中央收入后，基数部分由中央给予返还。

第三，实行规范的转移支付制度。1994年分税制改革设计了中央政府向省级政府的转移支付制度，具体包括三项内容：税收返还、一般性补助(包括原体制补助、过渡期转移支付、政策性补助)和特殊性补贴。其中税收返还还包括增值税和消费税返还。2002年所得税分享改革也制定了相应的所得税返还制度，所得税不再按归属划分，而改由中央和地方按一定比例分成。调整后，以2001年为基期，按改革方案确定的分享范围和比例计算，地方分享的所得税收入，如果小于地方实际所得税收入，差额部分由中央作为基数返还地方，如果大于地方实际所得税收入，差额部分由地方作为基数上解中央。

第四，分设中央和地方两套税务机构。国家税务局和海关系统负责征收中央固定收入和中央地方共享收入，地方税务局负责征收地方固定收入。

第五，妥善解决原体制遗留问题。原包干体制的地方上解和补助办法基本不变。即原实行递增上解的地区仍按原规定办法继续递增上解，原实行定额上解的地区仍按原确定数额继续定额上解，原实行总额分成的地区和原分税制试点地区，改为一律实行递增上解，即以1993年实际上解数为基数，从1994年起按4%的递增率递增上解。

3. 政府间转移支付制度

转移支付，指一个国家的各级政府为解决财政失衡，彼此之间在既定的职责范围和财政框架下所进行的财政资金的相互转移。财政转移支付制度是分级财政管理体制的重要组成部分，它是以各级政府之间所存在的财政能力差异为基础，以实现各地公共服务水平均等化为主旨而实行的一种财政资金转移或财政平衡制度。转移支付范围只限于政府之间，而且是无偿的支出，但并非政府的终极支出,转移支付是财政资金在不同层及政府间的转移。现行中央对地方的转移支付主要可分为两类:一是财力性转移支付,主要目标是促进地方政府提供基本公共服务能力的均等化,包括一般性转移支付、民族地区转移支付、调整工资转移支付、农村税费改革转移支付和县乡财政奖补资金等;二是专项转移支付,旨在实现中央的特定政策目标,实行专款专用,包括一般预算专项拨款、国债补助等。

二、公共财政与预算改革

(一) 部门预算改革

部门预算改革的基本思路是政府预算以部门为基础进行编制,即每个部门一本账,要求部门尽可能地将所有的收支都纳入部门预算,并专门针对预算外资金而实施的"收支两条线"改革。为了编制部门预算,制定了标准化的预算格式和预算程序,并且要求所有部门遵照执行。国家要求财政部门为各个支出部门开设财政专户,部门必须将预算外资金进笼子,按照细化的标准编制部门预算,而且要经过财政部门审查再经人大审批之后才能使用这些资金。除了全面编制预算外,部门预算改革还要求部门细化资金的用途,这就使得预算能够提供详细的能够反映部门活动及其成本的信息,同时也取消了各个部门以前享有的资金二次分配权,以减少资源分配中的各种随意性。

(二) 国库集中收付体制改革

国库集中支付制度和国库集中收缴制度共同构成了国库集中收付制度。其目标是建立集中的财政管理体制来取代原来过度分散的财政管理体制。国库集中收付制度改革首先将所有财政性资金都纳入国库单一账户体系管理,收入直接缴入国库或财政专户,支出通过国库单一账户体系,按照不同支付类型,采用财政直接支付与授权支付的方法,支付到商品或货物供应者或用款单位,以在预算执行中有效地监控资金的流动。在新的制度下,每一级政府只允许开设一个国库单一账户,所有的财政资金都必须缴纳进该账户,所有的支出都必须从该账户流出。以财政直接支付和财政授权支付的方式,将资金支付到商品和劳务供应者或用款单位,即预算单位使用资金但见不到资金;未支用的资金均保留在国库单一账户,由财政部门代表政府进行管理运作。从 2003 年 1 月 1 日起,央行开始对财政存款按同期单位存款活期利率支付利息,中国的国库现金管理开始试步。计息增强了各级财政部门的现金管理观念。2006 年 6 月 5 日,财政部和央行联合发布《中央国库现金管理暂行办法》,正式启动了国库现金管理。根据规定,国库现金管理的操作方式包括商业银行定期存款、买回国债、国债回购和逆回购等。在国库现金管理初期,中国的国库现金管理主要实施商业银行定期存款和买回国债两种操作方式。2006 年 8 月 30 日,财政部首次买回将到期国债,通过现金管理来改善负债管理,标志着我国国库现金管理进入市场化操作阶段。[1]

（三）政府采购改革

政府采购实际上是一种政府购买支出,指各级国家机关、事业单位为了维持运营和提供公共服务,以法定的形式对货物、工程、设备或者服务的购买。政府采购须达到经济有效,才能更好地满足部门需求。政府采购改革的目标是建立一个竞争性、集中的采购体系来取代原来分散的采购体系。"十一五"时期,政府采购已被明确地提升为宏观调控工具之一。首先,这一改革将原来分散到各个部门的采购活动集中到财政部门。其次,尽管其他的采购方式（例如竞争性协商）仍在使用,但是,政府采购开始使用公开的、竞争性的招投标,并逐步扩大其使用范围。最后,许多政府采购,特别是那些以前较易滋生腐败的大型工程项目采购,开始使用财政直接支付的方式进行资金支付。[2]

（四）人大监督改革

在预算改革之前,预算草案送报人大的时间非常仓促,而且预算草案编制也很粗糙,收入和支出只列到类,很少到款、项,也没有分部门进行编制。这种不全面的部门预算导致人大并不能够具体掌握其资金信息,更谈不上审查,甚至部门编制过程,它本身也不了解所支配的资金情况,造成了资金的流失和浪费,管理效率低下。经过 1999 年部门预算改革,除了使得人大开始慢慢有充分的时间对

---

[1] 马骏:《治国与理财》,北京:生活·读书·新知三联书店 2012 年版,第 44 页。
[2] 同上。

预算草案予以审查外,而且使得部门预算更加全面、细致。现在一个部门一本账,能够更全面、更具体地反映政府各个部门的活动及其成本,这就为人大能够对政府预算进行实质性的审查奠定了基础。

(五)预算透明改革

预算透明是现代公共财政与预算的基本原则之一。它包括:第一,政府与市场各司其职,并将政府职能向全社会公开,公众可以通过各种途径了解到政府的组织结构、运作规范以及领域范围。第二,需要向公众公开政府预算编制以及决算。即公众可以通过网络、媒体、政府等迅速了解政府的预算过程、目标、内容、标准。而且预算编制需要详细、全面的公开政府的收支信息,公众也可以参与预算并提出质询。第三,预算文件须用简洁、易懂的语言予以说明,而且公众可以获取。如果政财政资源筹集、分府向相关部门(如人大、审计)和社会公布配的情况及其实际效果,可以促进政府更加负责。2008年,财政部在《政府信息公开条例》的基础上,开始明确财政信息公开的内容与程序。此后,越来越多的中央部委公开部门预算信息。2016年,中央部委开始在决算中公开绩效预算评价结果,向公众说明预期绩效目标的实现程度。目前,中国政府预算公开的内容和质量不断提高。

本章小结

凡是涉及公共行政活动都必须提供资金保障,如果资金安排不合理就会影响公共行政。所以,公共财政是公共行政中关键的一环。它涉及了政策、计划和预算,通过这三个环节将整个公共行政链接起来。计划是宏观指导性文件,根据计划目标和内容来发展政策,有时候计划和政策可以等同,通过政策的落实来实现计划。同时,政策又决定了预算,预算反映了政策,因为政策是否实施和有效实施是和资金流向紧密结合在一起的。最终预算制度的安排也反映了最高计划目标。这三者有机结合,才能更加理性的推动公共行政的发展。公共预算是公共财政的核心内容,其本质即为政治,对预算优先权的考虑涉及预算主体的行为博弈,即将资金分配给A而非B的基础是什么?这些冲突结果最终演化为资金分配结果。总之,公共预算是各个利益相关者就稀缺的公共资金进行筹集、分配、不断讨价还价的过程,充分表达自己的政治意愿,并进行政策决定,是一切政府活动的基础。不同的预算模式就有不同的分钱模式,不同分钱模式下聚焦的问题不一样,这样就使得活动和政策的选择可能会发生改变。如零基预算和绩效预算都不同于传统的渐进预算,区别在于预算的程度。渐进预算聚焦于:去年有没有这个事,去年这个事给了多少钱,部门申请款项时应该参照给多少钱。绩效预算开始强调绩效方面的信息,焦点在于钱和生产的关系,资金分配和生产是否有效率挂钩。零基预算聚焦于哪一件事情更重要,对决策项目进行排序以进行资金分配,而非基于预算基数。新绩效预算聚焦于目标是什么,为了实现目标,哪个预算模式更佳。

  公共预算也会面临财政风险的问题,预算平衡作为公共财政管理的基本原则现在在大多数国家都不复存在了。大多数国家面临着表现为预算赤字和累积债务的财政风险。经济衰退、战争和自然灾害都会造成预算不平衡,产生预算赤字,无法避免的。同时,由于一国的财政政策以及国家结构(如财政预算制度或者政治制度)也会造成财政赤字。而这些年度财政赤字累积就会形成债务,如果不及时解决就会导致债务如同滚雪球般越来越大。如欧债危机、美债危机的爆发也说明了这些问题。为了避免和解决财政风险,Allen Schick(2000)提出了七条原则,第一,在接受新的或有负债前,政府应该评估对其财政带来的风险,其中包括将来付款的概率。风险评估应由独立机构来承担。第二,政府应定期汇编或有负债余额,并报告这些或有负债发生的法律依据和损失概率。第三,在年度预算和其他预算文件中,应该探讨影响下一个财政年度以及以后的财政收入和支出的因素。第四,政府应该有一套风险管理程序,来规范公营部门各种机构对负债和其他风险的控制。第五,政府应明确成本和风险分摊方法,以抑制道德风险,以减少损失概率和数额。第六,预算应该限制担保或其他类型的或有负债的总额、年度增加额,以及每个授权发放担保机构的担保余额。第七,应该在总体预算约束范围内,为预期损失拨划出准备金。

  预算能力也尤为重要,它包括总额控制、配置效率、运作效率和财政问责。目前我国的财政体制安排和预算改革也是为了发展强势的预算能力。目前,我国实行分税制财政管理体制,将国家的税收在中央和地方之间进行划分,确定中央财政和地方财政的收入范围,以保证中央和地方政府各自职能的顺利实现。我国公共财政的主体就是人大、政府、财政部门和支出部门。部门预算编制采用两上两下的逻辑,最后报人大审批通过。预算执行后,决算和审计也发挥着重要的监督作用。从1999年开始,以部门预算改革为核心进行了一系列的预算改革,其目的是要在中国建立一个控制取向的公共预算制度。首先,改革开始将财政部门转变成为一个核心预算机构,由它在政府内部实施集中统一的行政控制,使得资金流向更加集中,提高了管理和配置效率。其次,以部门预算改革为基础,人大开始对预算进行实质性的监督。

关键词

公共预算 预算平衡 绩效预算 零基预算 渐进预算 财政赤字 总额控制 财政责任 运作效率 配置效率 预算能力 转移支付 部门预算 预算改革 国库收付集中制 财政包干制 分税制

思考题

1. 政策、计划和预算之间是什么关系?
2. 什么是公共预算?
3. 公共预算模式有哪些?
4. 什么是预算平衡?财政赤字包括哪些?如何实现预算平衡?
5. 什么是财政包干制?财政包干制包括哪些内容?
6. 什么是分税制?分税制包括哪些内容?
7. 我国预算的主体有哪些?政府、人大都发挥什么作用?
8. 怎样进行预算改革?我国预算改革应该如何进行?

推荐阅读

1. 马骏:《治国与理财》,北京:生活·读书·新知三联出版社2012年版。
2. 马骏:《公共预算读本》,北京:中国发展出版社2008年版。

3. 阿伦·威尔达夫斯基、内奥米·凯顿:《预算过程中的政治学》,邓淑莲等译,上海:上海财经大学出版社2006年版。

4. 理查德等:《社会主义国家的分权化:转轨经济的政府间转移支付》,北京:中央编译出版社2001年版。

5. 楼继伟:《中国政府预算:制度、管理与案例》,北京:中国财政经济出版社2002年版。

第六章 行政决策

行政决策是公共行政活动的先导,一切行政管理过程和行政行为都离不开行政决策。行政决策在公共行政过程中具有核心地位,公共行政过程与行为始终围绕着行政决策的制定、修改、实施和贯彻进行。本章主要介绍行政决策的内涵、行政决策理论的发展与变迁、行政决策模型以及行政决策过程。

第一节 行政决策概述

一、决策与行政决策

贯穿人类一切生产和生活过程的一种现象,看似简单又复杂,简单的是它为每个人随时均会感受到或所为之行为,复杂的是如何准确规范地理解和表述这种现象。以社会科学学科视域来界定其涵义,是近一百年才出现的。而这一百多年来理论界为此争执不休,形成了种种各具特色的观点。

决策,《现代汉语词典》释义为"决定策略或办法",英文表述为 Make Policy,也有的表述为 Making Policy,其义同为"决定的策略或办法"。《中国大百科全书政治学卷》则定义为:"从多种可能选择中作出选择或决定。"①就一般涵义而言,决策与我们通常使用的决定并无严格区别,决策与政策(英文为 Policy)在一般意义上也具有共同涵义。

当代美国著名的决策机构兰德公司提出的 4W 决策思考模式,即发生了什么(What's going on)?为什么发生(Why did this happen)?采取哪条行为路线(Which course of action should)?前景如何(What lies ahead)?就是一种适合于人的所有个体和群体的思考模式。美国学者斯蒂芬·罗宾斯(Stephen Robbins)在《组织行为学》一书中表述为:决策就是决策者"在两个或多个方案中进行选择"②。而决策或决定本身或其结果就是一种政策。基于此认识,这一涵义的决策概念被广为使用,如个人决策、领导决策、企业决策、市场决策等。从这个意义上讲,决策就是一个过程,即人们为了某种目的而预设一个目标或目标体系,并为实现目标或目标体系收集相关信息,并对信息进行加工、处理,制定出若干实现目标的行动方案,然后加以分析、比较,择定最佳方案。

行政决策是决策的一种特定类型,它是国家行政管理过程中的一个重要环节,是行政领导者的一项基本职能,也是行政管理活动能否取得绩效的前提条件。它是在行政管理实践中总结出来的一般管理决策理论和方法在行政管理领域中的具体运用。对于政府组织来说,发展经济、保护环境以及消除贫困等是政府机构担负的重要使命,也是其存在和发展的重要合法性基础,在政府预算有限和公众期望值高的双重压力之下,政府组织就需要通过精心计算和理性比较的方式,做出科学合理的决策选择。就此而言,行政决策是指政府行政机关在履行职能的过程中,通过收集信息、确定目标、设计方案以及做出选择等方式进行的决策活动。

二、行政决策特征

与其他决策相比较,行政决策具有以下四个特点:

第一,行政决策主体具有特殊性。行政决策是处理国家和政府事务时作出

---

① 中国大百科全书总编辑委员会:《中国大百科全书·政治学卷》,北京:中国大百科全书出版社 1992 年版,第 179 页。
② 〔美〕斯蒂芬·P.罗宾斯:《组织行为学》,北京:中国人民大学出版社 1997 年版,第 114 页。

第六章 行政决策

的决策,只有管理国家公共事务的行政机关和个人才能成为行政决策的主体。并且,行政决策主体必须代表国家的利益,体现国家的意志。行政决策权的具体掌控又因行政体制的不同而有所不同,在行政首长负责制的体制内,行政决策权一般由行政首长行使;在委员会制的体制内,行政决策权一般由委员会集体掌控。在特殊情况下,如突发危机,则通过委托或授权或依法由处置危机的组织或个人掌控决策权。从比较分析角度,行政决策主体特殊性还体现在它与其他社会组织相比,处在一个无须参与竞争的特殊地位,即它具有天然的垄断性质;在组织形式上它处于绝大多数社会组织和所有个人之上。在行政管理范围和区域内,行政主体按照统一标准进行统一管理。非经行政主体许可和授权,其他任何组织和个人不得从事相应活动。并且行政主体制定的政策每个人必须无条件接受,这也便是很多人常提及的行政决策之权威性。

第二,行政决策内容具有广泛性。由于行政决策涉及行政管理的社会公共事务整个领域,其内容是非常广阔和宽泛的。行政决策不仅涉及整个社会生活的各个领域和各个方面,而且也涉及行政机关内部管理事务。行政决策又常被称之公共决策,是由其内容主要是公共领域内的事务而定的,但行政主体同样有权也有责任为私人领域制定必要规则,而这些规则是所有社会公民必须遵循的,所以行政主体在制定这些规则时,必须体现社会正义与公平,由此引出行政决策的正义与公平特征。

第三,行政决策依据的法律性和执行的强制性。行政决策从实质上说是国家立法机关意志的反映,必须根据国家的法律和法规来制定。行政决策主体的产生、地位和其决策权都是法律赋予的,因而其决策内容、行为程序必须依法进行。否则,行政决策将会是违法的和无效的。同理,依法作出的行政决策具有强制性效力决定了行政决策实施也具有强制性。行政决策一旦作出,所在行政管理辖区内的机关、团体、企事业单位和个人都必须无条件地遵照执行。

第四,行政决策目标的非营利性。行政决策以社会公共事务为主体内容,目的是实现政府对社会的有效管理,所以在任何时候都不以营利为目的。虽然在有的行政决策中包含了经济效益的内容,但那并非是行政主体追求自身的经济利益,而是追求全社会的整体的经济效益。行政决策主体不能直接创造自身运行所需的经济财富,但有效的行政决策却直接和间接地为增加社会物质财富创造了不可缺少的条件。由此行政决策为维护公共权力的"贞洁"而使其目标是非营利性的,为实现公共利益而使其以创造社会物质财富增进为政策主要价值取向。

三、行政决策在行政管理过程中的地位和作用

行政决策在行政管理过程中具有重要的地位和作用。

首先,行政决策是行政活动的中心环节,是行政活动的前提条件。整个行政过程就是进行决策和执行决策的循环往复的不间断过程。无论哪一级行政机关,无论哪一类行政人员,都要涉及行政决策的问题,如果没有及时有效的行政决策,任何行政机构和行政人员都将无法履行其行政职能,无法实现其行政任务。

其次,行政决策是行政领导的首要职责。行政领导虽然在各自的行政工作中要承担许多重要职责,但制定正确的行政决策并组织实施是其中最为重要的职责。行政决策与行政活动中的其他功能还存在不同,它是行政领导的一种能动的主观思维活动,在很大程度上取决于行政领导的智慧、才能与判断力,同时也取决于行政领导的领导观念、工作作风和责任感。

最后,行政决策是行政效能的重要体现。衡量一个行政机关的效能的关键环节就是看其作出的所有行政决策中,有多少最终被证明是真正行之有效的。科学的行政决策可以为行政机关提供有效的管理模式和方向,能够使行政过程尽可能避免不必要的失误与时间和人力的浪费,使整个行政体系实现高效率的运作,实现行政高效能。

四、行政决策的类型

(一)行政决策的分类

认识和把握分类问题,重要的是寻找到合理的分类角度或标准,从不同的角度,依据不同的标准,可以对行政决策进行以下分类:

1. 宏观决策和微观决策

根据决策内容所涉及的时空范围可以划分为宏观决策和微观决策。宏观决

策或战略决策是指全局性、方向性的重大决策,其影响深远,涉及范围广泛,这种决策一般由高层领导人作出。微观决策或者策略决策、战术决策是指局部性问题的决策,是为了保证宏观决策或战略决策的宏观而制定的一些具体的、补充性的决策,是宏观决策或者战略决策的深化和延续,是具体方法和步骤的决策,因而也称具体决策或辅助性决策,这种决策一般由中基层行政单位做出。

2. 规范化决策和非规范化决策

根据决策的对象和方法可以分为规范化决策和非规范化决策。规范化决策又称为常态化决策,主要是针对一些经常反复出现的问题进行的决策,它有一套可以遵循的经验或规律。由于规范化决策是在总结过去经验的基础上形成的,可以通过制定一定的原则、规范来减少决策过程所耗费的时间和经费。非规范化决策,是指对过去没有出现过的一些问题或极端复杂、极端重要的问题进行的决策也称非常态化决策,既无决策的惯例可循,又无规章制度的具体规定,必须依靠行政决策者的智慧、胆略和判断力来进行。对上列行政决策类型的划分,许多人使程序性和非程序性来表述,其实这是错误地使用概念,在目前中国尚无一套完整的行政程序法的情况下,是无从作这个方向划分的。规范化决策一般由中下层管理人员来执行,实际上是宏观决策(战略决策)的执行再决策;非规范化决策主要由高级行政领导层进行。

3. 经验决策和科学决策

根据决策主体的决策方式可以划分为经验决策和科学决策。经验决策也称个人决策,在决策时,由决策者根据个人的思想水平、工作能力、知识经验等个人素质作出。历史上很多决策都是经验决策,使少数决策者成为国家或政府的中心,造成"人存政举,人亡政息"的局面,有许多的教训可循。经验决策在历史上之所以能够大行其道,主要是由于社会发展缓慢,经济和科技都不发达,社会化分工程度不高,不能提供科学决策的方法和手段,谋断集于一身。现代社会发展速度越来越快,社会化分工程度已经相当复杂,以前没有遇到过的新情况、新问题层出不穷,经济和科技的现代化,不仅要求决策有周密的计划、系统的安排,还要求决策的专业化。在这种情况下,科学决策方法应运而生。科学决策是以科学思考、科学预测和科学计算为依据的现代决策方法。它根据决策目标的不同、变量的多少、限制条件的差异等,采用适当的数学方法加以计算或通过试验和模拟后做出决定。其特点是准确、可靠、客观、严谨,是现代社会很多领域中不可用经验方法取代的决策方法。当然,科学决策也不是万能的,在行政管理的许多领域中还不能完全替代经验决策。因此,在行政管理实践中,善于把两者相结合,才能切合实际地作出最佳决策。

4. 确定型决策和风险型决策

根据行政决策所具备的条件以及对决策后果的预知程度可分为确定型决策和风险型决策。确定型决策是指决策时信息完备,对所要决策的问题性质、条件有比较充分的了解,采用各种方案的结果通过计算后大致可以确定,要求从中选出最佳方案的决策。风险型决策又称统计型决策或随机性决策,是指决策者对所决策问题的性质和条件虽有一定的了解,但对其发展过程中的情况和未来的最终发展结局则不能完全预测和控制,只能大致估计其出现的概率。风险型决策一般是过去从未经历过的,带有极大的风险性。由此,上述两种决策的要求也就不同,确定型决策须掌握全面的信息,并在拟定的诸多方案中能够找到决策者认为的最佳方案;风险型决策可能只掌握了部分甚至零散的信息,对未来将发生的情况无任何概率可循,无任何经验可依,因而要求决策者具备一定的胆略,判断力。

5. 原始决策和追踪决策

根据决策所面临的条件状态与目标制定的基础可以划分为原始决策和追踪决策。原始决策又称静态决策,是指对决策某一项问题所做的第一次决定,它是一种初始性决策。由于原始决策是一种初始状态下的决策,其决策方案是在一种相对的静态状况下制定的,决策方案及其目标只是停留在图纸上而不是在实施行动中,因此又把它称为静态决策。而追踪决策则是一种动态决策,它是指原始决策在执行过程中,由于其主客观情况发生了变化,影响到原决策目标的实现,这样,原决策方案不能再继续执行,而必须进行修改。这种在原始决策执行过程中对原决策方案所进行的修正性决策就是追踪决策。追踪决策是在原始决策方案的执行过程中发生的,并且产生了一定变化,因而通常又把它叫做动态决策。

五、行政决策的原则

行政决策的原则是从行政决策实践中总结出来的行政决策活动固有规律的总称。它主要包括以下主要内容。

1. 目标导向原则

由于任何一项决策都是为了实现某一行政目标,行政决策的正确与否与决策目标的明确和适中程度有密切的关系。因此,行政决策首先要确定目标,并使这一目标符合实际情形;然后,整个决策过程乃至执行均必须围绕决策目标。目标导向原则可使决策有明确的方向,可使决策避免舍本求末的现象,使整个决策过程更加具有效率。

2. 信息对称原则

行政决策的正确化程度取决于决策过程中信息的全面性和准确性程度。决策的科学性是和全面、及时、准确的信息量成正比的。决策主体不但要充分地掌握信息,而且还要正确地对信息进行筛选、分析和处理,去伪存真,由表及里,从而得出正确可靠的决策依据。

3. 科学预测原则

预测是决策的基本前提。行政决策本身就是一种对未来行政行为的设计,必然带有一定的预测性。这种预测必须是科学的,必须建立在可靠的信息和系统的分析的基础上,只有这样才能使行政决策的内容科学和可靠。

4. 择优可行原则

行政决策除了围绕决策目标,其本质追求就是选择最优实现目标的方案。面对客观环境复杂的变化,决策主体必须根据不断变化的主客观条件制定出若干可供选择的方案,然后通过权衡利弊、比较和评价,从中选出最优方案,这个最优方案可能是决策主体的主观认识。择优原则的实行是实现行政决策科学化的重要保证。同时,必须关注方案的可行性,即决策者在选择最优方案时必须充分考虑相关的人力、物力、财力和承受条件、权衡时间、速度及指标的比例关系,这是保持行政成本和行政效率恰当比例的重要因素。可行性原则还要求决策留有余地,保持可调节的弹性,具有防止突变情况的相关措施。

5. 动态性原则

由于行政决策的制定、执行和修改是一个很长的动态过程,所以在整个行政决策过程中应时刻关注客观环境的变化,在具体实施时,要注意信息的反馈,并随时进行决策的追踪和检查,重视决策的调整。

6. 法制性原则

行政决策作为一种主要的行政行为,必须具备合法性,即行政决策权的产生和设置以及在行政决策制定和执行过程中必须符合法律的实体性和程序性规定,无论是在实体内容上还是在程序上,只要有违反法律的情况,哪怕具有充分的信息依据、决策主体自认为的最佳方案或者具有较强的可行性,这样的行政决策均不具有有效性。所以,法制性原则是贯穿上述所有原则、贯穿整个决策过程的一个重要原则。

第二节 行政决策理论的发展

决策理论是现代西方管理理论中的一种重要理论。它是在第二次世界大战以后吸收了行为科学、系统理论、运筹学和计算机等学科内容的基础上发展起来的。目前决策理论已经产生了较大的影响,成为了一个颇有影响的管理理论学派。这标志着现代决策理论已经成为管理理论的一个重要组成部分。在现代西方的决策理论中,存在着多种理论模式,这些理论模式都是从不同多角度对人类决策行为规律性的理论概括,虽然每一种理论模式都不是完美的,都存在着片面性,但它们都有重要的解释"真实世界的决策过程"的作用。

一、现代西方决策理论的形成

在现代管理理论中,"决策"这个术语最早出现在 20 世纪 30 年代。早期的行政学家对行政决策的认识由于受寻找独立的研究空间所制而显得比较狭隘,认为决策仅指正确表达人民的意志,决定国家应做些什么事情,是一种纯粹的"政治"行为,只属于立法机关的活动范畴。行政的目的在于执行,在于怎样建立机构,如何使用和配备人员,如何提高行政效率。

第六章 行政决策

最早把行政决策作为行政的主要功能进行研究的是美国行政学家古立克，他在1937年的《组织理论》一文中，提出了决策是行政的主要功能的观点，并进行了论述。

1938年，美国管理学家巴纳德在《行政人员的作用》一书中也提出决策概念，还提出了与决策不可分的"动机""沟通""目标"及"组织关系"等概念，并对它们之间的关系进行了系统分析。

但是，巴纳德的这一思想，当时并没有引起人们的重视。因此，在一段时间内，管理中有关决策问题的研究并没有取得更多进展。

随着资本主义经济的发展，垄断和竞争的不断加强，决策在管理中的地位越来越重要。在第二次世界大战后，现代生产和科学技术的高度分化与高度综合，使得企业的规模越来越大，特别是跨国公司不断地发展，这种企业不仅经济规模庞大，而且管理十分复杂。同时，这些大企业的经营活动范围超越了国界，使企业的外部环境发生了很大的变化，面临着更加动荡不安和难以预料的政治、经济、文化和社会环境。在这种情况下，对企业整体的活动进行统一管理就显得格外重要，管理中的决策问题也越来越引起管理理论家们的重视，出现了一个研究决策问题的热潮。

如何对组织活动进行统一管理的研究从两个方面展开：一个是以西蒙为代表的决策理论。它继承了巴纳德的社会组织理论，着重研究为了达到既定目标所应采取的组织活动过程和方法。另一个是运用数学的、统计的和计算机的方法研究在投资决策、生产、库存、运输等问题上各种制约因素的最佳组合问题，这就是管理科学学派所关注的内容，相关研究在经济学领域，产生了边际分析决策论；在数学领域，产生了数量分析决策论等。

真正奠定决策科学理论框架的人是美国学者西蒙。赫伯特·A.西蒙是美国著名的管理学家，也是著名的计算机科学和心理学教授。由于对经济组织内的决策程序进行了创造性研究，西蒙于1978年获得诺贝尔经济学奖。他的决策理论在现代管理理论中占有重要地位。

早在1937年，在巴纳德提出管理中的决策问题但并没有引起人们注意的情况下，西蒙在其与他人合著的《衡量市政活动》一书中，就早已开始以决策思想分析市政组织活动。在1944年发表的《决策与行政组织》一书中勾画了现代决策理论的轮廓,并提出了一系列行政学中的新概念。1945年,西蒙出版了《行政行为》一书,对决策过程组织理论作了比较系统的阐述。在该书中,他认为,组织的作用在于提供一个有利于做出合理决策的理论结构,组织的活动是由一系列决策行为形成的决策过程,只有使组织变成一个有系统的、有步骤的合理的决策程序,才能大幅度地提高管理效率。1958年,西蒙与马奇(James G. March)合作出版了《组织》一书,又进一步提出了有关决策理论的四个问题,即令人满意的准则、冲突、协调和创新。1960年前后,西蒙在纽约大学做了有关决策问题的一系列讲座,在这些讲座中,他进一步发展了自己的决策理论。在这些讲稿的基础上,西蒙出版了《管理决策新科学》一书。这本书对决策理论作了系统而又简明的阐述,是西蒙决策理论的代表作之一。至此,现代决策理论在西方基本形成,成为引人注目的一个管理理论学派。

二、现代西方决策理论对公共行政学的影响

决策理论影响之大,已不仅局限于经营管理领域,而且渗透到各个管理实践领域及管理研究领域之中,由于政府在决策行为中的重要作用及显著影响,使得决策理论与公共行政学的相互渗透现象非常突出,这主要表现在以下几个方面:

第一,决策理论学派已经上升为西方公共行政学研究的主流学派。西蒙的决策理论获得了1978年的诺贝尔经济学奖,但从这一方面来看,决策理论是一种经济管理理论。但是,博学多才的西蒙教授不仅仅是一个经济管理学家,同时也是一位公共行政学家,他把决策理论贯穿于公共行政学的研究之中。

西蒙在《行政行为》一书中指出,传统的公共行政学只注意研究执行,而不注意研究执行之前的决定。他认为,任何实际行动都包含决策和执行两个方面,执行决定本身就是决策行动。决策不仅是首长行使权利或做出判断的过程,各级主管人员也都有参与决策的权力。西蒙认为,决策过程实际上是一个集体活动过、他还竭力主张把当时已经发展起来的行为科学融入到公共行政学的研究中去,提出以行政行为研究替代传统的公共行政学。"行政行为"这一名词迅速在公共行政学界传播开来,并广泛流行。1950年他和汤姆逊(James Thomeson)等人合著的《公共管理》一书,在公共行政学相关论著中独成体系。其主要特点在于谋求公共行政决策的科学化,并应用数学、统计学、心理学、社会心理学等多

学科手段来研究公共行政学,极大地扩展了公共行政学的研究范围,推动了公共行政学的研究领域的深度发掘与论题更新,从而奠定了行政决策在公共行政学的重要地位,并在相当长的时间内,推动了行政决策在学界研究的持续升温。

第二,当代公共行政学特别关注决策问题,这已经成为一种新的发展趋势。由于现代公共行政学发展的新趋势,1980年出版的《新英国大百科全书》认为,"正统的学说以行政管理只是执行他人决定的政策为前提。根据这点,行政管理人员应该寻求最高效益,而不必过问价值和目的。但从20世纪30年代开始,行政管理日益关注决策本身,使用新技术手段来改进决策"[1]。因此,人们对公共行政的含义有了新的理解。该书还指出,根据传统的定义,行政管理包括那些设计执行政府的政策和规划的活动。但现在人们在更广泛的意义上使用这一名词,人们常常认为行政管理包括决定以及执行政府政策、规划过程中的某些职责,在政府和各部门之间,这种职责存在程度上的不同。可见早期公共行政学主要是研究执行政府政策的各项活动,而现代公共行政学发展的新趋势则是进一步扩大其范围,将决策问题也包括在公共行政学中。关于公共行政学研究范围的上述两种新见解,《美国百科全书》也有说明。在该书《行政管理》条目下谈到,"行政管理可以说包括所有涉及执行政府意图的行动。一种观点认为,所有在中央政府或地方政府行政部门工作的人都从事行政管理。另一种观点把政策制定者排除在外"[2]。前者指的正是现代公共行政学的新观点。后者则是传统公共行政学的观点。可见,把决策问题纳入到公共行政学的研究范畴,并且特别注重这一问题,已经成为当代公共行政学发展的一种新趋势。

第三节　行政决策的模型

作为一种实践活动,行政决策离不开决策理论的指导,需要遵循一定的决策程序和方式,这些决策理论要么是对决策过程的客观描述,提出决策过程的基本特征,要么是从规范的角度,规定决策的具体步骤和方式,现有的各种决策模式都具有一定优势和不足,没有哪一种模式能够占据主导地位,彼此之间是一种补

---

[1] 转引自王健刚:《行政领导学》,济南:山东人民出版社1985年版,第9页。
[2] 同上书,第8页。

充而不是替代的关系。

一、理性决策模式

理性决策模式是从规范性的角度来看待问题,主要建立在古典经济学基础之上。古典经济学认为,"经济人"具有完全理性,不仅知道全部的行动方案,而且还了解各种行动方案的结果,从而依据效用最大化原则选择其中的最优方案。理性决策模式具有以下六个方面的特点①:

(1) 决策者面临一个既定的决策问题;

(2) 理性的决策者首先澄清他的目的、价值或目标,然而在头脑中将这些东西进行排列或用其他方法加以组织;

(3) 然后列出所有可能达到其目的的重要决策备选方案;

(4) 审查每一项决策备选方案会产生的所有重要后果;

(5) 将每一项决策备选方案的后果与目的进行比较;

(6) 选出其后果与目的最为相称的决策备选方案。

理性决策模式看起来能够满足理性的个人对效用最大化的追求,然而,理性决策模式面临的现实问题限制了该决策模式的应用范围。

1. 信息

崇尚完全理性的理性决策模式要求决策者不仅能够掌握关于决策的所有信息,而且还具有加工和处理这些信息的能力,这种要求实际上超越了决策者的个人能力,超越了一个决策者为解决问题所花费的时间和精力,事实上也超越了他所能得到的信息。此外,决策者还面临着决策时机和决策成本方面的约束,决策者往往面对的是急需解决的问题,需要用有限的决策成本尽可能快地解决问题,这些都决定了决策者只能追求"满意"而不是"最优"的决策方案。

2. 价值评判

清晰的目标成为理性决策模式的应用前提,但是,在决策主体多元化的环境下,谁的价值观应该成为决策目标选择的标准,如何选择和评判决策目标就成为

---

① 〔美〕林德布洛姆:《决策过程》,竺乾威、胡君芳译,上海:上海译文出版社1988年版,第20页。

理性决策模式所无法回避的问题。事实上,对于行政决策而言,决策过程的冲突和妥协决定了很少有决策目标能够以明确和具体的形式出现,与其说行政决策是围绕清晰的目标展开,还不如说决策目标的含糊不清本身就是行政决策的常态更为贴切。

理性决策模式看似完美的决策过程,但它并不能真实有效地描述现实世界,这就决定了必须有更为有效的决策模式来为行政决策提供指导。理性决策模式对完全理性和最优决策目标的倡导受到了赫伯特·西蒙的强烈抨击。在西蒙看来,决策者在有限时间内无法掌握决策所要求的全部信息,而且决策者处理信息的能力也是有限的,无法对决策问题的判断和决策方案的评价做出最佳选择。因此,西蒙认为,行政决策者应该是"有限理性"而非"完全理性",在决策过程中,行政决策者应该追求"满意"而非"最优"的行政决策目标。在此基础上,西蒙提出了以有限理性和满意原则为基础的有限理性决策模式。

二、渐进决策模式

针对理性决策模式在现实解释力上的不足,美国著名的政治学家和政策科学家查尔斯·E.林德布罗姆提出了著名的渐进决策模式。他认为,现实世界很少和理性决策模式的描述相吻合,为了选择最佳政策而筋疲力尽地去追求极限,通常是得不偿失的,在实际上也是不可能达到的。① 在渐进决策模式看来,决策者应该:

(1) 只考虑与现状渐进(即稍微)有差别的目标。

(2) 限制每种方案预测结果的数量。

(3) 在目标和目的与方案之间进行调整。

(4) 在获取新信息的过程中,不断重新阐述问题——以及相应的目的、目标和方案。

(5) 用一系列步骤来分析评价方案,以便能随时不断修正选择,而不是在行动之前的某一点就做出选择。

(6) 不断地治理现存社会问题,而不是在一个时点上完全解决问题。

---

① 〔美〕林德布洛姆:《决策过程》,第37页。

（7）与社会中的多个团体分担分析、评价的责任，以便使制定决策选择的过程能够分开或间断。

渐进决策模式主要适用于稳定的决策环境，在这种环境中，决策问题往往具有前后衔接的特点，决策者对决策方案的小修小补能够在一定程度上弥补其决策能力不足的弱点。但是，社会环境不可能永远是风平浪静，以前的决策方案也不能一直作为后续决策的依据，一旦决策者面临动荡不安的决策环境，以前的决策经验则不能提供有效的帮助。与理性决策模式相似，渐进决策模式的缺陷也可以归为两类：

（1）信息。"满意"和"补救"的决策原则可能会使决策者安于现状，沉迷于局部方案的调整，而不愿意对决策方案进行彻底变革，即使条件具备也是如此。在满意程度、备选方案的数量、调整的程度等内容上，渐进决策模式并没有为决策者提供明确的指导，而只能依靠决策者的主观把握。这样一种决策模式也许是对许多决策的有用描述，但却不能为行政官员设计决策过程提供有力的指导。①

（2）价值。渐进决策模式来源于美国多元主义的政治传统，林德布罗姆认为，决策主体的多元化并不代表着决策价值观的分散性和冲突性，价值观的相似性使得对决策方案的渐进调整成为可能。然而，价值观的相似性并不意味着决策主体之间利益的趋同性，作为利益的权威性分配，对各自利益的争取和维护就成为决策主体的首要目标。决策主体之间彼此掌握的资源以及有待满足的利益需求决定了决策方案的调整幅度。一旦决策者之间的力量对比悬殊，则激进的改革方案就有可能取代注重按部就班的渐进方案。

三、综合扫描决策模式

由于传统理性决策模式和渐进决策模式都有缺陷，在决策制定过程中都受到一定程度的限制，因此，人们试图寻找一种既能克服传统理性决策模式和渐进决策模式的缺点，同时又能综合它们各自优点的综合性决策模式。美国社会学

---

① 〔美〕詹姆斯·W.费斯勒、唐纳德·F.凯特尔：《行政过程的政治：公共行政学新论》，陈振明、朱芳芳等译，北京：中国人民大学出版社2002年版，第263页。

家和政治学家阿米泰·埃特奥尼的综合扫描决策模式影响颇大,其核心观点在于决策的范围和影响是多种多样的,所以决策的本质便要求不同的政策过程。①

1. 埃特奥尼对传统理性决策模式和渐进决策模式的批判

(1) 传统的理性决策模式对于决策的要求过于理想化,以致超出了决策者认识问题和解决问题的能力,完全理性决策是不可能的。

(2) 渐进决策只是反映了社会中势力最强大而且有组织的那部分人的利益,而处于社会下层,政治上又无组织的那部分人的利益并没有被考虑进去。

此外,由于渐进决策只把注意力集中在短期目标上,只是改变现行政策的某些方面,因而往往忽视基本的社会变革。对于那些重大的、带有根本性的决策,渐进决策就无能为力了。

2. 综合扫描决策模式的基本内容

综合扫描决策模式既要解决理性决策模式在实际应用中存在的困难,同时又要尽力补救渐进决策模式的弱点,使这两种模式互相结合、相互补充,从而提高做出最佳决策的可能性。所以,综合扫描决策模式就是首先运用渐进决策模式来分析一般性的决策要素,然后在此基础上运用理性决策模式,这样既可以避免忽略基本的决策目标,同时也可以保证对最重要的问题作深入的科学分析。混合扫描决策模式既考虑了根本性决策问题,又涉及了渐进决策的需要,渐进决策模式限制根本性决策所要求的具体范围,从而降低了理性决策模式的非现实性程度,而理性决策模式是在长期的观点上探索方案,从而克服了渐进决策模式的保守性。②

综合扫描决策模式是在吸取理性决策模式和渐进决策模式优点的基础上创立而成的一种决策模式。虽然这种决策模式有效地考虑到了理性决策和渐进决策模式的缺陷,但是,如何将这两种决策模式有效地综合起来,使混合扫描决策模式具有更强的操作性,这一点并没有被埃特奥尼详细说明。

---

① 〔韩〕吴锡泓、金荣枰:《政策学的主要理论》,上海:复旦大学出版社2005年版,第227页。
② 同上书,第226页。

第四节 行政决策过程

一、行政决策体制

作为一种组织性活动,行政决策是一个包括搜集信息、确定目标、设计和评价方案以及选择方案等活动在内的多阶段、群策群力的合作过程,不同的政府机构和人员在决策过程中承担着不同的决策任务。如何把这些机构和人员有机地组织起来,使其相互之间分工合作,推动行政决策过程的顺利进行,这就是行政决策体制的构建所需要解决的问题。

行政决策实际上是一种注重分工与协作的管理活动,不同的机构和人员在决策过程中处于不同的地位,履行不同的职责,同时又互相协调和相互制约。不同行政决策机构和人员的这种分工与协作关系就构成了行政决策体制。行政决策权力在不同政府机构和人员之间的配置以及相应主体在决策中所具体承担的职责就成为行政决策体制构建的核心内容。

现代行政决策体制主要由三个系统组成。

1. 行政决策中枢系统

在行政决策过程中,需要有特定的机构和人员对决策的顺利进行承担起组织、指挥和协调的职责,确定决策的目标和内容,对最终的方案"拍板定案"以及对决策的不良后果承担责任,这些工作都主要通过行政决策中枢系统来完成。行政决策中枢系统也称行政决策中心或政府首脑机关。它是由具有行政决策权的行政领导者组成该行政机关或行政部门最有权威的领导核心,处于最高领导、指挥地位,并承担行政决策全部责任的系统,中枢系统是行政决策体制的核心,其他构成系统都是在中枢系统的领导下活动并为它服务。

行政决策中枢系统的主要任务包括:

(1) 确定决策问题、目标体系和研究课题。通过组织调查研究,把握具体实际情况,分析研究,抓住关键,预测未来,确定决策问题和目标体系。这是决策方向的确定,因而是中枢系统首要的任务。

(2) 组织有关机构和人员拟定若干备选方案。无论对行政组织内部的机构人员还是委托外部咨询单位研制可行性方案,中枢系统应放手发动群众献计献策,尤其应充分发挥咨询机构的作用。

(3) 抉择决策方案。从咨询系统提供的备选方案进行选优。先要根据决策问题、目标和环境情况,确定选优的价值标准和选择方法;再组织有关专家学者共同辨别、比较、平衡、切实做好可行性分析论证;最后参考专家论证意见,做出决断,确定一个较满意的方案。这是中枢系统的关键的职责。

(4) 指挥检查、监督决策方案的实施和组织对某些决策方案进行局部试点。根据试点或实施中的反馈信息,再组织修正决策方案,有时有必要组织根本性修正。

行政决策中枢系统由领导层组成,并配以少量具体工作人员。例如,我国中央政府的行政决策中枢系统由总理、副总理、国务委员、审计长、秘书长及各部委的部长、主任组成。行政决策中枢系统通常采用集体决策或个人决策方式。集体决策方式是中枢系统集体以会议、投票、举手表决等形式,以少数服从多数的原则做出最后决定,并对决策实施后果集体负责,这是较常见的方式。此外,现代行政决策中枢系统中仍有存在个人决策方式,即最后决策由首长个人做出,故也称单一首长决断方式。两种决断方式各有利弊。在现代行政决策体制下,可根据决策问题的具体情况、各国行政领导体制情况等来选用。美国总统运用的是个人决断方式。我国1982年宪法明确规定改委员会集体决断制为行政首长负责制这种集两种决断方式优点的决策制度。

2. 行政决策咨询系统

行政决策咨询系统也称思想库、智囊团、脑库。它是指由多学科专家、学者组成的专门从事广泛智力开发、协助决策中枢系统进行正确决策的辅助性机构。

现代行政咨询机构很多,可以从多角度分类。按不同的决策层次划分,行政组织内的咨询机构有国家级和地方级(省、自治区、市、地、县)两种;按咨询机构与决策机构关系疏密程度划分,有主从紧密型(指隶属于政府的综合咨询机构和隶属各级党委和政府部门具有党和行政职能的政策研究机构)、主顾松散型(指接受党政部门指导的兼职专家集团,如专家顾问委员会、科协系统的学会等)、自主开发型(指同交办咨询研究课题的决策部门不是主从关系,其研究工作靠自主开发,实行有偿服务的机构)。

行政咨询机构最常见的分类是从与行政部门(或执政党)有无隶属关系而

划分为官方咨询机构与非官方咨询机构。前者是直接隶属于行政部门（或执政党）并具有一定行政职能的机构，如美国政府系统内部建立的白宫办公厅、总统的办事机构，我国的政策研究室、调研室、发展研究中心等。这类官方咨询机构的优点是：了解决策领导者之所急；容易获得与公共政策相关的信息；研究成果易被采纳。其缺点在于：易受决策领导者的思想影响，自主性独立性较少；受政府面临现实问题压力的影响。后者是不直接隶属于行政部门（或执政党）的咨询机构，包括半官方咨询机构（得到党政部门的资助，但服务对象较广）和民间咨询机构（由私人或民间团体创立，其经费来源于企业、公司、私人或基金会，实行有偿服务）。如美国兰德公司、斯坦福国际咨询研究所等，它们不隶属行政系统，是非官方咨询机构，但与政府、利益集团等政治权力有千丝万缕的联系，其研究多为政府决策提供服务。

就行政决策中枢系统和咨询系统的关系而言，存在着专家指导论和专家建议论这两种不同的观点，前者认为，随着咨询系统的发展和职业化，咨询系统将掌握更多的决策权力，决策中枢系统只拥有象征性的批准权。而后者则认为，咨询系统只是决策中枢系统加强自身权力的工具。事实表明，这两种观点都不能完全反映决策中枢系统和咨询系统之间的关系，两者关系的构建关键是要把握好一个"度"，处理好"谋"与"断"的关系。①

3. 行政决策信息系统

就行政决策而言，信息可以看做是行政决策的生命源，信息的多少和好坏最终都对行政决策质量有着至关重要的影响，因而就需要有专门的机构和人员来从事决策信息的收集、分析、加工、储存和传递的功能，这就构成了行政决策信息系统。

行政信息系统是依据行政管理系统的层次性特点来建立的。根据行政学原理和我国行政组织结构的实际，我国行政组织是通过纵向划分层级（层级节制）和横向划分部门（分部化）来进行管理的。政府的层级结构就决定了各级政府处于全局和局部的地位，在管理国家事务方面就有宏观和微观之分。管理层次不同，所需信息也就不同，各级政府所需信息的层次性决定了行政信息网络的层

---

① 〔美〕威廉·N.邓恩：《公共政策分析导论》，北京：中国人民大学出版社2002年版，第57页。

次性。政府层级越高,相应所要求的信息层级也就越高,行政信息系统的层级也就高。目前,我国行政信息系统分为四个层次,即国务院信息系统、省政府信息系统、市级政府信息系统、县级政府信息系统。

行政决策信息系统一般具有六种功能:(1)确定行政信息需要。即了解行政决策需要什么内容和形态的信息,谁需要,什么时候需要,由什么渠道传递等等。(2)输入信息。要开辟广阔的信息渠道,多角度,全方位搜集信息,扩充信息流。(3)信息加工。用科学方法将原始信息筛选、验证、分析、分类编目,提炼摘要。经过去粗取精,去伪存真,由此及彼,由表及里的加工过程,使信息具有可靠性、可用性。(4)信息输出。运用各种形式和工具,将加工后的信息按事先审查了解的利用者的需求,适时分送信息利用者。(5)贮存信息。通过多种信息载体,贮存有用的信息。(6)对信息系统的管理。为保证信息系统持续正常地运转,要对组织机构、人员、人—机系统等全面协调管理。①

二、行政决策的程序

行政决策是行政管理活动的中心环节,行政决策正确与否,直接关系到行政活动的效率、行政管理的成败。因此,必须提高行政决策的质量,达到提升决策质量目的的重要途径之一就是实现行政决策的规范化,遵循行政决策的科学程序。

行政决策的程序是指行政决策的先后步骤。赫伯特·A.西蒙在《管理决策新科学》一书中,将决策过程分为四个阶段,分别为"情报活动""设计活动""抉择活动""审查活动"。此后,行政学者们开始重视对行政决策过程的研究,形成了各种分析框架。

1. 发现问题,确定决策目标

政府的存在是以社会问题的存在和解决社会问题为前提的,如果没有社会问题或者政府不能够解决社会问题,政府就没有存在的必要。而政府解决社会问题是以发现现存的和即将产生的社会问题为条件的。在行政管理过程中存在大量的问题和繁重的任务要求,行政组织经常要做的一项重要工作是确定哪些

---

① 许文惠等:《行政决策学》,北京:中国人民大学出版社1992年版,第106页。

问题或哪些任务要求应当列入决策议事日程。问题的发现一般有两种途径:一是自下而上的问题反映,即社会民众对现状不满或对现行政策制度进行抵制,并将这种意愿通过某种途径上传至决策层并由此产生行政决策需求;二是政府机构人员主动发现和界定社会生活中各类隐藏的社会问题,根据其重要性或需解决的迫切性,将这些问题或任务要求按轻重缓急的顺序加以排列,由上而下地推动改进决策。

在完整的把握问题之后,接下来就是确定解决问题所要达到的目标。目标决定行政决策的方向,是否达到行政目标是行政决策优劣的评价标准。确定问题或工作任务及其目标要求的具体方法或依据是多种多样的,例如某个领导人的判断、有组织的调查研究、上级指示和布置、下级的紧急报告、例行的工作安排、社会舆论的强烈反应等等。确定决策目标时需要注意以下几点:(1)保证目标的针对性,把握问题的关键所在;(2)保证目标的可行性,保证能在现有的条件下实现;(3)保证目标的确定性,防止目标制定的随意性;(4)保证目标的合法性,决策目标不应违背公共利益和社会道德规范。

2. 拟定备选方案

确定问题或工作任务之后,拟定决策备选方案是推进决策过程的基础性工作。对于一般性的、常规的或较为简单的问题或工作任务,往往只有一个决策方案,而对于特殊的、非常规的或较为复杂的问题或工作任务,至少需要拟定两个以上的决策方案供决策者选择。可替代性方案的数量越多,被选中方案的相对满意程度则越高,决策就越完善。决策备选方案的内容一般包括对问题或工作任务的分析判断、明确的决策目标和可能的决策结果、具体的实施要求等等。拟订方案可细分为三个环节,即收集信息、方案拟订和修改补充。收集信息是拟订方案的前提条件,没有充足的信息资源,方案的实际意义将会大大降低;方案的具体拟订和修改补充是一个不断往复循环的过程,只有通过不断的修改补充,真正可行方案才会形成。

3. 选择决策方案

任何决策实质上都是一种选择取舍的过程。在只有一种决策方案的情况下,首先需要选择是否基本接受或认可这一方案,其次在讨论该方案的具体条文时,也有逐一表示"肯定""否定"或适当修改的选择过程。一般的决策理论所说的选择,通常是指在两种或多种备选方案中做出抉择,选定最佳或最优方案,这种情况在行政决策过程中也是经常出现的。选择方案的过程是一个评估选优的过程。行政决策的评估方法和企业决策一样,可以运用定性的、定量的、经验的、技术的等多种方法。选择决策方案需要注意以下几点:(1)社会效益和经济效益并重,使之既能最大限度的实现社会价值,同时使社会资源的消耗降低到最低;(2)努力降低决策风险程度,行政决策解决的是社会公众的公共利益问题,涉及面广,问题处理不当易引起社会震动,因而不易实施高风险政策;(3)充分考虑反对意见,力争统筹兼顾,"兼听则明"。

4. 修正完善决策方案

在决定决策方案采取行动之后,某一问题或某一工作任务方面的行政决策并没有完全结束。在实际的行政执行过程中,行政决策往往不是一次性完成的,行政决策阶段和采取行动阶段在时间上也不完全是截然分开的。行政决策对所采取的具体行动具有指导性的作用,可以用来控制具体行动的方向、次序和进程,具体行动的进展情况和效果则可以为检查、判断既定的行政决策方案的有效性和可靠性提供反馈。当在具体行动期间发现某些不利情况时,可以进行二次决策或多次决策,对原有的决策方案进行修改和完善,甚至可能会出现推翻既定方案、对原有的备择方案重新进行评估、选择或重新收集信息、拟定决策备择方案的现象。为了减少采取具体行动中可能出现大的偏差带来十分不利的社会影响和决策后果,在处理一些较为复杂或较为重大的问题或工作任务时,通常采用先试点后推广的做法,在试点时期经过认真观察和总结,有目的地修改完善既定的决策方案,在确信有一定把握的适当时机再正式全面布置实施。修正完善决策方案的做法,被称为追踪决策,它表明了行政决策动态过程的阶段性和连续性。

三、行政决策的方法

行政决策的方法是多种多样的,有关的思想观点也很多,归纳起来可分为两大类:

（一）定性决策方法

国外常称为"软技术"方法，它主要是由决策主体应用社会科学的原理，根据个人的经验和判断力，从对决策对象本质属性的研究入手，通过定性研究了解方案的性质、可行性和合理性，然后进行决策方案的抉择。在具体实施过程中，这种方法也被称为专家创造力方法，即主要依靠专门人才在决策过程中的分析判断来进行决策。现代行政学认为，在行政决策中，无论是确定目标还是拟订方案或者是选择方案，专家的意见都极为重要，因为专家不但具有专业的知识、技术，还常常超越某些程序性规范或传统习惯的束缚，能够较为客观、冷静地作出分析和判断。因此，如何有效地组织、吸收专家就决策问题发表意见就成为决策"软技术"的重要环节。

（二）定量决策的方法

国外常称为"硬技术"方法，它主要是运用数学模型和计算机技术解决决策问题，其实是在定性分析的基础上对决策对象进行数量研究和计算，用它来比较和进行方案优选。决策"硬技术"主要包括数学模型和决策模拟两大类。数学模型是行政决策数学化、模型化和计算机化的核心内容。它要求用数量关系表示出变量之间以及变量同目标之间的关系，并用计算机的算法语言编成程序模型，以供计算机程序随时处理使用。所以，它一般适合于重复性的常规决策。但是，在行政过程中，由于社会政治、经济、人际等各种复杂因素使很多问题不可能或不能简单地付诸数量化，因此数学模型方法有一定的局限性。决策模拟是行政决策的另一种"硬技术"，它是在决策方案拟订以后，给它创造一定的条件，通过某种方式的试验，以有形的结果对方案进行分析、评估和修改，以最后付诸实施。决策模拟是一种专业性和技术性都很强的方法，它是未来决策技术化的重要内容和必然趋势。

（三）决策行为分析方法

行为方法是现代决策中的一种软方法，它是对决策硬方法的一种重要补充。其理论基础是产生于20世纪20年代的行为科学，在行为科学的基础上建立起来的决策行为方法,有效解决了提高参与者积极性与克服参与者消极影响等问题,在西方国家得到了广泛的应用。决策行为方法具有如下几个特点:第一,提倡专家集体决策,充分发挥各个专家的聪明才智;第二,作为一种软方法,不要专门的技术和复杂的计算,简便易行;第三,能够对决策中的多因素进行综合考虑和评估。具体来说,决策行为分析方法主要包括如下几种。

1. 头脑风暴法

该方法又称畅谈会法,是由美国学者奥斯本在1939年首创的。这种方法主要用于收集新思想、新观点,通常是把有兴趣解决某问题的人集合在一起,主持者只出题目而不说明其目的,完全让与会者无拘束地充分自由地发表意见。这种方案的特色(也是其能产生广泛影响的因素)在于它所制定的会议规则:(1)不许批评别人的意见,在没有讲完所有的意见和建议之前,不以任何方式评价;(2)各人自由地思考,思路不受拘束,越广越好,争取较多的意见,意见越多,越有可能出现高质量的意见;(3)寻求建议的归纳和补充,欢迎对别人的原建议作出改进,并导致更加新奇的建议,像风暴一样来得快而猛。这种方法追求新思想、新设想的产生,它并不过多地关注某种结果的出现,所以,在这样的会议上,所产生的很多设想中,可能只有少数是比较现实的,具有一定的参考价值。即使没有产生有价值的设想,但由于与会者参加了决策过程,思绪受到他人的启发和激励,其必将产生对解决问题的责任心和长远兴趣,以后会对解决该问题提出更好的建议。

2. 民意测验法

该方法是由美国人盖洛普1935年首创的,它主要是指通过对一定范围和数量的具有代表性的社会成员的问卷调查,并对他们的各种意见作出统计分析,从而了解和估计公众对某一问题的意见及其趋向,并由此作为作出某种行政决策的依据。这种方法现在在许多西方国家都被广泛地运用。使用民意测验法必须注意以下两点:(1)被测对象必须具有代表性和典型性。由于社会公众年龄、性别、经济地位、政治状态以及居住地区、种族等因素的不同,人们的意识倾向也会不同。为此,必须根据不同测验对象的实际情况,以一定比例对具有代表性、典型性的社会公众进行抽样调查,并加以综合分析研究,才能得出比较符合实际的数据和情况。(2)问卷的设计应当简洁、明了、富有艺术性,为被测者乐于接受。

要尽量避免提那些模糊的、不着边际的和不易回答的问题。使用这种方法也存在着一定的局限性。首先,具有代表性、典型性的社会公众较难确定;其次,所收集到的信息资料的内容可能是多种多样的,很难以统一的标准进行衡量;最后,使用这种方法还会遇到无法回避的问题,即耗费人力、物力和时间,可能导致行政成本增加或者丧失决策的最佳时机。

3. 特尔斐法

这是美国兰德公司于1946年发明并首先用于技术预测领域的决策方法,又称直观判断法。特尔斐是古希腊传统中的神殿之地,城中有座阿波罗神庙可以预卜未来,因而借用其名。特尔斐法是专家会议预测的一种发展,它围绕某个决策问题,以背靠背的函询方式向有关专家和权威人士征求意见,并把每一轮得到的意见汇总整理后再发给这些专家进行再一轮的分析判断,经过几轮反复,在各个征询项目上取得较为一致的意见,从而产生相对可靠的预测结果和预测方案,并以此为决策的依据。这种方法具有以下三个特点:(1)匿名性。由于应邀参加预测的专家互不见面,消除了心理因素的影响;同时,被邀请的专家可以在后几轮中随时修改自己的意见,无须说明理由,无损于自己的威望,这有助于畅所欲言。(2)轮间反馈沟通。由于每一轮预测之间进行了反馈沟通和比较分析,因而能够达到相互启发,提高预测的准确性。(3)预测结果的统计特性。由于特尔斐法对专家意见的汇总和处理采用了统计方法,能够用定量的方式来表示预测结果,所以能使最终的结论更具有科学性。

四、提高行政决策科学化、民主化、法治化的途径

(一)影响行政决策科学化、民主化、法治化的主要因素

行政决策是以实现公共利益为目标,诸如医疗、教育和住房等与社会公众利益密切相关的问题都属于行政决策需要考虑的范畴。因此,行政决策质量的高低对于有效满足公众期望和构建政府合法性基础有着重要意义。然而,作为一种组织活动过程,从信息收集到方案选择的一系列行政决策环节都会受到政府机构内部和外部因素的干扰,这就无形中影响了行政决策的有效达成及其实施。

第一,信息干扰。对于行政决策而言,信息可以看做是行政决策的生命线,

行政决策者缺乏高质量的信息将无法做出有效的决策,然而,信息的收集、加工和传递又要耗费大量的成本,这决定了行政决策所依赖的信息只能以"满意"为指导原则。即使这样,信息在政府机构内部的流动仍然摆脱不了政府机构层级结构的影响。在自下而上的信息传递过程中,信息发送者出于自身利益考虑会选择地向决策者传递决策信息,经过层层压缩和编造,决策者接收到的信息可能早就面目全非了。往好处想,这种做法只是破坏了信息流通,往坏处想,则是完全阻滞了一些即将产生的问题所显露出来的初期征兆。①

第二,环境的不确定性。行政决策是以既定的公共问题为出发点,在此基础上,依据所确定的目标在众多的备选方案中选出最优方案,这样一种决策过程要求决策者具备关于问题产生以及决策实施效果等方面较为完备的知识。然而,社会发展的动态性和复杂性决定了决策者最初的构想往往不能完全转化为实际效果,决策者面临环境的不确定性——缺乏有关过去、现在、将来或假想事件的过程的确切知识——决定了决策者在决策过程中将是困难重重。

第三,决策成本。行政决策通常需要投入大量的时间、资金和精力进行讨价还价、利益权衡以及方案抉择,这些资源的耗费则构成了决策成本的重要组成部分。政府机构具有的有限资金、人员和时间决定了那些决策成本过高、对决策者价值不大的问题通常很难进入决策者的视野,或者决策者通过模糊决策的方式将决策责任转嫁给其他人,无论哪一种情况,都有可能使决策过程偏离公共利益的轨道,使亟待解决的公共问题很难被提上决策者的议事日程。

第四,外部的公众压力。公共利益的实现虽然是行政决策的首要目标,但是,何谓公共利益,谁的公共利益,什么是可以实现的公共利益,这样一系列的问题都取决于行政决策者的价值判断和利益追求。那些与决策者利益紧密相连或者最能获得社会公众支持的决策方案通常最容易以"公共利益"的名义出现在公众面前,也最能够获得决策者的精心呵护。对于决策者而言,如何在广大社会公众和特定的利益团体之间寻求平衡也是一项艰难的任务,每一个行政决策者都需要为决策赢得政治支持,但赢取支持的方式又会产生诸多重大问题。②

除了上述四种因素,决策者的素质、决策时机等因素也对决策质量的高低有

---

① 〔美〕詹姆斯·W.费斯勒、唐纳德·F.凯特尔:《行政过程的政治:公共行政学新论》,第267页。
② 同上书,第252页。

着重要影响。

(二) 提高行政决策科学化、民主化、法治化的途径

行政决策直接关系到政府行政管理效益,直接关系到公民、社会组织及国家的利益。正因为如此,对行政决策的民主化、科学化、法治化问题的研究,正逐渐成为公共行政学研究的重要内容之一。

1. 提高行政决策的科学化水平

行政决策的科学化,是指行政决策应当按照行政管理活动的客观办事,严格遵循决策科学的理论、决策程序、决策原则和决策方法来进行。

(1) 完善决策方案。

提高公共行政决策科学化水平,必须保证决策内容的科学性,而要做到这一点,除了把握好决策方向、选准决策议题外,还要注意提高每一个决策方案的质量。否则,再好的决策方向和议题都会失去意义。质量不高的方案会加大决策的难度和风险,甚至给公共行政造成重大损失。因此,要以准确性为目标不断完善决策方案。

(2) 优化决策议题。

行政管理互动要协调和解决的公共事务是一个复杂的系统,行政决策研究也必须有系统观念。选择决策议题时,要准确把握决策内容在整个社会系统中的位置,综合考虑所制定公共政策和工作方案的相关联系,认真分析这些政策、方案实施的制约因素及其对方方面面的积极和消极影响,还要科学评估公共政策和工作方案对各社会群体利益的影响及其能否有效协调不同利益群体的关系,更好地体现公共行政对公共利益的追求。这些问题都应当在选择和确定公共行政决策议题时认真考虑清楚,一定要防止和避免把客观联系的各类问题人为地分割开,在决策过程中不顾议题本身的制约因素和影响作用,孤立片面地就问题谈问题。

(3) 明确指导思想。

行政组织及其工作人员制定政策的最终目的是实现公共利益。公共利益是一定地域的社会共同体的共同利益,表现为一定情景下共同体普遍成员的共同实际需求。公共利益的公共性通过反映社会公众多数人利益得以实现,往往采

取政府这个共同体并以"社会利益"的形式表现出来。在行政决策过程中,政府享有宪法和法律赋予的权力和资源,同时也负有实现公共利益的不可推卸责任。自身性质和宪法法律赋予的职能、职责和权力,要求政府在公共行政决策过程中必须解决好代表谁的利益、为谁决策和决策有利于哪些人的问题。要忠实履行职责,真正落实"执政为民",就必须坚持公共利益的立场,准确把握决策内容的方向。各级政府都要根据多数社会公众的利益需求选择决策内容,制定公共政策和工作方案,努力做到情为民所系,权为民所用,利为民所谋。为此,要深入实际、深入基层、深入群众,通过调查研究全面了解民情民意,准确掌握多数群众的利益诉求,形成和确定反映多数群众意愿的决策内容,以科学的决策推动正确合理的公共选择和集体行为,促进公共利益的最终实现。

(4) 健全决策制度。

行政决策主体也是理性的"经济人",也在追求其利益的最大化,所以这也导致了政府高官的腐败发案率。另外,政府部门中位高权重的决策者自然拥有了决策的最终决定权,非常容易造成"一言堂"现象。这种决策制度确实存在极大的隐患。个人的知识经验毕竟是有限的,现代政府行为的复杂化有已不能仅仅靠经验去做决定,这样无法实现决策的科学化。因此,建立健全决策制度,特别是建立健全重大行政决策制度、重大行政决策程序制度、重大行政决策风险评估制度、重大行政决策责任追究制度,对于行政组织正确制定决策具有重要意义。因此需要不断完善行政决策内部制度,建立起权责一致、责任明确的决策模式,合理界定管理权和决策权,完善工作规则和有关制度。

2. 提高行政决策的民主化

行政决策的民主化,是指决策者在制定行政决策的过程中应充分发挥民主,充分听取公众、咨询系统专家的意见。

(1) 保障公众参与决策的权利。

公众参与决策,既是决策科学化的保障,又是决策民主化的体现,为此就需要不断地增加公众实际参与决策的机会。在这方面,我国现行法律已有明文规定,为公众参与政府决策提供了法律依据。比如我国现阶段实行的决策听证和公示制度,就是公众参与决策的一种有效方式。

（2）充分发挥专家在决策论证中的作用。

从我国目前的实际情况出发，现阶段必须大力加强和完善各类研究咨询机构的建设，建立比较全面的专家数据库，发挥专业咨询机构在行政决策中的作用，为科学民主决策献计献策。与此同时，我们还要充分利用现有的研究咨询机构的专家力量，加大培养决策咨询人才的力度，构建学有所长、业务精湛的专业人才队伍，提高行政机关作为决策中枢系统的能力和水平。

（3）提高行政机关作为决策中枢系统的能力和水平。

国家行政机关是行政决策的主体和最终决定者，在决策过程中居于主导地位。行政机关工作人员的能力和水平，对于科学民主决策的实施及其质量具有极其关键的影响。为此，首先要提高决策者的素质，使决策者在知识水平、道德素质、决策理念和决策能力等方面形成合理的素质组合。其次，在组织结构方面，按照决策权力的合理分配原则，在上下级决策机构之间、在不同决策部门之间合理划分决策权限，明确决策权归属。最后，在运行规则方面，严格规范决策过程，实现决策程序制度化、决策论证民主化、决策方法现代化。

3. 提高行政决策的法治化水平

完善政府关于行政决策的程序规则，是防止政府行政决策专横的必备要件。政府有关行政决策的所有行为都必须遵循必要的程序规则，而且，这些程序规则必须体现现代法治国家的正当法律程序精神，即既要符合程序性正当法律程序，又要符合实质性正当法律程序。为了实现行政决策法治化，完善以下程序显得尤为重要。

（1）信息公开程序。

信息公开是行政决策法治化的必要前提，是公众知情权的重要保证。行政决策法治化意味着行政决策过程的开放与互动，开放的关键是行政决策信息对普通公众的公开，充分满足公众对涉及自身利益的公共事务和其他重大决策事项的知情权，从而促进公众在知情的基础上做出理性的分析和判断，保证公众与行政决策之间保持一种良性互动关系。

（2）公众听证程序。

举行听证是行政决策法治化的重要形式，是公众表达权的重要保证。公众参与行政决策的形式有多种，听证是其中比较正规的一种。它是行政机关指定有关公民、法人或其他组织,在其主持下,就预定的决策主题,进行口头举证、质辩和辩论的活动。行政听证程序主要涉及内容包括:明确听证参加人员中保持各种不同意见的人对等参与;听证参加人员有权对草案内容提问、质证并提出自己的意见和依据;各方有权交叉盘问并展开辩论;听证结束后,听证笔录交参与人员审核无误后签字;正式听证实行案卷排他主义,形成的结论与行政决策必须有因果关系。

(3) 权利救济程序。

行政决策法治化不仅要有保障公民知情权和表达权的法律程序,而且还要有保障公民对因违法和不当行政决策行为造成权益受到侵害而提起救济的法律程序。"没有救济的权利不是真正的权利",所以,对由于违法和不当行政决策行为造成行政相对人损害的,应该使受害人的合法权益得到保护和恢复,从而使行政决策部门在运用决策权力时更加谨慎。为了完善权利救济程序,应该扩大法院审查范围,把行政立法决策行为纳入受案范围,同时建立公益诉讼制度,原则上使利害关系人乃至任何人均可对违反法律的行政决策提出行政诉讼,把行政决策案件的原告资格扩大到所有与案件有关的直接和间接利害关系人。

(4) 完善行政决策监督体系。

行政决策监督体系法治化是保证行政决策具有科学性与民主性、实现行政决策权责统一的重要条件。从权力运行的流程看,行政决策监督应该贯穿于行政决策的全过程,行政决策监督体系应该是一个多元化、多方位的综合系统,一方面包括行政决策内部监督体系,主要涉及隶属关系实行的自上而下监督、政府监察机关的监督、审计机关的监督等;另一方面,包括行政决策外部监督体系,主要涉及人大的监督、人民政协的监督、司法审判机关依申请进行的审查、社会舆论的监督等。

本章小结

行政决策属于政府管理决策的一种,它是政府有效履行职能的重要手段。行政决策既具有决策的一般性特点,又体现出了自己的鲜明特征,行政决策具有行政决策主体具有特殊性、行政决策内容具有广泛性、行政决策依据的法律性和执行的强制性、行政决策目标的非营利性等。行政决策是行政活动的中心环节，是行政活动的前提条件，在行政管理过程中具有重要的地位和作用。

行政决策的类型很多，根据不同的分类标准与方式，可以划分出多种不同类型的决策。行政决策的原则是从行政决策实践中总结出来的行政决策活动固有规律的总称。主要包括目标导向原则、信息对称原则、科学预测原则、择优可行原则、动态性原则及法制性原则等。决策理论是现代西方管理理论中的一种重要理论。它是在第二次世界大战以后吸收了行为科学、系统理论、运筹学和计算机等学科内容的基础上发展起来的。目前决策理论已经产生了较大的影响，成为了一个颇有影响的管理理论学派。其代表人物包括古立克、巴纳德、西蒙、马奇等人。决策理论对公共行政学研究范围的扩展与研究领域的深化有着重要影响。

行政决策主要包括理性决策模式、渐进决策模式、综合扫描决策模式等模型。不同行政决策机构和人员的分工与协作关系构成了行政决策体制。行政决策体制主要包括行政决策中枢系统、行政决策咨询系统、行政决策信息系统。行政决策主要包括如下程序：发现问题，确定决策目标；拟定备选方案；选择决策方案；修正完善决策方案。行政决策方法主要包括定性的决策方法、定量的决策方法及决策行为方法。行政决策直接关系到政府行政管理效益，直接关系到公民、社会组织及国家的利益。因此，行政决策的民主化、科学化、法治化问题的研究，正逐渐成为公共行政学研究的重要内容之一。

关键词

行政决策　行政决策体制　现代行政决策理论　行政决策模型　行政决策类型　行政决策程序　行政决策方法　决策科学化　民主化　法治化

思考题

1. 行政决策的内涵与主要特征有哪些？
2. 试述行政决策在行政管理过程中的地位和作用。

3. 试述决策理论对公共行政学的影响。

4. 简述行政决策的模型。

5. 简述行政决策的主要过程。

6. 简述行政决策的主要方法。

7. 简述行政决策体制的构成。

8. 行政决策的优劣直接关系到政府行政管理效益,直接关系到公民、社会组织及国家的利益请你谈谈提高行政决策有哪些途径。

 推荐阅读

1. 〔美〕斯蒂芬·P. 罗宾斯:《组织行为学》(第14版),北京:中国人民大学出版社2012年版。

2. 〔美〕赫伯特·A. 西蒙:《管理决策新科学》,北京:中国社会科学出版社1982年版。

3. 〔美〕赫伯特·A. 西蒙:《现代决策理论的基石》,北京:北京经济学院出版社1988年版。

4. 〔美〕查尔斯·林德布洛姆:《决策过程》,上海:上海译文出版社1988年版。

5. 〔美〕詹姆斯·E. 安德森:《公共决策》,北京:华夏出版社1990年版。

6. 杨寅:《行政决策程序、监督与责任制度》,北京:中国法制出版社2011年版。

7. 周志忍:《政府管理的行与知》,北京:北京大学出版社2008年版。

8. 李成言:《现代行政领导学》,北京:北京大学出版社2002年版。

9. 胡象明:《公共部门决策的理论与方法》,北京:高等教育出版社2003年版。

第七章　行政执行

第一节　行政执行的涵义与特征

行政执行是行政管理过程的关键节点，行政学的创立者威尔逊定位"行政是国家意志的执行"。① 其实一直奉行自然法国家理论的西方大多数国家，将直接和真正反映国民的意志划为立法，而政府必须以法律为依据，由此形成"无法律即无行政"的法治行政原理，行政学的研究也被较简单地概括在国家官员如何依法行使职权和寻求行政高效率等范围内。长期以来重视对行政执行的研究或者将行政倾向在执行方向，说明行政执行本身的重要性，但是行政决策和执行结果之间存在差异的关联，是传统研究缺陷，也是今天我们研究的重要方向之一。

一、行政执行的涵义

行政执行，又称行政实施，是行政机关的一项基本职能，也是行政管理过程中的一个重要环节。它是指行政执行机关及其工作人员执行、贯彻行政决策以达到预期目标的全部活动和整个过程。行政执行是相对于行政决策而言的；二

---

① 〔美〕伍德罗·威尔逊：《行政学研究》，载《国外公共行政理论精选》，北京：中共中央党校出版社1997年版，第6页。

者关系的研究是经历了一个发展变化的,在行为主义时期在重视行政执行自身研究时,忽略了二者关联性的研究。20世纪70年代后,在新公共行政学、公共政策学派和公共选择学派推动下,由关注行政执行目标研究以及对美国约翰逊政府"城区新镇""伟大社会""初等和中等教育规划"项目的系统研究,开始涉及"政策制定和行政执行结果之间的差异"研究。同时,我们在理解行政执行的概念时,也不能将其与行政管理等同起来,认为行政管理就是一系列行政执行活动。联系行政实践的发展趋势,我们可将行政执行概括为以国家行政机关为主体的多元社会组织,为执行国家意志、目标,执行法律、法规、公共政策的诸多活动的总称。在中国由于执政党与政府之间存在不可动摇的领导与被领导关系,因此执行执政党的政策当然是行政执行的重要成分。

二、行政执行的特征

行政执行作为行政管理过程中的一个独特环节,具有以下主要特征。

1. 目的性

行政执行的一切活动和全部过程都是在实现行政决策目标,具有明确的目标性。它首先指向国家意志的执行,国家目标、法律、法规和公共政策;其次在社会多种利益冲突和妥协过程中它必须维护、增进民主、公正、权利保护、效率等价值。以及它为社会组织或个人提供众多具体的服务,供给具体形式的公共产品。

2. 经常性(连续性)

行政执行机关不仅要执行某些特定的行政决策,还要执行大量的、繁杂的例行性决策和日常程序性决策。行政机关经常所做的大量而繁杂的具体工作都属于行政实施的范畴。同时,它又是一个连续不断、循环往复的过程。在实践中,社会不同利益集团会借助自身的力量,不断地影响行政决策和执行,所以行政执行的经常性是由社会利益博弈所决定的。

3. 时效性

时效是行政效率的衡量标准,行政执行必须迅速果断、及时高效地执行行政决策,实现决策目标。将精神性的,处于抽象状态的行政决策高效及时地实现行政决策的目的是行政执行的一个基本特征,也是提高行政效率的基本要求。

4. 强制性

这是与行政行为的强制性特征密切相关的,即行政执行的行政决策内容具有强制性;行政执行的行为形式也具有强制性。同时,作为行政管理过程中的一个环节,行政执行还必须反映下级服从上级、局部服从全局的行政管理强制性需要。

5. 灵活性

行政执行必须为实现决策目标服务。但是,这并不意味着它是一种机械而僵化的执行,国家意志具有高度抽象性,法律、法规、公共政策又具有一定程度概括性、模糊性。因此,行政执行必须因时、因地制宜,具体问题具体分析,灵活机动地适应变化,创造性地实现决策目标。行政执行过程中基于外部环境发展变化对行政决策目标的调整、修正,实质上也是行政执行灵活性的一个表现。

三、行政执行的地位和作用

行政执行与行政决策是行政管理中两个不可分割然而却又不同性质的阶段。行政执行的地位和作用主要表现在以下几个方面:

第一,行政执行是行政决策得以实现的保证,它决定着行政决策方案能否实现及实现的程度。首先体现将概括性、模糊性的行政决策具体化;行政决策将诸多的、处于矛盾、冲突的利益置于一种相对稳定状态,而这些矛盾、冲突的利益在执行中又会因实现而产生新的矛盾、冲突,行政执行就是不断调整解决矛盾、冲突的过程。

第二,行政执行是检验行政决策正确与否的唯一途径。由于人的认识能力的局限性和现代行政事务的复杂性,在制定行政决策时,人们难以对未来的变化情况预判如神。因此,行政决策具有一定的不准确性。只有在实际执行过程中,使以观念形态和理论形态存在的行政决策才能得到检验,得到修正和完善。

第三,行政执行是评价组织效能的尺度。通过执行可以发现和确定组织机构设置是否合理、各部门职责权限是否明确、组织内人际关系是否融洽、制度条件是否健全、组织运行程序以及设备是否先进,从而可以使问题暴露出来,据此及时纠偏改进,以提高行政效率。"历史经验表明,许多政策失败并非制定的政策的不当所致,而是由于执行不力或者执行的过程中政策被扭曲所致。"①

四、行政执行的原则

行政执行的原则是指在行政执行的过程中固有的规律性,主要有以下几个方面:

1. 主体性原则

主体性原则就是确立行政执行人员的主体地位。行政决策做出以后,并不意味着可以忽视民主和社会公众的意见。在执行过程中不仅要发扬执行人员的主观能动作用,使全体行政执行人员都能深刻理解决策的意义,自觉地以主人翁的姿态来承担实现决策的任务,还要发挥社会公众的主观能动性,充分显示行政决策目标为社会服务、为每个社会公众服务的功能,以此促使全社会以主人翁的精神来主动执行各项行政决策。确定主体性原则,也是确定执行责任的前提。任何行政执行因种种因素而产生执行不力或执行错误,均会产生一定执行责任,而执行主体即为责任主体之一。

2. 准确性原则

行政执行的任务是实现决策目标.这必然涉及国家的大政方针,为此,行政领导和执行人员必须深刻理解国家政策、法律。行政执行人员还必须深刻领会行政决策的意图,以保证准确地实现行政决策的目标。如果对行政决策一知半解,想当然随心所欲地执行,必然会偏离决策目标,不但不能实现决策目标,反而会形成无法预料的损失。但是,我们又不能走向另一个极端,句句照办、唯唯诺诺、生搬硬套,而应创造性地实施决策。

3. 合法性原则

从整体上看,行政行为的合法性要求决定了行政执行必须具备合法性。行政执行不仅要求内容具有合法性,执行内容的合法性大多取决于行政决策内容的合法性。行政执行行为的形式也须具有合法性,缺少其中任何一个方面,都会影响到行政执行的行为效力。在行政执行的过程中,发现执行内容存在不合法

---

① 张金马:《公共政策分析:概念、过程、方法》,北京:人民出版社2004年版,第92页。

的情况，必须立即停止执行；发现执行行为形式存在不合法的情况，必须及时纠正。行政执行行为形式如果有现成法定程序和方法的，照此执行，如果没有的需从理论上寻找到合理的行为形式，而合理的行为形式的具体研究便是后续行政执行的程序和方法的内容。

此外，行政执行还应遵循高效原则、监督原则等。

第二节 行政执行的模型

实践表明，某些政策、计划或者项目付诸实施后，并不能取得应有效果。其原因主要是执行过程中受到各种因素的干扰与影响，因此，研究影响有效执行的重要因素，分析这些因素对于执行的影响方式和作用结果，对于排除干扰、保证政策实施具有重要意义。20 世纪 70 年代以来，许多学者从不同角度来研究影响执行的相关因素。有学者认为存在着三种研究途径，即自上而下途径、自下而上途径以及混合途径。[①] 有学者认为可以从政策与执行之间的关系去理解行政执行，这样理解行政执行模型有五种途径：传统官僚制型、命令分散型、讨价还价型、命令实验型和官僚解释型。传统官僚制认为，政策与行政分开，政策制定者阐明政策，行政人员执行政策。命令分散型认为，政策制定者制定政策，行政人员部分地执行政策。讨价还价型认为，政策的执行过程是政策制定者和政策执行者讨价还价，共同达到目标的过程。命令实验型认为，政策制定者制定大的框架，行政执行人员拥有自由裁量权执行这些政策。官僚解释型认为，政策执行人员在执行过程中形成自己的政策。[②]

综合学者提出的有关行政执行的模型，本节重点介绍如下行政执行模型：自上而下的行政执行、自下而上的行政执行、相互适应型行政执行、执行结构型行政执行、执行游戏型行政执行、控制型行政执行、激励关系型行政执行、模糊—冲突型行政执行。

---

① 张国庆：《公共行政学》，北京：北京大学出版社 2007 年版，第 397 页。
② Kernaghan, Kenneth, *Public Administration in Canada*, Nelson Canada A Division of Canada Limited, 1991, pp.139-142.

一、自上而下的行政执行

自上而下的行政执行,又称顺向规划,主要是采用了管理学上经理或者管理人员执行政策的观点。该模型的核心观点认为,一旦政策制定完成,行政执行便开始,行政执行官员一般会问如下问题:

(1) 行政执行官员和目标群体在多大程度上与政策决定相一致?
(2) 随着时间的流逝,目标在多大程度上实现?
(3) 哪些关键因素会影响政策产出?
(4) 如何随着时间变化重新设计政策?

这一政策执行模型主要是从政策制定者的角度来考虑行政执行,因此,具有如下优点:首先,该执行模型特别强调执行法律结构的重要性,并且这一重要性得到了很多研究的证实。其次,有关行政执行影响因素的分析可以为行政执行人员更好地执行项目提供建议。再次,该模型关注政策形成、政策执行以及重新设计政策这一循环,在这一语境下,政策执行人员就可以在实际执行过程中找出政策的缺陷,从而重新通过法律途径能够制定政策。最后,该模型特别强调法令目标的实现,这样就可以对政策进行更加公正的评价。

但是,这种执行模型也存在其不足之处,自上而下的执行模型过多强调政策的清晰与统一,这本身就是一种错误认识,毕竟,很少有政策能够达到这一标准。事实上,一般政策都是模糊的。另外,该模型假设政策执行人员会成功实施政策,而事实上政策执行人员也会经常影响政策。

二、自下而上的行政执行

自下而上的行政执行模型是早期有关行政执行研究的两种模型之一。这一理论模型对政策研究产生了很大影响。这一模型的主要观点认为,政策决定中最重要的活动发生在组织的下层。该模型认为政策不是由法律和规则控制,而是组织成员之间讨价还价的过程。因此,项目应该要反映下级官员的想法和意见,至少应该在行为模式上反映下级官员的想法。这一模型假定政策最终会被那些下级官员所修正,以便符合他们的想法和意见。

虽然这种模型强调了下级官员对公共政策的影响,但该模型自身也存在着若干问题。首先,如果下级官员控制公共政策的执行,那么民主社会的价值受到质疑。因为民主社会强调行政对政治(包括立法与决策)的负责,行政是不折不扣地执行公共政策。虽然组织理论研究表明,组织成员下级比上级更加了解政策信息,但这并不表明上级就应该把决策权下放给下级。始自20世纪90年代西方国家的行政改革实践表明,分权化逐渐成为一种趋势,但这一分权化却以权力的集中为基础。其次,如果强调下级改变政策的能力,那么,自下而上的行政执行模式的学者埃尔默尔指出,政策制定应该在组织执行项目和这些行为对政策目标的影响的基础上来理解。这表明政策制定应该是在思考组织能力的基础上演化而来,由此可见,自下而上的行政执行特别强调下级行政行为对政策目标的影响。

自上而下的行政执行和自下而上的行政执行模型之间的区别可以用表7-1表示。

表7-1 两种行政执行模型之间的区别

	自上而下的行政执行	自下而上的行政执行
起始关注点	政府决定 政策目标	政策执行的下级官员
执行过程	从上而下,从政府部门到私营部门	从下而上
评价标准	强调目标的达到程度,也会考察其中的政治因素	并没有明确的标准,也不需要按照法律行事
最终关注点	一个系统如何实现政策制定者的政策目标	政策执行过程中不同参与者的政策互动

三、相互适应型行政执行

相互适应型行政执行模型与自下而上的行政执行模型相联系,它是由学者安吉拉·布朗和阿罗·威尔达夫斯基提出的。这一模型的核心观点认为,诚如古希腊哲学家赫拉克利特所说的那样,人不可能两次踏进同一条河流。同样,政策世界和执行世界是不断变化的,因此政策本身是不断变化的。正像自下而上的行政执行模型认为的政策不可能是权威机构强加的,而是在执行过程中形成的。自上而下的行政执行强调政策的形成,他们认为一旦良好的政策的政策形成,行政执行便不成问题。由于政策本身并没有生命,而是在不断交流中相互形成。这就意味着该模型忽略政治中心决策者的目标，而认为在行政执行过程中不同参与者相互理解与讨价还价的过程才形成一种政策。总之，相互适应发生在一个政策形成之后与环境的互动中，环境对政策的影响是不可避免的，我们必须要在政策执行过程中考虑各种可能的情况。

虽然相互适应型行政执行模型很好地在政策制定和政策执行两个环节建立了联系，但是它对行政执行进行分析所起的作用有限。从模型建构上看，它存在同义反复的问题，按照这一模型的观点，执行之所以成功，是因为所执行的是政策。观点虽然正确，但对于分析和评价不同形式的组织和不同形态的政策工具如何影响行政执行意义不大。执行与评估密切相关，如果没有一个明确的执行概念，那么接下来的评估也就没有意义。

四、执行结构型行政执行

从执行结构的角度来理解行政执行是由学者约恩和波特提出的。他们认为原有的行政执行研究因为从单一的组织或单个的个人的角度来分析，常常不能解释行政执行中存在的问题，因此提出了执行结构的含义，从多组织的视角去分析行政执行。

该模型的主要观点包括：首先，执行结构不是组织，执行结构可以包括很多组织，而组织包括很多项目。执行结构是为了描述共同执行项目的单位，这些单位可以部分地用项目的参与者来定义。其次，执行结构有一些共同的属性。如执行结构的参与者和组织者有不同的目标和动机；存在一种项目，能够使这些参与者共同行动，参与者的所有资源都是为了实现预订的战略；权威机构关注职业地位、协作力、潜在或真实的权力和资源控制；执行机构中拥有许多小型的执行机构。由于执行结构中拥有不同的小型执行结构，因此各执行结构的方式各不相同。最后，执行结构在连接方式上也不尽相同。有些执行结构是高度发展的和管制的，有的执行结构是松散的和随意的。在高度发展的管制的执行结构中，参与者对其他参与者有很大的期望，预期也比较高，相反，在松散和随意的执行结构中，各参与者之间并没有确定的预期。

五、执行游戏型行政执行

学者尤金·巴达克(Eugene Bardaach)用游戏的比喻来分析行政执行过程。他认为游戏的分析框架更能够说明行政执行过程中的竞争者、赌注、战略和战术、资源、公平竞争的游戏规则,不同参与者之间的沟通,达到结果的不确定性。游戏的比喻可以清晰阐明谁不愿意玩游戏,原因是什么,谁会坚持不断地变化。[1]

这一分析框架导致了对行政执行富有洞见性的分析:为了项目能够实施而把一些要素组织起来,以实现特定的项目;在这一游戏过程中,有的要素退出游戏,有的要素加入到游戏中。因此,执行游戏要准备多种剧本,以便能够发现政策设计上的错误以及可能出现的阻碍策略,从而可以重新设计方案。

巴达克认为,游戏具有如下特征:

(1) 象征性。在公众场合显示出对公共项目作出了巨大贡献,但是事实上只是作出了很少的贡献。

(2) 大量抵制。通过撤出部分项目要素从而破坏行政执行,或者通过颠覆执行机构对违规者惩罚的能力。

(3) 浪费钱财。私营部门通过大量花费政府的钱而换取一小部分项目,这一小部分项目价值极少。

(4) 任何人都可以得到。通常一个项目都需要一个领导机构和一定财政预算但是却没有清晰地限制谁可以得到这些资源,结果导致了任何人都可以得到这些资源。

(5) 扩大。人们会经常以一个项目为名扩大项目的资金,有时一个项目会扩大到它原来的两到三倍。

(6) 紧握不放。这个游戏任何人都会玩,它仅仅要求的就是有能力阻止项目的实施,直到一个人的要求得到满足。

巴达克的执行游戏模型向人们清楚地展示了在行政执行过程中包含的政治因素及不确定性。同时,该模型强调要从政策设计中寻找缓解政策问题的根本

---

[1] 〔韩〕吴锡泓、金容枰:《政策学的主要理论》,上海:复旦大学出版社 2005 年版,第 369—376 页。

方案,为此提出的"准备剧本"对于执行具有更好的适用性。但是,该模型也存在若干问题。首先,执行游戏型模型对行政执行的结果过于悲观。其次,模型将如何解决执行中的问题归于到政策设计环节,依赖于决策者更好的理性与主动性,而这种解决问题的方案显然已经超出了执行阶段所能承担的任务。

六、控制型行政执行

从控制的角度来透视行政执行,并不是一个最近才兴起的研究模型,然而学者汤普森(Frank J. Thompson)将之系统化与理论化,提出了控制型行政执行。[①] 他从两个维度将行政执行分成四类,并从成本收益的角度分析了不同的行政执行的利弊。

一个维度是法律的准确性。这一标准强调立法部门的目标界定、质量要求、时间限制、多个目标的优越性以及执行法律的行政执行机构等的准备性;另一个维度是监督情况。它是指民选官员、工作人员和法院对执行机构的监督程度。由此可以将控制型行政执行分为四类,见表7-2。

表 7-2 法律的准确性与监督程度维度表

	法律的准确性(低)	法律的准确性(高)
监督程度(高)	任何人都可以得到型行政执行	控制型行政执行
监督程度(低)	缓冲型行政执行	预防型行政执行

控制型行政执行的特性是:法律特别准确,并且监督活动特别频繁。这一类型表明,公职人员应该忠实地执行政策,强调执行人员的服从性与被动性。预防型行政执行的特性是:法律特别精确,但并没有什么监督。它主要起到错误预防的作用,同时,由于没有监督人员对项目进行监督,因此不太强调执行人员改正错误,它的唯一目的是束缚执行人员的手脚,以便他们不能够随意改变政策。任何人可以得到型行政执行的特性是:法律的精确性很差,但是监督力度较大,该类型的行政执行有利于上下之间相互沟通,因此能够相互影响。缓冲型行政执

---

① Frank J. Thompson, "Policy Implementation and Overhead Control", in *Pbulc Policy Implementation*, Edited by George C. Edwards, Greenwich, CT: JAI Press, 1984, pp.3-26.

行的特性是法律精确性和监督力度都较低。这一类型有利于行政执行人员根据具体情况制定具体政策,这样可以充分调动下级积极性。

七、激励关系型行政执行

作为激励关系的行政执行模型最早是由学者米特尼克与巴可夫(Barry M. Mitnick and Robert W. Backoff)提出,他们认为可以从激励关系的角度来理解行政执行,而行政执行之所以失败,也是因为激励的失败而导致的。①

他们认为在行政执行中普遍存在委托和代理的关系,委托人需要按照代理人的要求办事,但是如果代理人按照自己的利益办事,或者按照自己朋友的利益办事,这样就发生了委托代理问题。社会上还有许多类似的委托代理关系,如律师和委托人之间、医生和病人之间、企业和管制者之间、法律制定者和执行者之间等等。这样的学说称之为委托代理理论。在行政执行关系中,委托人和代理人之间关系分别受到委托人偏好和代理人偏好的影响。委托人的偏好主要是受法律或立法,个人的自我利益和群体目标,以及委托人和目标群体的影响。代理人的偏好主要受代理者的知识,代理者的品性,以及代理者的能力等要素的影响。

米特尼克与巴可夫将两个主体之间的关系称为激励关系,而将一个包括多个主体之间关系的系统称为激励系统。我们可以通过图7-1来反映这一激励系统的基本模型。

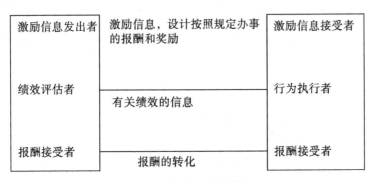

图 7-1 激励系统示意图

---

① Barry M. Mitnick and Robert W. Backoff,"The Incentive Relation in Implemention", Edited by George C. Edwards, *Public Policy Implementation*, Greenwich, CT: JAI Press, 1984, pp.59-122.

从图 7-1 可以看出,这种激励关系有 5 个基本假设,即(1)交换的假设:这种激励能够在发送者和接收者之间传递;(2)报酬的假设:这种激励发送者应该包含或者允诺直接或者间接的价值分配,这种价值分配能够影响接受者的目标;(3)一致行为的假设:激励应该与接受者的某种行为相联系;(4)反映的假设:接收者会产生激励行为;(5)理性的假设:接收者有非常理智的行为,例如接收者一般会趋利避害。

同样,在该图中我们可以从 4 种维度来看行政执法:发送者目标的假设;代理者假设;有意识选择的假设;工具性假设。这样我们可以从这个分析框架出发来分析和探讨行政执行问题。

八、模糊—冲突型行政执行

模糊—冲突型行政执行模式是由学者马特兰德(Richard E. Matland)提出,他认为现有的行政执行模型都有其局限性,例如自上而下的行政执行模型更多选择目标较为清晰的政策作为他们的研究目标。相反,自下而上的行政执行模型则更多选择那些不确定性的政策作为他们的研究目标。[①] 在综合两种政策执行模型研究成果的基础上,马特兰德构建了模糊—冲突模型。

他认为,政策执行方式的选择取决于对政策特性的准确分析,他使用两个变量来描述政策特性:政策的模糊型和冲突性,通过简单的类型学模型,可以得出结论,即成功的执行取决于一个政策的模糊程度及其内在的冲突程度。

(一) 政策的冲突性

政策的冲突性可以表现在执行过程的各个阶段,当不同的政策参与者对一项政策宣称的目标表示出不一致时,冲突可能产生,而即使目标一致,在执行过程中也会因为手段上的争执而产生冲突。较低程度的冲突有利于找到解决问题的方法,较高程度的冲突就会成为政策执行的阻力,表现出一定程度的破坏性。会使参与者各自采用有利于自己利益的方式寻求补偿,如要求附加报酬、互投赞

[①] Richard E. Matland, "Synthesizing the Implementation Literature: The Ambiguity-Conflict Model of Policy Implementation", *Journal of Public Administration Research and Theory*, Vol. 5, No. 2. 1995, p.171.

成票等讨价还价的方式。这种讨价还价过程由于过分注意达到手段的一致,而导致政策失败。①

(二) 政策的模糊性

政策的模糊性可以依据其来源分为政策目标的模糊性和政策手段的模糊性。一般情况下,人们总是以为政策目标的模糊性可能会导致人们对政策的错误理解和难以理解,所以政策设计者总是力图使政策目标明晰。但有些情况下政策目标却需要具有模糊性,比如,当一项具有创新性的政策在最初通过阶段就需要用模糊性的语言来争取最多的支持者,因为模糊性可以使与政策相关的参与者从不同的角度来理解政策,即使清晰的政策目标也还是会有某些方面的模糊,所以模糊是政策内在的特性,是不可避免的。所以用政策的模糊性来表示政策的特性,要比用明晰性更能准确表达政策的特性。② 目标的模糊性是指政策所要达到的结果是否有确定的衡量标准。手段的模糊性则是难以找到达到政策目标的合适的技术方法。

(三) 模型构建

马特兰德根据政策的模糊程度和冲突程度将执行过程区分为四种类型,即行政性执行,政治性执行,实验性执行和象征性执行。(参见图7-2)

模糊性		低 冲突性	高
	高	实验性执行 情景状况 例如:教育启蒙计划	象征性执行 联盟的力量 例如:社区行动机构
	低	行政性执行 资源 例如:天花的消除	政治性执行 权力 例如:校车接送学生

图 7-2 政策模糊性与冲突性维度示意图

---

① Richard E. Matland, "Synthesizing the Implementation Literature: The Ambiguity-Conflict Model of Policy Implementation", *Journal of Public Administration Research and Theory*, Vol. 5, No. 2. 1995, p. 156.

② Richard E. Matland, "Synthesizing the Implementation Literature: The Ambiguity-Conflict Model of Policy Implementation", *Journal of public Administration Research and Theory*, Vol. 5, No. 2. 1995, p. 171.

1. 行政性执行

当政策模糊程度低、冲突程度低时宜采用行政性执行模式,执行结果由资源决定。如果有充分的资源,那么想要的结果事实上是可以保证的。

2. 政治性执行

模糊程度低、冲突程度高时采用政治性执行模式,执行结果由权力决定。这种模式适用于这样一些情况:一个政策参与者或者一个政策参与者联盟拥有足够权力将其意志强加于其他参与者身上。当不存在一个拥有足够权力的参与者或者参与者集团时,各方则求诸于讨价还价来达成一致。

3. 实验性执行

模糊程度高、冲突程度低时采用试验性执行模式,这时结果在很大程度上取决于哪些参与者是积极的并牵涉最深。指导这一执行模式的主要原理是情境状况支配着执行过程,即是说地方微观执行环境中的资源与参与者最终决定着执行的结果。

4. 象征性执行

模糊程度高、冲突程度高时采用象征性执行模式。高度的模糊性导致结果因地而异,而高度的冲突性构建了解决问题的方法,这一执行模式的主要原理就是结果由地方层面的联盟力量决定,因为地方层面掌握着可用解决问题资源。

第三节　行政执行的方法

行政执行的方法包含的具体内容多种多样,这些具体的内容又可以分为以下几种类型:法律的方法、经济的方法、行政指令的方法、思想教育的方法、行为激励的方法。下面将对以上方法分别进行介绍。

一、法律的方法

(一) 含义和内容

法律的方法是政府用来管理社会公共事务的一种工具。所谓法律,是指由国家专门机关创制的,以权利义务为调整机制并通过国家强制力保证的调整行为关系的规范,它是意志与规律的结合,是阶级统治和社会管理的手段,它是通过利益调整从而实现某种社会目标的工具。①

在我国,有权制定规范性法律文件的国家机关有全国人大及其常委会、国务院及其所属各部委、地方人大及其常委会、地方人民政府。由于制定规范性文件的国家机关不同,文件的名称和效力也不同,我国的规范性法律文件主要包括有:宪法、法律、行政法规、军事法规和军事规章、地方性法规、自治法规、行政规章、特别行政区基本法及特别行政区法律、经济特区法规和规章以及国际条约。

(二) 法律方法的特性

1. 规范性

规范即具有约束力的标准模式和规则。与道德规范、宗教规范一样,法律也是一种行为规范,它规定了人们的一半行为模式和法律后果,从而为人们的交互行为提供了标准和方向。法律所规定的行为模式一般可分为三种:可以怎样行为的模式、应该怎样行为的模式、不应该怎样行为的模式。法律后果是指法律对具有法律意义的行为赋予某种结果,可分为肯定性后果(合法后果)和否定型后果(违法后果)两大类。肯定性后果是确认行为以及由此产生的利益和状态具有合法性和有效性,予以保护和奖励;否定型后果是否认行为以及由此产生的利益和状态具有合法性和有效性,不予保护甚至对行为人施以制裁。

2. 国家意志性

所有的规范都体现了创制主体的意志。法律作为特殊的社会规范,是由国家创制的,表明他是以国家名义对人们行为的要求,体现的是国家意志,因此,国家的存在是法律存在的前提条件,法律是实现国家意志的重要手段。

3. 国家强制性

一般来说社会规范都有某种强制性,但各自强制的性质、范围和方式等不尽相同。法律不同于其他社会规范,具有特殊的强制性,即国家强制性。不管人们的主观愿望如何,人们都必须遵守法律,否则将招致国家强制力的干涉,受到相

---

① 张文显:《法理学》(第三版),北京:法律出版社2007年版,第102页。

应的法律制裁。当然,国家运用强制力保证法律的实施也必须依法进行。但需要注意的是,国家强制并不是法律实施的唯一保证力量,法律的实施还依靠诸如道德、人性、经济文化等方面的因素。[1]

4. 普遍性

是指法律的概括性和法律的普遍适用性,也就是说,法律作为一般的行为规范,在国家权力管辖范围内具有普遍使用的效力和特性。法律的对象不是具体的、特定的个人,而是抽象的、一般的人,他在同样的情况下可以反复使用,而不是仅适用一次。

5. 利导性[2]

法律归根结底是以规定权利和义务来规范人们的行为,权利以其特有的利益导向和激励机制作用于人的行为;而义务则以其特有的约束机制和强制机制作用于人的行为,使人们从有利于自身利益出发来选择行为,因此,法律是承认人们的利益的,并通过利导的机制来实现对人们的行为的调节。

(三) 法律方法的作用及局限

1. 作用

总体来讲,法律方法具有两大作用,即规范作用和社会作用。其中规范作用包括指引作用、评价作用、预测作用等;社会作用包括阶级统治作用和社会管理作用。规范作用与社会作用是一个事物的两个方面,社会作用是通过规范作用来实现的。就行政管理领域而言,法律方法的作用主要表现在保障行政管理活动的民主性、规范性和科学性。

(1) 保障行政管理活动的民主性。在我国,法律是人民意志的表达和反映,是对公众民主权利的维护,依法行政就是执行人民的意志,也是行政管理民主化最基本的要求。任何以言代法、以权代法的行为都是对公众民主权利的践踏,都是对人民权益的破坏。另外,法律所规范的不仅是公众的行为,也是政府的行为,这使政府的行为不能超过人民意志所容纳和许可的范围,从而保障政府的权

---

[1] 张文显:《法理学》(第三版),北京:法律出版社 2007 年版,第 110 页。
[2] 同上书,第 109 页。

力真正服务于公众的利益。

(2) 保障行政管理活动的规范性。政府对社会公共事务的管理行为不能是随意的,必须具有规范性,规范才能产生效率,规范才能产生效益,规范才会使公众满意。不规范的行为不仅具有方法上的错误,而且具有方向上的错误。方法上的错误是指不规范行为的非科学性,因为科学意味着某种规范;方向上的错误则是指不规范行为对公众利益的背离,因为不规范的行为并不是根据公众的意志做出的,而是根据个别人的意志作出的。法律为行政管理活动的开展提供了标准和规范,这使得政府对社会公共事务的管理有了明确的依据,也使公众能够对自身的行为后果有一个确定的预期。

(3) 保障行政管理活动的科学性。法律是人们运用科学的方法,在认识和把握客观规律的基础上制定的,因此,它是一种科学。按照法律办事就意味着按照科学办事,违反了法律也就违反了科学。热门类早期的行政管理活动之所以缺乏科学性,在很大程度上就是因为这种活动缺乏严格的法律约束,具有很大的主观随意性。

上述三个作用相辅相成、不可分割,同时,这些保障作用也属于最基本的保障作用。也就是说,违反了法律,会使行政管理活动突破民主性、规范性和科学性的底线。

2. 局限

法律并不是万能的,也存在一定的局限。第一,法律对人们内心思想的约束功能较为有限。正如美国法学家庞德所讲,法律所能处理的只是行为,只是人与事物的外部,而不能及于内部。[①] 因此,在现实中,人们强调依法治国与以德治国相结合,其中也反映了法律并非调整社会关系的唯一手段。第二,法律不可能是完备的。由于立法者认识与能力的局限性,法律在实践中总是存在一定空白与漏洞,这些空白与漏洞导致了无法可依的现象,只能运用其他手段加以弥补。第三,法律具有一定的滞后性。现实生活是具体、多变的,而法律是抽象和稳定的,这就使得法律在现实生活面前显得有些机械,并不是总能与不断变化的现实生活保持高度的适应性。

---

① 庞德:《通过法律的社会控制、法律的任务》,北京:商务印书馆1984年版,第118页。

二、经济的方法

（一）经济方法的含义

是指政府根据客观经济规律和物质利益原则，着眼于市场机制作用的发挥，运用价格、税收、补贴、利息、公债等经济杠杆以及市场化的方式开展行政管理活动的方法。

（二）经济方法的特性

1. 利益性

经济方法充分肯定了市场的作用，切实尊重个体的利益，也正是在这样的基础上，它对人们的行为发挥着相应的调节作用。在经济方法的作用下，被调节对象的行为是自发作出的，因为这样的行为符合他们自身的利益。

2. 间接性

经济方法在很大程度上表现为政府对经济杠杆的运用，政府通常是将自身的意图通过经济信号加以反映，然后由经济信号作用于被调节者的行为。经济方法的间接性意味着人们行为的改变不仅是政府作用的结果，而且是市场作用的结果，不过市场是在政府的干预之下发挥作用的。当然，政府的干预是着眼于市场作用的更好发挥，也只有当市场有效地发挥了作用，经济方法的运用才能收到良好的效果。

3. 非强制性

经济方法并不直接作用于人们的行为，它影响的只是人们的利益，而人们要做出怎样的行为取决于自身的意愿。因此，经济方法一般不具有强制性的因素。即便对于收税，众所周知，依法纳税是所有课税主体应尽的义务，无所谓自愿与不自愿，因此，课税主体或纳税人又称为纳税义务人。但在纳税本身之外，税收对人们行为的调节又具有明显的非强制性，如因纳税而造成的收入减少会使人们减少消费。

4. 有偿性

在经济方法的作用下，被调节的对象之所以会做出某种行为，是因为这一行为会给其带来一定的回报。由于经济方法的间接性,这种回报并不一定都是由政府直接给予的。

(三) 经济方法的作用及局限

1. 经济方法的作用

关于经济方法的作用,我们在探讨经济方法的内容及特性时已有涉及。归纳起来,作用主要表现在以下几个方面:

(1) 有助于更好地发挥市场的作用以及在此基础上实现政府职能与市场职能的平衡。政府与市场各有其自身的优势和职能领域,当各自的优势都能得到充分发挥时,政府与市场两者之间便会实现职能的平衡,否则就会发生职能的冲突,要么是政府做了本应由市场做的事而导致政府失败,要么是市场做了本应由政府做的事而导致市场失灵。经济方法对人们行为的调节主要是通过市场机制发挥作用的,而政府运用经济方法的一个重要目的就在于通过创造积极的条件以发挥市场的优势。市场优势的发挥则有助于减轻政府的职能负担,从而使政府将更多的精力放在市场的能量所达不到的地方。

(2) 有助于减少行政的成本。之所以节约行政成本,其中一个重要原因就是市场力量的引入,如果单靠政府自身的力量,那么不仅可能要花费大量的成本,而且也未必能将事情做好。比如,经济杠杆使政府的力量能够起到四两拨千斤的效果,政府只需要施加少量的作用力就能够影响整个宏观经济形势。另外经济方法并不是通过政府直接的强制性干预而发挥作用的,而是依靠人们的自愿和自觉,这也在很大程度上节约了政府干预的成本。

(3) 有助于调动各方面的积极性。首先,经济方法调动了市场的力量和作用。其次,市场机制促进了竞争,从而有助于增强个人与群体的活力。最后,经济方法具有利益性,它能够给人一种利益上的激励,从而有助于调动人们的主动性与积极性。因此,经济方法的得当运用可以使不同的力量自觉的朝着共同的方向去努力。这将有效的提高政府行政活动的效能。

2. 经济方法的局限

经济方法并非是完美无缺的,其不足之处主要表现在:(1) 经济方法主要是依靠经济利益来引导和调节人们的行为,而人们的需要和行为动机是多层次、多方面的,这就可能削弱经济方法的实际效果。(2)经济方法具有间接性,其作用的发挥往往需要历经一个传导的过程,因此,经济方法的效果的显现相对滞后,这就使它不适合于解决那些具有危急性和紧迫性的问题。(3)经济方法还可能导致政府责任的弱化。在使用经济方法过程中,政府与市场力量互补的同时,还可能导致政府职能与市场职能产生新的失衡,原因在于:政府将本应由自身履行的职责不恰当的转交给了市场,从而损害公众的利益。比如,在20世纪后十年中,一些国家逐步将药物的研发予以市场化,政府则相应从药物研究领域退了出来。① 这样,药物的研发开始为预期利润所左右,而不是被满足需求和增进健康的目的所驱动,检验一种药物的研发是否具有合理性的标准主要是经济上是否符合成本—收益原则。结果,一些药物尽管为某个贫困人群所急需,但也无法得到市场的关注,因为研发这些药物无利可图,私营企业无法从贫困群体那里获得所期望的收益。因此,在公共物品与服务提供中引入市场力量的前提是,明确哪些是市场可以做的而哪些又是政府必须承担的责任,否则就容易产生事与愿违的结果。

三、行政指令的方法

(一)行政指令方法的含义

所谓行政指令的方法,是指政府以及有关行政人员出于履行行政职能的需要,依靠其权威,按照行政组织的系统和层次,通过强制性的行政命令直接左右被管理者行为的一种行政方法。

(二)行政指令方法的特性

1. 强制性

行政指令是基于履行行政职能的需要而由具有相关职权的主体发出的,它并不是以某个私人的名义发出的,而是以特定职位的名义发出的,或者说是以这个职位所代表的公共权力的名义而发出的,因而具有权威性和强制性。如果没有公共权力作为基础,行政指令便不可能具有强制性。在行政指令面前,指令的

---

① 魏伯乐、奥兰杨、芬格:《私有化的局限》,上海:上海人民出版社2006年版,第211页。

发出者与接受者处于一个不对等的地位,前者是在行使命令的权力,后者则要履行服从的义务。

2. 层次性

行政系统或行政组织分为不同的层级,每一层级都拥有相应的行政权力,不同层级的行政权力环环相扣,形成了一个权力的链条,行政指令就是沿着这样的链条自上而下发出和传递的。需要注意的是,行政指令的发出不能逾越中间的层级,也就是说,行政指令的发出者和接受者应处于相邻的两个层级,否则便可能打破既有的组织秩序而影响中间层级正常的功能发挥。

3. 直接性

行政指令是一级对一级发出的,上一层级的期望和要求将通过行政指令直接传递给下一级,下一层级也将根据上一层级的指令对自身的行为进行规范和调整。在这个过程中,并没有历经中间环节,行政指令的作用对象就是被管理者,行政指令的发出者和接受者存在直接的联系。

4. 具体性

行政指令是针对具体的行政管理事务发出的,因此,无论行政指令的发出者处于哪一个层级,也不论行政指令涉及的是宏观还是微观,他都脱离不开具体的事物。相应地,行政指令作用的领域和范围较之法律而言要狭窄得多,但也正是由于这种具体性,行政指令的方法在很大程度上显示出了其相对于法律方法的价值。

5. 时效性

行政指令着眼于具体的事物,而具体的行政事务总是在不断变化的,当这种变化发生时,原有行政指令的适用性就会被不同程度的降低。因此,一方面,行政指令的发出要做到迅速及时,稍有迟疑,情况就会发生变化;另一方面,行政指令必须在尽可能短的时间内产生作用。而行政指令方法的直接性则为这一点的实现提供了一定的保证。

(三)行政指令方法的作用及局限

1. 行政指令方法的作用

行政指令方法的作用主要表现在以下几个方面:

(1) 行政指令方法有助于保证行政领导和指挥的集中性与统一性。行政指令是自上而下的,下一层级所发出的行政指令不能与上一层级所发出的行政指令相冲突,只能是对上一层级行政指令的分解与落实。行政指令的发出者所处的权力层次越高,其发出的行政指令所具有的效力就越强,这种效力超出了以下各个层级所发出的行政指令的效力。另外,行政指令是上一层级对下一层级的要求和命令,下一层级并没有讨价还价的余地,理解或不理解都要遵照执行。这样,在一个行政系统内,最高的行政权力集中在最高的一个行政层级中,它所发出的行政指令也具有最高的效力。

(2) 行政指令方法有助于处理不断变化的具体行政管理事务。在行政管理实践中,政府必须依法行政,然而政府所面临的具体问题是复杂多样、不断变化的,法律不可能对这些问题都提供现成的答案。在这种情况下,政府及有关的行政人员就需要在自身的职权范围内作出有针对性的决定。而行政指令的制定和发布不需要经过复杂的程序,更容易做到因地制宜、因时制宜,针对不同的条件,行政指令所涉及的内容也不相同。因此,在现实中,与法律相比,行政指令是随机应变的,一旦条件发生变化,就需要产生与之相适应的行政指令。

(3) 行政指令方法有助于处理紧急的行政管理事务。政府需要处理的行政管理事务有一些是常规性的、在预订的计划之内的,还有一些是非常规性的、偶然的、紧迫的、在预订的计划之外的。面对后面一类行政管理事务,政府必须迅速作出回应,使问题能够得到及时的处理,而行政指令方法的内在特性,正好适应了这种要求。其他的行政方法在处理紧急事务时则不如行政指令方法那样具有针对性和应变性,也不如行政指令方法那样能迅速产生效果。然而,这并不是说行政指令方法之外的其他方法在处理紧急的行政管理事务时就不起任何作用,比如,政府不论处理什么样的行政管理事务,都要依法行政。

2. 行政指令方法的局限

正如其他的行政方法一样,行政指令方法也是有利有弊,其弊端主要体现在:第一,行政指令带有较强的主观性和人治色彩。尽管行政指令要收到既有法律的约束,但在既定的法律框架内,行政指令仍有一个可以伸缩的空间。这一方面为行政指令的发出者提供了发挥能动性与创造性的条件;另一方面也增加了行政指令的随意性,从而使其可能并不具有合理性。当然,随着法制的健全和行政方法的科学化,行政指令方法的主观性和人治性是在逐步减弱的。第二,行政指令不利于调动被管理者的积极性。行政指令是对被管理者提出的某种要求,或是对管理者的利益作出的某种限制,他为被管理者设置了严格的行为空间。而被管理者出于自我立场和自身利益的考虑,往往存在突破行政指令限制的内在冲动,因此,他们缺乏按照行政指令行事的积极性。比如,对那些浪费资源、污染环境的小企业,有的地方政府虽然下决心要将其关闭,但基本上是采取强制命令的方式,结果是一查就关,一不查就开,并没有从根本上解决问题。① 第三,行政指令的运用需要花费较高的成本。行政指令是凭借对被管理者的强制性干预而发挥作用的,一旦这种干预有所松动,被管理者就易于在其自身利益的激励下突破行政指令的限制。因此,行政指令作用的有效发挥需要对被管理者进行严密的强制性干预,相应地也就需要耗费大量的监督、控制和强制执行的成本。

四、思想教育方法

(一) 含义

1. 灌输

人们思想观念的形成是一个学习的过程,正如人们对新知识的掌握一样,外部的教育是一个重要的学习途径。因此,政府可以将其所倡导的思想观念向人们进行说明、介绍和解释,从而使人们在内心中接受这样一种思想观念。需要注意的是,灌输并不是要强制性地使人们接受某种思想观念,而是通过说理和教育获取人们内心的认同,否则很可能会产生适得其反的效果。

2. 疏导

疏导既包括疏通也包括引导。首先,政府应广泛了解人们的意见和要求,切实掌握人们的思想倾向,并对其进行理性的分析,使人们明确这种思想倾向的合理之处及不合理之处;其次,政府应该给人们提供一种正确的引导,帮助人们树立起正确的思想观念。当然,疏通与引导并不是截然分开的,常常是疏通中有引导,引导中有疏通。

---

① 参见梁言顺:《低代价经济增长论》,北京:人民出版社 2004 年版,第 171 页。

3. 感化教育

思想教育不仅要能做到晓之以理,而且要能做到动之以情,感化教育重在打动人心、引起人们的共鸣。情感的力量并不比理性的力量要弱,如果两者能够相互结合、形成一致,那么其影响将会是巨大的,人们在这种影响下所作出的行为是很难被外部力量改变的。感化一个人比说服一个人的难度更大,因为一个人在被感化的前后其内心世界将产生极大的反差,之前是被坚冰封堵,之后是被阳光照耀。相应地,感化教育就不能简单地依靠说理、劝导,还要凭借行动的感染力,也就是说,要将"言传"与身教结合起来。

4. 养成教育

其实质是寓教育于实践,具体来讲,就是指政府在实践中通过诱导、说理、师范等逐步使得人们明确行为的规范以及行为背后潜在的价值标准,从而产生一种潜移默化的效果。"习惯成自然"就充分体现了养成教育的作用。一种行为模式被长期地反复强调后就很容易内化到人们的思想观念中,人们也将视这种行为模式为理所当然。

5. 对比教育

对比教育一是用事实来教育人,在对比中作为参照物的一般都是已经发生的事实;二是通过对比中的反差使人们对自身能够形成一个客观、全面和深入的认识,从而改变原有的错误观念并树立起正确的观念。对比教育的关键在于选准用于对比的参照物,而恰当的参照物至少应具备真实性和可比性。

(二)思想教育方法的特性

1. 启发性

它并不依靠强制力去改变人们的行为,也不依靠物质利益去诱导人们的行为,而是通过启发人们的觉悟进而改变人们的行为,因此,人们的行为将是发自内心、自觉自愿的。

2. 间接性

同其他的行政方法一样,思想教育方法的最终目的在于使人们的行为符合政府的预期,但思想教育方法并不是直接作用于人们的行为,而是直接作用于人们的思想,力求通过人们思想观念的转变而使人们的行为发生相应的变化。

3. 经济性

任何行政方法的运用都需要花费一定的成本,思想教育方法也不例外,但相对来讲,思想教育方法的运用却是节约成本的。一是因为思想教育方法并不凭借向人们提供物质利益而发挥作用;二是因为它也不需要政府付出强制执行的成本,能够收到一种"不战而屈人之兵"的功效。

4. 艺术性

之所以说思想教育方法具有艺术性,是因为:首先,思想教育方法的运用不具有刚性色彩,对在什么时间、什么地点以及采取什么样的形式开展思想教育并不存在一个硬性的规定;其次,思想教育方法的运用并不一定需要以公共权力为基础,在很多情况下,教育者和被教育者是以平等的地位进行沟通的;最后,思想教育方法直接作用的对象是人们的内心世界,而人们的内心世界是不可能用一个标准化的模式去改变的。需要强调的是,思想教育方法的艺术性并不排斥科学性,并且只有当思想教育方法具备了科学性之后,其艺术性才有价值,因此,对思想教育方法的运用应遵循客观的规律,决不能以错误的观念蒙蔽受教育的对象。

5. 长期性

人们的思想观念是在一个较长的时间内形成的,同样,人们思想观念的重塑也需要一个较长的时间过程,这决定了思想教育方法往往难以在较短时期内产生显著的效果,思想教育工作不可能一蹴而就,需要进行长期不懈的努力。

(三)思想教育方法的作用及局限

1. 思想教育的作用

思想教育方法的作用主要表现在以下几个方面。

(1)思想教育方法有助于调动人们的积极性。调动人们积极性的方法是多样的,物质利益的刺激可以调动人们的积极性,思想教育同样能够调动人们的积极性,并可以发挥出其他方法难以替代的作用。积极性本身是一种心理活动的反映,积极性高涨意味着人们的认同感和心理接受程度较强,积极性低落则意味着人们的认同感和心理接受程度较弱,因此,提高人们的积极性就需要增强人们的心理认同感,而思想教育方法所直接作用的对象正是人们的内心世界。并不是说人们的内在心理只能通过思想教育来转变,但"心病还须心药医",思想教育是影响人们思想活动的一种非常重要的方法。

(2)思想教育方法有助于预防人们行为的偏差。在多数情况下,人们的思想与行为都是一致的。当然也存在行为与思想发生冲突的情况,此时,人们的言行与其所持的价值标准并不一致。比如,"文化大革命"时期,有的人就说了一些违心的话、做了一些违心的事,但行为与思想的不一致,将使人们付出沉重的心理成本,因此,人们是不愿意让自己的行为违背自己的思想的。而在正确的思想观念之下,即便人们的行为偶尔出现了偏差,这种偏差也易于得到矫正。总之,思想规约着行为,行为反映着思想,两者是不可分割的,而思想又先于行为,行为只不过是思想的流露,解决思想上的问题将较为有效地防止行为上的偏差。正因为如此,政府在实施一项政策与计划之前,必须进行相关的解释、宣传、动员与教育工作。

(3)思想教育方法有助于从根源上对人们的行为进行规范。行为是外在的表现,思想是内在的根源,不从思想上解决问题,人们的行为便很难得到规范,既有的思想总是试图将人们的行为拉回原有的轨道,而端正了人们的思想观念,便从源头上对人们的行为予以了规范。

2. 思想教育方法的局限

尽管思想教育方法具有不可忽视的作用,但在实际工作中,过于依赖思想教育方法也是不妥的,这是因为:第一,思想教育提高的是人们自律的能力,而仅有自律是不够的,自律与他律相结合才能起到预期的效果,因此,诸如外部监督等他律形式在规范人们的行为中也是必不可少的。第二,人们的思想观念受到多种因素的影响,这一方面使得思想教育对人们内心世界的影响力和作用力受到了一定的限制,另一方面又使思想教育的效果易受到其他影响因素的侵蚀。第三,人们的思想观念具有充分的自主性,政府对思想教育的效果很难做出准确地预期,并不是说政府采取了相应的思想教育措施,人们的思想和行为就一定会向政府所期望的方向转变。第四,思想教育不能替代对人们现实需要的满足,如果人们的需要长期得不到满足,思想教育是不足以规范人们行为的。

第四节 行政执行的过程

一、行政执行的程序

行政执行并不是一种瞬间的组织活动,而是要经历相关的步骤和环节,行政执行各阶段的组织质量以及相互间的衔接程度对行政执行的成功与否有着重要影响。一般而言,行政执行过程主要包括决策方案的转化、方案实施以及执行评价等阶段

（一）行政执行的准备阶段

行政执行的准备阶段主要是指将抽象和含糊的决策内容转化为具体的、具有可操作性的决策实施方案,并为之配置具体的决策执行机构和可供其支配使用的各种资源的过程。

1. 决策方案的分解

大多数决策方案都是非常抽象和总括性的,为了将抽象的方案转化为可操作的具体措施,就需要将决策方案进行有效分解,制订执行计划。执行计划是对将来决策方案实施活动的具体规划,其目的在于说明执行的具体时间、地点、人员以及所需经费,一般包括情况分析、指导思想、工作任务、工作要求、工作方法、步骤与措施等。执行计划的制订要建立在对决策意图的准确把握和理解基础之上,为了不至于偏离决策意图,计划制订要遵循民主原则,广泛听取各方面的意见,制订多个计划方案,仔细权衡比较之后选择最优的计划方案。此外,执行计划的编制要遵循可行性原则,不能好高骛远,制定超出执行机构承受能力的行动方案,即根据现有所能提供的人、财、物的数量条件,采取相应的行动。

2. 物质准备

决策方案的实施需要有充足的经费和设备作为保障。行政执行者在接收方案之后,就要及时核算出执行活动所需要的全部经费开支,将其以预算的形式编入机构的开支计划中,经过有关部门审核批准之后,用于具体的执行活动中。除此之外,执行者还要根据执行活动的需要,配备相应的物资设备,以便为行政执

行的顺利进行创造有利的条件和环境。

3. 组织准备

决策方案最终要依靠执行机构及其人员来执行,执行机构对决策方案的认同程度、机构的执行能力、人员素质和精神面貌等组织因素都具体关系到执行活动的进展。

(1) 执行主体的选择。大多数决策方案都不是自行实施的,需要有特定的机构来实施,执行机构的选择是一项复杂的任务,既要考虑政治需要,又要权衡技术上的利弊。行政机构并不适合承担所有的执行任务,为了保证执行效率,那些超出了行政机构能力的决策就需要转交给行政机构以外的其他社会主体来实施。一旦选择了错误的执行主体,就会出现执行失败的可能。

(2) 思想准备。任何决策方案只有在执行主体对其内容具有比较强的认同感之后,才有可能得到贯彻实施,这就需要对执行主体进行思想沟通工作,使其了解决策方案的内容、意义,消除执行主体对方案的抵制情绪,使其将决策的执行作为一项自觉自愿的行动。

(3) 制度准备。执行活动是在一定的制度条件下进行的,制度作为界定和规范个人行为空间和选择空间的行为规范,对执行主体行为的选择有着重要影响。为了及时依据执行结果的好坏以及执行过程顺畅与否对执行主体给予及时的奖惩,就需要事先制订好一套有效的规章制度。

(二) 行政决策的实施阶段

实施阶段是决策目标具体实现的过程,是行政执行的主体阶段。实施阶段的工作内容主要包括以下方面。

1. 建立强有力的指挥中心

行政执行是行政主体运用行政手段向既定目标推进的过程,这个过程具有一定的强制性,它必须以服从命令、顾全大局为原则。一个强有力的指挥中心,对行政决策的执行来说是至关重要的。它能正确理解和贯彻执行上级方针政策,对所领导的行政执行工作的意义有深刻的理解,对所辖部门和人员的情况了如指掌,对方案的实施步骤严格掌握,而且在预想不到的情况发生之时,能迅速做出正确的决断。指挥中心要实现有效指挥,还必须坚持统一指挥的原则,不能政出多门、多头指挥,否则下级就会无所适从。另外,指挥也必须依照组织层级进行,不应越级指挥;行政执行中的越级指挥,只能降低指挥效果,打击、挫伤下级部门的积极性和负责精神。

2. 要善于做好协调工作

行政执行作为一系列的活动,必然涉及多方面的工作配合及利益的调节和分配。行政执行任务能否顺利完成,在很大程度上取决于能否及时妥善地做好协调工作。协调活动的目的在于化解矛盾、解决分歧,使组织之间、人员之间达到行动上的和谐。

3. 加强行政执行中的监控

行政执行是一种动态过程,某些要素及其相互关系的变化事先无法全部掌握,一旦出现意外情况,实际工作同计划要求就可能不符,所以必须依靠监督、控制才能逐步实现计划。通过控制环节也能检查下属的工作,保证其工作方向的正确性,提高工作效率。

(三) 行政执行的评价阶段

行政执行完成后,要认真进行检查总结,目的是肯定成绩、找出不足、积累经验,这是提高认识、自我完善的必不可少的环节。

1. 对执行情况的检查

检查的主要依据是决策目标的实现程度和执行方案的实施效果。对原决策目标检查的重点,一是检验其社会效益,二是检验其经济效益。检验社会效益主要是看这项决策实施后,是否有利于国家和社会的公共事务,是否有利于人们的社会生活,是否有利于国家和民族的发展。经济效益是指在符合社会效益的前提下的经济效益。凡是有利于国计民生、能促进经济发展的决策,就是好的决策。对执行方案的检查,主要是看执行方案中规定的各项要求,如资金预算、物资人才消耗以及方法、步骤、措施等,是否已经实现了原来的预想,是否符合原来的估算。

2. 对执行情况的评价

依据一定的要求和标准,在情况检查的基础上,对执行部门和执行人员的工作做出评价并给予奖惩,评定要以事实为根据,而不是以领导人的意志为依据,投其所好,也不能先入为主,存有偏见。否则,势必歪曲事实,给工作带来不良影响。

3. 对经验教训的总结

执行中有成功的经验,也有失败的教训。为此,要从理论的高度认真分析决策目标未能完成的原因或是未能圆满完成的原因;得到肯定的答案后,要及时分别向执行者或决策指挥者反馈信息,使他们能从宏观上权衡利弊,正确总结经验教训,不断改进工作。

二、行政执行方法

具体的行政执行由指挥、协调、沟通、控制、检查、执行再决策等环节构成。这些环节也就反映了具体的方法:

1. 执行指挥

执行指挥是行政领导者按照既定目标和计划对下属活动进行指导、协调和监督以实现决策目标的行为。其行为主要表现形式是行政命令、指示。这是行政实践中常见的,也是重要的方法,它直接关系到行政执行的方向,并以确定的责任主体来约束权力的不当行使从而规范行政执行活动。

2. 协调与沟通

所谓行政执行协调,是指通过引导执行组织、执行人员之间建立起良好的互相协作、互相配合的关系,使执行组织内部各部门、各环节的各种执行活动不发生冲突、内耗,从而有效地达到实施的预期目标的行为。

执行协调主要有纵向协调、横向协调和综合协调三类。纵向协调即上下级单位的协调,下级单位在执行前后及时上报工作计划和总结,以便让上级及时了解下级情况,随时处理下级工作中出现的困难;横向协调是指本单位左右同级协调,主要是协调所需人员、设备、物资等,保持横向的平衡的积极性;综合协调既包括组织内部的协调,也涉及组织之外其他单位及环境的协调,其作用是准确掌握行政决策执行过程中的各种权变因素,消除组织所面对的各种实施障碍。

行政执行沟通,是指通过各种信息的传递,促使行政机关的部门之间和人员之间的相互交流、相互了解,进而取得彼此信任和支持的过程。它是行政实施过程中求得思想上统一、行动上一致的基本保证;也是改善人际关系、消除矛盾、增强凝聚力的重要手段。在行政执行沟通过程中应当注意:语言文字表达准确;充分重视信息接受者在职位、知识、经验等方面的差异,选择适当的时机、场合、表情进行沟通;尽可能地减少信息传递层次,提高沟通速度。

3. 行政执行控制

行政执行控制是指行政领导者及其工作人员为使实际执行状态与所计划的工作状态实现一致而进行的管理活动。它是行政执行的一个重要环节,也是保证行政执行得以顺利进行的基本手段。它与行政执行协调沟通不同,是对执行过程中出现的与计划有差距或背离的情况采取的纠偏行为。它的目的就在于纠正执行过程中的缺点和错误,并防止重犯;对保证行政执行方向的准确性、执行目标的顺利达成有重要作用。

行政执行控制有预先控制、同步控制和结果控制三种类型。预先控制,又称事前控制,即在计划执行的准备阶段就未来可能发生的偏差加以控制,以保证将来的实际结果能够达到预期的要求。其重点是使计划所需要的人力、物力、财力都符合实际标准,防止执行中产生各种资源在质和量上的偏差。同步控制又称现场控制,即在执行过程中,对发生的偏差或可能与目标有背离的征兆立即进行调整。这种控制是行政执行中常规的形式,它与预先控制比较,难度较小,具有直观现实性;它和结果控制比较,由于及时进行调整,损失尚未扩大,效果也较好。结果控制亦称事后控制,即根据行政执行的实际结果与预期目标进行的控制。由于这种控制是既成事实出现以后进行的,控制已经滞后,损失已经发生,因此应尽可能地避免或减少采用。当然,行政执行控制已非仅依靠前两种控制就能完全达到目的,因为我们无法进行完全的事前控制或同步控制。

要实现有效的控制,除了全面了解、掌握影响行政执行控制的各种因素外,追求理想的控制方式和方法是非常重要的。传统的控制方式偏重定量控制,较多依靠权力地位,采取行政强制等手段。现代行政管理中的控制则应注重适度的弹性,提倡以德服人、以理服人在制定完备的执行程序、信息管理系统、考核标准制度等基础上统一思想观念以及重视个性差异是非常重要的。

三、改善行政执行的途径

(一) 影响行政执行的要素

行政执行失败在现实生活中屡见不鲜,就引起了研究者们对执行影响因素的探讨。对执行影响因素的分析,有助于决策者在执行之前就能有针对性地预防执行偏差的出现。就行政执行影响因素而言,研究者们形成了不同的意见。史密斯在《政策执行过程》一文中认为,理想化的政策、执行机构、目标群体以及环境因素是影响政策执行的四个主要因素。米德和霍恩在《政策执行过程:一个概念框架》一文中将影响政策执行的因素归为政策标准与目标;政策资源;组织间的沟通与强化行动;执行机构的特性;经济与政治环境以及执行人员的意向等六个方面。依据研究者们对影响因素的分析,不确定性、政策目标的明确程度、资源的充裕程度、执行机构、目标对象、政府执行力等是影响行政执行的主要因素。

第一,不确定性。在瞬息万变的世界中,问题的变化速度通常超过了人们的应对能力,这就使执行过程中充满了变数,执行者不可能一劳永逸地使用同一种执行途径和方式来保证决策效果。执行者不具备关于过去、现在和未来的完备知识,这也使得决策方案和执行效果之间的因果关系难以把握,执行者很难全面考虑到执行对决策问题的解决产生的积极影响和消极影响。于是,执行是一场持续的比赛,在这场比赛中的每一次"失败"和"成功"都促成下一步冲突。

第二,目标的明确程度。决策目标的明确程度不仅取决于决策者对决策问题的把握程度,还要受决策者之间利益冲突程度的影响。当决策者之间的利益矛盾难以在决策阶段加以解决和平衡时,就会通过模糊决策的方式将冲突转嫁给执行阶段,从而使执行过程也变得困难重重。决策目标的明确性对执行的影响表现在:(1)目标的明确性可以作为评价执行成功与否的有效依据,进而能够加强对执行者的控制力度。(2)目标的明确性能够减少执行者的自由裁量权,使执行者在执行过程中更能忠实于既定的决策方案。

第三,执行机构。决策方案效果的实现最终要取决于执行机构和执行人员的能力和努力程度。执行主体的选择对执行成功与否的影响不容忽视,执行主体的能力、执行方法等因素都约束着执行的过程和结果。除此以外,执行主体对决策的认同感也不可忽视,并不是所有的执行机构都乐意接受决策者分配的执行任务,当新分配的任务与执行机构的使命不相吻合时,执行机构通常拒绝接受该项任务或在执行过程中对该项决策持抵制态度。

第四,目标团体。在大多数情况下,决策意图的实现要依靠决策目标对象对决策的顺从和接受,而目标团体对决策的接受与否在很大程度上又取决于决策对自身利益的调整程度。作为对社会利益的权威性分配,大多数决策对目标团体带来的利益影响程度是不一样的。安德森在《公共决策》一书提出了政策利益和代价分布的四种情况,在他看来,利益和代价分布范围的宽窄程度不同,目标团体对政策的接受程度也随之出现差异。

第五,政府执行力。作为公共行政学意义上的政府执行力,是指政府组织内所存在的通过准确理解政府的目标及方向,精心设计方案并通过对政府的各种组织资源包括人财物、信息、法律、制度等进行集中有效使用、调度和控制,从而有效地执行实施公共政策、政府决策、法令、战略、计划以及完成政府既定目标的政府内在的能力和力量。[①] 政府执行力包括政府组织执行政策决策方面的执行力和政府组织执行日常例行性事务方面的执行力两个层面的内容。依靠这种内生的功能性执行力量,政府才有可能较好地履行其执行国家政策、推动社会发展,以及进行社会管理和公共服务的职能。政府行政执行力作为一种综合的整体力量及合力,受到诸多因素的影响。政府行政执行力强弱的判断主要与执行刚度、执行力度、执行高度和执行效度等因素的共同作用与影响。

(二) 改善行政执行的途径

分析行政执行的影响因素,目的在于更好地进行行政执行。行政执行的改善途径主要涉及如下几个方面:

1. 构建合理的组织结构

合理的组织结构是达成行政组织目标的重要保障。不仅建立新的行政执行

[①] 莫勇波:《政府执行力:当前公共行政研究的新课题》,《中山大学学报》(社会科学版)2005年第1期,第68页。

机构要注意组织结构的合理性,而且已有的行政执行机构进行调整和改革时,也要充分考虑组织结构的合理性。合理的组织结构必然要求根据决策目标和任务,科学地规划和设置各个职能部门,配合合格的执行人员,确立责、权,进行有效地指挥协调,并将执行系统内部各个环节、各要素有机地结合起来。

2. 配置合格的执行人员

任何一项决策最终都要由相关的执行人员去贯彻实施,这就要求执行人员要具备较高的政策水平,具有积极的意向和工作态度、合理的知识结构和较强的组织能力等条件来作为行政决策得以顺利执行的保证。

3. 创造优良的执行环境

各项决策、决议总是处于一定的社会环境中。任何一项政策的执行都要受到所处社会环境的影响,适宜的社会环境无疑有助于执行活动的有效开展。因此,稳定和谐的政治环境、公平公正的经济环境及积累了优秀传统的社会心理因素对于行政执行具有外在的影响力。

4. 推动政府执行力的有效运转

政府执行力的有效运行,必须有一定的前提条件和要素,包括良好的执行者心态的培养、优秀的政府执行主体的培育、高效协调的组织机制及其运行、先进的执行工具的采用、充足适用的执行资源准备、质量较高的政策决策的制定以及积极向上的组织文化等。

本章小结

行政执行是行政机关的一项基本职能,也是政府进行管理活动的重要环节。也是行政管理过程中的一个重要环节。它是指行政执行机关及其工作人员执行、贯彻行政决策以达到预期目标的全部活动和整个过程。行政执行具有目的性、经常性(连续性)、时效性、强制性以及灵活性等特征。行政执行是行政决策得以实现的保证,是检验行政决策正确与否的唯一途径,也是评价组织效能的尺度。行政执行应该遵循主体性、准确性、合法性、高效及监督等原则。

研究影响有效执行的重要因素,分析这些因素对于执行的影响方式和作用结果,对于排除干扰、保证政策实施具有重要意义。目前行政执行的模型主要包括自上而下的行政执行、自下而上的行政执行、相互适应型行政执行、执行结构型行政执行、执行游戏型行政执行、控制型行政执行、激励关系型行政执行、模糊—冲突型行政执行等。

行政执行的方法包含法律的方法、经济的方法、行政指令的方法、思想教育的方法、行为激励的方法等。不同的行政执行方法具有相应的应用领域,同时也具有应用的局限性。

行政执行的质量取决于执行过程的科学化、理性化程度。行政执行各阶段的组织质量以及相互间的衔接程度对行政执行的成功与否有着重要影响。行政执行过程主要包括决策方案的转化、方案实施以及执行评价等阶段。同时,行政执行的质量还与行政执行技术有关。目前主要有执行指挥、协调与沟通以及行政执行控制等技术手段。

不确定性、政策目标的明确程度、资源的充裕程度、执行机构、目标对象、政府执行力等是影响行政执行的主要因素。通过构建合理的组织结构、配置合格的执行人员、创造优良的执行环境、推动政府执行力的有效运转等途径,可以有效改善行政执行的质量,提升执行水平。

关键词

行政执行　行政执行原则　自上而下的执行　自下而上的执行　模糊—冲突型行政执行　行政执行程序　行政执行方法　行政执行影响要素　行政执行改善途径

思考题

1. 行政执行的内涵与特征。
2. 行政执行在行政管理过程中的地位和作用。
3. 试述行政执行的自上而下模型与自下而上模型的区别与联系。

4. 试述行政执行的模糊—冲突型行政执行模型的基本特征及模型的建构。

5. 影响行政执行有效的因素有哪些?

6. 试述行政执行偏差产生的主客观原因及矫正途径和方法。

7. 结合行政管理实践,试述行政执行的常用方法。

 推荐阅读

1. 〔英〕迈克·希尔、〔荷〕彼得·休普:《执行公共政策》,北京:商务印书馆 2011 年版。

2. 朴贞子等:《政策执行论》,北京:中国社会科学出版社 2010 年版。

3. 曹堂哲:《公共行政执行的中层理论——政府执行力研究》,北京:光明日报出版社 2012 年版。

4. 〔美〕盖伊·彼得斯:《美国的公共政策:承诺与执行》,上海:复旦大学出版社 2008 年版。

5. 刘伯龙、竺乾威等:《中国农村公共政策:政策执行的实证研究》,上海:复旦大学出版社 2011 年版。

6. 李允杰、丘昌泰:《政策执行与评估》,台北:元照出版社公司 2003 年版。

7. 丁煌:《政策执行的阻滞机制及其防治对策》,北京:人民出版社 2002 年版。

8. 莫勇波:《公共政策执行中的政府执行力研究》,北京:中国社会科学出版社 2007 年版。

第八章　政府工具

随着社会的发展,人类面临的公共问题日益复杂,政府应该用哪些管理方式来实现对社会的"善治",是横亘在政府面前的"麻烦事"。世界银行在1997年的世界发展报告中指出:"在世界各地,政府正成为人们注目的中心。全球经济具有深远意义的发展使我们再次思考关于政府的一些基本问题:它的作用应该是什么,它能够做什么和不能做什么,以及如何做好这些事情。"①

政府应该是什么,能够做什么和不能做什么,是政府的角色和职能问题,而政府如何做好这些事情则是政府工具是否丰富以及如何选择的问题。工具是实现目标的手段、桥梁和纽带。那么,政府工具就是达成政府角色与职能的手段。作为政府治理的重要手段和途径,政府工具的选择与应用直接关系到政府政策实施的结果并最终关系到管理目标能否有效实现。因此,研究政府工具具有十分重要的意义,政府的职能通过政府工具的选择与实施才能从理想的政府职能转化为现实的政府职能。本章首先探讨了政府工具的涵义及其类型,建立了一个关于政府工具的一般认知框架,之后描述了政府工具的理论发展历程、分析框架的建构,进而政府工具的具体类型进行描述。

---

① 世界银行:《变革世界中的政府》,北京:中国财政经济出版社1997年版,第1页。

第八章 政府工具

第一节 政府工具概述

政府工具,又称政府管理方式或治理工具,它主要是指政府实现其管理职能的手段。那么,政府工具如何准确界定呢?在西方学界的文献中,与政府工具类似的概念还有政策工具、政府治理工具和治理工具等,这些概念虽然在学理上略有区别,但在实际应用中并没有截然不同的界限。国内学者的研究中,对这几个类似概念通常也不做仔细区分。如毛寿龙和张成福多使用"政府治理工具"的概念,而陈振明等学者则多使用"政府工具"的提法。因此,尽管不同学者的表述不尽相同,但对于政府工具的本质理解是类似的。

一、政府工具的概念

对政府工具最常见的定义是:"一个行动者能够使用或潜在地加以使用,以便达成一个或更多目的的任何事物。"[1]较早对政府工具进行界定的是英国学者胡德。他在《政府工具》一书中用木匠业和园艺业的工具来比喻政府的治理工具,认为政府所做的是尽力用各种治理工具来塑造我们的生活,迎合各种目的。胡德认为,"工具"概念可以通过将其区分为"客体"和"活动"而得到更明晰的理解。但这种区分定义在一定程度上模糊了"政策"和"工具"概念之间的界限。[2]

欧文·E.休斯(Oven E. Hughes)在《公共管理导论》中认为:"政府的工具是政府的行为方式,以及通过某种途径用以调节政府行为的机制。"[3]

莱斯特·M.萨拉蒙认为:"政府治理工具,又称公共行动的工具,它是一种明确的方法,通过这种方法集体行动得以组织,公共问题得以解决。"[4]

张成福教授认为:"政策工具又称为治理工具,它是指政府将其实质目标转化为具体的行动路径和机制,政策工具乃是政府治理的核心,没有政策工具,便

---

[1] 转引自陈振明:《政府工具研究与政府管理方式改进》,中国行政管理 2004 年第 6 期,第 44 页。
[2] Christopher C. Hood, *The Tools of Government*, The Macmillan Press Ltd. 1983, p.11.
[3] Owen E. Hughes, *Public Management and Administration*, Macmillan Education Australia Pty Ltd, 1998, p.81.
[4] Lester M. Salamon, *The Tools of Government: An Introduction to the New Governance*, Oxford, New York: Oxford University Press, 2002, p.19.

无法实现政府的目标。"①

陈振明教授认为:"政策工具是人们为解决某一社会问题或达成一定的政策目标而采用的具体手段和方式。"②

张璋教授认为,政府治理工具指的是政府为了解决公共问题而采用的可辨别的行动机制。③

综上所述,本书更认为,政府工具是公共行政主体在管理社会公共事务的过程中,为履行公共管理职能,提高公共管理效能所采取的方式、手段、方法和技术措施的总称。政府工具是公共行政过程中达到治理目标必不可少的条件和桥梁。

二、政府工具的特征

每种工具都有其自身固有的特征、适用范围及优劣。作为政府治理,实现政府职能,解决公共问题的政府工具,有哪些基本特征呢?不同的学者对它由不同的解释。

萨拉蒙将政府工具的特性概括为如下三个方面:第一,政府工具有一些共同属性,这些共同属性使得这些工具得以识别。此外,每一种具体工具都有其自身区别于其他工具的特性。第二,每一种工具规定行动的结构,它不是随意的或者临时的,而是一种制度化的行动模式。它规定谁有权操纵公共项目,其角色是什么,与他人关系如何,也就是说,它是一组公共行动的权利与义务。第三,这种结构化的行动是一种集体行动,目的是解决公共问题,这表明这种结构化行动不只是政府行动。④ 这里,萨拉蒙谈到了政策工具所具有的共同与差异性、制度化结构性与主体多元性。除此之外,政府工具的多样性和动态性特征研究也受到了人们的重视。

具体来说,政府工具具有如下特性:

第一,手段性。政府工具既然被界定为达成目标的措施与手段,显然,它的

---

① 张成福、党秀云:《公共管理》,北京:中国人民大学出版社2001年版,第62页。
② 陈振明:《政策科学——公共政策分析导论》,北京:中国人民大学出版社2003年版,第170页。
③ 张璋:《理性与制度——政府治理工具的选择》,北京:国家行政学院出版社2006年版,第19页。
④ Lester M. Salamon, *The Tools of Government*: *An Introduction to the New Governance*, Oxford, New York: Oxford University Press, 2002, pp.19-20.

最基本的特性是手段性。政府工具限定在实现政策目标或结果的手段上,它作为手段,是达成政策目标的途径和桥梁。

第二,差异性。政府工具具有共同的特性,但政府工具之间也有差异性,即每一种具体工具都有其自身区别于其他工具的不同特性,这些不同特性一方面使得这些工具得以识别,即可辨别性;另一方面也正是由于政府工具间的差异性的存在,决定了在很多情况下单一的政府工具往往不能达到应有的效果,因此需要与其他政策工具辅助配合才能奏效。

第三,多样性。政策工具并不是单一的,而是多元化的"工具家族"。政府工具可以是一种类型的物品或服务,如为公众提供信息服务、为公众提供信息或贷款、或者提供物品或服务的工具。政府工具也可以是一套规则,这些规则包括正式的或者非正式的,它主要是界定各提供者之间的关系。

第四,动态性。政府工具是一种手段,还是一种活动。没有一成不变的工具,更不存在万能的工具,工具是随着其与政策对象和政策环境的互动而不断变化的。政府工具并非一经选定就固定不变,它必须不断调整以满足社会经济发展的需要。在使用过程中,它会随着时间推移而发生改变,即使它们本身不变,治理主体运用政府工具的方式、策略可能发生变化,目标团体为了规避该工具的影响而采取的策略也有可能发生变化。此外,一种模式也不能适应各种不同的情况。治理主体在不同的情况下要选用不同的政策工具。

第五,民主性。治理是一种互动的过程,治理的基础不再是权威与管制,而是民主、协商与参与。为了有效地实施公共管理,现代政府开始同私营部门或非政府组织就特定社会事务形成网络式的"伙伴关系",通过加强社会各方的沟通、协商、合作等方式,协同社会各界的力量,提高社会公共服务的水平和质量,营造民主合作的社会氛围。随着新治理时代的到来,政府工具的基本运行机制就是协商与参与,这使得政府工具又呈现民主性的特征。

三、政府工具的分类

在很长一段时间里,政府工具的分类主要依据工具特性来进行。为了形成一种明确的分类,人们已经投入了不少的时间和精力。然而,现有的分类都不怎么让人满意,没有一个能够对政府工具做全面穷尽的介绍。由于分类标准不统一,学者们对于工具分类也都各持己见。

荷兰经济学家科臣(E. S. Kirschen)最早试图对政府工具加以分类,他着重研究这样的问题,即是否存在着一系列的执行经济政策以获得最优化结果的工具。他整理出 64 种一般化的工具,但并未加以系统化的分类,也没有对这些工具的起源和影响加以理论化探讨。

美国政治学家罗威、达尔和林德布洛姆等人也做过类似的研究,但他们倾向于将这些工具归入一个宽泛的分类框架中,如将工具分为规制性工具和非规制性工具两类。萨拉蒙推进了他们的讨论,增加了开支性工具和非开支性工具两种类型。

著名政策分析家狄龙(Van der Doelen)将政策工具划分为法律工具、经济工具和交流工具三类,每组工具都有其变种,可以限制和扩展其影响行动者行为的可能性。另一种更新近的三分法是将政策工具分为管制性工具、财政激励工具和信息转移工具。

胡德提出了一种系统化的分类框架。他认为,所有政策工具都使用下列四种广泛的"政府资源"之一,即政府通过使用其所拥有的信息、权威、财力和可利用的正式组织来处理公共问题。

麦克唐纳尔和艾莫尔(L. M. McDonell and R. F. Elmore)根据工具所要获得的目标将政策工具分为四类,即命令性工具、激励性工具、能力建设工具和系统变化工具。

英格拉姆(H. M. Ingram)等人也做出了一个类似的分类,将政策工具分为激励、能力建设、符号和规劝、学习四类。

加拿大公共政策学者霍莱特和拉梅什(M. Howlett and M. Ramesh)在《公共政策研究》(1995)一书中根据政策工具的强制性程度将政策工具分为自愿性工具(非强制性工具)、强制性工具和混合性工具三类。[1] 与其他分类方法相比,他们的分类框架更具解释力、更合理。

欧文·E.休斯在《公共管理导论》一书中认为绝大多数的政府干预往往可以通过四方面的经济手段得以实现,它们是:(1)供应,即政府通过财政预算提

---

[1] Michael Howlett and M. Ramesh, *Studying Public Policy: Policy Cycles and Policy Subsystems*, Oxford University Press, 1995, p.85.

供商品和服务;(2)补贴,它事实上是供应的一种补充手段,政府正是通过这种方式来资助私人经济领域的某些个人,生产政府需要的商品和服务;(3)生产,指政府生产在市场上出售的商品和服务;(4)管制,指政府运用国家强制力准许或禁止私人经济领域的某种活动的治理手段。①

林德和彼得斯认为政府工具是多元的,他们列出了以下的工具:命令条款、财政补助、管制规定、征税、劝诫、权威、契约。

E.S.萨瓦斯在《民营化与公私部门的伙伴关系》一书中将公共服务的提供制度分为政府服务、政府间协议、契约、特许经营、补助、凭单制、市场、自我服务、用户付费、志愿服务等。

基于上述分析,本书将政府工具分为两类,即公共行政方法与公共行政技术。公共行政方法包括法律方法、行政方法、经济方法、思想教育方法等。公共行政技术包括市场化工具、工商管理技术和社会化手段等。

第二节 政府工具研究的理论脉络

作为公共行政和公共政策领域的新兴研究领域,政府工具的内涵、外延、性质、分类的探讨最终都服务于对工具选择的研究,也是理论和实践的交会点。政府工具的选择使用有一些原则性的规范,然而实践中的工具选择并非以高绩效为标准,而受到各种主客观因素的制约。认识到这点,对于我们研究公共管理和公共政策具有非常重要的意义。

一、政府工具研究的兴起

政府工具是20世纪八九十年代以来西方公共行政和公共政策领域研究的新途径之一,在近二十年间得到了迅猛的发展,并在环境政策、货币政策和能源政策领域得到广泛应用。近年来国内学界也开始关注政府工具的研究,陈振明、张成福、张璋、毛寿龙等学者都有相关的论著。

荷兰学者范·尼斯潘等人发现,在20世纪70年代之前,公共行政学界对于

---

① 欧文·E.休斯:《公共管理导论》,北京:中国人民大学出版社2001年版,第98页。

政府工具的系统研究非常匮乏,甚至关于是否应该研究这一领域的争论都几乎没有出现过。① 早在1971年,政策分析的著名学者德洛尔就批评道,这种对于工具实践的忽视导致了公共行政学极度缺乏一种具有说服力的知识体系。② 随着实践的发展,公共行政和公共政策学科从规范研究向规范与实证并重发展,越来越多的实践问题要求学科的发展增强解释力,在这样的背景下,政府工具的研究在20世纪70年代之后得到了迅速的发展。

应该说,政府工具研究的迅速发展与其对公共行政和公共政策过程细致入微的分析解释、尤其是对公共政策执行过程的模型化诠释有关,它使得传统对政府管理的研究带上了从"软知识"向"硬科学"发展的印记,对政府过程更具解释力,对公共行政实践也具有更为直接的指导作用。尤其值得注意的是,对政府工具的研究首先发端于经济学家,其后虽然由公共行政和公共政策学家们主导,但是更多的环境学家、货币银行学家、管理工程学家、心理学家和政府官员也从各自的角度参与到这个研究中来,从而使政府工具的研究从一开始就不只局限于公共行政学。这种多学科的背景增强了工具途径的说服力和解释力,也容易得到政府事务部门的青睐。由工具研究发展而来的"工具箱"研究在发达国家政府管理实践中被广泛认可,并得到使用,这大大增强了政府工具研究的影响力。因而在当代公共行政和公共政策中,成为一个异军突起的重要主题领域。

如果将1964年荷兰经济学家科臣的研究作为政府工具研究发端的话,那么纵观这四十多年的研究,我们可以发现,政府工具的研究遵循了如下的脉络:

1. 识别和分类

政府工具本身是一个抽象的概念,是学者们有感于纷繁复杂的公共生活,希望能从政府日常实践中提炼出几种达成目标常用的手段和方法而提出的概念,因而对政府过程的解构进而按照特定的标准识别政府工具,就成为工具研究的首要任务。例如,科臣早在20世纪60年代就识别出64种常用工具,后来的达尔、林德布罗姆等学者在工具的识别上也做出了贡献。在工具识别的基础上,学者们尝试着对已经识别出的工具进行分类。因为工具的分类反映了对政府过程

---

① Van Nispen, et al., *On Instrument and Instrumentalily: A Critical Assessment in Public Policy Instrument*, UK:Edward Elgar, 1998, p.205.

② Y. Dror, *Design for Policy Science*, New York, 1971, p.72.

不同角度的看法,因而不同的标准往往以不同的方法论为依托。在西方的政府工具研究中,一种分类视角几乎就是一种工具研究模型,因此对工具的分类成为研究政府工具需要首先厘清的问题。

2. 分析工具特性及其适用情境

在识别和分类的基础上,学者们往往关注不同种类工具的特性,如经济性、强制性高低、回应性强弱,公民参与程度大小等等,以此作为对不同工具适用情境研究的基础。英国学者胡德就指出,理解政府工具与环境之间的关系非常重要,我们应该研究的是在什么样的情境下特定工具的表现优劣。[1] 在纯理论的基础上,一些学者试图以不同标准设置公共行政情境,而对不同特性工具在这些情景下的适用性进行研究。

3. 工具选择及其绩效研究

政府工具的研究最终是为了指导实践,因此很多学者在工具选择理论上投入大量的精力,他们希望在理想情境下科学合理地选择工具能够带来预期的高绩效。学者伍德赛德总结,20世纪90年代以后,西方关于政府工具的文献主要集中于工具选择的研究。当通过实证研究总结出不同工具的大致绩效表现后,政府工具的研究又回到对政府过程的分析,知识的积累又开始一个循环。[2]

在政府工具的研究中,有几个探讨较多的主题领域,如工具识别、工具分类和工具适用等。而且在这些领域中也产生了很多研究成果。但是纵观学界,尤其是西方学界对政府工具的探讨,基本上最后都服务于对工具选择的研究以及对工具绩效的评价,这也正是政府工具研究与实践结合最紧密的地方。研究成果能够直接服务于公共行政和公共政策实践。

二、政府工具的分析框架

萨拉蒙等人主编的《政府工具——新治理指南》提出了一个比较完整的政府工具研究的分析框架。该书的第一章导言部分勾勒了一个系统的、全新的、较

---

[1] Christopher C. Hood, *The Tools of Government*, The Macmillan Press Ltd. 1983, p.137.
[2] K. Woodside, "The Accepfability and Visibility of Policy Insfruments", in *Public Poliay Insfrument*, Chelfenham, UK: Edward Elgar, 1988: pp.162-168.

为完善的政府工具分析框架,此后对每一个具体工具的分析都是在这个理论分析框架内进行。因此,第一章对于读者了解萨拉蒙工具理论的核心内容具有指导作用。萨拉蒙在其理论框架下对每一种政府工具的分析主要包括三个方面:第一,工具理论。即关于不同工具的运行特性以及工具的提供系统和提供方式的理论。第二,选择理论。即关于如何针对公共行动的目标及政治环境来选择与之相适应的工具的理论。第三,运行理论,即关于如何最有效地运用新的工具来达到目标的理论。

全书从这三个角度对工具的分析,具体地说主要包括以下内容:第一,工具的本质特征和主要的选择特征,以及应用该工具所产生的结果变量;第二,工具运用的范围和模式,包括近几年来在美国和其他国家对该工具的运用趋势;第三,工具的运行机制,即运用该工具所必须具备的机制条件,包括政府官员应扮演怎么样的角色等;第四,工具选择的动因分析,包括工具所适合的应用环境以及选择工具时可能考虑的政治因素;第五,工具运用中所产生的管理挑战以及如何解决;第六,面对多样化的目标,对工具优点和缺点的全面分析。

(一) 政府工具的特性

莱斯特·M.萨拉蒙指出:"政府治理工具,又称公共行动的工具(a tool of public action),它是一种明确的方法,通过这种方法集体行动得以组织,公共问题得以解决。"[1]根据这一定义,萨拉蒙将政府工具的特性概括为以下内容[2]:

首先,每一种工具应该具有一些共同属性,这些属性使得这些工具得以识别。这并不是说所有的工具都具有共同的特征,除了一些共同特征外,每一种具体工具都有其设计上的特征,使之与其他工具区分。

其次,工具行动。即每一种工具规定的行动中各要素的关系并不是随意或临时的,而是一种制度化的行动模式。因此,在某种意义上,"新制度学派"将工具强调为"制度"(如他们在个人或组织间有固定的相互作用方式)。这些工具规定谁有权操作公共项目,其角色是什么,以及与他人关系如何。因此,在目前

---

[1] Lester M. Salamon, and Odus V. Elliot, *Tools of Government: A Guide to the New Governance*, Oxford University Press, 2002, p.19.

[2] Ibid, pp.19-20.

执行环节成为政策关键之时,他们规定了一组有效的公共行动权利与义务。

最后,这种结构化的行动是一种"集体行动",它的目的是解决公共问题。这不同于以往认为政府工具只是政府行动的说法,其他实体(如私人机构和非营利组织)同样可以参与到行动中,成为公共行动工具结构中的一部分。

由此,政府工具包括以下几个方面的内容:(1)一种类型的物品或服务,例如为公众提供信息服务,为公众提供现金或贷款;(2)一种提供物品或服务的工具,例如通过凭单制、税收系统、司法系统;(3)一种提供物品或服务部门,例如政府部门、非政府组织、地方政府,或者赢利部门;(4)一套规则,这些规则既包括正式的或者非正式的,它主要是界定各提供者之间关系。①

萨拉蒙在《政府工具—新治理指南》一书中,在对政府常用的治理工具进行了详细的分类的基础上,又根据工具所包含的内容对每一项工具的特征进行了进一步的说明(如表8-1所示)。②

表8-1 公共行动的工具的特征

政府工具	物品/行为	工具	供给系统
直接行政	物品或服务	直接提供	政府当局
社会管制	禁止	规则	政府当局或管制者
经济管制	公平价格	进入和比率控制	管制委员会
合同	物品或服务	契约和现金给付	商业和非营利组织
拨款	物品或服务	付款和现金给付	下级政府和非营利组织
直接付款	现金	贷款	政府当局
贷款保证	现金	贷款	商业银行
保险	保障	保险政策	政府当局
税式支出	现金和激励	税收	税收系统
费用,用者付费	商业罚款	税收	税收系统
债务法	社会保护	侵权法	法院系统
政府公司	物品或服务	直接提供或贷款	准公共机关
凭单制	物品或服务	消费补贴	政府当局或消费者

---

① Lester M. Salamon, and Odus V. Elliot, Tools of Government: A Guide to the New Governance, Oxford University Press, 2002, pp.20-21.

② Ibid., p.21.

萨拉蒙认为政府工具具有多方面的维度,因此,对工具的分类应分为两个步骤:第一步,根据基本的描述性的特征来定义不同的工具(即如表8-1中的三个基本的特征);第二步,根据各种维度来区分工具,在这个基础上,工具能被归类从而进行分析(即以下我们要讲的工具的分析标准和关键维度)。通过这些维度,工具之间可以进行比较,有些工具可能在一些维度上相似而在其他维度上又各异,不同的维度可以反映出工具的不同层面。萨拉蒙在第二步所归纳出来的政府工具的分析标准和关键维度,为工具领域的研究开拓了新的视野(可以说,在萨拉蒙的工具理论中,对工具属性和特点进行分析的两大维度体系可以说是其理论框架的基础和核心。这两大维度体系即政府工具的评估标准和工具选择的关键维度)。

(二)政府工具的评估标准

对于政府选择工具的过程,首先是一个评价各种政府工具的过程,这就需要一系列共同的标准来对政府工具进行评估。在以往的政策分析领域,较为普遍的评估工具的标准主要是有效性、效率和公平这三个方面,而萨拉蒙将评价政府工具的标准归纳为五个方面:有效性、效率、公平性、可管理性、合法性和政治可行性。[①]

1. 有效性

有效性或效能是判断政府公共行动是否成功最为重要的标准,也就是我们经常说的社会效益。有效性表明一项公共行动达到了目的,虽然成本也将成为考虑的一项重要标准,但是有效性常常可以独立于成本,如果一项公共行动没有达到预定的目的,即使所付成本很少,这项公共行动也没有任何意义。按照这项标准,最好的政府工具就是能够解决公共问题,达到其预定目标的工具。

但是,判断政府工具是否有效,有时很难判断。一方面由于很多项目本身的目的性就非常模糊,我们无法通过具体指标来评价某项公共行动是否成功或失败。另一方面不同的工具适应不同的环境,不同工具有不同的制度基础,我们不

[①] Lester M. Salamon, and Odus V. Elliot, *Tools of Government: A Guide to the New Governance*, Oxford University Press, 2002, pp.22-24.

能简单的断定某一工具有效或无效。

2. 效率

有效性关注的是结果,而效率关注的是结果和成本的比率,最有效的政府工具不一定就是最有效率的工具。根据效率标准,最好的政府工具是能在收益和成本之间取得最佳平衡的工具。而政府工具的成本不仅仅包括政府的直接成本,即政府运用工具完成公共行动的成本,还包括其行动对象为接受公共服务或管制所需要付出的代价。

3. 公平性

这里,公平性包含两层不同的含义:

首先是基本的公平,即在所有的主体间,收益和成本的分配或多或少要达到均匀,也就是我们通常所说的"多劳多得,少劳少得"。一种工具能够促进项目的收益在各个地区间的均匀分配,从基本"公平"的意义上来说,这样的工具可以被认为是公平的。

其次是再分配,即引导收益不均衡地分配给那些最需要的人们。根据这个观点,政府存在的一部分就是修正已形成的不公平。政府的研究者由此对分配项目和再分配项目进行了区分。分配项目实质上是在不同层次的接受者中进行公平的收益分配;而再分配项目针对弱势群体进行利益的倾斜分配。按照这一标准,最好的政府治理工具是那些能够满足公平要求的工具,如社会保险等。

4. 可管理性

最近的研究表明,在项目执行过程中管理问题逐渐变得越来越重要。工具越是复杂,所涉及的参与者越多,管理的难度就越大。虽然有些工具在理论上向我们许诺会带来更大的利益,但是实际上往往却会因为管理方面的原因而失效。正是基于这个原因,有学者甚至把可管理性作为项目设计的第一标准。如果按照这一标准,那么最好的政府治理工具是那些最简单和最直接的操作工具。

5. 合法性和政治可行性

工具的选择还会受到政治可行性和公共行动的合法性的影响。例如,在选择工具时,首先要决定执行计划中涉及哪些行动者和利益。因此,有哪些是最支持或者最反对计划的。很明显,一些政府工具即使效率再高,效果也很好,但是如果没有政治的支持,那么这项工具也是不可能被采用。

除此之外,公民对一项公共行动合法性的认同程度也影响着政府工具的选择。比如,有些工具在公共权威或者公共资金的分配利用上比较能够促进行动者的责任感,而在一个民主社会里,这种责任感被赋予了较高的价值。因此,工具的选择在一定程度上能够反映人们看待他们付出的税收和他们得到的服务两者之间关系的程度。按照这一标准,则最好的政府工具是最具有政治合法性的治理工具。

(三)工具选择的关键维度

萨拉蒙的分析框架除了从评估标准这个单一维度对政府工具进行特质分析外,还建立了一个多维度的分析框架,即从几种主要的价值判断的角度,对政府工具进行多视角的分析,从而能更好地认识各种政府工具的利弊得失。由此,萨拉蒙又提出了强制性程度、直接性程度、自治性程度和可见性程度这四个分析维度。①

1. 强制性程度

强制性程度可以说是与一项政府工具体现出来的公共行动有关的最明显也是最常见的一个衡量尺度。强制性程度主要是判断政府工具限制个人和集团行为的程度。如果一项政府治理工具的强制性越强,那么个人和集团的自由活动空间就越少。经济学家认为强制性程度是一个重要标准是因为它实质上反映了一个工具在多大程度上影响了对市场机制依赖的偏离,而这种偏离通常被经济学家认为是不适当的。政治学家经常从政治体制特别是民主的角度谈论政府工具的强制性,认为政府的强制性越强,个人自由空间越少,个人自由越有可能受到侵犯。

虽然每一种政府工具在某种程度上都有一定的强制性,但是每一种政府工具在强制程度上还是有很大差异。

强制性较为适中的是通过各种方式给予个体或团体以补贴或津贴,个体可以自由支配。而在其中,强制性最低的是凭单制,它直接给予补贴,让受补贴者

---

① Lester M. Salamon, *The Tools of Government: A Guide to the New Governance*, pp.25-37.

自己选择是否去接受政府提供的补贴;稍具有强制性的是保险、政府公司、补助金、贷款保证、直接贷款和合同,这些工具在政府提供补助后都需要一定的反馈;而其中最具有强制性的是标准要求和矫正税,这些工具对于那些违反的人施加了一种潜在的压力。然而这些收费又具有一定的自愿性,因为人们仍然可以从事(或继续重复)被惩罚的行为,只要其承担罚款或者税收即可。这些强制程度较为适中的工具会产生很高的效率,因此新公共管理的很多措施,如"契约外包""让管理着管理"都属于这一类。但这种治理工具在有效性、公平性和政治合法性方面一般。

社会和经济管制的强制性较强,无论社会管制还是经济管制都是限制那些不是政府所期望的行为发生。政府治理工具的强制性越强,有效性越高,这样越容易实现再分配,因此公平性越强。但是由于政府要同时面临无数个体,因为会给政府管理造成很大困难。同样政府的治理工具成本也会越高,适应性环境的能力很差。

2. 直接性

直接性(Directness)反映的是在一个集体行动中,为共同实现目标而加入的行动实体的复杂程度。它包括两个重要方面:首先,解决一个公共问题,实际上是由一系列单独的行动所组成;其次,这些不同的行动并不一定需要由一个组织实体来进行。比如,对于一个公共服务的融资和其他服务供给就可能分为两个单独部分,而每一部分都可以用公共的或者私人的形式来提供。这样就产生了四种可能的公共服务提供模式。

提供者既包括政府又包括私人,政府不仅有中央政府,而且有地方政府;私人不仅包括营利部门,而且包括非营利部门。融资方式既可以通过政府来融资,私人来提供和生产,也可以私人融资,政府付费。按照这两个标准,我们可以将公共服务的提供方式分为四类:公有公管(如国防等);公有私营(例如承包、租赁);公营私有(例如政府向公民提供的收费物品);私有私营(例如保安服务)。

同样,根据政府是否直接提供服务,将政府工具分为直接提供程度较高的工具、适中的工具、间接性较高的工具。

可见,政府工具越是间接性的,其获得政治支持的程度越高,自治性越高,效率也会越高,这表明政府间接行政有很多优势,例如,间接的治理工具可以让公民有更多的选择权,在公共服务提供者之间创造更多的竞争;间接行政让管理者有更多的自主权从而能够处理各种复杂的事情,最后间接行政有较大弹性,政府易于控制,因此其政治支持也较高。不过其公平性和有效性会较差,同时由于涉及主体较多,不容易管理,这是很多政治家更愿意采取直接行政的原因。①

政府的直接行政在有效性,公平性和管理性方面占有优势,而在效率性和适应性方面则较差,这也是现在政府遭受抨击最多的地方。

3. 自治性

第三个衡量政府工具的尺度是自治性,即这种政府工具是利用已有的政府机构为公共提供服务,还是创建自己的机构为公民提供服务。越需要依靠政府机构来运行的政府工具,其自治性程度就越低。

例如,政府的工具利用市场来提供公共服务,则表明政府的这种工具是高度自治。除市场之外,其他机制还包括税收系统、私人信用机制、法院系统,再扩大一些,包括地方政府和私人的非营利组织的网状系统。让这些现存机制介入公共行动是一个可行的、重要的选择,政府与其不得不建立一个独立的管理机构还不如利用这些现存机构。因此,在工具的自治程度和直接程度之间有一些重合。然而,并不是所有的自治性工具都是间接性的,同时也并不是所有间接性工具都是自治性的。如税收支出是自治性,但它并不完全是间接性的;合同是间接性的但它远远不是完全自治性的。

综上所述,政府治理工具自治性程度较高是那些利用非政府组织提供公共服务的工具,例如侵权责任、税式支出、矫正税、合同等,这些政府治理工具效率性较高,适应性较高。但是公平性和有效性都较差。相反,那些自治性程度较低的治理工具,则在公平性和有效性方面较高,而在效率、适应性方面较差。

4. 可见性

第四个重要的工具维度是工具的可见性,它描述的工具所需要的资源能否进入一般的政策辩论过程,特别是能否在预算过程中反映。那些可见性较强的政府治理工具往往是那些成本和收益比较清晰的工具,例如政府公司。那些可见性较弱的治理工具则是像管制这类政府治理工具,其成本与收益不容易计算。

---

① Lester Lester M. Salamon, *The Tools of Government: A Guide to the New Governance*, p. 31.

工具的可见性对他们服务于公平目标的程度有重要的意义,因为在政治领域合法性是与公平目标紧密联系在一起的。因此,一个项目使用越多的可见性的工具,它就越接近服务于再分配的目标。相反,越多的特殊利益集团,如油田主或大投资者,谋求自身的利益,那么就会越倾向于使用不可见性工具。

(四)政府工具理论建构的意义评价

20世纪80年代在西方各国掀起的"新公共管理"和"政府再造"运动,其所提倡的改革理念和改革措施给传统政府的管理理念和管理模式带来了深刻的变化,因此,"新公共管理"和"政府再造"运动通常被认为是对传统政府基本理论和运作框架的结构和重建。然而,从某种意义上来说,这场运动并没有动摇传统政府产生和存在的基础及政府作为一个特定组织的价值取向,且运动也没有打破原有政府职能的理论框架。因此,"新公共管理"运动给传统政府管理带来的深刻变化实质上更多的是政府工具的变革,是在原有职能的基本框架内,通过引入类市场机制和市场手段,来使政府更好地实现这些职能。因此,政府工具的理论分析途径,通过对政府工具的理性的、直接的、技术性的分析,为政府行为的研究提供了一个全新的、强有力的方法和视野,具有很强的实践运用意义。

萨拉蒙构建的工具理论研究框架,不仅从各个维度全面地研究了政府工具的属性与特点,而且运用大量各个国家的实践事例来分析工具运用中的运行机制及其所产生的问题,以及面对多样化的目标,工具的优缺点等,一方面从工具角度更好地分析了政府运作的新治理模式,也为新模式下政府的实际运作提供了可资借鉴的"工具箱";另一方面为工具的理论研究提供了一个更为系统和完整的研究框架,把政府工具的理论研究又向前推进了一步。

在当前我国,加强对政府工具的研究,具有重要的理论和实践意义。随着市场经济的不断成熟和加入WTO,行政体制改革的深化以及政府职能的转变,政府治理模式以及行政管理的方式、方法和手段亟待创新。20世纪90年代以来,随着市场化进程的加速,我国公共管理尤其是政府管理的某些部门、领域、方面已尝试引入市场竞争机制,如政府采购制度,公共工程的招标投标,土地的有偿使用等;同时,目标管理、绩效评价、全面质量管理、合同聘任制等一类的工商管理技术以及社区治理、志愿者服务、公众参与以及听证会一类的社会化手段也逐步在公共部门的管理中推行。新的政府工具的引入正不断体现在我国的政府变革中,而目前国内学者缺乏对政府工具尤其是市场化工具、工商管理技术和社会化手段进行深入的理论研究和实证分析,不能为公共管理方式的创新提供理论基础以及提供行之有效的工具。因此,加强对政府工具的研究,概括、总结和提炼一系列在国内外公共管理中被证明是行之有效的政府工具尤其是市场化工具、工商管理技术和社会化手段,对促进我国政府管理方式以及管理方法、技术与手段的创新,推动我国行政体制改革和政府职能转变,提高政府管理的绩效及效率具有重要的现实意义。① 从这个意义上而言,萨拉蒙的政府工具理论对我国政府工具理论的研究与实践都具有重要的借鉴作用。

第三节 政府工具体系

政府工具体系主要包括市场化工具、工商管理技术和社会化手段等类型。

一、市场化工具

1. 民营化

广义而言,民营化可以界定为更多依靠民间机构,更少依赖政府来满足公众的需求。② 它往往指所有权的转移,将"原先由政府控制或拥有的职能交由企业私方承包或出售给私方"③,通过市场的作用,依靠市场的力量来提高生产力搞活国有企业。其中最典型的做法是国有公司一半以上的股票出售给私人或全部直截了当地出售。民营化的实质就是通过市场机制合理配置资源,使资源能够流向使用效率更高的部门。民营化并非为了弥补政府的预算缺口,而是要实现对公共部门资源的再分配。

民营化可以通过多种途径来完成:(1)把政府机构利用它的雇员直接提供的职能以合同的方式承包出去;(2)出卖政府资产和垄断权,把国有企业转让给

---

① 陈振明:《政府工具研究与政府管理方式改进》,《中国行政管理》2004年第6期,第43页。
② E. S. Savas, *Privatization, The Key to Better Govenrnent*, Chatham, NJ: Chatham House, 1987.
③ 〔美〕斯蒂夫·H.汉克:《私有化与发展》,北京:中国社会科学出版社1989年版,第1页。

私人部门和企业,例如电信系统;(3)在某一公共问题上,政府和私人部门共同合作,并明确各自的角色;(4)鼓励某些特定的私人部门行为,一个例子就是纽约市通过税收减免计划来改善城市的居住条件,通过免除资产税(地产税),市政府鼓励私人部门房东和承包商承担起发展和维护低收入群体的居住条件。

作为一种政府工具,民营化的优点是:可以促进管理者降低成本,提高质量;民营化是一种新的管理形式和技术,同时也是获得资金的新来源;通过减少政府的直接行为,公共管理者可以专注于政策制定。但是,民营化的弊端也是显而易见的:政府丧失对实施公共政策的公共物品和服务提供的直接控制;由于民营化,政府在经济发展方面的功能和角色有所消退;对私人部门管理的控制不容易做到等。

2. 用者付费

"用者付费"是指政府对某种物品、服务或行为确定"价格",由使用者或行为者支付这种费用,其主要目的是想通过付费把价格机制引入公共服务。"用者付费"经常被用于控制负的外部性,特别是控制污染的领域,它也被用于城市交通控制。

例如,我国将对排污费的征收、管理、使用范围等进行改革。改革后,排污费将作为对环境造成的损害的补偿费用,逐渐提高征收标准,最终使之高于污染治理的成本,促使排污者治理污染。英国、美国等国在很多服务领域(除了一些如教育、卫生和社会服务领域之外)都采取"用者付费"制。

作为政府工具,"用者付费"是一种灵活的工具,它的主要优点是:第一,它能够克服免费提供公共服务所导致的对资源的不合理配置和浪费;第二,可避免无偿公共服务可能导致的无目的的补贴和资助,减少对社会公平造成的损害;第三,通过"用者付费",价格可以真正起到信号灯的作用,从而使市场机制在公共服务领域得以良好运用;第四,客观上,通过"用者付费"也可以增加政府的财政收入,缓和政府的财政危机。其主要缺点是:收费水平难以准确确定;在得到一种最优化的收费标准的过程中,资源有可能误置;不能作为处理危机的工具;管理成本高且繁杂。

3. 管制与放松管制

根据里根(M. Reagan)的说法:管制是一种活动过程,在这种活动过程中,政府对个人和机构提出要求或规定某些活动,并经历一种持续的行政管理过程(一般是通过特别指定的管理机构来完成这项工作)。管制是由政府做出的,它们必须为目标团体及个人所遵守、服从,不遵守或不服从将受到惩罚。

大部分管制是通过行政法规来进行(有时管制实际上就是一般的法律),并由政府部门或特别的机构(如美国的独立管制委员会)来管理。管制采取了不同的形式,如规章、标准、许可、禁止、法律秩序和执行程序等等。政府管制遍及于社会生活的许多领域,尤其是物品和服务的价格和标准等方面。

放松管制,就是在市场机制可以发挥作用的行业完全或部分取消对价格和市场进入的管制,使企业在制定价格和选择产品上有更多的自主权。其基本的观念是:"政府无效率的主要原因是对管理层进行干预控制的内部管制的数量太多……基本的假设是,如果公共组织能够清除戒律,它就能更加具有灵活性和效率。"①它与管制一样,是"一种政府与其公民之间特殊的关系"。具体做法包括:(1)放松对定价权管制,放宽或取消最低限价和最高限价;(2)逐步减少价格管制所涵盖的产品的范围;(3)放宽或取消进入市场的规制等。

放松管制在北美的行政改革中比较盛行。放松管制包括放松市场管制、社会管制和行业管制等,其重点是放松市场管制。它在20世纪70年代成为经济理论的热门话题,80年代形成高峰并扩展到各个领域。但放松管制并不是不要政府的干预,只是要减少政府不必要的干预与控制。

管制所需的信息较少,较容易实施和管理,成本较低,效果具有直接性,更适应于作为处理危机的工具。但是管制扭曲自愿性和私人活动,可能导致经济上的无效率,不利于革新和技术进步,过于刻板而缺乏灵活性等。放松管制可以使服务多样化,通过削减行政费用来减轻国民负担,并且在宏观上由于减低收费水平和使服务多样化扩大了需求和投资,从而使经济增长率得到提高。② 但是不易操作,会遭到既得利益集团的反对。

4. 合同外包

合同外包也称合同出租、竞争招标,指的是政府确定某种公共服务项目的数

---

① 〔美〕彼德斯:《欧洲的行政现代化:一种北美视角的分析》,《国外行政改革评述》,北京:国家行政学院出版社1996年版,第70页。
② 〔日〕植草益:《微观规制经济学》,北京:中国发展出版社1992年版,第184页。

量和质量标准,对外承包给私营企业或非营利机构,中标的承包商按照与政府签订的合同提供公共服务,政府用财政拨款购买承包商的公共产品和劳务。它的做出以合同双方当事人协商一致为前提,变过去单方面的强制行为为一种双方合意的行为。政府与其他组织一样都以平等主体的身份进入市场。政府的职责是确定需要什么,然后依照所签订的合同监督绩效,而不是靠强迫。

政府可以通过与营利性民间组织签订关于物品和服务的承包合同的形式来实现某一活动。在合同承包形式中,政府的理想角色是:(1)评估公共物品和服务的需求状况;(2)向私营部门购买物品和服务来提供给公众;(3)检测和评估所购买的物品和服务。

合同外包制非常普遍。在英国,竞争性合同外包(招标)是对某些地方政府服务的强制性要求。在美国,地方政府的 200 多项服务由合同承包商提供。不论哪个政党上台执政,合同外包方式在州和地方政府都急剧增长。[①] 政府和私人组织签订直接面向公众的"产出"服务合同,如垃圾收集、救护车服务、路灯维修、马路维修和多样化的社会服务,其中大多数社会服务是由非营利组织提供的。政府也可以通过签订合同来获取多种多样的"投入"(input)服务,即面向政府部门的辅助服务,如人员监护、秘书和书记工作、计算中心管理、内部车辆维修、培训等等。

公共服务合同外包的一种特殊形式是:政府保留设施和资产的所有权,让私人企业去经营。供水系统、废水处理厂、资源回收工厂、垃圾填埋场、医院和会议中心等都可以采取这种形式,以求达到更高的效率。这和租赁有所不同,因为私营企业不能将所租用的资产用于自己的其他业务,而只是代表政府从事经营并从政府获取相应的报酬。

合同外包的有效实施需要一些具体条件:(1)工作任务要清楚界定;(2)存在潜在的竞争,能够创造竞争气氛;(3)政府能够监测承包商的工作绩效;(4)承包的条件和具体要求在合同文本中明确规定并确保落实。

合同外包被视为既提高服务水平又缩小政府规模的重要途径,是降低成本、节约开支的有效手段。作为一种政策工具,合同外包可以利用竞争力量给无效

---

① E. S. Savas, *Privatization, the Key to Better Government*, Chatham, NJ: Chatham House, 1987, p.19.

率的生产者施加压力,提高生产率;能够摆脱政治因素的不当干预和影响,提高管理水平;可以把通常模糊不清的政府服务成本以承包价格的形式明确化,有助于强化管理。但是,承包权的授予上可能存在腐败和寻租行为;可能形成对承包商的依赖,承包企业雇员罢工、怠工和企业破产会使公众利益受到损害。

5. 分权与权力下放

实行分权与权力下放的主要目的是要通过公共组织政治和执行的分离来赋予执行者更大的自主权,使被授予权力的下级组织成为独立的单位,能够自己控制自己的预算,自由地与其他组织进行竞争,而政治家只是确立目标并对绩效进行有效控制。分权与权力下放既涉及中央—地方关系,又涉及中央政府部门内部上下级关系。后一方面最典型的是英国的"下一步行动方案"(The Next Steps)和新西兰的公司化改革。

分权往往体现了决策与执行分离,它超越了层级节制的传统集权模式,实行参与管理,分散部门权力,组织结构扁平化,层级简化,致力于公共人力资源的开发和培训,使之有能力开展创造性的工作,实现了上下级关系由直接隶属到契约关系的转变和上级对下级的控制由着眼于工作流程到着眼于工作效果的转变。

分权的一种方式是通过财政分权来实现。这种方式在英国得到广泛的应用,英国财政部于1982年公布的财政管理新方案,主要特征就是采用财政分权的方式。① 分权的另一种方式是通过建立内部代理机构来实现。这些代理机构享有更大的自主权,在决策和执行上更为灵活。与财政分权相比,这种形式下等级官僚组织链条被打破得更彻底。

作为一种政府工具,分权与权力下放给下级组织和人员以自主权,有利其积极性和创造力,可以在政治和执行两者之间达到制衡。但是,在市场经济转型中,不能一味追求分权,分权与权力下放是有底线的,超过这个底线分权就会变成分裂,分权不当会导致权力分散,造成新的集权从而造成腐败,分权还必须考虑下层组织的承受能力。

6. 内部市场

它的最大特点是将提供公共物品和服务的政府部门人为地划分为生产者和

---

① 周志忍:《英国行政改革与西方行政管理新趋势》,《北京大学学报》1994年第5期,第52页。

购买者两方,这样在政府组织内部就产生了"生产者"和"消费者"两个角色。一个政府可以雇佣或付费给其他政府以提供公共服务。小的社区可以从一些专门化的政府单位购买图书馆、娱乐设施或消防服务,这些单位由该地区的政府部门共同组织并向政府部门提供服务。公共服务提供的内部市场方式相当普遍,在社会服务提供中的运用最为普遍。①

内部市场在英国行政改革中得到广泛应用,并成为英国行政改革的一大特点。例如,从 1992 年开始,英国政府把原来给医院的大部分款项拨给家庭医生。医院的手术和住院服务明码标价,形成医疗服务的内部市场。家庭医生与病人协商选择医院,然后从自己的预算中向医院交付手术费和住院费。在不影响公民免费医疗权利的前提下,这一改革不仅彻底改变了医院效率越高越容易亏损的局面,而且迫使各医院提高质量,降低价格,为吸引更多的"顾客"而开展激烈的竞争。

内部市场的实现需要具备三个要素:(1)要明确划分生产者和消费者;(2)内部市场的主体在内部签订准合同和商业契约,并在此基础上运作;(3)要求一定的付费制度和会计制度作为保障。

内部市场是公共管理改革的一个新思想,很有创新性。但是,运作起来需要许多条件来支持,需要政府形成一种契约意识和平等的竞争环境,高素质的管理人员和完备的信息管理系统。

7. 产权交易

财产权利指的是"一系列用来确定每个人相对于稀缺资源使用时的地位和经济社会关系"②,它由使用权、收益权、决策权和让渡权等组成。产权交易基于这样的假定:市场通常是最有效的配置工具,政府通过产权拍卖,在没有市场的公共物品和服务领域建立起市场。政府通过一定数量的为消费者指定的资源和可转移的产权而建立起市场,这可以创造人为的稀缺,并让价格机制起作用。

这样工具使用的一个典型例子是污染防治。许多国家采用了这种工具来控制有害污染物的排放。基本思路是:政府确定可以进入市场的污染物的量,并定

---

① Miranda R. and Anderson K., *Alternative Service Delivery in Local Government*(1982-1992), In Municipal Year Book(1994), Washington, D. C.: International City Management Association, 1994, pp.26-35.

② 卢现祥:《西方新制度经济学》,北京:中国发展出版社 1996 年版,第 174 页。

期拍卖可利用的释放数量的产权。我国已开始了这方面的实验(太原市的控制二氧化硫排放量就采取了这种办法)。另一个典型的例子是控制城市道路机动车数量尤其是出租车拍照的拍卖。

产权交易的最大优点是它创造了市场,将竞争机制引入公共物品和服务的提供,并且它是一种具有灵活性的工具。其最大的缺点是鼓励投机行为甚至产生欺诈行为,同时,它也是一种不公平的工具。

当然,各国在公共管理中应用的市场化工具远不仅此,凡是在某一方面具有明显市场特征(如价格、利润、私有产权、金钱诱因、自由化等)的方式、方法和手段,都是市场机制的反映,都可以视为市场化工具。

二、工商管理技术

1. 战略管理技术

战略管理最初源于军队的"决策过程"(decision-making processes),在这个过程中,内容主要包含着为了任一最后结果而作的大量准备工作。战略管理的核心是广泛的参与。

战略分析(strategic analysis)、战略选择(strategic choice)和战略执行(strategic implementation)三部分构成战略管理的核心框架。这三者之间的相互作用形成战略。其中,"分析部分"解决政策的定位问题,某一项政策所要解决的问题是什么,它面临什么样的外部环境。"战略选择"对可能的行动进行评估并形成选择方案。"战略执行"将战略推向实施。①

公共部门的战略管理,是一个使组织和领导者能够通过资源分配和工作分工来达到组织目标的过程。布赖森(John Bryson)等人所下的定义是:"设计一系列的程序和工具来帮助领导者和管理者明白,他们的组织应该如何做才能生存和发展。"②大多数的学者赞同这一观点,但他们同时也认为,战略管理最大的价值在于它能使组织的使命(mission)、目标(goals)和方法(means)连接起来,并利

---

① 王革非:《战略管理方法》,北京:经济管理出版社2002年版,第8页。
② J. M. Bryson, and W. D. Reering, "Strategic Planning: Options For the Public Sector," In J. L. Perry (ed.), *Handbook of Public Administration*, San Francisco: Jossy-Bass Publishers, 1996, p.479.

用可获取的资源来实现目标。

作为一种政府工具,战略管理提供了一种全面、综合的组织观念,可以实现重心从即时的工作任务向组织整体目标、产出和影响的转变,更好地实现对组织资源和目标的控制。但是,它需要花费大量的管理性时间和分析性资源,同时战略管理不仅要让人明白组织要做什么,还要说明组织不做什么,对于公共部门来说,这可能产生政治上的困境,因为它可能激起反对派和利益团体的反对。

2. 绩效管理技术

绩效管理是指为了达成组织的目标,通过持续开放的沟通过程,形成组织目标所预期的利益和产出,并推动团队和个人做出有利于目标达成的行为。① 绩效管理是一个完整的过程,绩效管理的过程通常被看做一个循环。这个循环的周期通常分为四个步骤,即绩效计划、绩效实施与管理、绩效评估、绩效反馈面谈等。

所谓政府绩效管理,就是通常说的"政绩考察"和"政绩评估",即"看政绩用干部"的管理制度。上级领导部门通过对下属机关的业绩考核,确定和判断该部门的工作优劣情况,并以此作为从该部门选拔人才的基础。

绩效管理的目的并不是纯粹为了进行对个人绩效的评估而设计的,它更深层的目的是为了有效推进个人的行为表现,引导组织全体人员从个人开始,以至个别部门或事业部,共同朝着组织整体战略目标迈进。其优点是:它与每个人的切身利益密切相关,可以充分激发个人积极性和主动性,尤其是地方政府,其管理事务多是比较具体、可量化的工作,故而绩效管理的成效更是立竿见影。不足之处在于:绩效指标的量化比较难,其可行性也是有待检验的,绩效的基本资料来源是否可靠也会在很大程度影响管理的成效。

3. 顾客导向技术

公共部门管理以顾客满意为导向最初是从企业管理中借鉴过来的,其基本取向是:(1)以顾客为中心,即从顾客的角度出发开展活动和提供服务;(2)以追求顾客满意为基本精神;(3)以社会和顾客的期待为理想目标。这些基本取向被发达国家引入到政府公共部门的管理中。

---

① 武欣:《绩效管理实务手册》,北京:机械工业出版社2001年版,第13页。

"新公共行政学"的代表人物弗雷德里克森认为,在组织形态的设计上,要坚持顾客导向,即将公众——公共行政服务对象的需求作为组织存在和发展的前提。以奥斯本为代表的企业家政府理论强调,引入竞争机制,树立顾客意识,制定顾客驱使政府的制度,使政府自觉地为顾客服务。

在当代,政府活动已不是简单的公共物品和服务的提供,而是必须及时了解公众需求并设法满足,即从"供应顾客"到"创造顾客"的转变。所以,顾客导向的政府无论是进行公共物品和服务的创新,还是制度创新和管理创新,都必须立足于顾客。

相对于政府而言的顾客,一是指公共物品和服务的最终使用者;二是指相对意义上的顾客,即公共物品和服务供给过程中的参与者。顾客导向的技术是"倒金字塔式"的方式,政府关注的是顾客即公众的需要,提供"回应性"服务。政府的一切职能、行为和改革等都要围绕顾客来展开,以顾客满意作为政府机构的考察量度。

作为一种政府工具,顾客导向技术要求公共机构像管理其他资源那样对顾客进行管理,做到顾客至上,民众优先,了解顾客,针对顾客的需求生产和提供公共物品和服务,以顾客价值作为政策的基点,注重与顾客互动、沟通,依据收集到的顾客相关信息改善行政机关的产品和服务,为顾客创造利益和价值。

4. 目标管理技术

政府中的目标管理就是通过预先设计的政府工作目标,激励和引导政府部门和公务人员的管理行为,并对这种行为实施控制,最终实现政府工作目标的管理方式。通过目标管理,把发展和改革的总体目标,转化为政府工作目标,协调发展,突出政府工作重点。

作为一种政策工具,目标管理在公共部门中的应用,要求按照统一、效能的原则,将竞争机制引入公共管理活动,落实公共管理系统工作责任制,促进公共部门转变作风,克服官僚主义,提高工作效率,按照职能和目标逐步理顺公共部门的权限和职责,把各部门、各单位的思想和行动统一到实现预定目标上来。通过目标管理的导向和协同作用,加强政府工作的横向联系,减少内耗,以获取更好的整体功能和管理绩效。

目标管理的优点是:可以调动每一个雇员的积极性,提高公共部门的工作效率;把总目标分解下达各部门,可以增强部门间的沟通协调,保证政令畅通,从而强化行政权威。缺点在于:目标体系的构建,公共管理目标的量化和可行存在技术难题;目标管理的双向沟通等均与员工素质有极大关联,尤其是在公共组织中,创造一种上下级共同议事、平等对待的氛围,无疑对上级和下属的素质都有特殊要求。

5. 全面质量管理技术

20 世纪 50 年代,美国通用电器公司的费根堡姆和质量管理专家朱兰提出了"全面质量管理"(Total Quality Management, TQM)的概念。其基本含义是:(1)单靠数理统计方法来控制生产是不够的,还要有组织管理工作;(2)产品质量是在质量螺旋前进中形成的,包括市场调查、设计、生产、检验、销售等等;(3)质量不能脱离成本。当然,这三个方面无论是从时间上还是内容上看,都应当是一个相互联系、发展与提高的过程。① TQM 主要包括以下几项业务活动:(1)与你的供应商协作,确保生产过程使用的供应品是根据你的需要而设计的;(2)坚持不懈的员工工作过程分析,改进工作,减少工作过程中无谓的重复;(3)与顾客密切交流,明确和理解他们的要求及对质量的评定。

作为一种政府工具,全面质量管理技术就是将产品生产的全面质量管理的基本观念、工作原则、运作模式应用于政府机构之中,以求达到政府机构在提供公共物品和服务的全面优质、高效。旧有的官僚体制——通晓规章制度,能在制度限定内完成工作任务,并且不惹麻烦——已经证明是低效率的了,而在 TQM 体制下,顾客与质量才是最有价值的。一个高效率的公共管理人员,他会以某些更简单、更快捷、更经济的方法来完成工作。理解规章,并在其限定范围内工作已经不那么重要了,采用这些规章并为改进质量而改变工作程序更具有价值。

全面质量管理技术的优点是:促使政府学会如何利用现有的资源配置取得更多的成果,改进政府所提供的服务质量;激发员工的积极性,赋予他们一些权利,能够激励成功。但是,它也存在一些难题:全面质量管理是一种新的思维方法,人们无法一下改变原有的工作方式——官僚作风;只有机构人员有这种意

---

① 〔美〕史蒂文·科恩、罗纳德·布兰德:《政府全面质量管理:实践指南》,北京:中国人民大学出版社 2002 年版,第 2 页。

愿,全面质量管理才能起作用,但人们接受新知识、变革工作方式的能力各不相同,且绝对是有限的,所以需要勇气和决心。

6. 标杆管理技术

标杆管理技术是一个甄别和引进最佳实践,以提高绩效的过程——包括那些使标杆管理具有独特性和有别于程序改进活动的主要理念,使之尽可能包含在我们探求最佳实践将碰到的各种活动和目标中。①

标杆是一种业绩标准,这种标准可能是组织为达到某个目标或期望的业绩水准,或出于其他各种原因而订立的。标杆管理是一个帮助机构发现其他组织更高绩效水平的过程,并尽量了解他们是如何达到那种水准的,以便产生那种水准的做法和程序得以应用到自己的组织机构中来。威廉·盖伊(William Gay)称标杆管理是"消费者给公共部门的报告"。他说,标杆给市民——消费者提供精确的可靠的信息,通过这些信息,可以建立标准,做出比较和评判绩效。

应当注意,标杆管理并不是简单地抄袭其他组织的做法,它是组织机构之间合作的过程。具有匹配性(例如相同或类似的工作条件和工作要求)的组织机构(包括公共机构及私营部门)之间,采取对革新和新思想的开放态度,彼此合作、信息分享,相互了解对方是如何实施某项具体程序,并借鉴到自己的组织机构中来。

作为一种政策工具,标杆管理可以激励公共部门组织进行改变,积极采纳私营部门优秀的工作和管理程序;可以促成合作,使各不相同的职能部门聚合在一起,一旦一个机构与外部合作伙伴就标杆管理开展合作,那么各类公共部门、私营机构和其他参与此项目的组织就成为了合作关系。它主要的不足是:实施标杆管理的组织与其合作伙伴之间的相似度不易达成;一个组织的行政主管和标杆管理小组为了引入最佳实践所做出的努力和对革新的态度,很大程度限制了标杆管理的成功;尚有大量的准备工作要做,如文化方面、运作方面、技术方面等的准备。

7. 企业流程再造技术

企业再造是20世纪80年代初在美国出现的。其创始人汉默(Michael

---

① 〔美〕帕特里夏·基利等:《公共部门标杆管理:突破政府绩效的瓶颈》,北京:中国人民大学出版社2002年版,第7页。

Hammer)和钱皮(Janes Champy)在《企业再造——经营革命宣言》一书中所下的定义是:再造是对公司的流程、组织结构和文化等进行彻底的、急剧的重塑,以达到绩效的飞跃。①

根据美国公共行政学会(National Academy of Public Administration, NAPA)在1994年的报告,再造技术可以在政府部门很好地适用。这份报告称,在1993至1994年间,有44个公共机构通过再造获得成功。根据NAPA的报告,"政府流程再造是一个激进的改进方式,它在政治视角内严肃地重新思考和重新设计组织的任务、提供公共物品和服务的过程,并通过不断评估和调整行为方式来取得最佳行为。它是过程管理模式的关键组成"②。

作为一种政策工具,流程再造技术可以提高提供公共物品和服务的效率和质量;帮助组织应对风险和变化;是一种鼓励个人创造性的新途径,使组织能够在国际竞争和日新月异的变革中生存。但是,必须付出一定的代价:公共部门的成本难以量化,所以难以评估提高服务和降低成本的比例关系;相对于企业而言,打破部门界限和壁垒在政府机构中难度更大。

三、社会化手段

1. 社区治理

在我国大力发展社区建设和社区服务的实践中,社区治理一种重要的政策工具。开发和利用社区文化资源、人力资源等,在社区内通过建立各种敬老院、福利院、康复中心、医疗站、托儿所、幼儿园等设施,对老年人、儿童和残疾人等实行社区照顾;调动社区居民不定期地参加保护社区环境的清洁卫生工作,美化居住环境;加强社区治安管理等。

社区治理的优点在于:不花或者很少花政府的钱;调动公民的积极参与,受到广泛的支持和欢迎。但是,社区治理作为一种政策工具,是虚弱无力的,往往只能作为一种辅助工具来使用。

---

① M. Hammer, and J. Champy, *The Reengineering the Corporation: A Manifesto for Business Revolution.* New York: Harper Collins, 1994, p.31.

② National Academy of Public Administration, *Reengineering for Results: Keys to Successful Government Experience*, Washington, D.C.: NAPA, 1997, p.7.

2. 个人与家庭

在任何社会中,家庭和个人都提供了无数的物品与服务,政府也往往有意识来扩展它们在达成政策目标上的作用,尤其是在提倡"小政府,大社会"的当今现实状况中。

安装警报器预防火灾,锁上房门防止偷盗等是最早的也是最基本的个人服务方式。人们自己包扎伤口或者自己存钱以保证退休后的生活,都是个人服务行为。

作为一个服务单位,家庭是人们在住房、健康、教育、福利和养老等方面最古老也最有效的服务部门,它为其成员提供了广泛而又重要的服务。在美国,每8个就业人员中大约有1个直接照顾老年父母,这个比例预计还会增长。①

作为一种政策工具,个人与家庭可以做好政府无法做或做不好的许多事情,可以减轻政府的负担。但是,它也同样只能作为一种辅助工具来使用。

3. 志愿者服务

作为一种政策工具,志愿者组织的活动免受国家强制力和经济利益分配的约束。志愿者组织提供某些社会服务。例如,慈善机构为穷人提供医疗保健、教育和食品;志愿者团体提供诸如海滩和公园的公益服务等。

在传统社会里,志愿者或非营利组织就提供了大量的社会服务,尤其是从事公益事业,现代福利国家的出现曾一度降低它们的重要性程度。但是,在当代社会中,它们仍然被广泛地当做一种处理社会问题的重要手段。在我国,随着政府职能的转变,志愿者或非营利组织作为一种政策工具的地位和作用也将日益重要。

志愿服务的最大优点是创新,即创造性地迅速确认并满足需求的能力(例如,在救灾方面,志愿者组织的行动往往比政府快)。由志愿者提供社会服务还可以减少对政府行动的需要或减轻政府的负担。但是,其应用范围有限,大量的经济与社会问题不能通过这种手段来处理;志愿者组织容易蜕化变成准官僚机构,从而降低它的效能和效益。

---

① Sue Shellenbarger, "More Children Start Making Plans Early to Care for Elders", *Wall Street Journal*, July 8, 1998.

4. 公私伙伴关系

我们可以从三个层面来使用公私伙伴关系:首先,广义上指公共和私营部门共同参与生产与提供物品和服务的任何安排;其次,它指一些复杂的、多方参与的并被民营化了的基础设施项目;最后,它指企业、社会贤达和地方政府为改善城市状况而进行的一种正式合作。①

为了满足人们的需求和促进经济的发展,政府部门正在努力寻求资金进行基础设施建设。在基础设施领域中公私合作的发展,为政府提供了一个解决之道。

公私合作伙伴关系在实践中有几种典型的形式:租赁/购买—建设—经营(LBO/BBO)——民营企业从政府手中租用或收购基础设施,在特许权下改造、扩建并经营该基础设施;它可以根据特许权向用户收取费用,同时向政府交纳一定的特许费;建设—转让—经营(BTO)——民营企业投资兴建新的基础设施,建成后把所有权移交给公共部门,然后可以经营该基础设施20—40年,在此期间内向用户收取费用。BOT与BTO类似,不同在于:基础设施的所有权在民营部门经营20—40年后才转移给公共部门。建设—拥有—经营(BOO)——民营部门在永久性的特许权下,投资兴建,拥有并经营基础设施。

在各种公私伙伴关系的形式中,民营部门可以是企业、咨询者以及专家的集合,包括设计工程师、建筑公司、银行家、律师、设备制造商、科研技术单位、房地产开发商等等。

作为一种政府工具,公私伙伴关系可以利用民间资本市场弥补政府资源的不足,帮助政府发展基础设施;民间投资者和有经验的商业借贷者的参与,有助于更好保证一个项目在技术上和财政上的可行性,分担一些本来由公共部门承担的风险;在开展合作项目中,民营部门可以促进技术转让,并为政府部门培训人才。但是,公私伙伴关系有多种形式,每一种形式都十分复杂,需要公共部门和私营部门双方具备相当的专业知识才能成功;竞争是一个关键性的因素,但在这些形式中引入竞争却需要高超的技能;如何适当而合理地分担风险也是必须

---

① Perry Davis, *Public-Private Partnerships: Improving Urban Life*, Proceedings of the Academy of Political Science, Volume 36, Number 2(1986).

考虑的问题。

5. 公众参与及听证会

政府决策民主化要求增强政府决策的透明度,建立公众参与的制度,赋予公众在国家决策上的发言权,公众依照法律赋予的民主权利,通过各种形式反映社会生活中的各种问题,提出各方面的建议。①

公众参与是衡量现代社会民主化程度和水平的一项重要指标,它的具体形式很多,包括直接选举和全民公决,还包括公共决策听证会。其中,公共决策中的听证制度是现代民主社会普遍推行的用于保证各方利益主体平等参与公共决策过程,最终实现决策民主化、公开化、科学化和公正的一种重要制度安排。

听证渊源于英美普通法的自然正义观念的听取两方面意见之法理,最初仅用于司法权的行使,作为司法审判活动的必经程序,谓之"司法听证"。后来随着司法听证的广泛应用和不断发展而移植到决策领域,形成"决策听证制度"。决策听证是指在政府决策过程中,听取有关专家学者的意见,特别是听取与该决策有利害关系的当事人的意见,它把科学引入决策过程中,运用民主和科学的方法,把决策变成集思广益的、有科学根据的、有制度保证的过程。

作为一种政府工具,听证会提高了决策的民主性和科学化,扩大决策参与,增加决策透明度和公开性。但是,作为一项全新的工具和制度,在我国应该有一个逐步推广的过程。我国现在尚不具备将所有的政府决策都纳入听证程序的经济实力,民主和法律观念也有待提高。

本章小结

政府工具是以政府为核心的公共部门或者社会组织为解决某一社会问题或达成一定的目标而采取的各种方法、方式、手段与措施的总称。政府工具的研究可以帮助我们更好地认识政府治理的模式、技术和手段。政府工具具有手段性、差异性、多样性、动态性和民主性等特征。政府工具被应用于政府行为中,有助于更好的实现政府治理目标。

---

① 李荣华:《听政程序与行政决策民主化》,《中国行政管理》1999年第8期,第26—28页。

第八章 政府工具

对政府工具理论的探讨是现今公共管理和政策科学研究的一个焦点,并正在成为一个新的学科分支或主题领域。政府工具的研究呈现出识别与分类、分析工具特性及其适用情景、工具选择及其绩效研究的发展脉络。政府工具分析框架主要包括工具理论、选择理论与运行理论等内容。工具理论主要探讨工具的本质特征和主要的选择特征,以及应用该工具所产生的结果变量。选择理论主要探讨工具运用的范围和模式以及工具选择的动因分析。运行理论主要探讨工具的运行机制、工具运用中所产生的管理挑战以及如何解决以及面对多样化的目标时对工具优点和缺点的全面分析。

政府工具主要包括市场化工具、工商管理技术与社会化手段等类型。不同的工具分别采用不同手段,可以满足政府的不同方面的需求,现代化管理技术尤其是市场机制和工商管理技术在政府治理中的日益加强的应用,成为当代行政管理发展的一般趋势。政府工具在相关领域运用时具有优势,也存在应用的局限性。

关键词

政府工具　政府工具特性　政府工具评估标准　政府工具的选择维度　市场化工具　工商管理技术　社会化手段

思考题

1. 政府工具的特性是什么?
2. 政府工具的类型有哪些?
3. 影响政府工具选择的关键要素有哪些?
4. 试述政府工具理论建构的意义。
5. 试述政府工具的评估标准。
6. 试述民营化及其优缺点。
7. 请分析公私伙伴关系应用与政府基础设施的优势及局限。

 推荐阅读

1. 陈振明:《政府工具导论》,北京:北京大学出版社 2009 年版。

2. 〔美〕盖伊·彼得斯:《公共政策工具》,北京:中国人民大学出版社 2007 年版。

3. 〔澳〕欧文·E.休斯:《公共管理导论》,北京:中国人民大学出版社 2001 年版。

4. 蓝志勇:《地方政府的治理创新战略——美国凤凰城的案例及经验》,《东南学术》2005 年第 1 期。

5. 张成福:《政府治理工具的选择与创新》,http://www.grchina.com/mpa/renda,2004-05-30。

6. Lester M. Salamon, and Odus V. Elliot, *Tools of Government*: *A Guide to the New Governance*, Oxford University Press, 2002.

7. C. Hood, *The Tools of Government*, London:Macmillan, 1983.

第九章 行政法治

行政法治是法治中国建设的基本要求,是市场经济运行的基石,是实现公共利益的保障。行政法治的要义在于对行政权予以合理配置,对行政机构的运作进行有效规范,对公民权利的行使提供充分保障,并促进行政权与公民权良性互动,实现公平、正义、自由、秩序等价值目标。

第一节 行政法治概述

一、行政法治的内涵

法治就是法律的统治。古希腊先贤亚里士多德有句名言:"法治应包含两重意义:已成立的法律获得普遍的服从,而大家所服从的法律又应该本身是制订得良好的法律。"①亚氏的这段话在后世被奉为法治的经典公式,其贡献在于,通过对法治实践环节与形式要素的完整把握,以"良法"与"普遍服从"两个特定概念的链接,建立了法治的基本逻辑结构。随着时代的发展,人们不断丰富着法治

---

① 〔古希腊〕亚里士多德:《政治学》,北京:商务印书馆1999年版,第199页。

的内涵。在价值取向上,法治是一种旨在寻求正义、捍卫自由和保障人权的理论;在内容上,法治是一种规范、控制公共权力以保障人权的手段,它要求一国上下的社会成员尤其是国家公共权力的行使者,一律接受体现正义和人权保障精神的良好法律规则的统治,法律面前人人平等,任何个人和组织都没有超越法律的特权;在实践层面上,法治意味着一种公共权力依法运行、法律秩序井然、人权保障状况良好的实然状态。

行政法治是法治的一个方面,是法治的一般原则和精神在行政领域的体现和延伸。行政法治是对行政活动的基本要求,要理解行政法治,就必须把握其内涵。

(1) 行政机关行使职权必须以法律的授权为前提。

行政机关行使的职权只能是法律规定其享有的,超越法律授权范围,行政机关行使行职权的行为不具有法律效力。这是人民主权和法治原则的必然要求。根据人民主权原则,国家的一切权力是人民将其部分权利让渡给国家而形成的,国家的一切权力属于人民。我国宪法第二条也明确规定:中华人民共和国的一切权力属于人民。行政机关行使的行政权是国家权力的一部分。从根本上说行政权来源于人民,归属于人民,也就是说行政机关的行政权力不是天然享有的。所有行政权力只能由人民通过法律这一途径来授予,法律没有规定授予行政机关的权力,行政机关都不得行使。行政机关行使未经授权的权力或超越授权范围的权力就是非法的,不能产生法律效力。

(2) 行政机关行使行政权必须以宪法和法律为最高活动准则。

基于行政活动的特殊性,行政机关运用行政权的依据是多种多样的。在我国既有全国人民代表大会及其常务委员会制定的法律,也有包括拥有立法权的行政机关制定的行政法规、规章,有权的地方人民代表大会、人大常委会和地方政府制定的地方性法规、规章,以及国务院令和其他规范性文件。应当明确的是这些规范的效力等级是不同的。因此,行政机关在运用行政权时得对这些依据加以区别。具体来说,行政机关在行政活动过程中,应以宪法和法律作为最高行为准则。行政活动的主体资格、权限、方式、程序等方面都要符合宪法和法律。只有法规、规章、国务院令以及其他规范性文件符合宪法和法律时,行政活动才能以其为依据;如果其他法律规范和其他规范性文件违反宪法与法律,就不具有规范行政活动的效力。中共十八届三中全会指出:"要维护宪法法律权威。宪法是保证党和国家兴旺发达、长治久安的根本法,具有最高权威。要进一步健全宪法实施监督机制和程序,把全面贯彻实施宪法提高到一个新水平。建立健全全社会忠于、遵守、维护、运用宪法法律的制度。坚持法律面前人人平等,任何组织或者个人都不得有超越宪法法律的特权,一切违反宪法法律的行为都必须予以追究。"

(3) 行政权行使的范围、方式、程序等严格依照法律的规定。

行政活动多是直接对公民的权利义务进行处分,一旦行政活动超过必要限度,就可能对公权利造成严重的侵犯,所以必须对行政活动进行必要的规范与限制,以确保行政活动不超出必要限度。这需要从行政活动的不同方面进行规范。行政活动有多个要素,包括作出行政行为的主体资格、界限、方法、程度等各个方面。法律规范必须对行政权运作的上述方面都作出相应的规定。如果行政权的运作不严格依照法律而是恣意行使,那么公民的权利和国家的秩序都得不到应有的保障。

二、行政法治的基本原则

(一) 行政合法性原则

行政合法性原则是行政法治的根本原则。是指行政主体在行使行政权的过程中必须遵守法律规范的要求,行政活动必须符合法律规定(包括权限规定、实体规定和程序规定),行政违法行为无效或必须撤销;违法行政者必须承担相应的法律责任。

1. 行政主体合法

行政主体是享有国家行政权,能以自己的名义行使行政权,并能独立地承担因此而产生的相应法律责任的组织。行政主体必须是依法设立的并具备相应的资格,否则其所为不具有法律效力;在我国,行政主体包括国家行政机关和法律、法规授权的组织。

2. 行政职权合法

行政机关的职权必须由法律规定,职权法定,越权无效;而行政职权必须合法产生,或由法律、法规设定,或由国务院或者其他上级行政机关依法授予;在现代法治社会中,行政权力和公民权利的运行规则有着显著的区别。对公民而言,"法无明文禁止即许可"。但对行政机关而言,"法无明文规定不可为",行政机关必须在法律规定的职权范围内活动,非经法律授权不得行使其职权。任何"无权行使了有权"或横向越权、纵向越权、内部越权的行为都是应被禁止的和无效的。

3. 行政行为合法

行政行为必须依照法律规定的范围、手段、方式、程序进行,它要求每一个行政机关既要依法管理行政相对人,又应在其他行政机关的管理中遵守法律、法规和规章。行政机关不得享有法律以外的特权,违法行政行为不具有法律效力。无论是实体上的违法,还是程序上的违法,有权机关可予以撤销、变更或宣告无效,行政违法主体应承担相应的法律责任。

4. 法律优先

法律优先是指上一层次的法律规范的效力高于下一层次的法律规范。法律优先具体包括两方面内容:第一,在已有法律规定的情况下,任何其他法律规范包括行政法规、地方性法规和规章都不得与法律相抵触;第二,在法律尚未规定,其他法律规范作了规定时,一旦法律就此事项作出规定,法律优先强调的是行政机关的立法行为所制定的法律规范不得与法律相抵触。这是立法权高于行政权,行政从属于法律的体现。

5. 法律保留

即某些事项只能由法律予以规定(如涉及基本制度、公民基本权利等)或必须在法律明确授权的情况下行政机关才有权进行活动;法律保留原则严格区分了立法权与行政立法权之间的界限,保障了法律的至上性或者法律效力等级的有序性,有利于控制行政立法权的膨胀,也有利于行政相对人的权益保护。

(二)行政合理性原则

行政合理性原则是与行政合法性原则相并列的一项基本原则,也是对行政合法性原则的补充。它要求行政主体的行政行为不仅要合法,而且要合理。违反合法性原则将导致行政违法,违反合理性原则便将导致行政不当。

我国行政合理性原则的具体要求包括以下三方面:第一,行政行为的动因应符合法律目的。凡有悖于法律目的的行为都是不合理的行为。第二,行政行为应建立在正当考虑的基础上,要有正当的动机。行政行为不得违背社会公平观念或法律精神,不得存在法律动机以外的目的或追求。行政机关在实施行政活动时必须出于公心,平等地对待行政相对方。第三,行政行为的内容应合乎情理,即应符合常规或规律。德国对行政合理性原则的规范比较系统,更具成文化标准。德国行政法把行政合理性原则的基本内容归纳为三项具体原则。即:

1. 适当性原则

该原则要求行政主体在执行一项法律的时候,只能够使用那些适合于实现该法目的的方法,而且必须根据客观标准,不是按照行政主体的主观判断来决定某种措施的适当性。

2. 必要性原则

必要性原则又称为最温和方式的原则。这个原则要求,行政主体在若干个适合用于实现法律的目的的方法中,只能够选择使用那些对个人和社会造成最小损害的措施。

3. 比例原则

比例原则即禁止越权的原则,又称狭义的合理性原则。该原则要求适当地平衡一种行政措施对个人造成的损害与对社会获得的利益之间的关系,也禁止那些对个人的损害超过了对社会的利益的措施。例如,日本司法界和学术界在评价1953年"蜂巢城案"中对"合理性"所作的解释是:就是非法律规范的条理和道理,即按社会上一般人的理解,所尊重的合乎事情性质的状态。

三、依法治国与行政法治

依法治国基本方略,是依法治理国家的思想、原则和制度的总称,涵盖了政治、经济、社会生活各个方面,是全方位的。依法治国,建设社会主义法治国家这一系统工程,主要包括立法、司法、行政、监督、普法、依法治理以及基层民主建设等几个组成部分,只有全面规划、整体推进、各司其职、协调配合、相互促进,才能发挥出最佳的整体效应。建设法治中国,必须坚持依法治国、依法执政、依法行政共同推进,坚持法治国家、法治政府、法治社会一体建设。

(一) 行政法治是依法治国的基本保证

行政权在国家政权中的重要地位决定了行政法治是依法治国的保证。行政权力即各级行政机关依照国家法律和国家权力机关的授权行使对国家的政治、经济、文化、教育、科技等各项行政事务的管理权力。它的管理对象是社会的公民、法人和其他组织。一个国家的整个管理活动都是由各级行政机关进行的,行政机关能否合法有效地行使好行政权力,管理好国家各项行政事务,直接关系到国家的前途和命运。因此,任何一个国家都非常重视行政权力的建设和制约。同时,行政权力属于国家公共权力,具有强制性和单方面性。行政立法权、管理权、处罚权和强制权等,而这些权力不受法律的约束,就有可能走向专横、滥用,甚至腐败。另外,行政机关在行使行政权力时,享有很大的和较宽幅度的自由裁量权。行政法治既有保权功能,也有控权功能。使行政权力必须在国家法律规定范围内行使,不能越权。并规范行政权行使方式。事后对行政权进行制约,提供补救与制裁机制。这些对依法治国提供了有力的保障。

(二) 行政法治是依法治国的关键和核心

目前,在中国努力建设社会主义法治国家的历程中,由于传统的影响,政府包揽一切的思维合理模式不会在一夜之间销声匿迹,行政权的过分强大仍然是不容回避的事实。首先,代表人民意志所制定的法律,80%以上是依靠行政机关执行的,行政机关在依法治国中担负着最大量、最繁重的任务。其次,行政权力具有运用资源的最大力量,具有积极主动干预人们的社会活动和私人活动的特性。在国家的所有权力中,行政权总是最庞大、最直接影响国家和社会的安定和发展、影响最广大人民群众的利益和自由的力量。没有行政法治,依法治国就失去了最主要的支柱。最后,依法治国要求全体公民和国家机关都奉行"法律至上"的信念,以法律为行动的准则。但从某种意义上,政府守法比老百姓守法还重要。

（三）行政法治也是依法治国的难点所在

首先，在任何国家、任何时代，行政权都具有自我扩张的特性。历史经验告诉我们，"一切有权力的人都会充分地使用权力，直到遇到它的边界方才罢休"；"一切有权力的人都容易滥用权力。"这既道出了行政法治的重要，也暗示了行政法治的艰难。其次，行政机关先例行政权力的特点之一是首长负责制，是权力的相对集中和命令与服务。行政事务的繁杂性和紧迫性，要求行政机关必须强调行政效率，为此，赋予政府人员行政优先权和行政用益权，承认他们的行为在一般情况下具有公定力、拘束力和执行力，并给了行政机关在行使职权时以较大的自由裁量权。这些特点使行政人员习惯了按个人意志办事，忽视按照法律规定行使行政权力。再者，我国正处在一个社会转型的特殊时期，面临一些特殊困难。而转型时期积累起来的社会问题又迫使政府不得不面对"社会稳定"的严峻考验。所有这一切，决定了当代社会行政权仍然强大，也决定了行政权的行使在相当长时期内还不可能完全有序化、规则化。即使已经制定的法律规范，也可能因为自身无法应付过于复杂的社会现实以及执法者的玩忽和懈怠而被虚置。正因为这样，实现行政法治，规范行政权力行使，控制权力滥用，才显得那样的重要和迫切。

第二节　行政法治的理论发展

行政法治的提出基于迫切的现实需要和深刻的理论基础。现实上取得了政权的资产阶级迫切需要从制度上限制行政权力的暴虐，为资本主义的自由发展提供创造制度的空间。理论上，启蒙思想家的学说为行政法治的提出奠定了深厚的理论基础。

一、天赋人权说

天赋人权源自于古希腊哲学的自然法理论。文艺复兴以来，成为西方法律与政治思想的重要议题。17、18 世纪，荷兰的格劳秀斯、斯宾诺莎，英国的霍布斯、洛克，法国的伏尔泰、狄德罗、卢梭等对这一思想进行了重要的发展。认为每个人在作为人的意义上都享有某些权利,这些权利与生俱来、不可转让、不可剥夺。

近代启蒙思想家在进行权利—权力的论证和制度设计时,其逻辑起点都是天赋人权。启蒙思想家在描述权利起源时,都从假想的自然状态开始,格劳秀斯所描绘的自然状态是"没有财产之分,人人平等自由;人们只受自然法的约束;个人是自己权利的保障者,有权抵抗他人的不正当的行为,人们在自然状态中曾过着和平宁静的生活"①。斯宾诺莎所设想的自然状态是"人们不受任何法律的约束,每个人也不服从任何其他人"。在"自然状态下每个人都有生存这一最高的自然权利,因而他们都只受自然法则的支配,就像水中生活的鱼一样,大鱼有最大的天赋之权吞吃小鱼"②。霍布斯由自然状态人人享有平等、自由的权利得出自然状态是"一切人反对一切人的战争"的结论。洛克则认为自然状态是一种"完备无缺的自由状态"。尽管启蒙思想家所描述的自然状态是不同的,但有一点是相同的:人们所享有的权利都是上天赋予的。

天赋人权学说指出,自然状态也存在着缺陷,主要表现为人的生命、自由权利没有保障。为了保护自然权利,人们通过协商订立契约,把一部分自然权利交给政府,这样就产生了国家。国家或政府最基本的职能就是:支持和保护人们的自然权利,确保人们的平等、自由以及人身、财产方面权利的实现。如果政府的行为违反了订立契约的目的,侵犯了人民的自然权利,人们就有充分合法的理由反对甚至推翻它。

天赋人权解决了权利的来源与权力产生的起点问题,并为解决权利与权力之间的关系提供了理论依据。

二、政治原罪说

政治原罪说是人性原罪说的延伸。基督教认为,人出生就从其始祖——亚当和夏娃那里继承了罪,这种罪被称为原罪,人的一生都在赎罪,也就是人性是恶的,它取于人的始祖。权力原罪认为,权力从开始来到人间即有罪,政治是有

---

① 徐大同:《西方政治思想史》,天津:天津教育出版社2001年版,第127页。
② 同上书,第132页。

罪的人使用有罪的工具,因而政治也难以脱开这种与生俱来的罪——原罪。正是在这个意义上,西方人认为下政治是必要的恶,腐败是附着在权力上的咒语。人性假说一直是一个颇存争议的问题,支持者反对者各执一词。然而,人性原罪说及其延伸——政治原罪说为限制政治权力提供了理论根据,并为政治思想家进行制度设计提供了理论起点。权利是人民的,政治生活是人类的必然选择,这就要求人民必须放弃或转让部分或全部权利。但是政治又先天具有恶性,政府"即使在其最好的情况下,也不过是一件免不了的祸害;在其最坏的情况下,就成了不可容忍的祸害"。为保证人民转让出去的权利变成公正权力后能按照自己授权目的和要求行使,法治和分权就成为顺理成章的选择。

三、分权制衡说

制衡学说源于分权思想,分权思想可以溯源于古希腊的亚里士多德。这位古希腊的先哲在阐释他的"法治应当优于一人之治"的思想时,主张把政府的权力分为讨论、执行、司法三个要素,而权力活动又应当普遍地、严格地遵守制定得完好的法律。在分权思想基础上发展起来的制衡学说,形成于资产阶级革命时期。当时尚未掌握政权的资产阶级为了同封建主分享统治权并反对封建主的专横,便提出了分权制衡学说,主张国家的立法、行政、司法三项权力应当分别由三个不同的国家机关去行使,形成三项权力间的相互牵制和相互约束的格局,以保持国家权力间的平衡状态,防止某个机关或某个人的独断专行。18世纪中叶,法国启蒙思想家、法学家孟德斯鸠在其名著《论法的精神》中,论述法和政体以及自由的关系时,强调了专制政体与法律的水火不容,认为一切有权力的人都容易滥用权力,要防止权力被滥用,保障人民的自由,就必须以权力约束权力。他认为,如果国家的权力全部或部分地集中在同一个人或同一个机关的手里,那么人民的自由便不复存在。在资产阶级掌握政权后,由分权制衡学说引申而形成的"三权分立"制度,被资本主义国家所广泛采用,并以不同的形式得以体现。

四、群体道德优于个人

法治主张认为,在社会中生活的每个人都要受道德约束,都要控制个人的自私情感。就每个个人而言,其行为是受道德约束,还是受自私情感支配,是难以确定的。当一个人被赋予全权、享有最高权威、管理国家事务时,他完全有可能出于个人私心、为了个人私利而行使权力。相反,群体的道德观念比较坚实、可靠。社会成员群体很难出现道德败坏、感情偏私的情况。这就是亚里士多德早在公元前4世纪就论述过的"小池水浅容易腐朽,大泽水满不易腐朽"的道理。所以,为了能使国家事务得到公正地处理,避免国家权力被利用来谋取私利,就要依靠社会成员群体参与治国。而社会成员群体治国的方式就是,将社会成员群体依据自身的公正观念对国家事务、社会事务所作出的判断制定为法,使国家机关和社会成员个体都依法行事。上述基本观念表明法治优于人治或一人之治。这些基本观念成为行政法治主张的理论根基。

第三节 行政法治的制度基础

行政法治作为一种理想的秩序状态,它的实现需要以完善的制度体系作为依托。行政法治由行政立法、行政执法、行政救济三个基本的环节组成。

一、行政立法

(一)行政立法的含义

行政立法,是指行政主体根据法定权限依法定程序制定和发布行政法规和行政规章的活动。从这一概念可得出以下几点认识:

(1)行政立法的主体是行政机关。

行政立法的主体是行政机关,而不是国家权力机关和司法机关或其他组织。并非全部的行政主体都有权进行行政立法活动,根据《中华人民共和国宪法》、《中华人民共和国立法法》,只有国务院及其主管部门,省、自治区、直辖市和较大市的人民政府是行政立法的适格主体。

(2)行政立法的客体是行政管理过程中的具体行政事务。

国家权力机关立法调整的,通常是有关国家生活重要领域中的重大问题。如涉及公民的基本权利和义务方面的,有关国家政治、经济、文化生活的基本制度的,国家行政组织制度,行使国家行政权的基本程序,以及其他应由国家权力机关立法规定的事项等。行政机关立法调整的,一般是上述范围外的有关行政管理的事项。但若经特别授权,上述范围内的事项也可由行政机关立法。行政立法重点是对国家社会经济生活、文化事务实施管理的问题。

(3) 行政立法必须依法进行。

行政机关立法是代表国家从事的一种具有普遍约束力和强制力的特殊行政行为,不仅必须具备法定的职权,而且必须在其法定的权限范围内进行。权限法定要求行政机关的行政立法必须有明确和具体的法律依据及授权;超越法律、法规的要求或授权的事项立法无效,应予撤销。同时,行政立法必须严格按照《立法法》和有关行政法规明确规定的程序进行,具体行政行为的程序相对较简单灵活,行政立法行为须遵循更为正规和严格的程序规则。

(4) 行政立法的对象是行政法规和规章。

行政法规,在我国是指国务院依法定权限和程序制定政治、经济、教育、科技、文化、科学等各类法规的总称。行政规章包括部门规章和地方政府规章。部门规章是国务院各部门依据法律和国务院的行政法规、决定和命令,在本部门的权限内按照法定程序制定规定、办法、实施细则、规则等规范性文件的总称;地方政府规章,是指省、自治区、直辖市人民政府以及省自治区人民政府所在地的市和经国务院批准的较大的市以及经济特区所在地的市的人民政府依据法律和行政法规,按照法定程序制定的普遍适用于本地区行政管理工作的规定、办法、实施细则、规则等规范性文件的总称。

(二) 行政立法的性质

行政立法权的性质是行政法治理论中颇多争论的问题,这个问题的关键在于:行政立法权是行政权还是立法权? 有的学者提出,应把"法"和"法律"区别开来:"法"是国家制定或认可并以国家强制力保证实施的调整社会关系的所有规范,包括宪法、法律、法规与规章等;而"法律"仅指由全国人民代表大会及其常委会制定的调整重要社会关系的规范。"立法"如果仅指"法律",则立法权只能由全国人大及其常务委员会享有;但如果"立法"指制定所有法的规范,则立法权不仅全国人大及其常务委员会可以享有,地方权力机关及国家行政机关也享有。由于将"法"区别于"法律",因而,行政立法既有立法的性质,是一种立法行为,又具有行政权的性质,是一种抽象行政行为。

(三) 行政立法的程序

行政立法的程序指行政机关在行政立法过程中应该遵循的基本步骤和方式、方法。结合《立法法》《行政法规制定程序条例》《规章制定程序条例》的规定,行政立法的一般程序是:

1. 立项

国务院有关部门认为需要制定行政法规的,应当于每年年初编制国务院年度立法工作计划前向国务院报请立项。国务院于每年年初编制国务院本年度立法工作计划。

国务院内设机构或者其他机构认为需要制定部门规章的,应当向该部门报请立项。省、自治区、直辖市和比较大的市的人民政府所属工作部门或者下级人民政府需要制定地方政府规章的,应当向省、自治区、直辖市比较大的市的人民政府报请立项。

2. 起草

行政立法一般由相应的政府主管部门起草。起草部门应进行立法调查研究,保障行政法规符合实际。在起草过程中为体现民主,应广泛听取有关机关、组织和公民的意见,听取意见可采取座谈会、论证会、听证会等多种形式。涉及其他部门的职责或者与其他部门关系密切的规定,起草部门应当与有关部门协商一致。

3. 审查

行政法规应由起草单位送国务院法制机构进行审查,国务院法制机构应当与起草部门协商后对行政法规送审稿进行修改,形成行政法规草案和对草案的说明,并提交国务院常务会议或直接提请国务院审批。规章的送审稿由法制机构负责统一审查。

4. 决定

国务院法制机构对行政法规审查后,应向国务院提出审查报告,与行政法规草案一并提交国务院审议,由国务院常务会议或国务院决定是否通过行政法规规章草案。部门规章应当经部长会议或者委员会会议决定。地方政府规章应当经政府常务会议或者全体会议决定。

5. 公布和备案

公布指行政法规和规章在通过上述程序后公开发布,而备案指将已经发布的行政立法文件上报到法定的机关,使其知晓,并在必要时备查的程序。行政法规由总理签署国务院令公布,并及时在国务院公报和全国范围内发行的报纸上刊登,行政法规应报全国人大常委会备案。规章由部门或者特定地方首长签署命令公布,并及时在国务院公报、部门公报、本级人民政府公报或规章适用范围适应的报纸上刊登。规章报国务院备案,地方规章应同时报本级人大常委会备案,较大的市人民政府制定的规章应同时报省、自治区的人大常委会和人民政府备案。

二、行政执法

(一)行政执法概述

行政执法国家行政机关在行政管理过程中执行和适用法律规范的活动。行政执法有广义和狭义两种含义。广义的行政执法是指国家行政机关行使行政权的一切活动,包括行政日常组织管理活动、行政立法、行政法治监督和准司法活动。狭义的行政执法是国家行政机关和法律法规授权的组织将具有普遍约束力的宪法、法律、行政法规、行政规章等规范性文件适用于具体个人和组织的行为。本书采用狭义的行政执法的概念。

行政执法具有四个方面的特征:第一,行政执法的主体是国家行政机关和法律法规授权的组织。行政执法是行政主体行使职权的活动,只有享有行政执法权的组织才能够以自己名义独立地进行行政执法活动,并承担行政执法的法律后果。第二,行政执法的依据是法律、法规、规章等。在实行民族区域自治的地方,行政执法所执行的"法"还应当包括自治条例和单行条例。第三,行政执法的内容具在广泛性。执法是以国家名义对社会实行全方位的组织和管理,它涉及国家社会、经济生活的各个方面,因而对社会生活的影响也非常深入。第四,行政执法的主要内容是行政主体运用法律赋予的各种权力作出一定行为,直接影响公民法人和其他组织的权利义务,并且凭借国家强制力进行保障的。因此,行政执法行为具有主动性、单方面性和强制性等特点。受篇幅限制,下面就最主要的行政执法形式作一介绍。

(二)我国行政执法的主要形式

1. 行政处罚

行政处罚是指行政主体依照法定职权和程序对违反行政法规范尚未构成犯罪的相对人给予行政制裁的具体行政行为。行政处罚特征是:实施行政处罚的主体是作为行政主体的行政机关和法律法规授权的组织;行政处罚的对象是实施了违反行政法律规范行为的公民、法人或其他组织;行政处罚的性质是一种以惩戒违法为目的、具有制裁性的具体行政行为。行政处罚种类有:警告;罚款;没收(违法所得、非法财物);责令停产停业;暂扣或吊销许可证、执照;行政拘留;法律、行政法规规定的其他种类。《中共中央关于全面深化改革若干重大问题的决定》提出废止劳动教养制度,完善对违法犯罪行为的惩治和矫正法律,健全社区矫正制度。一直以来备受争议的劳教本身就是一个法外之罚,废止劳教制度是回归了司法本身,是司法进步的重大体现。

2. 行政许可

行政许可,是指行政机关根据公民、法人或者其他组织的申请,经依法审查,准予其从事特定活动的行为。行政许可具有以下特征:行政许可是依申请的具体行政行为;行政许可是一种授益性行政行为;行政许可存在的前提是法律的一般禁止;行政许可一般为要式行政行为;行政许可一般为外部行政行为。设定行政许可,应当遵循经济和社会发展规律,有利于发挥公民、法人或者其他组织的积极性、主动性,维护公共利益和社会秩序,促进经济、社会和生态环境协调发展。下列事项可以设定行政许可:直接涉及国家安全、公共安全、经济宏观调控、生态环境保护以及直接关系人身健康、生命财产安全等特定活动,需要按照法定条件予以批准的事项;有限自然资源开发利用、公共资源配置以及直接关系公共利益的特定行业的市场准入等,需要赋予特定权利的事项;提供公众服务并且直接关系公共利益的职业、行业,需要确定具备特殊信誉、特殊条件或者特殊技能等资格、资质的事项;直接关系公共安全、人身健康、生命财产安全的重要设备、设施、产品、物品,需要按照技术标准、技术规范,通过检验、检测、检疫等方式进行审定的事项;企业或者其他组织的设立等,需要确定主体资格的事项;法律、行政法规规定可以设定行政许可的其他事项。

3. 行政强制

行政强制,包括行政强制措施和行政强制执行。行政强制措施,是指行政机关在行政管理过程中,为制止违法行为、防止证据损毁、避免危害发生、控制危险扩大等情形,依法对公民的人身自由实施暂时性限制,或者对公民、法人或者其他组织的财物实施暂时性控制的行为。行政强制措施包括:限制公民人身自由;查封场所、设施或者财物;扣押财物;冻结存款、汇款;其他行政强制措施。

行政强制执行,是指行政机关或者行政机关申请人民法院,对不履行行政决定的公民、法人或者其他组织,依法强制履行义务的行为。行政强制执行的方式有:加处罚款或者滞纳金;划拨存款、汇款;拍卖或者依法处理查封、扣押的场所、设施或者财物;排除妨碍、恢复原状;代履行;其他强制执行方式。

三、行政救济

(一)行政救济概述

一个完善的行政法治系统,除了对行政主体的行为进行规范以外,还需要有一个对行政行为是否侵犯公民合法权益进行审查的机制。这就是行政救济。行政救济是替行政主体实施行政行为给公民造成侵害时所提供的补救途径。既包括行政主体自我纠错的行政复议,也包括行政主体以外的其他主体,如法院提供的行政救济,也就是行政诉讼。

行政救济的特征是:第一,行政救济是以行政争议的存在为前提。第二,行政救济的产生是因为行政相对人认为其合法权益受到了行政行为的侵害。第三,行政救济只能依相对人的申请而进行,实行不告不理原则,行政相对人是救济程序的发动者。第四,行政救济的目的是保护行政相对人的合法权益,其目的和实质在于通过矫正违法或不当的具体行政行为,对行政相对人受损害的合法权益进行补救,为行政相对人的合法权益提供法律保护。

(二)行政复议

行政复议,指的是与行政行为具有法律上利害关系的人认为行政机关所作出的行政行为侵犯其合法权益,依法向具有法定权限的行政机关申请复议,由复议机关依法对被申请行政行为合法性和合理性进行审查并作出决定的活动和制度。行政复议是行政机关实施的被动行政行为,它兼具行政监督、行政救济和行政司法行为的特征和属性。它对于监督和维护行政主体依法行使行政职权,保护相对人的合法权益等均具有重要的意义和作用。

行政复议制度具有下列特征:第一,申请复议的主体是认为具体行政行为侵犯其合法权益的公民、法人或其他组织,被申请主体是做出具体行政行为的行政机关和法律、法规、规章授权的组织。第二,行政复议一般为一级复议。行政复议决定一经送达即发生法律效力。法律、行政法规另有规定的除外。第三,复议机关以法律、法规、地方性法规、规章,以及上级行政机关的具有普遍约束力的命令和决定为依据,对具体行政行为的合法性和适当性进行审查。第四,复议遵循合法、及时、准确和便民的原则。

行政复议的作用主要体现在两个方面:一是通过行政复议,上级行政机关对下级行政机关的具体行政行为进行审查,对下级行政机关违法或者不当的具体行政行为做出相应的纠正决定。包括对程序上有欠缺的,责令补正;对不履行法定职责的,限期履行;对具体行政行为主要事实不清的、适用法律依据错误的、违反法定程序影响管理相对人合法权益的、明显不当的决定,予以撤销、变更以及责令重新做出具体行政行为;查明违法或者不当的具体行政行为产生的原因,找出行政机关在执法活动中存在的问题,促使下级行政机关采取相应措施,改进行政执法活动,防止今后再出现类似问题。二是通过行政复议,可维护行政机关依法行使职权的行为。行政复议是一种法定行为,必须严格按照法律规定的条件和程序进行。管理相对人对具体行政行为不服,申请复议的机关、条件、方式和期限等都必须符合法律规定。复议机关经过审理,对适用法律、法规、规章和具有普遍约束力的决定、命令正确,事实清楚,符合法定权限和程序的具体行政行为予以维持。行政复议一般为一级复议。行政复议决定一经送达即发生法律效力。管理相对人对复议决定不履行又不起诉的,行政机关可以申请人民法院强制执行或者依法强制执行。这样,既有利于争议的解决又可以避免管理相对人与行政机关纠缠不休。从而使具体行政行为的合法性及时得到确认,有效地提高行政管理工作的效率。

党的十八届三中全会提出：改革行政复议体制，健全行政复议案件审理机制，纠正违法或不当行政行为。完善人民调解、行政调解、司法调解联动工作体系，建立调处化解矛盾纠纷综合机制。

（三）行政诉讼

行政诉讼，是指公民、法人或者其他组织认为行使国家行政权的机关和组织及其工作人员所实施的具体行政行为，侵犯了其合法权利，依法向人民法院起诉，人民法院在当事人及其他诉讼参与人的参加下，依法对被诉具体行政行为进行审查并做出裁判，从而解决行政争议的制度。它对保障一个国家依法行政，建立法治政府，确保公民、法人或其他组织合法权利免受行政权力的侵害，具有十分重大的意义。不承认司法权对行政权的制约，良好的法治秩序就难以形成。

行政诉讼有如下特征：第一，行政诉讼所要审理的是行政案件。这是行政诉讼在受理、裁判的案件上与其他诉讼的区别。刑事诉讼解决的是被追诉者刑事责任的问题；民事诉讼解决的是民商事权益纠纷的问题，而行政诉讼解决是行政争议，即行政机关或法律、法规授权的组织与公民、法人或者其他组织在行政管理过程中发生的争议。第二，行政诉讼是人民法院通过审判方式进行的一种司法活动。这是行政诉讼与其他解决行政争议的方式和途径的区别。在我国，行政争议的解决途径不止行政诉讼一种，还有行政复议机关的行政复议等等。而行政诉讼是由人民法院运用诉讼程序解决行政争议的活动。第三，行政诉讼是通过对被诉行政行为合法性进行审查以解决行政争议的活动，其中进行审查的行政行为为具体行政行为，审查的根本目的是保障公民、法人或者其他组织的合法权益不受违法行政行为的侵害。这就决定了行政诉讼与刑事诉讼和民事诉讼在审理形式和裁判形式上有所不同。如行政诉讼案件不得以调解方式结案；证明具体行政行为合法性的举证责任由被告承担；行政诉讼的裁判以撤销、维持判决为主要形式等。第四，行政诉讼是解决特定范围内行政争议的活动。行政诉讼并不解决所有类型的行政争议，有的行政争议不属于人民法院行政诉讼的受案范围，而刑事诉讼和民事诉讼均无类似于行政诉讼的受案范围的限制。至于，不属于行政诉讼解决的行政争议只能通过其他的救济途径解决。第五，行政诉讼中的当事人具有恒定性。行政诉讼的原告只能是行政管理中的相对方，即公民、法人或者其他组织;行政诉讼的被告只能是行政管理中的管理方,即作为行政主体的行政机关和法律、法规授权的组织。行政诉讼的当事人双方的诉讼地位是恒定的,不允许行政主体作为原告起诉行政管理相对方。这个特点与民事诉讼和刑事诉讼不同。民事诉讼中诉讼双方当事人均为平等的民事主体,原被告不具有恒定性,允许被告反诉;而刑事诉讼,也存在着自诉案件中允许被告人作为被害人反诉自诉人。

除了应遵守诉讼的一般原则外,行政诉讼还有其特殊的诉讼原则。这些原则是:第一,对具体行政行为的合法性进行审查的原则。人民法院审理行政案件时,只能对具体行政行为的合法性问题进行审查并作出判决,而不对行政机关在法律、法规规定的范围内作出的具体行政行为是否完全恰当作出裁决,更不对抽象行政行为进行审查。在具体审查每一行政案件时,只有在行政机关作出的行政处罚显失公正的情况下,人民法院才可以判决变更具体行政行为。第二,不适用调解的原则。人民法院审理行政案件,一般不适用调解,不得以调解方式结案,而应在查明事实的基础上依法作出公正的判决或裁定。但是,行政损失赔偿诉讼中,因具有解决民事权利和义务关系的性质,可以适用调解。第三,被告负有举证责任的原则。被告对做出的具体行政行为负有举证责任,应当提供作出该具体行政行为的证据和所依据的规范性文件。这一原则是由行政机关的特殊地位所决定的。在行政法律关系中,行政机关作出管理者,处于主动地位,如何作出决定和根据什么作出决定及决定的整个过程,一般情况下,行政机关应该是最了解情况的,应该能够说明自己的行政行为是否合法。而作为行政行为的相对人,一般是无从了解的;同时,行政机关作为管理者,在搜集证据方面处于优越地位,人民法院了解作出决定的过程,也是调查事实、了解情况、掌握证据的过程。因此,行政诉讼中适用行政机关负有举证责任的原则,对人民法院正确判断具体行政行为是否合法具有决定性作用。

(四) 信访

信访,是指公民个人或群体以书信、电子邮件、走访、电话、传真等参与形式与国家的政党、政府、社团、人大、司法、政协、社区、企事业单位负责信访工作的机构或人员接触,以反映情况,表达自身意见,吁请解决问题,有关信访工作机构或人员采用一定的方式进行处理的一种制度。

信访制度是我国国情的具体体现之一,人民群众通过信访渠道来反映自己的要求和意见,也是法律所赋予权利之一,也是社会注意民主的具体体现,也是人民意志的表达,同时信访制度体现了中国特色社会主义制度下的民主。尤其是国家法律体系不健全的情况下,国家更应该注重人民通过信访来表达自己的意见,也是普通老百姓参与政治的一种方式。确立信访救济可以建立"无缝隙""无漏洞"的救济体系,切实保障公民的合法权益。因为受案范围的缘故,我国的行政救济体系还存在一些"漏洞",使得公民往往"投诉无门"。确立信访救济可以使信访弥补其他救济手段留下的"空白",使无法借助其他救济手段得到解决的争议通过信访获得救济的机会,从而更加全面地保护公民的合法权益。

2005年依据"信访条例"的相关规定:我国建立信访排名制度。各级政府应当建立健全信访工作责任制,对信访工作中的失职、渎职行为,追究有关责任人员的责任,并在一定范围内予以通报。此后一定范围内通报慢慢演变成以排名的形式通报,国家信访部门每月会对各省"非正常上访"人次数进行排名,各省市也会对各地市排名,直至县市及乡镇政府。自此,层层定指标,级级搞排名。和其他形形色色的考核排名一样,此做法的初衷是为了促进工作,但在实行的过程中逐步演变为考核地方党政干部政绩的指标,并且和升迁挂钩。在这种排名压力下,各级政府对于此项工作给予了"高度的重视",甚至不惜采取各种"非常"手段,比如派人"盯访"重点人;对上访者进行截留、遣送;对老上访户拘留、"办学习班"等等。这些做法浪费人力财力,不仅不利于解决原有问题,还制造了许多新的社会矛盾。由于信访排名的倒逼,各地在信访方面一味"堵截"的做法完全背离了制度的初衷,甚至其中的一些做法与法制社会的要求根本是背道而驰的。

十八届三中全会后公布的《中共中央关于全面深化改革若干重大问题的决定》中提出,要改革信访工作制度,实行网上受理信访制度,健全及时就地解决群众合理诉求机制。把涉法涉诉信访纳入法治轨道解决,建立涉法涉诉信访依法终结制度。从2013年2月国家信访局已经不再对各省市进行全国范围的信访排名和通报,取而代之的是中央与地方、上级与下级之间"点对点、一对一"的通报制度。确立了"把矛盾化解在当地"的新思路。在信访工作相关制度的健全和完善方面,信访局将从包括拓宽信访渠道、依法规范相关工作、推行"阳光"信访和推动群众合理诉求的有效解决这四个方面进行努力。信访局将建立"网下办理,网上流转"的信访事项办理程序,即把接待来访、办理来信、督查督办、网上投诉等全部信访事项放在网上流转,把受理、办理和结果等重要环节通过网络公开,以实现信访事项的透明公开。

本次信访制度改革中,最核心的部分是将各级政府对待信访的态度进行了转变,由原来的"如何避免问题",转换到现在的"如何解决问题"。同时,本次信访改革强调解决群众的切实问题要注重效率,意图是将问题就地解决。信访制度作为中国特色社会主义基本民主制度不管如何发展,其核心永远都是联系群众和解决群众实际问题。一方面,信访制度不能代替司法制度,应该区分两者在和谐社会建设中的不同分工,不是所有问题都可以通过信访解决的;另一方面,信访制度与司法制度应该相辅相成,前者是后者的监督和补充,后者应该为前者提供支撑和保障。必须明确的是,信访制度取消"排行榜"的改革,并非完全使信访与政绩划清界限,而是通过改革将地方政府对信访的关注重新回归到实际解决群众问题之上,突出上级对下级、中央对地方关于信访的监督和指导,更好地发挥新时代信访制度在法治和谐社会建设中的重要作用各级信访部门应该以此为契机,转变理念,创新方法,让信访工作回归到法制化的轨道上来。要转化管理思路,从比拼"截访"的排名转变为比拼"化解矛盾的实际效果",从坐等"上访"转变为"下访"。以化解信访问题的数量和效果来定成绩,鼓励各地从根源上、从苗头开始化解矛盾,尊重上访者的权利,维护他们的合法利益。

应该指出的是,在行政救济中,还有一种很重要的行政赔偿救济。但是,它在我国不是一种独立存在的救济途径,因为我国立法并未设立一种专门的赔偿救济机关,赔偿救济的取得,可以通过复议救济途径,也可以通过诉讼救济途径。因此,目前的赔偿救济只以一种救济手段而存在。

第四节 法治型政府:行政法治的实践目标

一、法治型政府的基本理念

法治型服务政府就是在公民本位、社会本位理念指导下,在整个社会民主秩序的框架下,通过法定程序,按照公民意志组建起来的、以为公民服务为宗旨并承担着服务责任的政府。由此定义出发,法治政府的基本理念至少应当包括以下内容:

1. 法治政府必然是有限政府

有限政府是指政府自身在规模、职能、权力和行为方式上受到法律和社会的严格限制和有效制约。法治的最重要的政治职能就是铲除无限政府,确立和维持一个在权力、作用和规模上都受到严格的法律限制的有限的政府。政府的权力是人民通过法律授予的,因此,政府只有在法律的权限之内才能获得权力和行为的合法性。从权利和权力的来源来看,公民权利是公民本身固有的,相反,政府权力则是公民权利授予的。从法律的角度来看,公民的权利是广泛的,只有法律禁止的,公民才不得为之;而政府的权力则是有限的,它的权力只能来源于人民以及法律的授权和委托,它必须在法律规定的范围内活动,否则即为无效或非法。由此可见,法治之下的政府权力必然是一种"有限权力",法治之下的政府也必然是一种"有限政府"。

2. 法治政府必然是服务政府

服务型政府的概念是因应新形势下社会对政府的要求而产生的,反映了当下政府治理模式的新方向。它强调政府的服务功能,将政府定位于服务者的角色,尊重公民的意愿,以社会的客观需求为政府行政的导向,努力为公众提供高质量的、满足需求的公共产品和公共服务。法治型服务政府的核心职能就是依法提供服务。无论是西方国家将企业精神引入政府管理模式之中,把每个公民看成是顾客,还是在中国共产党领导下政府实现"为人民服务"的宗旨,其职能的价值基础是一样的,都是在倡导一种以人为本,以社会为本,注重人的生活质量和公共资源的软环境建设,从而实现整个生活的规范化、合理化。

3. 法治政府必然是诚信政府

所谓诚信政府,即将政府的职权活动纳入社会公共道德、政治伦理原则、管理或者说行政职业规范的规范和约束之中,真诚行政、信用行政。诚信政府是政府在民众之中树立政府信用的必然要求和自然结果,是赢得民众信任、信服和信赖,并且奠定长期持久和稳定的执政基础的必要条件。政府的权力既然来源于人民的委托,作为人民公仆的公务员,在接受、承担了人民所交付的任务后,理应忠于主人,尽职尽责,全心全意地努力完成任务。也就是说,政府与公民之间委托关系的存在既产生了政府权力,也明确了政府义务,政府基于委托关系必须按照诚信原则的要求,兑现其承诺:对人民负责,忠诚于民,取信于民。法治是社会诚信日趋成熟的标志。从这个意义上讲,法治就是国家的诚信。我们实现建设法治国家的进程,实质上就是建设国家诚信的过程,因为立法是制定规则的,它是国家向人民作出的庄严承诺;行政执法是对规则的执行,也是对国家诚信的维护;司法则是对规则的适用,对违反规则行为的查处和受损权利的救济,也是对国家诚信的最后保障。建设法治政府是建设法治国家的应有之义,而法治政府必须首先是诚信政府。

4. 法治政府必然是透明政府

透明政府的核心思想是政府掌握的个人与公共信息向社会公开,即"阳光法",它的执行将意味着两种特权的丧失:首先是政府难于继续保持神秘感或者说神圣感,其次是利益分配公开化之后,不再有传统的暗箱操作。透明政府要求政府机关的所有活动,从立法、执法、提供资讯、社会服务,以及政府所掌握的个人信息,除了必须保密以及涉及个人隐私的部分外,都有义务向社会公众开放。政府首先应该公开的信息包括,与多数公民利益相关的,如许可证、配额、公共资金流向、投标不同竞争人状况以及最终中标人的中标理由等等;如果政府对此类有切实利益的信息公而不开,或者在公开过程中利用一些技巧,回避实质问题,那么那种透明只能说是假透明、半透明。在我们的生活中,很多腐败事件往往是因为暗箱操作而来。重大的公共工程、国家预算、公共资金的使用状况、税收流向等基本信息隐而不告,给社会带来了极大的职务犯罪、徇私舞弊的风险。实践证明,由"暗箱操作"转变为"公开透明",对于建设法治政府具有特殊重大的意义。

5. 法治政府必然是责任政府

"责任政府"是指具有责任能力的政府在行使社会管理职能的过程中,积极主动地就自己的行为向人民负责;政府违法或者不当行使职权,应当依法承担法律责任,实现权力和责任的统一,做到"执法有保障,有权必有责,违法受追究,侵权须赔偿"。法治要求将政府的一切行为都纳入法律的框架内,这一理念已经成为世界各国为民施政的重要理念,而我国也选择了走法治的道路。法治的基本逻辑是:权源于法,法高于权。一切政府机关都必须依法行政,切实保障公民权利,实行执法责任制和评议制。这里的执法责任制和评议制就是政府责任的具体体现,即法律要求政府必须为自己的行政行为负责。行政权天生具有扩张性与渗透性,如果没有法律的牵制,其必然走向专横。长期以来,我国政府主要依靠政策和行政命令办事,行政法制不健全,加上传统观念的影响,出现了不少违法行政行为,大大有损于公众的利益与政府的形象。责任政府制度的建立正是为了解决一些政府机关有其权而不负其责的现象,使政府也进入到法制体系。法治要求政府必须为自己的所有权力行为负责,而这正是责任政府的要义。目前,行政法治的理念正随着政府的运作而不断受到强化,这一理念最大的逻辑结果必然是政府必须为自己的行政行为负责。法治建设首先意味着政府要守法,必须承担法律设定的一切责任;法治建设必然要求构建一个负责任的政府,没有责任政府,法治就无法真正实现。

二、当代中国构建法治政府的途径

(一) 加强和改进制度建设,严格规范公正文明执法

制度建设是建设法治政府的基础和前提。"没有规矩,不成方圆",没有完善的制度,法治政府就无从谈起。中国特色社会主义法律体系框架基本形成。但是,我国的制度建设中,反映客观规律不够,质量不高,部门利益倾向严重,重复立法、交叉立法和立法冲突大量存在,公众参与不够,立改废没有得到同等重视等诸多问题仍然存在。因此,法律制度作为指导人们行为的规则,必须反映客观规律;法律必须明确具体、切合实际、切实可行,是法治的基本原则。中国共产党十八届三中全会指出:"普遍建立法律顾问制度。完善规范性文件、重大决策合法性审查机制。建立科学的法治建设指标体系和考核标准。健全法规、规章、规范性文件备案审查制度。健全社会普法教育机制,增强全民法治观念。逐步增加有地方立法权的较大的市的数量。"

《湖南省行政程序规定》已于 2008 年施行。这是我国第一部专门规范行政程序的政府规章,是政府的一场自我革命,填补了中国行政程序立法的空白,被称为行政机关约束自身的革命。2011 年,《汕头市行政程序规定》《山东省行政

程序规定》相继实施。2013年《西安市行政程序规定》生效。这场"驯服权力"的地方实验,其影响必定是深刻而又深远的。2009年哈尔滨市制订全国首部政府绩效评估法规《哈尔滨市政府绩效管理条例》,紧接着《深圳市政府绩效评估与管理暂行办法》。通过立法来规范建立科学合理的政绩考核机制,通过制度和机制来引导和树立正确的政绩观。

良法在于行,法治要求法律得到全面履行。应采取切实措施,改变有法不依、执法不严、违法不究的现象,深化行政执法体制改革。整合执法主体,相对集中执法权,推进综合执法,着力解决权责交叉、多头执法问题,建立权责统一、权威高效的行政执法体制。减少行政执法层级,加强食品药品、安全生产、环境保护、劳动保障、海域海岛等重点领域基层执法力量。理顺城管执法体制,提高执法和服务水平。完善行政执法程序,细化执法流程,明确执法环节和步骤,保障程序公正。规范执法自由裁量权,加强对行政执法的监督,全面落实行政执法责任制和执法经费由财政保障制度,做到严格规范公正文明执法。完善行政执法与刑事司法衔接机制。只有制定的法律、法规、规章能够得到全面、正确实施,国家才能保持法制统一、政令畅通。

(二) 进一步转变政府职能

法治政府所要求的政府,必然是职能与经济社会发展需求相适应的政府,必须合理界定政府的职能。《中共中央关于全面深化改革若干重大问题的决定》中提出:"加强中央政府宏观调控职责和能力,加强地方政府公共服务、市场监管、社会管理、环境保护等职责。"在市场经济条件下,政府应当是一个高效而又有限的政府。这标志着我们对政府职能的认识进入了一个新的阶段。政府职能要真正转变到位,关键就是正确处理政府与市场、政府与社会、政府与公民个人的关系。这就要求政企分开、政事分开。进一步简政放权,深化行政审批制度改革,最大限度减少中央政府对微观事务的管理,市场机制能有效调节的经济活动,一律取消审批,对保留的行政审批事项要规范管理、提高效率;直接面向基层、量大面广、由地方管理更方便有效的经济社会事项,一律下放地方和基层管理。推广政府购买服务,凡属事务性管理服务,原则上都要引入竞争机制,通过合同、委托等方式向社会购买。加快事业单位分类改革,加大政府购买公共服务力度,推动公办事业单位与主管部门理顺关系和去行政化,创造条件,逐步取消学校、科研院所、医院等单位的行政级别。建立事业单位法人治理结构,推进有条件的事业单位转为企业或社会组织。建立各类事业单位统一登记管理制度。只有政企、政事彻底分开,将市场竞争机制能够有效调节的事情交给市场,将社会能够自律管理的事情交给社会,将公民、法人或者其他组织能够自主决定事情交给公民、法人或者其他组织,充分调动和发挥市场、社会和公民自身能动性,政府职能才能真正转变到位,政府与市场、政府与社会、政府与个人的关系才能理顺。

(三)全面推进政务公开

透明,决定了政府必须在阳光下行政,实行政务公开,使人民充分享受知情权和监督权。首先,加大政府信息公开力度。认真贯彻实施政府信息公开条例,坚持以公开为原则、不公开为例外,凡是不涉及国家秘密、商业秘密和个人隐私的政府信息,都要向社会公开。政府信息公开要及时、准确、具体。对人民群众申请公开政府信息的,要依法在规定时限内予以答复,并做好相应服务工作。建立健全政府信息公开的监督和保障机制。其次,推进办事公开。要把公开透明作为政府工作的基本制度,拓宽办事公开领域。所有面向社会服务的政府部门都要全面推进办事公开制度,依法公开办事依据、条件、要求、过程和结果,充分告知办事项目有关信息。为人民群众生产生活提供优质、高效、便利的服务。最后,创新政务公开方式。进一步加强电子政务建设,充分利用现代信息技术,建设好互联网信息服务平台和便民服务网络平台,方便人民群众通过互联网办事。改善服务质量,提高服务效率,降低行政成本。

(四)强化权力运行制约和监督体系

《中共中央关于全面深化改革若干重大问题的决定》对此有专门论述。决定指出:坚持用制度管权管事管人,让人民监督权力,让权力在阳光下运行,是把权力关进制度笼子的根本之策。必须构建决策科学、执行坚决、监督有力的权力运行体系,健全惩治和预防腐败体系,建设廉洁政治,努力实现干部清正、政府清廉、政治清明。

形成科学有效的权力制约和协调机制。完善党和国家领导体制,坚持民主集中制,充分发挥党的领导核心作用。规范各级党政主要领导干部职责权限,科学配置党政部门及内设机构权力和职能,明确职责定位和工作任务。

加强和改进对主要领导干部行使权力的制约和监督,加强行政监察和审计监督。

推行地方各级政府及其工作部门权力清单制度,依法公开权力运行流程。完善党务、政务和各领域办事公开制度,推进决策公开、管理公开、服务公开、结果公开。

加强反腐败体制机制创新和制度保障。加强党对党风廉政建设和反腐败工作统一领导。改革党的纪律检查体制,健全反腐败领导体制和工作机制,改革和完善各级反腐败协调小组职能。

落实党风廉政建设责任制,党委负主体责任,纪委负监督责任,制定实施切实可行的责任追究制度。各级纪委要履行协助党委加强党风建设和组织协调反腐败工作的职责,加强对同级党委特别是常委会成员的监督,更好发挥党内监督专门机关作用。

推动党的纪律检查工作双重领导体制具体化、程序化、制度化,强化上级纪委对下级纪委的领导。查办腐败案件以上级纪委领导为主,线索处置和案件查办在向同级党委报告的同时必须向上级纪委报告。各级纪委书记、副书记的提名和考察以上级纪委会同组织部门为主。

全面落实中央纪委向中央一级党和国家机关派驻纪检机构,实行统一名称、统一管理。派驻机构对派出机关负责,履行监督职责。改进中央和省区市巡视制度,做到对地方、部门、企事业单位全覆盖。

健全反腐倡廉法规制度体系,完善惩治和预防腐败、防控廉政风险、防止利益冲突、领导干部报告个人有关事项、任职回避等方面法律法规,推行新提任领导干部有关事项公开制度试点。健全民主监督、法律监督、舆论监督机制,运用和规范互联网监督。

健全改进作风常态化制度。围绕反对形式主义、官僚主义、享乐主义和奢靡之风,加快体制机制改革和建设。健全领导干部带头改进作风、深入基层调查研究机制,完善直接联系和服务群众制度。改革会议公文制度,从中央做起带头减少会议、文件,着力改进会风文风。健全严格的财务预算、核准和审计制度,着力控制"三公"经费支出和楼堂馆所建设。完善选人用人专项检查和责任追究制度,着力纠正跑官要官等不正之风。改革政绩考核机制,着力解决"形象工程""政绩工程"以及不作为、乱作为等问题。

规范并严格执行领导干部工作生活保障制度,不准多处占用住房和办公用房,不准超标准配备办公用房和生活用房,不准违规配备公车,不准违规配备秘书,不准超规格警卫,不准超标准进行公务接待,严肃查处违反规定超标准享受待遇等问题。探索实行官邸制。

完善并严格执行领导干部亲属经商、担任公职和社会组织职务、出国定居等相关制度规定,防止领导干部利用公共权力或自身影响为亲属和其他特定关系人谋取私利,坚决反对特权思想和作风。

(五)依法化解社会矛盾纠纷

当前,我国正处在经济和社会的转轨期,社会利益格局和社会阶层构成正在发生深刻的变化。由于发展中的不协调、不平衡和不全面,出现了各种各样的社会矛盾,有的社会矛盾还表现得比较尖锐,甚至因为处理不当而演变成对抗性冲突。处理好当前的社会矛盾,对于保持社会协调、稳定、全面、持续和快速发展,具有非常重要的意义。法治社会要求一个高效、便捷、成本低廉的防范、化解社会矛盾的机制,这就需要健全社会矛盾纠纷调解机制,完善行政调解制度,科学界定调解范围,规范调解程序。推动建立行政调解与人民调解、司法调解相衔接的大调解联动机制,实现各类调解主体的有效互动,形成调解工作合力。加强行政复议工作。充分发挥行政复议在解决矛盾纠纷中的作用,努力将行政争议化解在初发阶段和行政程序中。做好行政应诉工作。完善行政应诉制度,积极配合人民法院的行政审判活动,支持人民法院依法独立行使审判权。

(六)增强公务员法法治观念,形成尊重、崇尚法律的氛围

法治社会,不仅仅指制定了法律制度,建立了法律实施机制,更要求承担经济、文化和社会事务管理职能的行政机关的工作人员、特别是各级领导干部具有法治意识,笃信法治。要信仰法律、尊重法律、崇尚法律、遵守法律。法治意识是依法行政的意识支撑。行政机关及其工作人员尤其是领导干部是否具有法治意

识,是能否实现法治政府的关键所在。只有政府及其工作人员尊重、服从和遵守法律,公民才可能信仰法律,反之,则会摧毁公民对法律的信念。必须对行政机关工作人员尤其是领导干部进行法治观念教育,建立法律知识学习培训长效机制。要通过专题研讨班、法制讲座等形式,组织学习宪法、通用法律知识和与履行职责相关的专门法律知识。各级行政学院和公务员培训机构举办的行政机关公务员培训班,要把依法行政知识纳入教学内容。定期组织行政执法人员参加通用法律知识培训、专门法律知识轮训和新法律法规专题培训,并把培训情况、学习成绩作为考核内容和任职晋升的依据之一。

除此之外,还需营造学法、遵法、守法的良好社会氛围。采取各种有效形式深入开展法治宣传教育,精心组织实施普法活动,特别要加强与人民群众生产生活密切相关的法律法规宣传,大力弘扬社会主义法治精神,切实增强公民依法维护权利、自觉履行义务的意识,努力推进法治政府建设。

本章小结

行政法治是法治的一个方面,是法治的一般原则和精神在行政领域的体现和延伸。行政法治的基本原则包括合法性原则和合理性原则。

行政法治的理论基础包括:天赋人权说、政治原罪说、群体道德优于个人。

行政法治实现需要以完善的制度体系作为依托。行政法治由行政立法、行政执法、行政救济三个基本的环节组成。

行政法治的实践目标是建设法治政府。法治政府必然是有限政府、服务型政府、透明政府、诚信政府、责任政府。建设法治政府要做到:加强立法,严格执法;转变政府职能;全面推进政务公开;强化行政监督和问责;依法化解社会矛盾纠纷;增强公务员法法治观念。

关键词

行政法治　行政立法　行政执法　行政救济　行政复议　行政诉讼　法治政府

第九章 行政法治

思考题

1. 行政法治的内涵是什么?
2. 行政法治的基本原则有哪些?
3. 行政法治的理论基础是什么?
4. 行政立法的含义、特征、程序是什么?
5. 行政执法的特征及主要形式有哪些?
6. 行政救济的特征及方式是什么?
7. 法治型政府的基本理念有哪些?
8. 法治型政府的建设途径是什么?

推荐阅读

著作

1. 罗森布鲁姆等:《公共行政学:管理、政治和法律的途径》,北京:中国人民大学出版社2013年版。
2. 国务院法制办公室政府法制研究中心:《加快法治政府建设的思考与探索》,北京:中国法制出版社2008年版。
3. 马怀德:《法制现代化与法治政府》,北京:知识产权出版社2010年版。
4. 张渝田:《建设法制政府机制研究》,北京:法律出版社2011年版。

法律法规

1. 《中华人民共和国公务员法》
2. 《中华人民共和立法法》
3. 《中华人民共和国行政处罚法》
4. 《中华人民共和国行政许可法》
5. 《中华人民共和国行政强制法》
6. 《中华人民共和国行政复议法》

7. 《中华人民共和国国家赔偿法》

8. 《中华人民共和国行政诉讼法》

9. 《中华人民共和国信息公开条例》

网站

1. 宪行天下,http://www.cncasky.com/。

2. 法治政府网,http://law.china.cn/。

3. 《国务院关于加强法治政府建设的意见》,http://news.qq.com/a/20101108/001583.htm。

4. 《中国法治发展报告》,中国网,http://www.china.com.cn/news/zhuanti/09fzbg/node_7066838.htm。

5. 《全面推进依法行政实施纲要》,http://news.xinhuanet.com/newscenter/2004-04/20/content_1430493.htm。

第十章 行政伦理

随着行政体制的逐渐完善和行政方法的臻于熟,行政伦理又逐渐成为人们关注和讨论的重点问题。伦理寻求"对"与"错","正当"与"善"等价值原则和行为的准则,而行政决策、过程和行为都无法离开伦理的关照,当人们讨论政府是清廉还是腐败、行政人员行为是正当还是不正当时,使用的往往是伦理的标准。

第一节 行政伦理概述

"行政伦理"是一特称概念,这种伦理规范本质上不同于公民个人伦理道德,也不同于其他一般的职业道德规范。行政是政府的过程和行为,行政本身的特点也使得行政伦理区别于其他领域中的伦理规范,基于行政事务和行政行为的特点和独特性,应对行政伦理进行准确的界定。

一、行政伦理与行政道德

行政伦理属于哲学、价值和道德准则的世界,在某种程度可以将其定义为一种道德的评价。人们评价一名行政官员"道德水平高"或"道德品质低下",判断一项政府政策"合理"或"不合理"时,总是离不开伦理道德的概念范畴。因此,在许多情况下,人们并不严格地区分行政伦理和行政道德,而是把两者看做是紧密相连,可以相互替代的概念。从词源学上讲,"伦理"与"道德"通常可以相互替代,很多时候也合在一起使用——"伦理道德"。我国权威工具书《现代汉语词典》对"伦理"一词的解释是:"人与人相处的各种道德标准";对"道德"一词则解释为:"社会意识形态之一,是人们共同生活及其行为的准则和规范。道德通过社会的或一定阶级的舆论对社会生活起约束作用。"正如托马斯·阿奎那所说:有的作者以"伦理学"命名的这门学科,实际上正是别的作者称为"道德哲学"的学科。"道德哲学或伦理学的原理和推论所关注的乃是人的行为及其目的和手段;就人的行为及其目的和手段而言,道德哲学或伦理学基本内容在于指出应该追求什么和应该奉行什么,而不是简单地描绘人们的实际行为、所追求的目标以及怎样追求这些目标。"

"伦理"与"道德"尽管存在密切的内在联系,但许多学者仍然强调应该将二者相互区别开来。黑格尔的《法哲学原理》就分为"法""道德""伦理"三篇分别论述。库珀其著作《行政伦理学》中对伦理与道德做出了区分,他认为"道德所主张的是某些可接受的行为模式","伦理涉及的是对可用来各种道德形式进行辩护的逻辑、价值观、信仰和原则的考察与分析"。道德更倾向于说明哪些行为模式是可以接受的,而且这些可接受的行为模式一般产生于特定的历史、文化、习俗和宗教之中,表现为特定的传统、意识、观念和成文或不成文的观念,并被特定的群体所认可和接受。就此,国内的学者认为,行政道德的概念主要涉及行政主体个人实践活动的正确规范及其所反映的价值观,这主要是作为行政主体的公务人员在行政管理的职业实践中所形成和表现出来的,它包括公务人员的道德传统、道德意识和道德品质,以及由此形成的道德规范和道德风尚等。

从学术的角度上讲,伦理学与行为没有直接的关联,它便像是一种道德哲学,思考道德原则和规范背后的价值与意义,追问和反思行为模式是否可被视为道德的原因。就行政伦理而言,它主要指向的是行政活动对错的判断过程以及判断的理由,更多地思考正当性与合理性的问题,也即在公共行政活动中所涉及的计划、组织、领导、控制等职能的合法性问题。在实现的世界中,人们又往往把伦理理解为道德的外在化,表现为现实的群体规范,具有外在性、客观性、群体性。在这方面,伦理学要为具体的行为提供可行性的说明和辩护,以此说明该行为为何在特定情形下要优于其他的行为选择。因此,行政伦理又可以看做是用来约束和规范行政行为的道德准则。实际上,由于伦理学与道德的紧密关系,行政伦理与行政道德并无法在现实的世界中做出完全的区分。

二、行政伦理的内涵

著名行政学者夏书章认为,我国社会主义行政道德应包括如下内容:政治坚定、为人民服务、实事求是、清正廉洁、勤奋敬业。另有学者总结出更多的项目:忠于国家,维护国家利益;忠实地执行法律;为公众服务;服从命令;保守秘密;承担公共责任;为社会树立典范;不断学习;促进民主。

相比之下,我们认为美国学者特里·L.库珀的论述更具概括性。库珀认为,行政伦理乃是实现政府行政责任的基本途径。换言之,公共行政人员必须承载的行政伦理实际上就是其作为国家公职人员必须承担的政府行政责任。行政伦理本身并非什么外在的东西,而是必须依赖一个个活生生的公共行政人员才能存在的一种特殊的职业伦理或道德。库珀区分了公共行政人员承担行政责任的两种基本形式:"客观责任"和"主观责任"。"客观责任与来自外部的影响因素有关,主观责任则与我们内心的观念和想法即对自身责任的认识有关。""客观责任在具体形式上包括两个方面:职责和应尽的义务。""职责和义务,对某人负责和对某事负责,是客观行政责任的两个方面。"

可见,库珀所谓"客观责任"是指公共行政人员需要向哪些对象负责,而"主观责任"则强调主体自觉的责任意识。

根据库珀的叙述,在美国,公共行政人员必须向上级负责,向民选官员负责,向公民负责。公共行政人员向自己的上级负责,是最直接的行政责任,也是最起码的要求。与此同时,公共行政人员还必须对自己的下属的行为负责。相比之下,向民选官员负责是一种更高级的行政责任,因为"公共行政人员对制定政策者的义务要高于对上级的义务"。最后,公共行政人员必须对选民负责。"这不是直接的职责关系","却是最根本的义务关系,因为公民是主权者,公共行政人员是他们的受托人"。

综合中外学者关于行政伦理内涵或内容的不同阐述与概括,我们认为,行政伦理是通过三个关键词来体现的:价值、责任和规范。行政伦理存在的终极目的是追求和促进诸如公平、正义、自由、民主等社会价值;行政伦理存在的直接理由是履行行政义务或承担行政责任;行政伦理在形式上表现为一种约束、激励、指引行政行为的行为规范,这种规范不但强调内部控制,而且重视外部控制。

三、行政伦理的特征

行政学者丁煌认为,公共行政行为须靠行政法律规范和行政道德规范来共同约束和规范。其中,行政道德规范作为一种特殊的社会职业规范,具有政治性、自律性与非强制性、相对稳定性、示范性等四个特点。

尽管行政伦理可以甚至必须通过行政伦理规范而以外在的、明确的行为规范表现出来,但是,行政伦理的实际效用主要地还是取决于行政人员的行政伦理意识及其实际做出的行政行为;行政伦理规范只能通过行政人员的行为表现而起作用。结合行政人员的伦理规则与行为特点,行政伦理大致具有以下几个特点。

1. 自律性

自律性是行政伦理与其他任何职业伦理相通、相同和一致的特征,可视为各种职业伦理必备的基本特征。伦理道德与法律在形式上主要的区别就在于:当人的行为背离伦理道德的要求时,外部力量的影响只能表现为"评价""谴责"等;而当人的行为违反法律规定时,外部力量的影响则可表现为各种处罚形式,直至通过国家暴力机器给予强制性的制裁。但无论一个社会的法律如何完善,如何得到有效的执行,或使其更具有威慑力,但实际上伦理道德才是影响人的行为(包括行政人员的行政行为)更为根本、更为持久的因素。正是这样,我们思考问题和解决问题的重点就应该放在思考和探讨如何有效发挥行政伦理的自律功能上来。这可能是人类社会一个永恒的主题。

对于公共行政来说,无论是公共政策的价值选择还是行政人员的工作行为,都会遭遇伦理困境和伦理抉择,此时的行政伦理潜在的影响力将具有决定作用。尤其是国家机关及其官员在公共利益和特殊利益面前会发生冲突,伦理道德的选择就成为行政主体难以回避的问题。所以,如何处理诸如公私关系等行政伦理困境问题,就成为判断行政主体道德与否的伦理标准。在各种道德义务发生冲突的情况下,公职人员往往需要牺牲其他道德义务,自觉从公共利益出发,自律行事,保全行政道德义务,履行公共职责。自觉自律就成为行政伦理的一大根本特征。作为一种观念力量,它可以提高行政权力的合法性,对于行政管理的公正、廉洁与高效起着至关重要的作用。

2. 公共性

公共性是由公共行政的本质所决定的。行政人员不应只是为自我实现而工作,而应以促进公共利益为目的。"所有的公共行政人员都要以是否符合公众利益为最终标准来衡量各自的行为是否是负责任的行为。"[1]公共行政的权力来源于全体人民的授权或委托,因此,公共行政的最终目的必须是为全体人民谋福利,为人民服务乃是人民政府的根本宗旨。由于人民只是一个很笼统的政治概念,因此,公共行政部门应该在认真研究和掌握社会各阶层、群体或集团利益分化的复杂情况的基础之上,通过公共政策、公共项目等途径尽可能整合社会各阶层、群体或集团各自特殊利益之间的交叉部分,所谓公共利益实际上只能是这种利益交叉部分;而且,政府部门还必须想方设法地不断扩大这种利益交叉部分,同时也就意味着要尽可能缩小各阶层、群体或集团各自的特殊利益部分。特权始终是公共利益的敌人。可以说,人类社会从古到今一直都充斥着各种形式的特权。通俗地理解,特权就是一部分人可以为或不为的权利,与此同时,其他人则没有同样的可以为或不为的权利。现代社会既然是民主治理的社会,或者更准确地说,现代社会以实现民主法治为目的之一,那就必须想办法尽可能全面实现在社会各领域各方面每个社会成员都享有可以为或不为的权利。只有这样,才能让"公共意志""公共利益"具有最大程度的公共性。也只有这样,社会公平、公正才是实在而充实的。但要达此目的,负责的行政人员必须能够为自己的行为造成的影响负责,也必须把公共利益作为自己的职业准则,并把这一准则内化为内心的信念,成为自身所信仰和遵从的伦理准则。

3. 示范性

行政伦理的示范性在一定程度上可以看作其公共性必然的延伸,也是我们

---

[1] 〔美〕特里·库珀:《行政伦理学:实现行政责任的途径》,张秀琴译,北京:中国人民大学出版社2001年版,第71页。

探讨行政伦理的重要价值所在。我们每个人都会受到他人的影响,也会对他人施加一定的影响。但是,如果只是一般的社会成员,我们能够给他人带来的影响相对而言总是有限的。相反,公共行政人员则不同,由于他们是公共人物,他们扮演的是国家公职人员的角色,他们行使的是国家行政权力,他们的工作就是为社会提供公共产品和公共服务。当人们讨论一种行为是否得当时,往往关注官员们是否也做出了如此的行为,并以此说明此种行为的正当与否。因此,我们应该看到,公共行政人员通过他们的一言一行、一举一动给其他社会人士施加的社会影响是巨大的。特别是当公共行政人员做出某种行政行为的时候,他们体现出什么样的行政伦理或行政道德意识、水平及价值理念,会影响到社会各界人士对国家公职人员整个群体的看法和评价,影响到社会人士对国家机关特别是行政机关组织形象的形成、维持或改变。我们常常说要加强社会公德建设,要加强精神文明建设,其实关键就在于国家公职人员特别是公共行政人员这一特殊职业群体的职业道德建设,也就是行政伦理的建设。无论是作为整体而存在的行政人员这一职业群体,还是每一个行政人员以个体身份出现的时候,他们的行为,尽管主要是指他们做出的行政行为,但即使是他们的私人行为,只要人们知道他们的真实身份,他们的行为都会产生示范效应。

4. 系统性

尽管人们往往从行政人员的行为当中理解行政伦理,但实际上行政伦理并不仅仅是行政人员的个人职业伦理,而是一套关于政府管理的系统的价值体系。如果从完整意义上理解行政伦理,至少包括两个层次,即公务人员个体的伦理和行政组织的群体伦理。从更加完整的意义上讲,行政伦理应该是关于整个政府管理的价值观念体系,它包括如下若干层次,即公务人员的个人道德、行政管理的职业道德、行政机构的组织伦理及行政过程中的政策伦理等方面。这些价值观念、道德标准和行为准则等构成了一套完整的伦理体系,共同构成了一种公共行政的内在精神。

四、行政伦理相关理论

(一) 义务论与目的论

虽然行政伦理学作为一门单独研究的学科十分年轻,但传统伦理学对于行政伦理内容的探讨却一直存在。从古至今,只要有人的地方,都存在着伦理和道德问题。同样,无论是在古代还是在现代开展行政管理,都会涉及关于行政行为的正当性,对于"对错""好坏""善恶"等价值的判断,因此,传统伦理学讨论的内容也常常可以用来分析行政伦理问题。义务论与目的论作为伦理学的两大类型,同样也代表了行政伦理的两种不同发展路径。

伦理学的理论形态繁多,但归纳起来,主要有两种类型,或者说,能过对"善恶正邪"问题的不同回答,可以分出规范伦理学中的两大流派,即义务论(道义论)和目的论(结果论)。义务论可追溯到传统的道义论,在现代政治生活中主要遵循的是以康德和罗尔斯所建立起的道义论传统。目的论在现代社会主要是指功利主义,在现代政治生活中以边沁和密尔的传统为代表。

伦理学学者何怀宏认为,要对于义务论与目的论做出区分首先区分两组概念。第一组:正当(right)、应当(ought)、义务(duty);第二组:好或善(good)、价值(value)。正当主要是针对行为、过程及其规则而言的;好的广义则是指一切人们认为有价值的东西。广义上,正当也可以包括在好或者说价值之中,但与"正当"相对而言时,好则主要是指人们所欲求的生活目标、性质、品格、趣味、状态以及行为结果中一切有正面意义的东西、人们希望得到的东西。义务论和目的论的分歧也就涉及我们究竟根据什么标准或理由来判断某些行为或行为准则是正当的,某些行为或行为准则又是不正当的。义务论者把"正当"和"应当"这一类概念作为基本概念,认为某种行为之所以是正当的,是由于其行为本身的正当性,或是符合了某种形式原则。而典型的目的论则认为"正当"在于可以达到某种"好"。功利主义是一种典型的目的论者,他们首先确定了一种"好"(功利),然后再把"正当"定义为能够最大限度地增加"好"(功利)的东西。这样,"好"就是优先于"正当"的,"正当"依赖"好"来确定。

也就是说,义务论是以责任和义务为行为依据的伦理学理论。它集中注意的是道德行为动机,把义务和责任看成是其理论的中心概念。任何道义论的伦理学理论都有一个显著特点,即不诉诸行为后果,而诉诸一定的行为规则(原则、规范等此类首先标准)。义务论认为,一个行为的正确与错误,并不是为这个行为所产生的结果所决定的,而是为这个行为的动机,行为本身的特性所决定的,即这个行为的动机是否是善的,行为本身是否体现了一定的道德准则。政府的行政管理严格地界定对与错的标准就是义务论的一个典型表现,这些对错的标准具体表现为各种法律、行政规章和行为准则。如果人们认为这些法律和规章是公平和正义的,在执行过程中也存在着程序正义,那么,人们就会对政府的行政管理表示认同,并愿意服从这种管理。相反,如果人们认为行政管理过程中的这些法律与规章是不公平与正义的话,那么,政府的管理行为就失去了合法性,而受到人们的质疑。

以功利主义为代表的目的论的核心主张是,与行为相关的(行为本身或行为后果性的)感性快乐与痛苦是伦理学思考的出发点。行为的正当性在于它所能带来的快乐的量是否超过痛苦的量。换句话说,一个行为的正当性取决于它是否能带来相比较而言的最大幸福或快乐(后果)。如果行为所能带来的快乐超过痛苦,则这个行为具有善的价值。在政治观念上,目的论的主要主张是:最大多数人的最大利益。诸如功利、效率、安全等价值的最大化往往是目的论行政伦理所追求的目标。在某些情况下,目的论的行政伦理观认为,为了实现或做到某种目的的最大化,在某种程度上破坏平等、公正等行政价值也是可以接受的。

在公共行政的过程中,人们在大多数时候都是同时使用这两种方法来进行进决策。如对待腐败问题上,义务论的行政伦理认为,无论腐败规模大小,都会毁损公正、平等以及行政人员的操守。而目的论的行政伦理则对小规模的腐败表现出很大的容忍。持这种行政伦理观的人认为,如果微不足道的腐败、渎职和幕后交易可以带来更高的效率,或大多数人可以从中受益,那么所有的这一切都是可以容忍的。

但在某些特殊的边缘情况下,究竟是坚持义务论的行政伦理还是目的论的行政伦理还是会有很大的差别。如在政府改革过程中,一般都会为了减少腐败而建立起一系列的控制程序,这些控制程序会所政府表现出更多的清廉和道德的特征。但是,防止腐败和渎职控制程序又会导致政府有更多的繁文缛节,动作缓慢、官僚主义和不负责任,这使政府管理不如企业管理那样具有效率,可以实现利益最大化。而如果取消这些反腐败的程序,让政府管理更多地追求效率和功利,又会增加政府中的腐败趋势。实际上,义务论与道义论的行政伦理观念更多的是理论上的一个辨别,在行政管理实践中常常并不如些清晰地两分,在大多数时候行政管理实践是在两种理论的张力和平衡中逐渐演进的。

（二）新公共行政与行政伦理

伦理学具有关注政治生活的传统。柏拉图认为，人类生活的最高目的就是过一种"善"或"正义"的生活，它同时也是政治活动的最终目标。亚里士多德认为，国家作为最高的善，是人们道德生活的一种体现。城邦的根本目的，并不在于让人们获得更多的物质财富，而是使人们在城邦中过一种具有道德意义的生活。行政学脱胎于政治学，伴随着政治科学的最终确立而出现。1887年威尔逊的著名论文《行政学研究》标志着公共行政作为一门独立的学科而产生，但在公共行政学的学科体系中，行政伦理学是一门更为年轻的分支学科。行政学建立之初奉行的是政治与行政二分原则、科学主义和效率主义，同时受到行为主义研究方法的影响，传统公共行政也主张价值中立。传统行政学主张政治与行政分离，忽视了政治因素对管理过程的影响，同时，效率标准被不恰当地过分推崇，公共行政的价值因素往往被忽视。在这种背景之下，伦理学在传统政治学中的地位在此时的行政学中也基本被漠视。

一般认为，专门性地研究行政伦理的文献应追溯到新公共行政运动时期。新公共行政源起于对于政治与行政、事实与价值、效率与公平等问题的重新思考。相对于建立在政治与行政二分基础上的传统行政学，新公共行政者强调行政管理者并不是价值中立的，他们应该为好的管理与社会公平做出承诺，并以此作为价值，奋斗目标或理论基础。新公共行政的理论倾向必然会重视对行政伦理的研究，从对行政伦理的研究中寻求他们所倡导的新的行政范式的价值支持，从而使公共行政实践能够拥有价值导向。在这种背景下，平等、公正、责任和过程等行政伦理所关注的主题都开始被学者广泛地讨论和研究。

新公共行政运动还推动了对行政人员个人行政伦理道德的关注。以韦伯设计的官僚制为代理的传统行政理论主张组织的非人性化。与科学管理思想一致，传统行政学对世界和人采取一种机械式的看法，认为理性的经济人可以通过激励与报酬操纵，官僚制下的官员以理性的方式最有效率的实现其目标。因此，韦伯设计的官僚制的规则是非人性化的，规则和控制的实施具有统一性，避免掺杂个人感情以及受到个人偏好的影响。而科学管理理论之后，管理学的发展越来越关注组织文化，以及组织中个人的社会属性。新公共行政理论更注重个人在组织当中的能动作用,包括行政人员所具备的行政伦理道德对于公共行政过程的影响。行政人员有效的行政行为需要官僚的专门技能,同时应用这些技能也需要拥有自由裁量权。在面对自由裁量时,行政人员个人的决策和行为实际上是一种内控的过程,此时他本身的价值、信念和素质就具有决定性意义。而且,传统行政所推崇的官僚制以分工为基础,把行政人员看做是从事特定职业的单一角色。但实际上他们和每一个社会普通人一样,在家庭和社会中承担着不同的角色,而每一种角色所附带的一系列义务和利益可能会发生冲突与矛盾,从而把行政人员置于伦理困境之中。对于如何解决各种角色的冲突,法规通常只给行政人员提供含义宽泛的倾向性指导。在这种随意性很大的情况下,要做出符合公共行政精神的决策,当事的行政人员的伦理水准和道德水平也就显得至关重要。

第二节 行政伦理的结构

对于行政伦理的范畴有不同的理解。有学者认为行政伦理由行政理想、行政态度、行政义务、行政技能、行政纪律、行政良心、行政荣誉、行政作风等八大范畴组成。还有学者提出,行政伦理体系包括以下几个方面:公共行政伦理的价值理念、公共行政职业伦理、公共行政权力伦理、政府伦理、制度伦理、公共行政责任伦理、公共行政人格。无论行政伦理的范畴包括哪些内容,行政伦理作为一个系统都表现出特定的结构性特征。依据行政伦理主体要素的层次和公共行政的动态过程的伦理要求,可以对行政伦理的结构做出描述。

一、行政伦理结构要素

就大的方面而言,行政伦理可分为行政人员的个人伦理和行政组织的组织伦理两个方面。

现代公共行政对于行政伦理的关注最早是从个人行政伦理开始的。20世纪40年代,政治腐败带来民众对于官员伦理道德素质的忧虑。人们在批判腐败的同时,也越发关注政策制定者,尤其是选举产生的官员的伦理道德问题。人们对于行政人员伦理问题的关注最容易激发的是对个人道德品质的讨论,他们认为有较高道德水平的人掌握公共权力更值得信赖。但是,仅仅依靠提高个人伦理道德水平来提高管理行政管理水平既不可靠又不现实。行政人员在公共行政过程中所应具备的伦理不仅是个人的道德素质,同时还是一种职业伦理。行政人员的职业伦理不仅要符合行政管理的职业特点,而且,这种伦理标准随时间推移需要发生变化,行政管理者需要对这些标准的更新及其要求的变化做出反映,最为根本的是行政管理者的伦理标准应该反映出对于社会核心价值的承诺。20世纪末的行政伦理研究认为,无论是行政人员的个人伦理还是职业伦理,最终形成的是行政人员作为行政主体的一种综合素质。这种素质可以让政管理人员独立地鉴定行政决策的标准与过程,并能够理性地进行质疑。进一步的理论发展认为行政人员应当具有独立于行政组织的判断标准,这些标准应该反映出对于社会核心价值的承接和对于组织目标的认同两个方面。

对于行政组织伦理的关注始于对传统行政组织理论的反思。组织理论之父韦伯所设计的官僚制组织是一种非人格化的存在,它像一台精密的机器冷静地运作,把一切人格化的影响排除在组织体系之外。但随着人际关系管理学理论的发展,人们逐渐认识到组织文化(包括正式文化和非正式文化)对组织动作产生的影响,进而寻求一种与行政组织发展相适应的行政组织文化,行政组织伦理作为行政文化的一个侧面也越来越受到关注。而且,随着现代社会多元的行政价值目标所形成的公共行政价值体系的发展,行政组织与日益倾向于抛弃传统的过于稳定的官僚体制,寻求灵活性的行政组织结构,行政组织伦理的探讨也在这种寻求中逐渐成熟。此外,新公共行政运动的发展促进人们对公共政策伦理的思考。新公共行政以公平为核心,在传统公共行政的效率与经验问题之外,增加了另一个问题:"是否增进了社会公平?"公共政策不再把效率作为唯一的价值取向,它需要在诸如增长、财富、安全、发展、平等、公正、效率等诸多甚至冲突的价值中进行选择、排序或权衡取舍。新公共行政理论关于公共政策价值的探讨促进了公共政策伦理研究的发展。

总之,正如行政学学者所指出,理解行政伦理结构体系必须注意三个问题:(1)公务人员的伦理道德并非行政伦理的全部,它与组织伦理一样,都是其中的一部分。(2)公务人员的伦理道德包括个人品德和职业道德两个方面。(3)行政组织的伦理道德又包括行政组织制度伦理和公共政策伦理两个方面。

二、公务人员的个人品德

传统伦理学关注政治生活中个人道德水平的高低,认为如果每个政府官员都具有较高的道德水准,那么社会政治生活必然政治清明,廉洁高效。柏拉图设计的理想国就是由一位全能的哲学王统治的。中国传统儒家尤其重视政治行政人员的个人道德水平。孔子说:"政者,正也。子帅以政,孰敢不正?"(论语·颜渊)他把"政"解释为"正",就是强调为政者自身的导向意义,这些人要以身作则,具有良好的道德素质,以引导民众向善,才能"道之以德,齐之以礼",实现社会政治生活的良善。虽然现代的政治生活不把希望完全寄托在为政者的个人道德水平上,但仍有理由相信,人们更希望把公共权力委托给有更高道德水平的人。

一般来讲,公务人员的个人品德包括以下几个方面:一是公务人员的思想态度。公务人员的思想态度是指他们在日常的公务活动中所表现出对公共行政职业价值观的认同,以及相联系的工作态度问题。对公共行政价值观产生认同,并将它内化为自己的行为目标,是推动公务员个体尽职尽责、努力工作的基础性因素。只有在价值观的层面固化这种认同,才有可能在实际工作中表现出积极进取、勤恳乐观的工作态度;二是公务人员的思想品德。指人们比较稳定的道德意识、道德意志和一贯的心理性格特点。公务员首先是作为个体存在的公民,他必须遵循社会长久以来形成的道德意识、道德意志和心理习惯等行为规范。对于公共生活以及公共管理活动而言,公务员思想品德的内容,除了包括日常人们所追求的个人美德,如谦恭、仁慈、智慧、诚恳、忠实等,更为重要的美德是乐观、勇气、公正、好善乐施与爱心。

三、行政职业道德

行政人员是在行政管理岗位上从事工作的相关人员。行政管理作为一种职业时,应拥有同公共行政职业相联系的,用以调整行政领域中人与人之间关系的道德原则和道德规范。也就是说,行政管理职业和任何其他职业一样,都是由一定的道德原则和道德规范所组成的。公共行政的核心价值是公共利益,行政职业道德也应围绕着公共利益来构建。

一般来讲,行政职业道德规范至少包括以下几个方面的内容:

一是以公共利益为核心。这是由行政伦理的本质直接引申过来的,也是由行政道德原则所直接规定的。行政管理活动的根本目的是为了维护公共利益、增进公共利益。但行政人员在行政管理职业活动中,不可避免地会遇到个人利益与公共利益、个人偏好和公共理性、自我意识和集体选择之间的矛盾。当公务人员遭遇到这些伦理困境时,必须坚持公共利益至上的原则,不得因为一己私利或者地方利益、部门利益而影响公共事务管理的公正性。

二是遵守法律法规。公共利益的原则是通过宪法和法律表现出来并加以维护的。遵纪守法是公务员履行义务的保证。作为普通公民,公务员必须像其他人一样遵守宪法和法律;作为国家工作人员,公务员更应当成为遵守法律的模范,必须遵守有关公务人员特殊整体的各项法律法规,遵守本人所处的特定职位所必需的具体规范和规则。

三是乐善好施的爱国主义。著名行政学者弗雷德里克森认为,根植于利己主义、实用主义哲学基础上的职业伦理破坏了民主政府中的行政伦理。他提出,公共服务中基本的道德责任应界定为乐善好施的爱国主义。乐善好施意味着对他人的关爱,主动地承担责任,服务于公众利益。爱国主义则代表着对国家的忠诚和热爱,"在一般情况下,对国家的爱包括两个不同的原则,首先是对宪法或已经建立的政府敬畏;其次是一种尽我们所能竭力争取使自己的同胞过上安全的、体面的和幸福的生活的强烈愿望。不尊重法律,拒绝遵从政府管理的人不是一个好公民;不愿意竭尽全力促进全社会的共同福利的人,不是一个好公民。"在乐善好施的爱国主义的指引下,公务人员既是道德的思考者,又是道德的践行者。他们既相信与理解公共行政和价值和精神,又对国家和人民具有服务意识和关爱感情。

四是勤勉负责。公共行政工作的公共性要求公务员在他们的公务活动中勤恳工作、认真负责,不得懒惰拖沓、玩忽职守。这是一种职业责任心和职业态度在日常工作中的体现。责任一般分为主观责任和客观责任两种。行政管理职业道德中的主观责任,指公务人员从内心主观上认为应该担负的责任,主要包括忠诚、良心和认同等。行政管理中的客观责任,指由制度和职业关系所客观决定的责任,主要包括公共义务和行政负责,即为了公众利益所应当和必须负有的制度和社会方面的责任。主观行政责任根源于一种社会化的价值,客观责任来自于法律的、组织的和公众的需要。从道德规范意义上讲,负责主要是一种职业责任心和职业态度。它要求公务人员精通业务、忠于职守、爱岗敬业等职业道德。

四、行政组织伦理

法国学者贡斯当在《古代人的自由和现代人的自由》中区分了两种不同的伦理观念。他认为古代人更多地关注个人层面的伦理道德,把正义等伦理概念理解为个人的美德。而现代人与古代人不同,他们更多地关注制度伦理,把正义等伦理概念更多地理解为制度属性。正是在政治制度层面,罗尔斯在《正义论》中开宗明义地指出:"正义是社会制度的首要德性,正像真理是思想体系的首要价值一样。一种理论,无论它多么优雅和简洁,只要它不正确,就必须加以拒绝或修正;同样,某些法律和制度,不管它们如何有效率和有条理,只要它们不正义,就必须加以改造或废除。"可以说,处于社会分工体系当中的组织,也如同职业体系中的个人一样,需要规范的引导与维持。所以,组织层面的伦理是不容忽视的。行政伦理不是纯粹个人层面的道德,虽然这种伦理规范通过个人的行为表现出来,但从更高的层面上讲,它是特定组织文化的一个侧面。这种行政组织的伦理如同制度正义一样,赋予了一个组织内在的精神。

可以说,行政组织伦理主要指与组织制度和组织程序相联系的一系列伦理原则和行为规范。总的来说,行政组织伦理表现在以下几个方面:

一是程序公正。程序公正是道义论行政伦理的基本要求,这种要求可以有效防止为了某些功利的目的而违反公正等行政价值。特别是在公共权利行使的过程中,有一个极大的道德危险,即权威的价值有可能超越服务的价值,导致目标置换的现象发生。行使权力原本是公务人员提供公共服务的手段,却有可能变成他们的目的。在行政机关履行行政职能、推行政务的过程中所建立的一系列程序、规章、条例、办法等,其目的都应该是为公共权力的授权者服务,而不应成为行政机关或个人谋取私利的手段。

二是组织信任。行政机关是一个在分工基础上进行合作的整体。这种合作不仅需要正式的权力体系,更要构建人与人之间、部门与部门之间和谐的信任关系。信任意味着期望与义务的一种良性循环关系,意味着一种勇于承担义务的机制。信任关系作为一种公共管理的社会资本,可以为公务人员的集体行动提供便利,良好的伦理氛围是整个组织协同工作的保证。另一方面,在行政机关与外部环境的关系上,也要求维持和增进政府与社会之间的信任关系。两方面信任关系的结合,才能最大限度地降低行政活动的运行成本,使行政任务得以顺利完成。

三是民主责任。政府行政实践的核心是责任问题,在现代民主政治中,行政权力来源于人民的授权,行政机关对广大的人民群众负有国家制度所赋予的责任,即所谓的公共责任。这种公共责任与民主原则结合起来,要求行政机关的目标、价值偏好必须反映人民的意志,并且在行政工作中自觉接受群众的监督。世界银行把公共责任作为判断一个政府对社会进行良好治理的重要标志。与民主政治相关的民主行政责任包括政府治理的合法性、透明性、法治、回应和有效性等。这些要素说明了责任对于民主的意义。行政管理的伦理责任主要应该是对于公众的责任,行政主体应该增加政治透明度,保证公民的知情权,以及在不同社会价值之间的协调与整合。

四是制度激励。行政组织的伦理还体现在组织激励的层面,即如何通过建立组织内部合理公正的制度关系来激发组织成员的积极性,进而推进组织活动的顺利开展。作为伦理问题的组织激励必须解决两个主要问题:(1)组织需要与个人需要之间的关系问题;(2)效率与公平的问题。

五、公共政策伦理

公共政策伦理是制定良好公共政策的前提。公共行政人员的行为过程一定是受制度化的政策指导的,而且这些政策也必须具有加强公共服务的公共服务精神。就此意义而言,政策伦理比任何单个的政策都更加重要,原因在于所有的政策都依于特定的伦理精神。从公共政策制定的角度分析,公共政策伦理在很大程度上就是选择的伦理。政策分析学者科恩认为,公共政策需要价值引导与支撑,而且常常要在各种竞争性的价值(公平、效率)间进行选择与排序。"从多种价值中进行选择或排序不仅是一个技术上的判断问题,同时也包含着对道德因素进行评判的过程。正因为如此,政策分析表现出运用伦理的特征。"对于公共政策研究来说,重要的是价值在政策过程中需要什么样的地位和作用。政府伦理是制定良好公共政策的前提,就此意义而言,政府伦理比任何单个政策都更加重要,原因在于所有的政策都依于伦理。从价值意义上看,公共政策伦理就是公共利益和个人偏好之间关系的伦理。说到底,公共政策伦理所涉及的是正义价值的选择问题,公共政策的本质又在于对社会利益和价值进行权威性的分配,所以在大多数情况下公共政策伦理涉及对分配正义的理解。

与伦理学的基本理论倾向一致,公共政策伦理主要也可以划分为义务论和功利主义两大类别。道义论的政策伦理认为,一项公共政策的后果的善并不能确保这项政策的正当性。公共政策的正当与否,取决于政策本身是否遵循了公共行政的道德准则。道义论的公共政策通常把公正作为公共政策的核心价值,认为正义的价值不受功利的权衡。其典型的观点为罗尔斯的正义理论,他认为社会政治生活中,正义原则对功利原则具有优先性,正义原则不受功利与效率原则的权衡,对正义原则的违反,不可能因较大的社会经济利益而得到辩护。功利主义公共政策伦理是一种目的论,它根据行为后果的效益来评价行为,强调的是人们行为的结果而非动机,其原则是利益至上。此外,与道义论和功利主义伦理学对话还有个人自由论的伦理学。这种伦理学以个人权利和自由为核心,认为第一性的价值是自由,提出公共政策要保证个人行动有更大的自由,只有保证社会上所有成员获得充分自由行动权利的政策才是正确的。

第三节 行政伦理的功能

毫无疑问,行政伦理在公共行政过程中有其不可或缺也不可替代的社会功能。需要指出的是,尽管"功能"与"作用"两个概念不能完全等同,但意思相近,在很多情况下人们并不对两个做严格地区分,因此,我们这里也就兼顾了这两种情况。同时,这里所谓行政伦理的功能,也涵盖了"行政道德(规范)的功能"。

有学者把行政伦理的功能概括为两大方面:一是职业功能,具体体现为制约行政权力、提高行政效率、促进管理目标的实现、规范行政主体的行为并提高行政主体的整体素质;二是社会功能,主要是促进民主政治的实现和促进社会公德的形成与提高。另有学者主张,"公共行政伦理是公共行政管理的主导思想和灵魂"。它在四个方面发挥着独特的作用:一是推动公共行政自身的文明进步,凭借公共行政的伦理精神从价值导向上解决公共行政过程中出现的各种问题；二是有助于维护和调节政治统治体系；三是为经济建设提供道德力量；四是促进社会的发展和文明的进步。还有学者提出，行政道德规范在确保行政职能得到合法、有效履行，维持良好的行政内部关系与公共关系，促成良好社会风气等方面都有着不可替代的功能。简言之，行政道德规范具有规范功能、调节功能、激励功能、示范功能。另有学者提出，行政道德具有四大作用：约束、教育、调节、激励作用。

行政伦理的社会功能或社会作用或社会意义乃是我们讨论行政伦理的最终目的。无论我们用何种称谓来探讨这一主题，最终都是为了阐明或论证行政伦理之于我们所处的社会是何等的必要、重要或者不可或缺。可以说，这也是人类自古以来一直都在思考和探索的基本主题之一。

一、帮助行政人员塑造正确的职业价值观

现代社会是一个崇尚价值多元化的时代。就普通的个体而言，在多元化的价值观念之间进行选择是公民的自由，因此，无论选择公平或是财富，互助或自利都不受公共权力的强制干涉。但是，公共行政人员不同于一般意义上的个体，他们无论是作为个体而存在，还是作为一个群体而存在，都是严格意义上的国家公职人员。因此，在任何时代，在任何国家和社会中，公共行政人员都应该树立正确的职业价值观。他们做出的任何名义的行政行为，都要体现人民的意志，都要符合人民的利益，都要有利于保障、实现和促进公共利益。

公共行政人员要树立正确的职业价值观，最重要的还是要在观念上、在理念和意识上，要自觉、明确而恰当地懂得自己的职业责任。这种责任感的有无和强弱，主要靠个体内部的自觉、自律和自明。也就是说，相对于外部力量强加于行政人员的"外部控制"而言，"内控性"的行政伦理或道德更显重要。

二、保障行政责任的有效实现

行政责任的实现主要靠两种途径：一是法治途径，二是德治途径。相比之下，法治途径是一条"硬"途径，凭借的是法律的权威和强制力量，但它毕竟是一种"外部控制"，因此并不一定能够收到应有的成效。德治途径亦即伦理途径，

凭借的是行为人的良知和观念力量,是一种"内部控制",因此能够使行政人员自觉地意识到其行政责任之所在,并主动寻求承担或履行行政责任。

三、影响和引导社会道德风尚

社会道德风尚的形成与变化会受到多种因素的影响,但可以肯定的是,公共行政人员有着特定行政伦理内涵的行政行为无疑起着关键的作用。行政伦理对社会道德风尚的实际影响可能是正面的,也可能是负面的。但我们要努力寻求发挥正面的、积极的影响,并有意识地引导社会道德风尚健康向上。

四、确保行政价值的实现

现代公共行政已经把公平、平等、公正和正义作为自己的核心价值,但这些价值的实现在公共行政过程中表现并得以确立最终需要行政伦理的支撑。公共政策的制定和执行需要有行政伦理的内在支撑,才能保障公共政策坚持所应有的核心价值。同样,也只有公务人员内心对行政精神具有真正的信仰,才能保障公共政策得到有效的执行,并保证其在自由裁量时坚守公共行政的价值和精神。

第四节 行政伦理的制度化

行政伦理是一种内在的行为机制,但这并不妨碍我们通过公开的、明确的社会规范方式来实现行政伦理的外部化和制度化。不过,需要注意的是,行政伦理制度化之后所表现出来的行政伦理规范与行政法律规范既有紧密的联系又有着严格的区别。二者都具有外部干预性的特征,但前者不可借助和使用暴力等强制力量,后者则以国家强权为后盾。

一、行政伦理失范与制度化

爱尔维修说,"追求个人利益的行为符合、不违背公共利益,才是合理的、正义的、道德的。"①但是,单单靠每一个个人的自觉即依赖公民个体的伦理道德并不那么可靠。在行政管理当中,行政伦理失范的情况经常发生。行政伦理失范是行政权力的一种异化现象。在行政权力运行过程中,行政主体往往会置行政伦理的规范和原则于不顾,导致损害公共利益的现象时常发生,公共权力经常被用来满足私利。行政伦理失范为行政管理带来了重大的难题。此外,价值与利益的冲突也常常把公务人员置于伦理困境当中。这些伦理困境多表现为行政管理人员的角色冲突,公共机构代表性和自主性的冲突,以及集体行动与个人选择的冲突。因此,政府要通过法律制度的规范功能和公共政策的引导功能以及行政行为的命令与指导功能来约束、规范和指引公务人员个人的行为,使其具备应有的德性。

行政伦理的制度化途径一般有加强行政伦理管理和行政伦理立法两种。为加强对行政主体自身的控制,美国于1978年颁布了政府道德法案,规定设置道德办公室,并规定了道德办公室的六项任务。经济合作与发展组织(OECD)1998年发布了《公共服务伦理管理原则》的建议书,提出了十二条行政伦理管理的原则。这些措施对加强行政伦理的管理起到了一定的效果。在加强行政伦理管理的同时,立法对于行政伦理的制度化起到了起大的作用,也是许多国家正在探索的路径。

二、行政伦理立法

伦理与法律的关系密不可分。美国行政学者库珀在述及伦理与法律的关系时认为,法律是道德底线。"正是行为的底线使得我们能够作为社会的人同意那些借助于暴力和制裁强加给我们的所有东西。一旦形成正式的法律条文,其所规定的行为规范就会受到国家强权的支持。但是,法律总是必须服从伦理判断的。有时候法律可能会被认为是不公正的并因此是不符合伦理规范的。"②我们应该清楚地认识到,为了让公共行政人员适当地运用行政权力,为了使其有效地承担行政责任或履行行政义务,既需要使法律符合伦理准则,又要使伦理法制

---

① 〔法〕爱尔维修:《论人的理智能力和教育》,载《十八世纪法国哲学》,北京:商务印书馆1979年版,第95页。
② 〔美〕特里·库珀:《行政伦理学:实现行政责任的途径》,第122页。

化。现在许多国家都进行了道德立法,行政伦理法规的形式也趋于专门的行政道德法典。

行政伦理立法的内容非常广泛。归纳起来可分为关于行政职业道德规范的界定和行政伦理的保证机制两大类别。行政职业道德立法对国家公职人员行为规范的界定,其总体要求有:公共利益至上,忠诚于国家和社会,忠实地履行法律规定,公正地执行公务,恪尽职守,不谋私利。具体措施有:必须申报财产,将个人财务公开;限制公职以外的活动;不得利用公职谋取私利;禁止不正当使用国家财产和政府未公开的信息;严禁公务活动中收受礼品;回避;离职限制等。行政伦理的保证机制要使行政伦理的实行具有机制保障,建立一种道德组织,使公务人员在道德的情景下工作。建立道德组织必须做到:培育一种组织良心;改变组织分工和权力分配,通过权力下放和责任下放扩大道德容量;保护那些为坚持伦理标准而违反组织政策和程序的有道德的个人;展开组织讨论,把它作为组织活动的有机组成部分,提高道德讨论的水平,同进建立起一种相关的激励机制。

本章小结

行政伦理学的兴起大致也就是近二三十年的事情,但行政伦理或行政道德却是国家诞生以来一个永恒的主题。行政伦理与行政道德是既有区别又相互紧密联系的主题;行政伦理的内涵十分丰富,应从价值、责任和规范三个方面来把握;自律性、公共性、示范性和系统性是行政伦理的特征;可以从传统伦理学的义务论和目的论两个角度来讨论行政伦理问题,新公共行政的发展促进了行政伦理的发展;行政伦理的结构可分解为公务人员个人道德品质、行政职业伦理、行政组织伦理和公共政策伦理,四个层面构成了行政伦理体系;行政伦理可以帮助行政人员塑造正确的职业价值观,保障行政责任的有效实现,影响和引导社会道德风尚,确保行政价值的实现,这些是行政伦理的功能;制度化是防止行政伦理失范的有效方法,其途径主要是加强行政伦理管理和行政伦理立法。

关键词

行政伦理　行政道德　行政价值　行政责任　公共行政精神　行政职业伦

第十章 行政伦理

理 行政组织伦理 公共政策伦理 义务论 目的论 行政伦理立法

思考题

1. 行政伦理与行政道德的联系与区别?
2. 行政伦理的涵义?
3. 行政伦理的结构有哪些层次?
4. 行政伦理的功能是什么?
5. 行政伦理制度化的途径有哪些?

推荐阅读

1. 〔美〕特里·L.库珀:《行政伦理学:实现行政责任的途径》,张秀琴译,北京:中国人民大学出版社2010年版。

2. 莫特玛·阿德勒、查尔斯·范多伦:《西方思想宝库》,周汉林等译,北京:中国广播电视出版社1991年版。

3. 罗尔斯:《正义论》,何怀宏等译,北京:中国社会科学出版社1998年版。

4. 〔古希腊〕柏拉图:《柏拉图全集》(第二卷),王晓朝译,北京:人民出版社2003年版。

5. 北京大学哲学系外国哲学史教研室:《十八世纪法国哲学》,北京:商务印书馆1979年版。

6. 康德:《道德形而上学原理》,苗力田译,上海:上海人民出版社2002年版。

7. 德沃金:《至上的美德:平等的理论与实践》,冯克利译,南京:江苏人民出版社2007年版。

8. 霍尔姆斯·罗尔斯顿:《哲学走向荒野》,刘耳、叶平译,长春:吉林人民出版社2000年版。

9. 夏书章:《行政管理学》,广州:中山大学出版社1998年版。

10. 曹现强、王佃利:《行政管理学》,北京:清华大学出版社2011年版。

11. 孙学玉等:《公共行政学》,北京:社会科学文献出版社2007年版。
12. 丁煌:《行政学原理》,武汉:武汉大学出版社2007年版。
13. 薛冰、梁仲明、柴生秦:《行政管理学》,北京:清华大学出版社2012年版。
14. 沈士光:《公共行政伦理学导论》,上海:上海人民出版社2008年版。
15. 王伟、鄯爱红:《行政伦理学》,北京:人民出版社2005年版。

第十一章 行政绩效

市场进行资源配置时追求经济绩效,即边际成本等于边际收益时的资源配置最优。同样,政府在提供公共物品时,也需要关注自身在进行全社会的资源配置时所产生的组织效率、运行效率及配置效率,也就是说,政府要追求行政绩效。由于公共物品的非排他、效用不可分割性、非竞争性,以及官僚机构的刚性特征,政府在进行公共物品的供给和市场调节时,经常陷入无效率的状态。为了更好地提高政府的组织业绩,就需要对政府进行绩效测量与评估,发展科学、合理的评估指标与测量标准来对政府所存在的固有缺陷,如信息不对称、机会主义、运作缺乏弹性等进行修正。

第一节 效率与行政绩效

一、效率与行政绩效的内涵

资源配置效率主要关注的是边际收益等于边际成本的服务数量,技术效率所考察的则是投入是否能获得最大的产出。效率,一般指技术效率,也称经济绩效。古典经济学家假设:在市场经济条件下,市场的个体都是"经济人",具有自利的动机,于是,市场中的主体都追求"成本—效益"最大化,这是效率的核心原则。而按效率分配则成为市场经济条件下"经济人"参与市场竞争的原动力,也即 X—效率,就是投入和产出之间的最高比率。

行政组织提供具有外部性的公共产品,受益者难以对所提供的公共物品和服务进行选择、分类,也无法将其效用按照受益人所付成本大小进行分割。由于公共物品往往缺乏竞争性和排他性,于是,行政绩效容易陷入 X 无效率的状态。在这种竞争和自由选择缺乏的情况下,单位成本或价格会远远高于成本最小化所允许的限度。行政或者官僚机构总是无效率,运转缓慢,并导致浪费。其根本缺陷在于,它依赖长期的合同,这与机会主义行为、信息不对称一起,为逃避责任提供了可能性。① 行政绩效是指采用管理手段对行政组织业绩进行评价,以期提高组织效率。主要采用的方法就是对组织进行绩效评估,运用一定的标准尺度对组织业绩进行测量和评价,准确描述其状态,并对差异进行精确度量与比较,为改进组织管理提供依据,它具有客观性、集合性的特征。

二、行政绩效特征

为了使行政组织更有效、绩效更高和适应性更强,行政绩效须具有六个特征。第一,任务明确。行政绩效需发展明确的组织任务,而且这种任务一经确定,负责人就制订计划并予以实施。第二,目标和效果强调。在确定了组织任务以后,须明确发展的目标和所期望达到的效果,并予以发展结果目标,并确定达到效果手段,最后针对整个组织制定出结果测量的方式。第三,分权和激励。在确立了组织任务和目标之后,须给予组织成员一定的自主权,更好地进行组织学习和创新。同时,给予组织成员以恰当的激励,为他们创造远景目标,鼓励行政组织成员之间相互合作。第四,竞争性。建立行政组织内部和行政组织之间的合作与协作关系,有些项目可以适当引入私人市场,跨越公司部门的界限。第五,满足顾客需求。对公共物品和服务的需求予以准确定位,提高顾客满意度,提高公共物品和服务的质量,争取顾客的满意度。第六,公开性。提供有效的交流途径,确保相关参与人和受益者可以及时沟通,顾客建议可以迅速反馈和采

---

① 简・莱恩:《新公共管理》,北京:中国青年出版社 2004 年版,第 86 页。

纳,持续评价行政组织的任务和效果。此外,公众也可以参与进来和行政组织进行直接的对话,提高行政绩效和透明度。

三、政府改革与行政绩效发展

提高行政绩效是政府改革的目标之一。传统的公共行政局限在固化的官僚制度之中,聚焦于内部控制而忽略外部环境的变迁和适应,最终导致整个行政组织铁板一块,僵硬难行,效率低下。在提供公共物品和服务上,和公民的需求渐行渐远。众所周知,政治秩序的合法性需要取得民众的政治支持,而这种组织管理上的缺陷却越来越大的拉开了公民与政府间的距离。随着经济社会的发展,财政压力增长以及公民需求日益提高,也促使行政组织开始寻求变革之道。西方学者积极考虑注重行政的外部和内部互动,利用私营部门的管理手段重塑政府行为,提高组织效率,重塑政府责任和公民满意度。

于是,20世纪70年代末80年代初,一阵声势浩大的改革浪潮席卷政府部门,试图通过引入私营部门的目标管理、成本收益管理、顾客服务、扁平化组织制度来改革行政效率低下的状态。这些提高行政绩效的手段统称为绩效管理。注重顾客导向和结果导向的地方政府绩效管理容易成为推动政府管理创新和建设服务型政府的重要工具。政府绩效管理实践最早可追溯到20世纪40年代,其发展过程大致经历了三个阶段:

第一,起步阶段,20世纪40年代至70年代。20世纪40年代,在美国胡佛委员会的推动下,政府机构特别是预算部门开始制定绩效考核办法和工作绩效标准。1949年,胡佛委员会将自己的报告称为绩效预算,按照运作和方案来组织,并把运作和方案的绩效水平和具体的预算数额联系起来。这种行为将预算和项目绩效挂钩,以此来对公共行政进行约束和考核。这对加强提供公共产品和服务的质量、控制成本、提高生产率和解决特殊问题都有着重要作用。

第二个时期是大规模发展阶段,20世纪70年代到90年代。1973年,尼克松政府出台了"联邦政府生产率测定方案",试图将政府绩效评估系统化、规范化、制度化。在这个方案的指导下,有关部门制定了3000多个绩效评估指标,由劳工统计局负责收集绩效信息和统计工作。1979年撒切尔夫人上台也开始了英国"新公共管理"的改革,将私有化、竞争机制、分权化、服务质量、绩效评估引入到公共行政当中,进行大刀阔斧的政府改革,并相继掀起了"下一步行动方案"、"公民宪章"运动等。在这些实践政策的推动下,全球掀起了"新公共管理"的浪潮,拓展了绩效管理在各国公共行政中的实践。

第三个时期是规范深化阶段,20世纪90年代至今。20世纪90年代,政府改革与行政绩效评估发展达到高峰。克林顿总统上台后,为了削减赤字,发展经济继续推行公共部门绩效管理的改革并取得了成功。于1993年颁布《政府绩效和结果法案》(Government Performance and Results Act)对政府绩效改革立法,成为美国政府绩效管理发展史上的里程碑。为了贯彻和执行《政府绩效和结果法案》的目的和意图,加强总统对绩效改革运动的领导和控制,1993年3月,克林顿宣布成立国家绩效审查委员会,将绩效评估制度化,保持可持续发展。随着时间的发展,现今的行政绩效逐渐由内部绩效评估逐渐发展为公民、社会机构都持续参与进来的内外结合型行政绩效评估,并将绩效预算与之结合起来评估政策导向的公共支出,采用多种技术手段,如平衡计分卡等来对政府进行改革,并通过建立相应的规章制度予以制度化。

第二节 行政绩效的管理要素

管理的基本要素即构成管理活动的因素。行政绩效的管理要素是指构成行政绩效管理活动的因素。一般而言,行政绩效的内容和范围是行政绩效的静态结构要素,行政绩效的任务与目标是行政绩效的框架体系要素,行政绩效的指标体系设计是行政绩效的动态建构要素,行政绩效的责任与战略是行政绩效的发展与环境要素。

一、行政绩效内容和范围

1. 行政绩效内容

行政绩效需要通过辨认内、外部环境来确认行动方案和预期结果,从而树立组织目标与任务,并且为了完成组织目标与任务而进行人员分配与激励。在进行公共和非营利项目工作的计划和管理时,要把目光放在具体的、能够达成的期望和结果上。这些项目工作可以是一些关于调解、涉及服务提供以及活动执行的内容。这些服务和活动一般用于解决某些问题、满足某种需要,或通过满足某种公共利益,以此改善一些不理想的状况。要确定合理的项目及其投入产出,对项目的投入产出进行科学的评估。项目绩效需要建立在一套假设的基础之上,这些假设是关于项目工作所提供的服务、项目工作所服务的委托人、项目工作所处理的事件、所设想的结果以及如何利用各种资源,特别是项目工作活动,来达到预期结果。① 例如,如果要对公务员培训进行绩效评估,就需要对公务员培训的必要性和可行性进行说明,并说明参与培训的人数以及通过考试的人数来说明绩效的成果和目标。同时,说明培训可以带来的升迁,也可以对公务员培训行为产生激励。

2. 绩效评估

行政绩效主要是围绕着行政组织工作如何展开,在确定了服务的对象后,如何利用有限的资源提高公共产品和服务的质量,促进顾客的满意度。于是,需要对行政绩效进行评估,即需要对一个组织完成其前景规划和任务的情况进行数量和质量方面的判定以及确定其是否达到评估标准。绩效评估是用来影响任何组织内外的行为。评估是客观的检验,但它也受相当大量的直觉和判断的影响。② 绩效评估将直接影响诸如升职、降职、付酬、调职和留任等多项老公人事决策。同时,它还寻求通过开发内在的激励和培训及职业成长机会来"提升雇员的价值"。行政绩效评估须遵循两个原则:第一,信度。即可靠性,表明评估结果的一致性或稳定性。第二,效度。即有效性,表明评估工具测出变量的准确程度。信度是效度的必要而非充分条件。瓦休、斯图尔特和贾森认为,实施绩效评估是为了达到以下一个或几个目标:第一,管理的发展。提供一个识别员工并提高员工能力计划,以使员工有能力承担更大的责任。第二,绩效评估。考核员工个人的绩效,并考核每位员工为企业整体任务的完成所做的贡献。第三,绩效提高。发现员工的不足之处,并制定出相应的策略改进这些不足。第四,奖酬计划。以员工的业绩为基础确定每个员工应得工资和奖金数额。第五,开发潜能。物色升职的候选人或在组织内进行人员调动。第六,反馈信息。讨论每位员工

---

① 西奥多·H.波伊斯特:《公共与非营利组织绩效考评:方法与应用》,北京:中国人民大学出版社 2005 年版,第 36 页。
② 马克·G.波波维奇:《创建高绩效政府组织》,北京:中国人民大学出版社 2002 年版,第 72 页。

在绩效标准下的工作实际完成情况。第七,人力资源规划。对更替计划中的当前人力资源供给进行评估。第八,沟通。提供向上下级开放的沟通平台。但大多数绩效评估系统不能自动达到以上目标。①

行政组织是为了实现社会公平和促进经济发展,于是,绩效评估须遵循经济和公平两个标准,不能为了追求经济绩效而牺牲公共物品的公平性。在我国,我们必须平衡经济增长与社会公平。为了社会的全面发展,我们必须保持经济稳定增长的势头。但是,社会发展与其所在的文化、生态、经济、政治环境密不可分。政府必须制定一系列的公共政策,采取一系列的有效措施加以调控,保证"可持续发展"目标的实现。所以,我们不能仅仅以经济增长为标准,而应该把经济增长和社会发展摆在同等的地位,用全面发展的综合指标来评估行政组织政绩。

二、行政绩效任务与目标

在展开行政活动之前须清楚说明组织是做什么的,有什么样的前景规划,要做什么,服务对象是什么,面临的什么外部环境以及组织内部是怎样的。这就是组织任务,即描述组织活动的愿景和内容。任务说明回答:该组织为什么而存在?任务说明还简要阐明该组织计划(或与别人合作)完成什么事。从更广泛的意义上讲,他们在探索以一种独特的方式为世界作出贡献。要说明这一目的,许多组织制定出任务说明文件。行政部门已经尝试过用各种方法来制定前景规划、任务和评估标准文件。其方法包括:第一,使广大公众参与制定前景规划的方法。第二,内部制定前景规划、任务和评估标准。第三,使前景规划从可测定目标或标杆中产生。②

行政绩效目标是根据行政组织任务予以确认,只有确定了清晰明确的行政组织目标和任务才能更有效率地完成工作。绩效指标也是从行政绩效目标中发展而来的。行政绩效目标是指对行政活动的结果期望,对期望工作产出的概述。

---

① 迈克尔·L.瓦休、黛布拉·W.斯图尔特、G.大卫·贾森:《组织行为与公共管理》,北京:经济科学出版社2004年版,第388页。

② 马克·G.波波维奇:《创建高绩效政府组织》,北京:中国人民大学出版社2002年版,第65—66页。

目标被描述为希望通过一系列组织行为达到期望的结果。根据行政项目确定每个项目目标,而项目目标应明确的划分为能在一定时间内实现的若干里程碑,但是在实践中,关于目标的描述经常是过于笼统和模糊的,在时间上也是无限制的。要想真正地实现行政绩效,建立完备的、清晰的目标是第一步。必须遵循SMART规则,即这些目标的实现结果是明确的(specific),可度量的(measurable),有挑战性的(ambitious),但又是现实的(realistic)和有时间限制的(time-bound)(Broom,Harris,Jackson and Marshall,1998)。目标设定本身可以帮助员工找到问题的关键和努力的方向。

三、行政绩效指标体系设计

行政绩效体系的构建是需要多维度的,须建立在对各个工作以及目标的优先权确定上。行政绩效要评估工作所包含的各种因素,并根据这些成本来决策,并决定该行政工作的价值。整个行政绩效指标体系的设计要可靠有效,行政组织雇员容易掌握和理解,以便完整的指导整个行政组织的活动并评估行政产出效果是否达到期望。科学的绩效指标体系的设计可以避免行政组织刚性的运作,提高行政组织的活力和竞争力,引导行政组织更有效率。欧盟于1998年推出了公共部门绩效"通用评估框架"作为组织自我评估工具,并连年修订。世界银行则制定了《世界发展指标》,通过对人口、环境、经济、政府与市场、全球联系五个方面共80项指标的考察来评价各国政府的工作成果。美国全国绩效评估委员会提出了一套较为完善的政府绩效评估体系,主要包括投入、能量、产出、结果、效率和成本效益、生产力等六个方面,并根据各地具体情况在实际操作过程中细分为150种到1500种不等的评估指标。对于发展中国家来说,指标设计是以产出、过程为导向,还是以结果为导向,不仅取决于职能说明、绩效测量的总体目标,更重要的是依赖于政府结构的框架和政府能力。如果公共部门表现欠佳,过程导向指标可能更易于获得反映行政过程质量的信息;如果公共部门的管理结构确实已经超出了一定的绩效和整体发展水平,那么产出和(或)结果导向的指标便会有助于激励公共部门面向效率或效益的行为。[①]

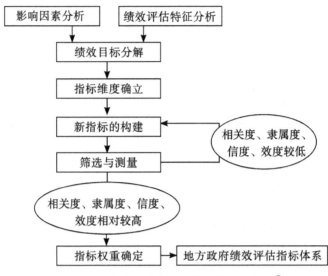

图 11-1 地方政府绩效评估体系构建流程图[②]

1. 行政绩效指标类型

行政绩效指标的设计须遵循定量指标与定性指标相结合的特征,完整、全面的说明行政组织活动结果。因为,有些行政活动结果难以量化,如教育部门想要衡量中小学教学质量是否提高,就需要采用定性的方法予以辅助衡量。根据波伊斯特总结,绩效指标类型包括产出、效率、生产力、服务质量、效果、成本效益和客户满意度。此外还有资源指标和工作量指标,这两类指标常常被人计入其他绩效指标,有时和其他绩效指标联合使用。支持工作的所有类型的资源都可以以它们自己的自然计量单位来进行考评——例如,教师人数等。工作量指标是指行政组织中需要完成的工作数量以及顾客数量等。产出指标是指行政组织展开活动的数量,产出导向的指标主要关注行政行为的直接产出。生产力指标是指

---

① Taraschewski T., Wegener A., *Assessing Public Sector Performance. Outcome Oriented Measurement Systems fo Subnational Governance in Practice*[M]//The Deutsche Gesellschaft fuer Internationale Zusammenarbeit (GIZ), Sector Network Governance Asia, Working Group "Decentralization and Local Governance", Germany, Eschborn, 2011.

② 倪星:《地方政府绩效评估指标的设计与筛选》,《武汉大学学报》2007 年第 2 期,第 157—164 页。

行政组织人员单位产出量指标或者单位时间内产量指标,如养路工人每天维护多少公里路。效率指标和生产力指标区别不大,主要指投入和产出的比率。服务质量指标是指提供公共产品和服务是否满足受益对象的需求,是否提供了足够的服务,从数量和质量两个方面分别进行的考察。效果指标是指目标产出完成与预期目标之间的差距有多少,是否全部完成,是否达到预期目标,如绩效预算中,部门支出绩效是否达到预算完成率,财政拨款的预算是否全部按照目标完成,是否有盈余和赤字,这个指标使得政治决策的效果和后续行为建立联系。成本效益指标是衡量组织成本和效益的关系,是否投入了低成本而取得了高效益。客户满意度指标是指公共物品的服务质量,是否达到顾客的标准是否充足,顾客的建议和顾客的满意也为行政组织提供了监督和改进。

2. 绩效数据

绩效数据分为定量指标和定性指标,最常用的统计形式就是原始数字、平均数、方差、频数、百分比、指数等,除了定量指标外,还有些定性指标帮助行政绩效的精确、全面的测量。其中,百分比和比例在衡量期望结果和实际结果之间差距时尤为重要,如支出部门的预算完成率。指数可以通过多个衡量行政绩效的变量按重要性或者相对地位权重予以合成,这样更加方便的、完整的测量行政绩效。绩效数据来源有这样几个方面:现存数据的编辑整理、临床实验、机构记录、测验、管理记录、调查、跟踪接触、客户反馈卡、直接观察和专门设计工具。[①] 一般而言,组织和机构都会保留一些数据档案,如人口统计、税收、预算等。其中,临床实验来自于医学术语,可以用于对保健项目,或者社保部门对受益者的评估。

从广义而言,评估政府和公共部门绩效的数据往往有这样几个方面:第一,国民经济。包括GDP总量和人均量、增长率、产业结构、就业率(失业率)、城市化(城镇和农村人口比例)。第二,人民生活。包括人均收入及其增长率、恩格尔系数、基尼系数、社会保障支出。第三,科教文卫。包括科技进步(如科技费用、信息化程度)、教育发展(教育支出)、文化事业(支出)、卫生与防疫(卫生事

[①] 西奥多·H.波伊斯特:《公共与非营利组织绩效考评》《方法与应用》,北京:中国人民大学出版社2005年版,第82页。

业支出、疾控、计划生育)。第四,生态环境。包括植被覆盖率、水土流失、耕地面积、温室气体排放量、垃圾回收利用、污水处理、城市环境指数。第五,社会治安。包括刑事案件发案率(犯罪率)、破案率、警力规模。第六,其他指标。包括重大案件或事故,施政成本,公众满意度。这些方面可以帮助评估行政活动、公共物品和服务是否达到公共满意度。

3. 信度和效度

信度(reliability),指可信的依赖程度。可信赖的指标或测量指的是关于指标客观、准确和可靠程度的度量。只要测量的事物不会改变,重复测量也不会改变测量结果,表明了评估测量结果的一致性和可靠性。要想使得绩效评估达到信度,须清晰明确的界定测量的对象和层次,采用多层次指标来测量同一个变量,并事前测量、事后测量等反复进行。如测量农村义务教育完成情况,可以在实施义务教育之前测量入学率和教师使用率、在实施之后再对这些指标进行衡量,看是否有差距,就知道政策实施效果如何。效度(validity),指评估测量的准确程度,即利用某个评估指标来说明行动活动和结果的正确性和真实性。如对人大预算监督的测量指标是否能够说明真实世界中人大监督的现状。效度分为表面效度(face validity),即指标看上去比较合理,从表面上看是一种有效的指标。一致性效度(consensual validity),即利益相关人和专家一致认可的指标是否是合适的绩效指标。如犯罪率是否下降是公安局一致认可的衡量他们工作的指标。相关性效度(correlation validity)指评估指标与另外一些有效的指标高度相关。预见性效度(predictive validity),指评估目标可以准确的遇见未来的结果。如公务员培训是提高公务员素质,这种培训效果也保障了行政效率和公共物品、服务的质量。

4. 绩效指标的评价标准

绩效指标应该与行政组织的使命、目标和结果相关,对行政活动和项目的受益者、行动者和公众而言是有意义,便以理解,并能指导、影响和衡量他们的行为和结果。20世纪60年代,美国会计总署率先建立了以经济(Economy)、效率(Efficiency)和效益(Effectiveness)为主的3E评价法。到了60年代末70年代初,新公共行政学派提出社会公平价值观,偏向经济性等硬指标而忽视了公平、民主等软指标,于是,公平(Equality)作为一个新的指标添加到3E指标评价中,逐渐发展为4E评价标准。除了基本的公平、效率评价标准,具体而言,绩效指标的评价标准还包括:第一,可解释性和重要性。即指标不是晦涩难懂的,而是很容易理解和操作的。绩效评估是否足够重要,与工作目的相关?第二,全面的和综合的。这些指标是否能够反映出总能的目标和使命?是否适用于整个项目?第三,有明确的行为导向。绩效指标能够指导组织和人员行为达到较高的行政效率。第四,时间性。绩效评估指标是否能够反映和平衡近期和远期的目标。不能为了完成短期目标而牺牲长期目标。第五,低成本。仔细衡量绩效信息搜集的成本,节约成本。如果要对行政绩效进行评估,需了解行政组织自身的结构和人员,对客户满意度进行调查,进一步推动改革。

四、行政绩效责任和战略

1. 行政绩效责任

在设立了行政绩效评估指标后,就需要根据指标对行政活动进行评估,衡量结果是否达到目标,以确立行政绩效确定相应的责任,利用绩效评估结果来完善激励约束机制,促进政府问责。一般来说,绩效责任制的建构需要如下条件,首先,需要行政绩效衡量标准科学、客观,能够说明问题,容易被政府部门人员理解,这样才能够准确测量行政活动的结果和产出是否达到期望目标并最终建立清晰的责任机制。其次,需要设立独立的绩效评估机构,消除政治上的干预,以确保行政绩效测量的客观公正性。只有这样,行政绩效测量才更为负责、准确,对公共部门活动才能进行更好的监督。

总之,建立绩效责任框架有助于帮助行政组织判断是否成功,评价政策和组织计划是否有效,绩效指标是否达到衡量组织的效果,行政组织如何对行政目标负责。绩效责任制的建立需要具备可操作性、可考察性,基于上述要求,马克·G.波波维奇在《创建高绩效政府组织》一书中,以时间划分为横轴,以绩效责任制建构要求为纵轴,初步规定了绩效责任制的操作内容。(见表11-1)

表 11-1 绩效责任制的结构

	传统的	以结果为动力的
目标	尽量减少欺骗、浪费和滥用 确保公平合理 尽量减少误判之事	确保这些政策或计划导致情况改善,并且做得公平合理和诚实 使人们能够进行正确的判断
方法	详细的规定 审计 倾听和复审	理解的备忘录 工作协议 合作协议 绩效测量

资料来源:马克·G.波波维奇:《创建高绩效政府组织》,北京:中国人民大学出版社 2002 年版,第 88 页。

2. 行政绩效战略①

行政绩效需要利用战略管理来统筹规划,将长期目标和短期目标结合起来。公共部门越来越重视战略计划和战略目标的实现,将绩效、政策和战略整合起来,从长期提高整体行政绩效。迈克尔·波特在《竞争论》中对企业的战略思想进行了系统的整理,认为战略的核心问题就是价值创造,确定竞争力,并提出了竞争战略的观念。他还提出了企业战略的分析模式,以及五大竞争力模型。要发展组织的竞争力,最重要的就是要对组织内外环境进行精确的定位。于是,行政绩效战略管理需要考虑到外部环境和内部环境的互动,对外部环境、内部环境进行合理的分析,聚焦组织使命,才能更好地完成期望的产出。外部环境分析 PEST 包括:政治(political)、经济(economical)、社会(social)、技术(technological)。行政组织只有对这四个环境因素进行充分分析,才能更好地定位行政组织的现状和未来发展趋势,更好更有效的提高行政组织公共物品和服务。政治要素需要考虑到政党、政策、政治资助人等因素的影响;经济要素则须考虑组织面临的宏观经济环境如何、金融市场支持度和政策,社会要素则需要考虑现在社会热点问题的关注度、民意的走向、相关的社会团体的成熟度;技术要素则需要考虑现

---

① 张岚:《中国行政战略分析》,武汉大学硕士毕业论文 2005 年版。

在所面临的技术革新,组织内部是否需要更新?信息交流渠道的拓展?行政组织是否需要采用新的信息交流渠道?或者新的技术方法来改进项目的实施,提高行政绩效。

图 11-2　PEST 分析

除了对外部环境进行分析外,也需要对组织内部分析。SWOT 指优势(Strength),劣势(Weakness),机遇(Opportunity),威胁(Threaten)。纳特和巴科夫认为,在私部门中,优势和劣势源于内部,但在公共组织中,他们既可以源于内部,也可以源于外部,而且他们不受组织能力的限制。因为公共部门面临整个社会,而且提供的公共物品和服务需要整个社会的参与,如道路、桥梁、社保、文化等。这些物品只能由公共部门承担,于是公共物品和服务缺乏竞争力和弹性,再加上日益渐长的社会需求和财政压力,往往存在政府失灵的情况。于是,西方国家率先掀起了新公共管理运动,将政府一部分公共产品和服务的提供通过合同的方式予以招标,让市场来承担,政府只是负责监督和履行合同。这可以说是一种更为民主和弹性的方式,让更多的社会主体参与进来提供涉及整个社会福祉的公共产品和服务,同时也缩小了政府的规模。

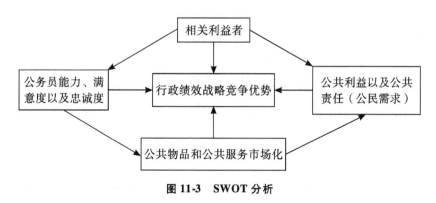

图 11-3　SWOT 分析

确定利益共享者是非常重要的一步。它指和行政组织中进行的任何改革有某种利害关系的个人和组织。如重要的立法者、政治官员和他们下属职员、工会、特别利益集团、非营利服务提供者、承包商和许多其他的人都可以是政府组织操作的利益共享者。① 确认了这些利益共享者后形成支持者的核心集团,并将行政活动透明化,让相关利益者了解活动进展并在适当的时候对行为施加影响,如成本如何?效果如何?是否达到顾客的需求?

公务员能力、满意度和忠诚度是相对于顾客而言的,就是提供公共物品和服务的一方如何有效的、针对性地提供服务,公务员的素质要求对行政绩效而言是至关重要的一步。公共利益和公共责任必须以公民需求为依据,而且对于公共物品和服务负责。公共行政战略管理和企业有所区别,因为要涉及一些公平等价值取向的问题,需要从公共部门自身的公共价值出发来考虑战略。行政绩效就是要以平衡公平和经济绩效为准则,而不仅仅要考虑经济效益、成本收益,还要考虑供给是否公平合理。公务员不仅要有效率的提供公共物品和服务,缩小服务成本,还要对公众的需求予以关注,始终忠诚负责,力图实现公共物品和服务的公平分配。在存在政府失灵的领域有必要可以将公共物品和公共服务推向市场化,借用私人部门的能力来弥补政府失灵,例如基建的招标、竞标可以提高公共部门的竞争力,缓解公共部门的资金问题。在一些项目中引入公私合作可以克服政府和市场双方的弱点,凸性结合,更好的推进行政绩效。

3. 绩效战略工具—平衡计分卡

平衡计分卡链接战略目标和绩效评估,包括四个维度,即客户、内部管理、创新和学习以及财务。根据这些指标和维度来看是否达到目标,这四个维度是一个整体,并进行综合考虑,其重点在于强调平衡,谋求组织的平衡性和可持续发展。客户维度方面的衡量指标包括产品或服务的市场份额、按时交货以及客户满意度指数。创新和学习维度包括新产品和服务的开发情况,以及员工态度、能力和参与。内部管理维度强调工程效率和单位成本、实际生产和业务规划、安全

---

① 马克·G.波波维奇:《创建高绩效政府组织》,北京:中国人民大学出版社2002年版,第57页。

事故和项目管理。① 平衡计分卡强调整体的观念,并为组织的绩效考评提供了框架,它强调组织所面临的客户如何看待组织活动?我们如何回应资助人?(政府如何回应纳税人?政府项目如何回应投资方?)我们必须在哪些方面创新和学习,哪些方面保持高效率?我们应如何创造、改善和保持价值?这四个方面缺一不可。根据"平衡计分卡"的原理,地方政府绩效评价可以包括地方建设、公民服务、内部管理、学习和创新四方面的政府绩效指标体系,也有人提出"公众 =f(财务、内部流程、学习与成长)",即公众是财务、内部流程、学习和成长的函数,受到这四个方面的影响,行政绩效即为公众服务为导向的改进模式。

五、行政绩效框架——以美国联邦雇员绩效评估体系为例

美国考核联邦雇员的绩效评估体系时,美国员工管理办公室建议用下面特征作为高效的绩效评估系统的一个参考框架。② 这个框架也可以适用于中国行政绩效评估:

第一,绩效的测量要根据事先建立的全面的标准进行,这些标准要用明显的文体清晰的写出来,要在员工刚开始工作以及绩效评估期的开始时就告知他们。

第二,绩效评估信息要为具体的目的服务,例如,在决定发展需要,奖酬时,其目的是保持绩效而非为了模糊而抽象的原因,诸如考核晋升潜力与特定的工作并不相关。

第三,评价标准和技巧必须适合所做评价的具体目的。

第四,得到的信息对与工作相关的决定是有用的。

第五,数据要尽量客观、可靠、有效。

第六,绩效小结与评价的工具必须容易被参与者了解和运用。

第七,对上司而言,要根据他们所执行的监督与管理职责的胜任情况来对他们的绩效进行考核。

第八,必须保证员工知道评价的方法与目的。

---

① 西奥多·H.波伊斯特:《公共与非营利组织绩效考评:方法与应用》,北京:中国人民大学出版社2005年版,第173页。

② 迈克尔·L.瓦休、黛布拉·W.斯图尔特、G.大卫·贾森:《组织行为与公共管理》,北京:经济科学出版社2004年版,第340页。

第九，一个能够公平解决问题的程序并对其进行回顾总结。

第十，对绩效评估的结果要及时用书面形式通报给员工，最好用口头形式。为了防止员工对考核是否已经进行或者对考核所包括的内容产生误解，应该要求每个员工通过签名和注明日期的方式来表明他们对考核是接受还是不同意。

第十一，员工的绩效评估要保持通用性。

第十二，不要试图仅靠一次年度绩效评估总结满足考核的所有管理目的。考核系统还要提供员工和上司讨论，改进及规划未来的工作绩效的额外机会。

第十三，必须告知员工，机构在决定报酬、晋升、工作再分配、培训、保留 RIF 以及降职等问题时所要依据和运用的考核信息及步骤。

第三节 中国行政绩效评估

一、中国行政绩效发展

在政府绩效评估兴起之前，中国政府部门和事业单位就普遍采用了考试、考核制度来进行人事管理和日常行政工作的展开。只是这些考核、考评和考试只是零散不系统，并没有建立在一个绩效管理的体系框架之内，主要用于人事评价和考核，并未和组织目标、使命和认为挂钩，更没有整合起中长期的组织资源、目标和管理。所以不能成为绩效评估。在西方国家将企业管理和市场的理念和方法引入到公共部门中，并发展了绩效评估的体系来提高行政绩效时，中国也开始探索自己的发展之道的，各种政府绩效评估制度正处于日趋发展和不断完善的探索性阶段。

第一，探索和研究阶段，19 世纪末 20 世纪初。在西方国家进行大规模的政府改革和绩效探索实践时，中国也开始摸索自己的行政绩效提高之法。在这一阶段，并没有很多的地方政府和中央政府进行绩效改革的尝试，反而是学术界开始对公共行政中的绩效管理理论进行介绍和引入，并对世界各国的实践进行了介绍。同时，对我国公共行政绩效评估的可行性和科学性进行了探索和论证。而地方政府实践上虽然采用了目标责任制和首长负责制来保证行政绩效，以指标和任务的形式分派给下级单位，类似一个目标的金字塔结构；这些指标、任务的完成情况是评价考核政绩的主要依据，下级单位须按计划完成。但是此时的行政绩效评估仅仅停留在经济效益上,而不是全面的行政绩效评估和考量。这种层层经济目标责任制推动了我国经济的快速增长。

第二,实践和理论兴起阶段,20世纪中期至今。在20世纪初的几年探索中,我国的学者已经积累了相当的绩效评估的知识,并开始和政府达成一种合作。在这一阶段,大量的公共行政学者对绩效管理的研究不仅仅停留在介绍和引入,而是发展为对绩效管理指标体系的设计、绩效管理的信息制度创建、财政与政府绩效的结合,如支出绩效探索实证分析。并开始结合服务型政府、问责型政府、创新型政府来分析行政绩效制度的建构,力图创造民主、高效的责任性政府。此外,地方政府也开始开展绩效评估的实践,和学者研究结合起来,共同探索绩效评估之路。1999年,珠海市政府正式启"万人评议政府"活动,一个由人大代表、政协委员、新闻记者、企业代表对政府进行监督和评议,之后珠海市又连续大规模地开展这种评价政府活动。相继珠海之后,南京、开封、海南、上海等也开始相继展开类似"万人评议政府"的活动,以及各地兴起的"政风行风评议"活动。此外,各地也开始进行一些预算改革尝试,试图将财政分配与行政绩效结合起来,如黑龙江、江苏进行的参与式预算;江苏、广东进行的支出绩效预算等实践。

二、中国行政绩效存在的问题

第一,虽然,我国已经展开多种形式的行政绩效的评估,如政风行风评议,支出绩效评估等,力图将行政绩效置于一个科学的评估体系内,更大范围的波及利益相关人,更好的回应社会。有些地方也开始采取多元化的评估主体和科学的评估手段,如广州市支出绩效评价设置定量和定性的指标(组织工作指标和绩效评价指标,包括报告错误情况、是否有可行性报告、预算完成率等)对项目予以评价,并吸纳专家参与到财政部门当中来一起对支持部门项目进行打分。可是,除个别地方外,目前我国地方行政绩效评估大部分还是以上级部门对下级部门的评估为主,公共部门自评为辅,社会公众、中介组织和专业机构对政府的评估作用较小。这种评估方式使得监督和参与的范围较小,影响了政府绩效评估的效率和价值。参与度不够的绩效评估还容易导致整个绩效评估过程呈现封闭性的状态。行政部门为了追求政绩而迎合上级,官本位思想、利益集团会导致公共部门绩效评估有时无法达到评估目的,反而利用绩效考核取得上级对自己的政绩认可。

第二,我国绩效评估地区差异很大,并未形成一个统一的绩效评估体系,各地评估标准、方式各异,难以实际衡量行政绩效而且缺乏可比性。由于各地的指标层出不穷,也往往让地方行政组织无所适从。这样,不仅地方之间难以比较,中央也无法评价各地的行政绩效。

第三,在绩效评估指标上,对政府的投入—产出进行考核需设计一种相对简单易行的量化处理机制,以便对公共产出和结果进行量化,客观测量和反映政府的业绩。在这种简单量化的驱动下,大家都追求一些简单易操作的指标,如衡量经济发展有众多指标,而大部分地方政府只是用GDP来代替。这样,一些难以量化或具体化的政府活动就被人为地忽略掉了,如公平分配、忠诚度、民主等,因为这些指标的测量就是个复杂的问题。由于难以量化操作,这导致一些成本效益经济指标在政府绩效评估指标体系中占据了较大比例,而政治、政策、社会效应等较难量化的指标所占比例相对较少,形成了目前考评指标简化、考评标准不全面的状况。这势必会影响整个绩效管理过程。

第四,我国绩效评估没有相关的立法和统一的程序,行政绩效评估难以保持可持续性和科学性。同时,由于绩效评估立法的缺乏,其监督也不独立,大部分地方政府行政绩效评估的展开是由于上级政绩压力的驱动,在评估主体受限的基础上,绩效评估过程和结果并不一定能客观真实的反应公共行政。

三、中国行政绩效的发展方向

在我国,随着经济体制改革和行政体制改革的推进,各级政府广泛推行了目标责任制、支出绩效改革以实现效率并承担公共责任。于是,一套科学的政府行政体制及其远景规划的绩效评估体系,从而推动公共行政向民主化管理模式发展越来越被地方政府所认同。地方政府行政绩效评估开始倾向于以下几个方面:

第一,不仅仅以经济效益来考核,同时注重和谐和民生的指标,并以科学发展观作为持续绩效评估导向。具体而言,行政绩效考核须注重经济社会协调和可持续发展,以效率、效果、质量、公平、责任、回应等的综合为原则选择评价要素,强调经济增长与社会发展、科学管理、产出结果和产出的社会效应等协调并重。

第二,注重完善的政府绩效评价指标体系的构建,采用定量和定性相结合的指标,如广东省采用支出绩效评价指标体系,每个支出部门报告须按照财政厅的规定审核预算完成率、财政资金到位是否及时、组织工作(如是否具有可行性报告立项等指标)、项目的政治效益、社会效益等级等对部门支出项目进行绩效评估,提高行政效率。指标遴选和构建是行政绩效评估发展关键的一步,特别是我国行政绩效指标凌乱、不统一,难以真正衡量行政绩效。

第三,在评价主体上,多元化的评估主体以及社会中介组织介入政府绩效评估也日渐增多。如基建项目采用公开招标的形式将私营部门纳入进来,审计部门会对其进行审核,并公开让社会各界予以评价。如珠海市的万人评议政府将评议主体从内而外的开放,让更多的"顾客"来审评,包括公民、企业、政治代表和机关干部。多元化评估主体参与提高公共物品和服务的顾客满意度,也促进了市场经济效率。

第四,在评价技术手段上,采用定性和定量相结合,注重应用现代统计技术和计算机技术。在大多数政府部门都建立了信息网络系统集中处理行政管理工作,在数据分析方法上采用层次分析法、数据包络分析等现代统计方法。此外,发展电子政务链接政府与公众,如政府网站、邮件、电子平台、大众媒体和电话等。这些电子化手段的建立为政府更好地为公民提供公共物品和服务搭建了沟通、交流的平台,并更及时的处理突发事件,更好的展开绩效评估活动。

第五,在评价理论和方法上,注重借鉴和吸收西方发达国家现有成果,进行政府绩效管理与绩效评价改革的国际合作。如绩效预算、零基预算等方式被各个地方政府支出部门引入并广泛采用予以评价其项目、政策完成情况,将预算与行政活动结合起来进行评估。此外,国家发展研究基金会、河北省财政厅也利用国际货币基金组织以及国外调研来改进自己的行政绩效。

本章小结

行政绩效的提高需要对行政活动进行绩效评估,将项目按照优先次序进行排序，通过投入产出结果的比较来评估组织效率。地方治理绩效管理系统是一个年度自我评估、管理和能力发展的工具，它有助于帮助地方政府部门评估他们在重要公共服务提供方面的能力和局限性，进一步推动行政绩效的提高。同时，地方政府绩效评估的推行使得公共服务的供给逐渐由供给主导型向需求主导型转变。顾客或公民主导型公共服务供给结构无疑既能提高效率又能增强合法性。提高行政绩效需要建立科学合理的绩效评估体系，其指标的设定要可操作并且完善，也要符合效度和信度，并遵循经济与公平并存的原则。如菲律宾，地方治理绩效管理系统（LGPMS）作为一个自我评估工具，以三年为一周期实施，其指标体系涵盖了以下绩效领域：(1)行政治理(地方立法、创收、顾客服务)；(2)社会治理(健康、教育、住房等)；(3)经济治理(为农业部门、渔业服务和工商企业提供支持)；(4)环境治理(森林、水体、近海和城市管理)；(5)善治的标准(透明、参与、财务问责)。

根据这些指标体系建立激励行为机制，即对公务提供公共物品和服务的忠诚度、顾客满意度、与期望目标的契合度等设立相应的奖励与惩罚而与行政责任相挂钩，提高政府问责。同时，整个行政绩效评估需要整合到战略管理当中，将短期目标、中长期目标结合起来，统一规划管理，保持可持续发展。战略绩效为行政组织提供了目标、愿景和任务，并定义了其产出的衡量标准，政府官员可以专注于优先权的项目和管理，更为科学的监管和聚焦整个组织活动的情况。支持战略规划的绩效评估系统具有以下特点[①]：第一，倾向于关注对组织更为重要的一系列产出和结果的衡量指标；第二，强调用于组织全局的衡量指标，尽管他们由很多分散的部分组成；第三，在一些指标上使用评价量表，同时也使用名义量表和定性指标；第四，时常在关键领域确立具体目标指标，并且根据这些具体目标检核实际绩效；第五，有时一系列的绩效指标应用到主要分支机构和其他组织以核实战略成果，特别是用于多使命、多职能和高度分权的组织。

受到西方绩效评估和政府改革运动的影响，我国也开始借鉴西方国家经验进行绩效评估的理论探索和实践，在众多地区已经取得了一定的成功。但是我

---

① 西奥多·H.波伊斯特：《公共与非营利组织绩效考评：方法与应用》，北京：中国人民大学出版社2005年版，第178页。

国的行政绩效的提高也面临着诸多的困难,如评估主体范围较窄,且受到限制较多,所以可持续性不够,而且很容易变成官员发展自己政绩的工具,同时,评估指标各地差异较大,并未形成统一的绩效评估指标体系对行政绩效进行标准化、科学化的评估,导致地区之间的可比性不足,这样会影响绩效评估的权威性和标准化,难以实际衡量地方行政绩效。由于我国绩效评估发展比西方国家晚,整个绩效评估过程设计并不合理而且不独立缺乏监督,难以持续。为了确保绩效测量系统的所有权和可持续性,对绩效测量系统的制定和实施,以及利益相关者的参与,设计一个恰当的过程非常重要。将绩效测量与激励计划相结合有助于增强参与政府部门执行的动力和系统的问责性。同时,还须依靠相应的立法和成立专门部门来促进和统筹公共组织绩效评估的开展,这也是现代法治社会的内在要求。

关键词

效率　行政绩效　绩效评估　3E 标准　平衡计分卡　战略管理　PEST 分析　SWOT 分析

思考题

1. 行政绩效的概念？
2. 我国如何提高行政绩效？
3. 如何建立行政绩效评估体系？
4. 如何设计科学、完整的绩效评估指标？
5. 绩效评估指标指标要遵循怎样的原则？包括哪些内容？
6. 我国行政绩效运动发展历程？
7. 我国地方政府绩效评估存在哪些问题？怎样提高我国地方政府绩效评估体系？
8. 我国应该如何进行行政绩效战略选择？

 推荐阅读

1. 西奥多·H.波伊斯特:《公共与非营利组织绩效考评:方法与应用》,北京:中国人民大学出版社2005年版。

2. 迈克尔·L.瓦休、黛布拉·W.斯图尔特、G.大卫·贾森:《组织行为与公共管理》,北京:经济科学出版社2004年版。

3. 马克·G.波波维奇:《创建高绩效政府组织》,北京:中国人民大学出版社2002年版。

第十二章 行政改革

政府在实施对公共事务的管理过程中需要不断面对各种变动不居的环境,当环境的变化对公共行政运行过程提出新的要求后,行政改革就提升了政府的议事日程。行政改革既表现在政府管理体制的整体突破上,又表现在政府管理体制局部的改进和完善上。在行政改革过程中,不同的国家依据自身的改革要求,呈现出不同的发展方向与趋势。

行政改革是当今各国普遍关注的问题,也是公共行政学研究的重大课题。深入研究行政改革,探讨行政改革的内涵、特征、动因及基本趋势,对于建立新型行政管理体制和促进我国行政管理的科学化具有重要意义。本章主要介绍了行政改革的内涵、动力、具体实践及未来的发展趋势。

第一节 行政改革概述

一、行政改革的内涵

关于行政改革概念的界定,国内外学者的理解有所不同。美国学者蒙哥马利(J. D. Montgomery)认为,行政改革是一个政治过程,它通常是指调整行政机构与社会其他各要素之间的关系或者调整行政机构内部各部门之间关系的活动,改革的目标和过程中所发现的各种问题都会随政治情势的不同而改变。而另一位美国学者 K. R. 霍普则认为,行政改革可以被定义为,为了根本改变政府官僚机构的机构和办事程序以及有关人员的态度和行为而专门筹划和慎重进行的努力,旨在提高组织的效能,实现国家的发展目标。国内有学者对行政改革的界定是,行政改革一般是指在政府管理范围内,为提高行政效率、改变旧的和建立新的行政制度和方式的行政行为。还有学者认为,行政改革即行政组织和行政人员的改革,是有意识地改变行政组织的结构、功能和行政人员的行为方式的行动,目的是增强行政效能,以适应环境变化和要求的活动。

一般来说,行政改革就是指政府为了适应行政环境的变化以及行政系统内部的要求,而有意识地对行政管理的组织结构、内部体制和行为方式等方面所进行调整的变革活动。

二、行政改革的范围

行政改革是一个系统工程,其内容十分丰富,其中主要包括行政理念、行政职能、行政体制、行政机制、行政方法和行政文化的改革。

1. 行政理念的创新

在市场经济体制下,政府职能已发生根本性变化。为此,政府的行政理念必须有所创新,以适应政府职能的转变。政府行政理念的创新主要表现为树立责任政府的理念、有限政府的理念、服务政府的理念、透明政府的理念、诚信政府的理念、人本政府的理念。

2. 行政职能的转变

转变政府职能指的是政府职能的转换、变更和发展,由"划桨"转为"掌舵"并引入市场机制。政府职能转变一般包括:政府职能范围的调整,如增加新的职能,转移原有职能,取消部分职能。政府职能重点的转移,即政府工作的重点从某一领域转移到另一领域。也就是说,把政府从大量的社会事务中解脱出来,将这些职能交给社会,由社会经济组织或中介组织去承担具体事项,而政府则以宏观调控、政策规划、协调监督和服务保障等内容作为管理社会公共事务的主要职能。

3. 行政体制的改革

行政体制改革主要指行政组织形式和基本制度的改革,组织结构方面的改革是行政改革的主要内容,其基本形式是行政权力调整和行政机构改革。行政权力体制改革主要涉及中央行政权与地方政府行政权的调整、中央行政部门内部行政权调整等内容;而行政机构改革主要是指组织重构,建立高效精干的政府组织和完整统一的组织体系等内容。此外,行政人事制度改革、行政监督制度改革以及行政程序的再设计也是行政体制改革中不可或缺的一部分。

4. 行政方法的改进

行政方法是指国家行政机关及其工作人员为履行行政职能,实现特定目标,而采用的各种方式、手段、措施和技巧的总称。行政方法是履行行政职能的重要环节,没有科学的方法,行政职能难以得到有效的实现。行政管理方法的变化也是行政改革的内容。如我国行政审批的改革。

5. 行政文化的创新

行政文化是指在行政实践活动基础上所形成的,能够直接反映行政活动与行政关系的价值观念、道德观念等的总称。其核心为行政价值取向。行政文化的创新,就是要弘扬与现代行政管理相适应的科学、民主、效率、服务等现代精神,建立符合行政发展要求的创新文化体系,营造良好的行政文化氛围,形成与创新目标相适应的价值理念,与价值理念相适应的运行机制,塑造崭新的政府形象,推动行政文化的发展。

三、行政改革的特征

概括地说,行政改革的特征主要表现在行政改革是政府对行政环境主动适应的过程、综合性系统化的过程、以政治领导层引领和统筹以及有意识有计划有步骤的变革活动这四个方面。

1. 行政改革从本质上来说是政府对行政环境主动适应的过程

政府总是存在于某种特定的环境之中,并在这种特定环境中运行着。行政环境的变化和行政要素的发展,都会对行政系统提出新的要求,行政改革正是行政系统与行政环境之间的动态平衡而逐步进行的自我调整、自我适应的过程。

2. 行政改革是一种综合性的系统化的过程

行政改革的对象不仅包括人员、机构和技术,而且还包括了行政文化、行政观念和行政制度;并且变革不仅仅指这些要素自身的变革,这些要素之间关系的变革也属于行政变革的一部分,这些就要求我们设计的行政改革措施具有综合、全面和配套的特征。

3. 行政改革是以政治领导层引领和统筹

作为行政改革的主体,政治领导层或出于主动或出于被动地推进着行政革新运动。政治领导层思想先进,对社会政治经济形势的发展变化有着独特的见解,并能够正确判断和分析现有的政治经济体系及其弊端。他们拟订改革计划,制定改革措施,在整个行政改革过程当中起到了发起、策划、组织和领导作用。一般来讲,改革的内容与方式、进程与步骤、深度与广度,与政治领导层对行政环境变化和改革目标导向的认识以及推动改革的能力有很大的关系。

4. 行政改革是有意识有计划有步骤的变革活动

行政改革是政治领导层有意识有目的地推进的政治变革活动,一般来说,整个变革的进程都有着较为严密的计划和组织,并配有明确导向的改革目标系统,将全部行政改革活动内容纳入其中。行政改革的目标是不可能在较短的时间内就完成的,所以它需要一个较为长期的过程。此外,行政改革是政治领导集团进行的一种有计划的改革尝试,它需要在不断地试验和调适过程中进行。

第二节 行政改革的动力与阻力

一、行政改革的动力

行政改革的深化需要动力机制的创新,没有新动力的加入就不可能实现改革的继续深化,从而为社会的良性发展和政府职能转变提供动力支持和制度保障。

(一)外部动力

行政改革的外部动力来自于行政系统与环境的互动,这些来源于行政系外部的因素主要包括经济、政治、文化和技术四个方面。

1. 经济因素

经济是行政的基础和集中体现,行政系统必须与经济基础相适应。因此,经济发展中的根本性的变化,必然会对行政系统提出新的要求,一定的经济状况需要有与之相适应的行政系统,经济的发展和经济体制的变革必然导致行政系统的变革与发展。

2. 政治因素

行政系统是国家政治系统的组成部分,行政的本质是为了维护统治阶级统治的需要,任何政治体制的变化都会引发行政体系的调整和变化。政治体制发生变化,行政改革方向随之改变;政治决策发生变动,行政体系也必然做出相应变化;政治意识形态的改变也影响着行政价值判断。可以看出,政治对行政改革的影响最为直接,政治是行政改革的主要外部动力。

3. 文化因素

文化是社会系统中处于较深层次、较为稳定的子系统。任何一个行政体系的结构形式、决策过程、运转程序以及行政人员的行为、态度、价值观等,都直接或间接得要受到文化这一价值观的影响和制约。相对于政治和经济的变革而言,文化的变革是相对滞后的,但文化的变革一旦发生,其对行政改革带来的推动性影响却是深远的。

4. 技术因素

科学技术是推动社会发展的重要因素,也是推动政府行政系统发展变革的重要原因。科学技术的进步往往能引起经济的发展、生活方式的变革和思想观念的变化,并且能够引进一系列新的行政管理模式和组织方法,从而引起行政改革的发展。因而,技术是行政改革的间接动因。

(二) 内部动力

行政改革的内部动力是指行政改革的内在推动因素。这些来源于行政系统内部的因素主要包括行政组织的演化、组织分工的细化和政府内部改革人士的推动三个方面。

1. 行政组织的演化

行政组织是行政体系中最为基本的构成部分,组织是实体,行政体制、行政过程和行政行为都是由行政组织承载的。行政组织具有自我生长的能力,且由于行政组织的膨胀可以满足自身利益诉求,所以在信息不对称以及其他制度约束缺位的情况下,行政组织会不断地自我膨胀,从而引发财政危机,人浮于事、效率低下等问题频频出现,政府权威的合法性大大降低。因而,为了保持政府权威的合法性,提高组织的行政绩效,必须进行行政改革

2. 组织分工的细化

分工是官僚制组织的典型特征之一,通过分工的方式处理各项行政事务,可以大大提高行政效率,但过于细化的分工则会对行政绩效产生不利影响,这是因为过度细化的分工会影响组织内部的信息沟通和部门协调,并造成推诿扯皮、不负责任、官僚主义等弊端的出现。在这种情况下,过于细化的组织分工自然成为行政改革的动力之一。

3. 政府内部改革人士的推动

政府组织内部的一些具有远见卓识、使命感和责任心的人士,往往是行政改革和发展的中坚力量。他们通过提出一些改革的正确建议和策略来推动行政改革,当这些建议和策略被行政系统所接受和认可并付诸实施后,实际上也就成为一个来自行政体系内部的行政改革的推动因素。可以认为,政府内部改革人士通过推动行政改革在一定程度上起到了推动作用。

二、行政改革的阻力

行政改革在某种程度上是一种利益的分配和再分配的过程,意味着原有的行政体制、权力格局和利益格局的分化与整合,因而会遇到来自各方面的阻力,这一阻力一般可分为行政系统的外部阻力和内部阻力,分析行政改革的阻力对于行政改革具有十分积极的意义。

(一)外部阻力

行政改革的外部阻力是指阻止行政改革的各种外在因素的总和。外部阻力

主要包括市场经济发展的不完善和相关制度改革的不配套两个方面。

1. 市场经济发展的不完善

要建立适应市场经济的行政体制,必须要正确处理好涉及政府与社会、政府与市场、政府与企业之间的各种行政关系,要实现这个目标的一个重要前提条件就是市场经济的完善,然而大多数发展中国家由于市场经济发展的不充分,从而在一定程度上阻碍和制约了行政改革。

2. 相关制度改革的不配套

行政系统是社会管理大系统的一个子系统,它与社会管理系统的其他子系统之间互相联系、相互制约。因此,行政改革与政治制度和经济制度的改革必须相配套、相适应并协同进行,一旦诸种改革存在滞后现象必然影响行政改革和发展的进程。

(二) 内部阻力

行政改革的内部阻力是阻止行政改革的各种内在因素的总和。内部阻力主要有既有行政制度习惯、政府雇员和行政文化的制约这三个因素。

1. 既有行政制度习惯的惯性阻力

行政制度具有一定的惯性,即人们长期处在一个特定的环境中从事某种特定的工作,就会形成某种对环境和工作的认同,形成某种特定的运行轨道和运行模式。当行政改革推进时,既有的制度习惯的惯性就会产生抵制,从而阻碍和制约了行政改革的推行。

2. 政府雇员的阻力

改革是权力和利益的再分配过程,也就是利益格局发生变化,这就必然会触及某些政府成员的既得利益,自然就会遇到来自这部分政府雇员的反对和抵制,从而成为改革的直接阻力。

3. 行政文化的制约

行政文化是行政体系内成员对行政行为、行政职能等的共同认同的核心价值观,若当行政改革全力推进时,而行政文化对于这种改革的认同却滞后于改革进程,那么行政改革必然会受到影响,难以继续深入进行。

总之，只有当改革的动力大于其阻力时，发展才能继续推进。在推动行政改革的诸多动力之中，经济动力最为根本，而政治支持是最直接的原因，对于改革的形成、确定和实施是至关重要的。领导行政改革的机构必须依靠执政党并获得其参与或支持，才能推动行政系统的进一步发展。

第三节 当代政府行政改革实践

一、当代西方国家的行政改革

（一）当代西方国家行政改革的背景

自20世纪80年代以来，全球化和后工业化的迹象开始显现出来，人类社会处于新的转型过程中，许多新的问题不断涌现，政府适应社会发展要求的能力减弱。因此，行政改革浪潮席卷大多数国家，并成为各国政府势在必行的选择。

1. 全球化的发展

伴随着科技的迅猛发展，经济全球化成为世界经济发展的重要趋势，新的经济环境对政府职能和管理能力等方面提出了新的要求。全球化使得公共行政的领域更为复杂，公共行政日益具有国际化的倾向，这些都要求政府职能指向世界市场经济，治理世界市场失灵，解决全球性问题。此外，随着经济全球化的发展，资金、技术和人员等方面的全球性流动大大增强了政府间的联系，国际竞争日益紧张，这些也迫使政府在政府管理体制机制以及政府的管理能力方面做出新的努力。因此，各国政府为适应经济全球化的需要而相继进行行政改革。

2. 信息化的蔓延

20世纪80年代以来，随着信息技术的飞速发展，信息化成为社会发展的最主要的驱动力，也成为西方国家行政改革的内在推动力。信息化对政府管理提出了新的要求，并为政府不断改善管理水平提供了可能。一方面，信息化加快了知识、信息和文化等的传播速度，提高了信息的共享程度，使得利益需求的表达更为便捷，公众对公共事务的监督和参与也更为直接，巨大的参政压力导致政府与社会关系的变化，为公共行政的发展带来革命性的影响。另一方面，信息技术的应用改变了原有信息管理和储备方式，电子化和网络化的管理方式改变了政府流程,提高了行政效率,将政府引向了一个新的历史起点,为政府改善管理水平提供了可能。

3. 官僚制困境的加剧

20世纪西方国家政府治理结构主要是官僚制组织结构,但随着人类从工业社会向后工业社会的过渡,信息技术广泛渗透于社会各个领域,社会公共事务日益复杂化,官僚制其传统的优越性日渐消失,组织严密、层级节制、程序复杂的官僚制结构无法适应当代社会新的挑战。可以说,无论是在效率还是在民主问题上,还是在个人自由或社会平等问题上,官僚制都面临着重重困境。而以官僚制为主导范式的传统公共行政也备受质疑,正是这官僚制的困境促进了行政改革的发展。

4. 政府失灵的压力

20世纪60年末,由于西方各国长期采取凯恩斯主义政策,政府对经济生活的干预不断加强,导致一系列严重的负面效应产生,西方各国的财政赤字越来越大,国家经济陷入"停滞膨胀"的困境,财政收入不断减少,管理效益和服务水准降低。伴随着财政危机的持续恶化,大规模的政府干预,冗员的增长和效率的低下,致使公众对政府的不满情绪也与日俱增,西方国家面临着普遍的政府信任危机和管理危机。要使政府走出这些危机的泥沼,行政改革就迫在眉睫。

5. 新行政理论的指引

新行政理论的发展是西方国家行政改革的思想推动力。从20世纪60年代开始,西方行政理论发展迅猛,众多理论流派纷纷建立,主要有新自由主义理论、公共选择理论、新公共服务理论、治理理论、新公共管理理论等。新的行政理论对政府职能及政府与社会之间的关系进行重新定位,强调政府对社会公众的响应力,重视提供公共服务的效率和质量等,这对西方国家行政改革有着较为深刻的影响。

(二)当代西方国家行政改革的特征

在经济全球化和信息化的推动下,世界大多数国家都相继掀起了行政改革的浪潮,这场具有历史意义的行政改革的特征主要表现在政府职能的市场化、公共服务的社会化、公共行政的民主化、公共管理的企业化。

1. 政府职能的市场化

政府职能的市场化主要包括两个方面：第一，政府职能的收缩。根据市场经济的要求重新确立政府职能，将原来由政府承担的部分社会职能和经济职能推向市场，从而达到减轻政府负担、缩小政府规模和精简政府人员的目的。政府职能的市场化主要表现在：压缩社会福利项目，以市场化的安排来代替政府的安排；放松对企业进出口及价格的管制，市场定价代替了政府定价；推行国有企业私有化改革。第二，公共服务的市场化。把市场竞争机制引入公共服务是各国行政改革普遍追求的目标，其实质就是整合政府权威制度与市场交换制度的功能优势，形成一种新的公共服务供给制度安排。

2. 公共服务的社会化

近年来，社会力量成为行政改革中提供公共服务的重要组成部分，其发挥的作用日益显著。一方面，通过非营利组织自主筹资、捐款或税收优惠等途径获取资金，与政府部门合作提供公共服务。另一方面，政府以授权的方式鼓励社区建立老人院、残疾人服务中心等公益机构，提供一些政府未能提供或不便提供的公共服务。这种把公共服务的提供范围缩小到一个以生活或工作为纽带联系起来的小团体之中，更有利于提高服务效率。此外，积极引导和鼓励志愿者及志愿者组织提供公共服务也是提供公共服务一种重要途径。

3. 公共行政的民主化

公共行政的民主化主要表现为权力分散。权力分散，体现出权力向社会和公民回归的社会历史趋势。权力分散的好处是反映了人性追求自我价值实现的普遍本质，使政府更接近人民；减少繁文缛节和提高行政效率。西方国家在行政改革过程中，大都着力于缩小政府行政管理的范围，努力分散政府行政权力。这既表现为中央政府与地方政府之间的分权，又表现为政府行政组织内部层级间的分权。从中央政府与地方政府之间的分权来看，它体现为中央政府将若干权力如项目管理权、法规制定权等下放给地方政府，使地方政府较之以前拥有更大的权力。此外，西方国家在改革政府机构、调整行政权力的过程中，把一些政府经济部门改组为准政府机构或者干脆独立出去而以社会组织的形式出现。

4. 公共管理的企业化

公共管理的企业化指的是将企业家所追求的讲效率、重质量和善待消费者的企业精神移植到公共行政当中,从而提高政府的工作效率。新公共管理运动就是这方面改革的具体体现,其代表人物美国学者戴维·奥斯本和特德·盖布勒在其著作《改革政府：企业精神如何改革者公营部门》一书中,积极倡导以企业家精神来重塑政府,并归纳出改革的10个方向：第一,起催化作用的政府：掌舵而不是划桨；第二,社区拥有的政府：授权而不是服务；第三,竞争性政府：把竞争机制注入提供服务中去；第四,有使命感的政府：改变照章办事的组织；第五,讲求效果的政府：按效果而不是按投入拨款；第六,受顾客趋势的政府：满足顾客的需要,不是官僚政治需要；第七,有事业心的政府：有收益而不浪费；第八,有预见的政府：预防而不是治疗；第九,分权的政府：从等级制到参与和协作；第十,以市场为导向的政府：通过市场力量进行变革。①

5. 管理方式的信息化

随着信息技术的发展,西方各国均注重运用信息技术来对行政进行改革,以借助于信息技术来提高政府服务效率和治理质量,并通过构建电子化政府来提升国家竞争力。信息化在行政改革中的一个重要体现为电子政务的发展,网络将政府部门与企业、公民相联系,不仅节省管理成本,同时也节省了时间,企业与公民可以通过政府的服务网络足不出户地办理许多事务。美国、英国、法国、德国等西方国家都将构建电子化政府作为其行政改革的一个战略性任务,制定并开始实施政府治理电子化的规划。

(三) 当代西方国家行政改革的内容

当代西方各国的行政改革涉及范围十分广泛,主要包括政府职能的调整、中央和地方的关系调整、精简政府机构、政府管理方式的变革和政府管理体制的重塑这几个方面。

---

① 戴维·奥斯本、特德·盖布勒：《改革政府：企业精神如何改革着公营部门》,上海：上海译文出版社1996年版,第112页。

1. 政府职能的调整与完善

当代西方行政改革的首要任务是政府职能的调整和完善,即重新界定政府的作用范围,改革的侧重点是政府职能的减少。为此,西方各国普遍采取如下改革措施:一是非国有化,即公有企业和公用事业的产权转移或私有化,减少政府的管理职能和责任,并缓解企业管理困难,改善生产条件,减少财政赤字。在西方国家中,英国是对国有企业实行私有化改革起步最早、成效最突出的国家。英国自1979年撒切尔夫人上台后便积极推行私营化运动,至1994年止,已有46个国有企业私营化,其中包括电讯、煤气、电力、供水等部门,国有企业产值占国民生产总值的比重由1979年的10%降为不足1%。二是自由化,主要表现为缓和规制,包括社会规制、市场规制、保护产业的规制等,改革的重点是放松对市场的管制。如美国自前总统里根发布第12291号行政令以来,美国政府陆续放松了对航空、铁路、卡车、公共汽车、能源、电信、银行的管制,企业进出口的自由度空前提高,市场定价代替了政府定价。三是压缩式管理,这是为了应付财政困难而采取的新的管理策略,所涉及的主要是政府的社会服务职能。其具体措施包括:公共项目系统排序,分清主次,拨款时区别对待,中止效率和效益不佳的社会项目,解散相应机构,遣散有关人员;有选择地降低社会服务的总体水平;逐步实行公共服务使用者付费制度,节约公共开支。总之,政府职能优化的核心是对那些政府不该管的事放手不管,集中财力和精力把政府该管的事管好。

2. 调整中央和地方的关系,实行分权和权力下放

战后,西方国家中央与地方的关系经常处于变动之中,并成为当代西方国家行政改革的主要内容之一。这种改革在联邦制国家与单一制国家中是有所不同的。美国、德国等联邦制国家在70年代以前,奉行合作联邦主义,联邦政府积极干预社会经济事务,改变了过去中央政府与州政府职能相互独立的状况。70年代以后,由于担心联邦政府的权力过分强大会破坏联邦制的基础,分权成为了改革的主要特征,州政府与地方政府的自主权又得到了程度不同的扩大。在美国,联邦政府减少人事管理权限,将人事管理权下放给各部委;扩大地方政府使用联邦政府拨款的自主权力,减少联邦政府对地方政府行政程序的控制与监督。在德国,一方面加强地方直接民主;另一方面使地方公共服务和行政管理更加经济和合理化。就单一制国家而言,它们的改革基本上呈现分权趋势,这在法国和日

本表现得比较明显。在法国,1982年通过法律形式正式开始了以权力下放为主要内容的地方分权改革。它涉及决策权、管理权的下放,地方议会作用的扩张,重新调整地方行政区域的划分,将法国的行政区划分为大区、省和市镇一级,分别由选举产生的议会自行管理,实行国家事务和地方事务相分离的原则,中央将更多的权力下放给了地方各级政府。在日本,1995年推出了历史性的"地方分权推进法",并成立地方分权推进委员会来促其落实。

3. 精简政府机构,提高行政效率

战后,随着政府职能的不断扩大,政府机构数量也随之膨胀,行政开支大幅增加,财政负担日益加重。因此,精简机构和人员是行政改革一个重要内容,政府部门内部的组织结构改革,使不同部门的层级结构趋于多样化、中间管理层次减少、幕僚机构的权力受到限制并被削弱,上下级权责关系及控制方式也得到相应改变。此外,在指导思想上强调顾客取向,在公共服务机构之间引进市场竞争机制,推动公民参与管理,定期广泛征求公民对公共服务的满意程度。并广泛采用公共行政传统规范与工商企业管理融合的方法,一方面,通过各种方法吸引私营部门管理人才到政府部门任职或兼职;另一方面大力引进私营企业的管理技术和方法,如绩效评估、全面质量管理、人力资源开发等,以提高部门的行政效率。[1]

4. 政府管理方式和行政行为的变革

随着信息化的快速发展,行政改革已越来越注重管理方式和行政行为的变革。具体措施有:一是管理手段的现代化,推行电子政务。在80年代的行政改革中,西方国家逐步在政府部门中普及计算机的应用,促进行政信息搜集、处理、传递和使用的现代化。到了90年代初,西方国家又纷纷提出建立电子政务的目标,利用信息技术革命新成果,建立完善行政管理信息系统。二是管理方式市场化。管理方式市场化在实践中采取的主要形式:一是政府业务合同出租(Contracting-out)。合同出租指的是政府确定某种公共服务项目的数量和质量标准,对外承包给私营企业或非营利机构,中标的承包商按照与政府签订的合同提供公共服务,政府用财政拨款购买承包商的公共产品和劳务。这种形式自70年代

---

[1] 周志忍:《当代国外行政改革比较研究》,北京:国家行政学院出版社1999年版,第30—37页。

以来在西方各国普遍推行。二是公私合作,即政府以特许或其他形式吸引中标的私营部门参与基础建设或提供某项服务。在政府的管制下,私营部门通过面向消费者的价格机制来实现投资回报。政府不需要以纳税人的税收去购买私营部门提供的服务。三是建立政府部门与私营企业的伙伴关系。四是公共服务社区化,即鼓励各社区建立公益事业如养老院、残疾人福利中心等,政府机构如社会工作部门、警察局出面组织邻里互助、街道联防等以改进社会服务或控制犯罪活动。

5. 重塑政府管理体制

自20世纪80年代以来,企业家政府模式越来越受到人们的重视与推崇,其主张将企业精神和理念引入政府文化,运用企业家重效率、重质量和善待消费者等精神,以及企业的科学管理方法对公共管理部门进行改革,建立企业家政府,重塑政府形象。树立企业家政府的基本理念的内容主要有三个方面:首先,政府要树立以人为本、顾客至上的理念。民主政府的根本法则是人民主权,政府在人民授权下代表人民从事公共管理,政府施政目标应以公民的需求为目标,强调对顾客负责,并以顾客满意作为衡量公共服务质量的标准。其次,政府要树立质量第一的观念。政府应该在了解公众需求的基础上,为公众提供充足、优质的公共服务。再次,政府要树立以结果为本的新观念。正如企业要以更少的投入获得更多的效益一样,政府应力求把取之于民的财政收入在用之于民的财政支出中获得更好的效益。

二、当代中国的行政改革

(一) 当代中国的行政改革历程

改革开放以来,随着我国市场经济体制改革的不断深入,我国的行政管理体制改革取得了重要进展,初步形成了基本上适应社会主义市场经济体制要求和建设中国特色社会主义事业需要的行政管理体制。在四十多年的改革开放进程中,我国先后进行九次重大行政管理体制改革。

1. 1982年行政改革:提高效率、干部年轻化

"文化大革命"结束后,国务院恢复了部门管理体制,国务院部门迅速膨胀,

机构大量膨胀导致国务院机构林立、职责不清、人浮于事等问题日益突出。因此,从1982年开始,中央开始了改革开放以来的第一次较大规模的行政改革。这次改革的重点是对各级政府机构进行了改革和精简,较大幅度的撤并了经济管理部门,加强了综合、调节、监督、法制部门;提出干部"四化"方针,并结合机构改革推行干部年轻化,建立了干部离退休制度。同时,农村基层政府改变了农村人民公社政社合一体制,实行了行政权与生产经营权的分离。总而言之,这一阶段的行政改革为经济体制的全面改革铺平了道路,为此后的行政管理体制改革奠定了良好基础。

2. 1988年行政改革:转变政府职能、深化经济体制改革

在深入分析和认真总结机构状况及存在问题的基础上,1988年国务院再次进行了行政改革。在转变政府职能的改革思路引领下,此次改革按照政企分开的原则,把政府部门直接管理企业的职能分化转移出去,将政府直接管钱、管物的职能放下去,强化政府宏观调控、行业管理和监督的职能,初步理顺了党政关系和中央与地方的关系。同时,这次改革调整了国务院机构的总体格局,对综合部门、经济调节部门、监督部门和社会保障部门进行了强化,并适当弱化了专业经济管理部门。这一阶段的改革在经济体制改革刚刚铺开的背景下开展的,它为社会主义市场经济体制的确立创立了条件。

3. 1993年行政改革:政企分开

根据党的十四大的要求,我国从1993年起进行了新一轮的机构改革。这次行政改革以适应社会主义市场经济发展的要求为宗旨,加强宏观调控和监督部门,强化社会管理职能部门,减少具体审批事务和对企业的直接管理;改革的重点在于转变职能、理顺关系和精兵简政,理顺国务院各部门之间的关系,合理划分职责权限,避免交叉重复,调整机构设置,精简各部门的内设机构和人员;改革的根本途径是实现政企分开。同时以推行国家公务员制度为重点,全面推进政府机关、事业、企业人事制度的改革,并根据现代企业制度的需要积极探索国有资产的管理体制。这一阶段的改革由侧重下放权力转向制度创新,由改革旧体制转向建立新体制,提高了机构改革的深度和广度。但由于历史条件的制约和宏观环境的限制,改革思路没有摆脱计划经济的框架,这次改革并没有很好地解决政府机构的诸多弊端,带有很强的过渡性。

4. 1998年行政改革:行政体制法治化

1998年的行政改革是行政管理体制改革中力度最大、机构变化和人员调整最大的一次。根据党的十五大精神,这次改革的目标是建立办事高效、运转协调、行为规范的行政管理体系,完善国家公务员制度,建设高素质的专业化国家行政管理干部队伍,逐步建立适应社会主义市场经济体制的行政管理体制。根据上述目标要求,这次改革的内容主要集中在调整和精简政府机构和行政人员、转变政府职能、调整部门职能分工、调整中央与地方关系以及进一步完善国家公务员制度等方面。这次改革按照权责一致的原则,明确定位了政府职能范围,加强了行政体制的法治化建设,改革取得了一定成效,但由于我国的社会主义市场经济体制还处于建立和完善的过程中,这次改革仍是过渡性的。

5. 2003年行政改革:深化国有资产管理体制改革

2003年3月第十届全国人大一次会议通过了新一轮的国务院机构改革方案,启动了改革开放以来的第五次行政改革。这次改革以邓小平理论和"三个代表"重要思想为指导,按照完善社会主义市场经济体制和推进政治体制改革的要求,坚持政企分开,精简、统一、效能和依法行政的原则,进一步转变政府职能,调整和完善政府机构设置,理顺政府部门职能分工,提高政府管理水平,形成行为规范、运转协调、公正透明、廉洁高效的行政管理体制。改革的重点主要集中于深化国有资产管理体制改革,完善宏观调控体系,健全金融监管体制,继续推进流通管理体制改革,加强食品安全和安全生产监管体制建设。本次改革着重优化组织结构,整合组织功能,优化政府人员结构,强调政府职能进一步转变和调整。这次改革的目的在于解决行政管理体制中的一些突出的矛盾和问题,为促进改革开放和现代化建设提供组织保障。

6. 2008年行政改革:大部制改革

2008年3月15日,十一届全国人大一次会议通过了《国务院机构改革方案》,这标志着我国新一轮的行政管理体制改革拉开了帷幕。根据党的十七大精神,这次改革的总体目标是:按照全面建设小康社会和构建社会主义和谐社会的奋斗目标,建立和完善适应社会主义市场经济体制与民主政治体制的中国特色的行政管理体制,切实建立一个以人为本、施政为民的服务政府,权责明晰、监督到位的责任政府、法律完备、行为规范的法治政府、清正廉洁、精干有力的高效政府。围绕着这一总体目标,这次行政改革的主要任务是:加强和改善宏观调控,围绕转变政府职能和理顺部门职责关系,探索实行职能有机统一的大部门体制改革;合理配置宏观调控部门职能,着眼于改善和保障民生,加强与整合社会管理和公共服务部门。我们当下正处于第六次行政改革之中,目前大部制改革已在中央和地方政府中展开,广东顺德、浙江富阳等地的大部制改革已取得良好成效,迈出了关键的一部,但创新较少,大部制改革面临着继续深化的问题

7. 2013年行政改革:政府职能转变

根据党的十八大和十八届二中全会精神,深化国务院机构改革和职能转变,以职能转变为核心,继续简政放权、推进机构改革、提高行政效能,2013年3月5日,十二届全国人大一次会议审议通过了《国务院机构改革和职能转变方案》,这次国务院机构改革重点围绕转变职能和理顺职责关系,稳步推进大部门制改革,国务院组成部门减少至25个,实行铁路政企分开,整合加强卫生和计划生育、食品药品、新闻出版广电、海洋、能源管理机构。政府职能转变是深化行政体制改革的核心,转变国务院机构职能,必须处理好政府与市场、政府与社会、中央与地方的关系,深化行政审批制度改革,减少微观事务管理,更好发挥社会力量在管理社会事务中的作用,同时改善和加强宏观管理,注重完善制度机制,加快形成权界清晰、分工合理、权责一致、运转高效、法治保障的国务院机构职能体系,切实提高政府管理科学化水平。

8. 2018年行政改革:深化大部制改革

2018年3月17日,十三届全国人大一次会议通过了《国务院机构改革方案》,改革开放以来的第八次行政改革拉开帷幕,开启新一轮大部制改革。改革后,国务院正部级机构减少8个,副部级机构减少7个,除国务院办公厅外,国务院设置组成部门26个。此次行政改革所进行的机构职能优化和调整,在转变政府职能,加强和完善政府经济调节、市场监管、社会管理、公共服务、生态环境保护职能,构建起职责明确、依法行政的政府治理体系方面发挥了重要作用。行政改革还赋予省级及以下机构更多自主权,进一步深化了地方机构改革。

9. 2023年行政改革:重点领域行政改革

2023年3月10日,十四届全国人大一次会议根据党的二十大会议精神,表

决通过了关于国务院机构改革方案的决定,开始了新一轮行政改革。此次国家机构改革目的在于进一步增强国家机构设置和职能配置同全面建设社会主义现代化国家、实现国家治理体系和治理能力现代化以及构建高水平社会主义市场经济体制要求的适应性。改革围绕加强科学技术、金融监管、数据管理、乡村振兴、知识产权、老龄工作等重点领域,通过重新组建科学技术部,组建国家金融监督管理总局和国家数据局,调整中国证券监督管理委员会、国家知识产权局、国家信访局为国务院直属机构,优化中央国家机关编制资源配置等,使中央政府机构设置更加科学、职能配置更加优化、体制机制更加完善、运行管理更加高效。

（二）当代中国行政改革的成效

改革开放以来,我国全方位、渐进式地推进行政管理体制改革,注重转变政府职能,加快制度创新,在行政理念、行政体制、行政管理方式等方面进行了系统改革,逐步实现了行政改革与经济体制改革、社会管理体制改革的紧密互动,改革取得了显著成效。

1. 政府职能转变取得重大进展

政府职能转变是行政改革的关键问题。改革开放以来,我国对政府职能的认识不断深化,政府职能的定位日益明确,职能配置更加合理,政府职能转变取得实质性突破。一是明确将政府职能定位为经济调节、市场监管、社会管理和公共服务四个方面,不断加强社会管理和公共服务职能,建立和完善社会利益协调机制、矛盾疏导机制和突发事件应对机制等机制;二是政府、市场、企业三者的关系逐渐理顺,基本实现政企分开,进一步明确政府与企业各自的职能;三是社会组织在经济社会事务中的作用逐步增强,政府积极培育各种社会力量,促进各类社会组织蓬勃发展,初步实现了由行政管制型政府向公共服务型政府的转型。

2. 政府机构和人员整合优化

经过改革,政府机构设置和人员调整上取得了重要进展,与市场经济体制相适应的以宏观调控部门、行业管理部门、市场监督部门、社会管理和公共服务部门为主的机构框架初步建立。就国务院而言,经过多次机构改革和调整,国务院的组成部门和机关人员编制明显减少。除国务院办公厅外,目前国务院组成部门设置为26个,中央国家机关人员编制进一步精简,收回的编制用于加强重点领域和重要工作。同时,地方各级政府和人员编制也有较大缩减。

3. 政府管理方式和理念不断完善

与改革开放以前相比,政府的管理方式和基本理念不断完善,取得了显著进步。一是管理手段逐渐法律化和现代化,依法行政的制度不断健全,电子政务建设取得一定成效;二是服务行政和责任行政等观念逐渐深入人心,各级政府明确和强化各自责任,逐步实现了"服务至上"和对人民负责的改变,服务政府和责任政府的理念得到很好地履行。

4. 政府的制度和能力建设明显加强

政府运行机制不断创新,制度化建设持续推进,行政效率明显提高。一是科学民主决策机制得以建立,公众参与、专家论证和政府决策相结合的决策机制逐步完善。二是政务公开不断推进,机制日趋健全,保障了公民的知情权、参与权、监督权。三是政府应急管理体系逐步建立,形成了分级响应、属地管理、信息共享、分工协作的应急体系。四是行政监督和问责力度不断加强,包括外部监督、层级监督和监察、审计等专门监督的行政监督体系初步形成,行政问责制在重大事故处置中发挥了重要作用。

(三) 当代中国行政改革的基本经验

四十多年来的行政改革取得了上述成效,同时也积累了丰富的改革经验。主要可以总结为以下几个方面。

1. 行政改革必须以转变职能为重点

行政职能问题是整个行政管理的中心问题和基础问题,行政职能的明确影响着政府机构改革的科学性。自 1988 年第一次明确提出转变职能这一改革思路后,我国的行政改革紧紧围绕着正确行政职能定位而进行。政府职能转变主要表现为政企分开,政府在经济管理方面逐步由运用行政手段为主转向运用经济手段为主,变直接管理和微观管理为主为间接管理和宏观管理为主。此外,政府的国际交流与合作的管理职能、灾害和突发性事件的管理职能、保卫与治安职能以及生态环境保护、社会福利和社会保障等公共事务的管理职能日益扩大。坚持以转变职能为重点,我国行政改革不断深化并朝着科学化、现代化方向不断推进。

2. 正确处理改革、发展和稳定的关系

我国目前正处于社会主义初级阶段,发展是解决中国各种社会问题的关键,也是维持社会稳定的基础;改革是发展的动力,是为了进一步解放和发展生产力。稳定是发展和改革的前提,我国行政改革是一项长期而艰巨的系统工程,30多年来得以持续推行与和平稳定的国内外环境密不可分。因而,中国政府在推进行政改革过程中,十分注重从整体上把握这三者之间的辩证关系,将改革的力度、发展的速度和社会可承受的程度统一起来,使之相互协调、相互促进。特别是在机构精简、人员分流等涉及人们切身利益的敏感问题上,始终坚持积极稳妥的方针,既坚定不移地推进改革,又充分考虑各方面可承受的程度,在保持政府工作连续性和社会稳定的前提下,使改革达到预期的目的。

3. 在法治轨道上推进改革

行政改革应贯彻依法治国、依法行政的原则,建立过硬的法律约束机制,杜绝行政不受法律约束的行为。1998年的行政改革中,实现政府机构、职能、编制的法定化就作为政府改革的重要目标和原则,但由于政府管理方面法制严重缺位,法制的权威并未真正树立起来,这不仅直接影响了法制本身作用的发挥,更重要的是给政府机构、编制、人员方面的人为作用提供了可能。政府机构的设置与编制,以及财政费用支出,都应该由相关法律、制度加以严格的规范和监督。只有依法进行改革,促进依法行政等法治保障的建设,行政改革的成果才能得以保持。

4. 改革从实际出发,因地制宜

任何国家的行政改革都应与本国特定时期内特定的政治、经济、文化等具体条件相适应,只有从本国国情出发,才能保证行政改革取得成效。我国幅员辽阔,人口众多,目前仍处于社会主义初级阶段,政府职能较西方国家要复杂得多,这也决定了我国在推进行政改革的过程中,必须从实际出发,不盲目照搬其他国家的改革措施,在改革的具体步骤和方法方面因地制宜,不搞一刀切,各地政府在遵守改革总的原则方针的前提下结合自身情况进行改革。如在1998年改革中,中央只确定职能转变的基本原则,具体措施和方法由地方按照总的精神,结合实际情况自行确定。行政改革中坚持一切从实际出发,因地制宜,保证了政府改革的顺利进行。

5. 实施统筹兼顾与改革相配套

行政体制是一个复杂的系统,涉及职能、机构、机制和人员等相互联系、相互影响的因素,同时,行政体制与政治体制、经济体制等社会其他系统之间也存在相互制约和相互作用的密切关系,行政体制的这种系统属性,决定了行政改革成功的重要条件是配套改革。我国政府在推进行政改革的过程中,十分注重行政体制改革与经济体制改革的配套改革以及行政体制内部各项改革之间的协调。配套改革的推进在很大程度上促进了行政改革成功。

6. 遵循渐进改革原则

我国的行政改革选择的是渐进式改革模式,即采取分步走的制度变迁方式,而非在较短时间内完成大规模的整体性制度变革。这主要是由我国行政改革的复杂性和艰巨性决定的,改革必须综合考虑社会各方面的需求和各种制约因素。因此,在推进行政改革的过程中,我国党和政府始终遵循积极稳妥的方针,采取从点到面,从局部到整体,由浅至深分步实施的做法,自上而下地逐步推行,使改革取得了明显的效果。特别是历次机构改革涉及机构精简和人员分流时,能够通过多种渠道和办法妥善安置分流人员,避免引发社会不稳定的因素出现。

经历四十多年的行政改革已取得较大成绩,我国行政改革目标不断明确,改革方式不断改进,改革领域不断拓宽,改革程度不断加深。现阶段,行政改革已进入关键时期,越来越触及各种深层次体制性障碍,各方面利益格局调整也愈激烈,继续深化改革的阻力和难度空前加大,未来的行政改革仍然面临着许多重要的问题。

第四节　未来的行政发展

一、中国行政发展的挑战

改革开放以来,我国的行政改革无论是内涵、模式、深度、力度还是外延都发生巨大变化,并以层层推进的方式向纵深发展,取得了明显成效。但同时,我国的行政改革已进入一个新的阶段,正处于社会高度复杂化、利益多元化的"矛盾凸现期",行政改革也开始进入"深水区",多重困境考验着社会转型下的中国的行政体制改革。

1. 行政体系的危机

由于长期受传统体制的影响,我国政府行政存在诸多弊端,这些弊端严重影响了政府形象,削弱了政府能力,愈来愈成为我国社会改革与发展的掣肘。我国管理体制最大的弊端就在于权力过分集中,导致个人专断,妨碍民主政治,滋生政府腐败,从而导致政府管理的僵化。此外,职能权限不明晰、职能转变不到位、组织机构不健全、行政行为不规范以及效率和效能不高等问题的存在使得我国社会面临着一系列的行政危机,在体制上产生了一种阻碍行政发展的惰性力量。

2. 行政人员能力制约

作为改革的主体和客体,政府行政人员的作用非同一般。当改革涉及政府及行政人员的既得利益时,行政人员因其自身既得利益受到损害,必然会对改革进行抵制,阻碍行政发展的进程。此外,由于行政人员素质与能力水平有限,对行政发展的目标和意义认识不清,不愿积极主动地加入到行政发展中。因此,作为国家行政工作人员,除必须具备政治学、法学、行政学、管理学等方面的基本知识外,还应对国家现行政治结构、行政结构及其运作的情况有所了解,而这正是我国现有大部分行政人员的薄弱之处。行政人员素质和能力的缺乏,阻碍了行政管理水平的提高,自然也阻碍了行政发展的推进。

3. 行政文化的制约

我国传统行政文化的弊端对我国行政体制的改革有着深刻的影响。由于现代理性精神及法治理念欠缺,政策法规稀缺,法治权威淡化,人治意识浓厚,导致行政人员缺少工作积极性,安于现状,照章办事,对行为的效率和效果缺乏关心,长期以来养成的"官本位"思想依然盛行,官员公共意识淡薄,成为行政改革难以突破的障碍之一。同时,公众因传统观念的影响,缺乏民主参与意识。行政价值的偏向和行政观念的落后,为行政发展带来了不可避免的损害。

4. 社会转型的挑战

处于转型期的政府行政正面临着前所未有的挑战,新旧体制的摩擦与冲突,社会阶层利益分化,价值取向多元化,使政府的行政管理模式、运行方式等深层次问题日益暴露。一是随着经济体制改革的深化,市场经济在逐步完善,然而,与快速发展的经济系统相比,行政系统的发展明显滞后,政府在经济领域的职能错位、缺位等问题,已经严重影响了市场经济的发展;二是随着社会的变迁和公民政治意和、民主参与意识日益强化,公民对政治腐败的不满日益加剧,这在一定程度上削弱了政府权威,政府的合法性受到了质疑;三是社会发展领域方面,道德缺失,社会失范,社会秩序较为混乱,在一定程度上也制约了行政发展的推进,使行政发展陷入了一定的困境。

二、中国行政发展的展望

随着世界多极化和经济全球化的趋势逐步加强,综合国力竞争日益激烈。与此同时,我国社会主义市场经济快速发展,民主政治进程逐渐加快,社会生活也日益复杂化。面对国际国内的深刻变化,中国政府将在深化经济体制改革、建立社会主义市场经济体制、推进经济、政治、社会发展的同时,进一步深化行政管理体制和机构改革与职能转变,根据党的十八大的精神,目前我国行政改革的目标是,深入推进政企分开、政资分开、政事分开、政社分开,建设职能科学、结构优化、廉洁高效、人民满意的服务型政府。在今后一段时期内,我国行政改革的主要任务有:

1. 进一步深化政府职能转变

简政放权,转变政府职能是行政改革的核心,也是处理好政府与市场关系的关键。政府职能转变的基本方向和目标,是实现三个方面的转变,即推动政府职能向创造良好发展环境、提供优质公共服务、维护社会公平正义的转变。一要深化行政审批制度改革,加快推进政企分开、政资分开和政事分开,完善政府的经济调节、市场监管、社会管理和公共服务的职能,切实减少对微观经济活动的干预,更大程度更广范围发挥市场在资源配置中的基础性作用,是适应深化改革和扩大开放的新形势,转变和规范政府职能的新要求。二要依法履行经济调节,根据经济发展的需要,主要运用经济和法律手段调节经济。健全市场规制和市场监管职能,保证市场监管的公正性和有效性,打破部门保护、地区封锁和行业垄断,建设统一、开放、竞争、有序的现代市场体系,创造良好市场环境,维护公平竞争的市场秩序。三要完善政府的社会管理和公共服务职能,从体制、法制、政策、能力、人才和信息化方面全面加强社会建设,创新社会管理,保障和改善民生,提高公共服务水平促进社会公正与和谐。四要建立健全各种预警和应急机制,提高政府应对突发事件和风险的能力,妥善处理各种突发事件,维持正常的社会秩序,强化公共服务职能,逐步实现从管制型政府向服务型政府的转变。促进行政三分制改革,建立健全决策权、执行权、监督权既相互制约又相互协调的权力结构和运行机制。

2. 稳步推进大部门制改革

大部制改革是中国政府机构改革的重要组成部分,也是实现深化行政管理体制改革的总体目标——"到 2020 年建立起比较完善的中国特色社会主义行政管理体制"[①]的重要改革步骤之一。从 2008 年开始,我国中央政府和地方政府推行了大部制改革,国务院迈出了坚实的一步,推出了 5 个大部,地方的大部门制改革中也有明显的突破,如广东顺德和浙江富阳。大部门制是一种合理设置机构、优化职能配置的政府组织模式,是政府组织架构调整与政府运行机制再造的统一。实行大部门制改革,可以有效克服行政体制中机构重叠、职能交叉,政出多门、多头管理,职责不清、效率低下等弊端,而且有利于推进决策科学化、民主化、规范化,提高决策水平。党的十八大报告明确要求,要"稳步推进大部门制改革,健全部门职责体系",中国的大部制改革应当继续推行渐进式的改革路线,对职能相近、管理分散的机构进行合并,对职责交叉重复、相互扯皮、长期难以协调解决的机构进行合并调整,以利于权责统一、提高整体效能。同时,培育跨部门协调配合机制,既发挥大部的强大机构能力,又借助多个部门的行政资源用以实现公共目标,如英国政府提出的"协同政府",以及美国政府提出的"跨部门合作机制"等。科学划分、合理界定政府各部门职能,包括综合部门与专业部门、专业部门与专业部门的职责关系,明确各部门责任,确保权责一致。进一步理顺部门关系,健全部门间协调配合机制,科学规范部门职能,合理设置机构,切实解决职能交叉、权责脱节和多重多头执法等问题。此外,地方政府大部制改革应当走差异化的改革道路,允许各地根据本地实际情况设计改革方案。

---

① 新华社:《关于深化行政管理体制改革的意见》2008—03—04。

3. 优化行政层级和行政区划设置

党的十八大报告提出，要"优化行政层级和行政区划设置，有条件的地方可探索省直接管理县（市）改革，深化乡镇行政体制改革"。按照这一要求，必须适应经济社会发展以及政府职能转变的新要求，认真解决我国当前行政层级和行政区划方面存在的一些问题。

一是进一步优化行政层级。合理、协调的行政层级是国家行政权力顺畅、高效运行的重要条件和基础。合理确定中央与地方政府的职能与责任，健全中央和地方财力与事权相匹配的体制，科学界定和明确省以下不同层级地方政府职能与权责关系，充分发挥地方各级政府的积极性。省直接管理县（市）的改革是这方面改革的重要探索，推行省直管县市体制，优化纵向行政层级结构，减少中国行政区划及相应行政管理体制的层级，进而带动省、县两级行政区管辖幅度的调整，建构规模合理、层级简化、活力旺盛的中国特色的行政区划体制及其相应的政区管治体制，是推进现代化、城市化和市场化最重要的体制创新。省直管县有利于减少行政层级，优化配置资源，提高行政效率，加快社会经济发展，但由于我国家各地发展不平衡，改革要积极而慎重地进行，要坚持从实际出发，因地制宜决策，有条件的地方可以继续进行探索，要及时总结经验，加以正确引导。

二是进一步优化行政区划设置。从城市发展的角度来看，优化行政区划设置不仅可以整合各种资源，减少不同地区间的行政壁垒，更好地发挥区域优势，促进城市经济社会进一步发展，并且在一定程度上还可以精简政府机构，促进政府行政效率的提高。近些年来，我国经济体制改革、政府职能转变以及城市化发展对行政区划设置提出了新要求，要按照有利于促进科学发展、有利于优化配置资源、有利于提高社会管理水平和更好提供公共服务的原则，合理调整行政区划。但与此同时，行政区划调整在扩大经济和生产力资源的同时，也会相应增加社会管理责任。行政区划调整设置过程中，教育、医疗卫生、社会保障、养老、社区服务、外来人口管理等体系问题，地方政府须担当好相应增加的社会责任。

4. 深化公务员制度改革

精明强干的工作人员是执行部门的生命力所在，建立能够使公务员尽职尽责、积极主动和精明强干的机制是提高政府管理有效性和政府能力的一个重要途径。加强公务员制度创新，加大政府雇员聘用数量，以建立健全选拔任用和管理监督机制为重点,以科学化、民主化和制度化为目标,改革和完善干部人事制度和干部问责制度,建立干部激励和保障机制。完善公务员分类管理制度和工资制度,促进公务员竞争机制的不断完善。此外,积极推进绩效管理,加快完善行政绩效评估标准、指标体系和评估机制、评估方法,有效引导和督促各级政府和工作人员树立正确的政绩观。完善公务员考试录用和基层遴选制度,进一步优化领导机关公务员来源结构和经历结构,继续加大从基层一线选拔公务员力度,进一步优化公务员队伍结构。

5. 建立政府决策程序

行政决策是公共行政的核心,强有力的行政决策能力是一个有效政府必备的。针对我国政府决策缺乏透明化和信息反馈等问题,必须提高科学决策水平,加强政府的决策能力,对现有决策体制加以调整和创新,完善决策信息系统和决策智力支持系统,建立健全公众参与、专家论证、风险评估、合法性审查和集体讨论决定等政府决策程序,完善重大决策的规则和程序,合理界定决策权限,规范决策行为,建立社情民意反映制度,建立与群众利益密切相关的重大事项社会公示制度和社会听证制度,实现决策的科学化、民主化和规范化,完善行政决策的监督制度和机制,充分利用社会资源和创新,增强透明度和公众参与度,切实做到科学决策、民主决策、依法决策,从而制定正确的公共决策。加强和完善行政决策风险评估机制建设,加大决策风险评估的执行力和责任追究力度,用评估后的执行情况来评判和倒逼风险评估机制,通过设置反方制度来扩大和延伸决策风险评估的作用。

6. 完善行政监督机制

由于目前我国正处于社会转型期,各项制度不完善,行政行为不规范,行政腐败存在多发的可能性,因此要加强和完善对行政权力的制约和监督机制,加大审计监督力度,全面加强反腐倡廉建设,加强领导干部廉洁自律的监督管理。探索建立政府绩效管理制度,建立并切实执行以行政首长为重点的行政问责制度和行政决策责任追究制度,努力提高行政效能。加强对行政权力的制约和监督,发挥人大监督、政协监督、司法监督的作用,建立制约有效的权力运行和监督机制,大力推动政务公开,扩大政务公开范围,重点推进财政预算决算公开和公务接待、公务车购置使用、因公出国出境经费公开,保障公众对公共事务的知情权、参与权、表达权和监督权,抵制腐败现象的发生,创造条件让人民更好地了解政府、监督政府、支持政府,从而推动行政改革的良性运转。

7. 深化行政审批制度改革

党的十八大以来,中央高度重视行政审批制度改革和政府管理创新工作,强调要进一步推进简政放权,深化行政审批制度改革,放宽市场准入,创新监管方式,最大限度减少政府对微观事务的管理,进一步激发市场活力和社会创造力。近十年来,各级政府坚持问题导向和战略定力,以刀刃向内自我革命的勇气,将行政审批制度改革作为新时代政府治理现代化的"先手棋"和"当头炮",对行政审批设立理念、实施主体、组织体系、制度机制、流程方式和监督管理等进行了重大改革创新,推动政府职能转变和行政体制改革取得突破性进展,为我国经济社会高质量发展奠定坚实基础。

8. 全面推进依法行政

依法行政,建设法治政府,不仅是社会主义民主的时代要求,也是加强廉政建设、提高行政效率的迫切要求。由于我国政府长期以来非法治化倾向严重,加强社会主义行政法制建设,健全法律法规体系,加强行政立法工作,提高行政立法质量,实现政府机构、职能、行为等各方面的法定化势在必行。推进我国法治建设,重点在政府机构编制法制化、行政程序法制化、行政审批法制化等方面,把法治政府基本建成作为到2020年实现全面建成小康社会宏伟目标的重要内容。进一步加强行政立法、执法和监督工作,加强行政程序和行政监督制度建设,规范政府行为,推进政府建设和行政工作法治化、制度化。不断提高行政机关工作人员依法行政的观念和能力,提高执法水平,确保法律的严格实施。建立行政机关工作人员学法制度,增强法律意识,提高法律素质。建立和完善法律法规,用法律手段保证行政管理的有效实施,做到有法可依、有法必依、执法必严、违法必究,严格规范政府自身的公共行政行为。

本章小结

行政改革是当今各国普遍关注的问题,也是公共行政学研究中的重大课题。本章主要从行政改革的内涵、范围、特征、动因、当代国家的行政改革实践以及未来行政改革发展趋势等方面对行政改革进行深入探讨。关于行政改革概念的界定,一般认为,行政改革是指政府为了适应行政环境的变化以及行政系统内部的要求,而有意识地对行政管理的组织结构、内部体制和行为方式等方面所进行调整的变革活动,主要包括行政理念、行政职能、行政体制、行政机制、行政方法和行政文化的改革,其特征表现在行政改革是政府对行政环境主动适应的过程、综合性系统化的过程、以政治领导层引领和统筹以及有意识有计划有步骤的变革活动这四个方面,行政改革的深化主要受到经济、政治、文化和技术因素的影响。

在经济全球化和信息化的推动下,当代西方国家相继掀起了行政改革的浪潮,其特征主要表现在政府职能的市场化、公共服务的社会化、公共行政的民主化和公共管理的企业化。我国自改革开放以来,随着市场经济体制改革的不断深入,全方位、渐进式地推进行政管理体制改革,先后进行九次重大行政改革,注重转变政府职能,加快制度创新,在行政理念、行政体制、行政管理方式等方面进行了系统改革,改革取得了显著成效。在今后一段时期内,我国将进一步深化政府职能转变,稳步推进大部门制改革,优化行政层级和行政区划设置,深化公务员制度改革,建立政府决策程序,完善行政监督机制,深化行政审批制度改革,全面推进依法行政。

关键词

行政改革　改革动因　改革实践　改革成效　行政发展　大部制　职能转变　依法行政

思考题

1. 简述行政改革的内涵及特征。
2. 简述行政改革的动因。
3. 简述行政改革的范围。
4. 简述当代西方国家行政改革的背景。
5. 简述当代西方国家行政改革的特征。

第十二章 行政改革

6. 试述当代中国行政改革的基本经验。
7. 简述中国行政发展的挑战。
8. 试述当前我国行政改革的主要任务。

 推荐阅读

1. 周志忍:《当代国外行政改革比较研究》,北京:国家行政学院出版社1999年版。

2. 戴维·奥斯本等:《改革政府:企业精神如何改革着公营部门》,上海:上海译文出版社2006年版。

3. 魏礼群:《中国行政体制改革的回顾与前瞻》,北京:国家行政学院出版社2012年版。

4. B.盖伊·彼得斯:《政府未来的治理模式》,北京:中国人民大学出版社2013年版。

5. 张占斌:《中国省直管县改革研究》,北京:国家行政学院出版社2011年版。

6. 马庆钰:《中国行政改革前沿视点》,北京:中国人民大学出版社2008年版。

7. 徐增辉:《新公共管理视域下的中国行政改革研究》,广州:中山大学出版社2009年版。

8. 张志坚:《行政管理体制改革新思路》,北京:中国人民大学出版社2008年版。

第十三章　公共行政研究方法

一门学科的方法论是否成熟与完善,决定了这门学科的发展程度、研究视角、理论深度以及发展方向。公共行政研究方法是发展并提供公共行政研究及公共行政的分析方法、手段、技术或工具的公共行政学研究的分支领域。公共行政的研究方法在公共行政学及当代公共行政发展范式中占有重要的地位。公共行政方法的成熟与发展,直接影响着公共行政向科学性、合理性、现实性方向的发展。

第一节　研究方法概述

科学研究以探寻知识为目的,整个研究过程围绕研究问题的提出和解答。为了使研究结论令人信服,研究者需要周密地规划整个研究过程,系统地收集和分析收数据。科学研究为研究者提供了一系列指南,使研究者尽可能正确地解答问题。同时,研究者在研究中也必须遵循研究伦理,尊重和保护研究参与者的利益。

一、科学研究方法概述

（一）科学研究的定义

公共行政学是一门社会科学,公共行政学的研究应该遵循科学研究的规范。

但是,对于科学研究却难以有相对一致的看法。科学研究实际上涉及的是人类认知的根本性问题。科学研究是创造和产生知识过程。通过观察、实验、比较、分析、归纳的方法,取得感性材料并把这些材料加以研究,提高到理性的高度。一般而言,科学研究是利用科学手段和技术设备,为了认识客观事物的内在本质和运动规律而进行的调查研究、实验、试制等一系列活动。科学研究的概念表明,科学研究主要进行如下活动,即创造新知识、加工已有的知识以及知识利用与知识转化。其目的在于为了创造发明新产品和新技术提供理论依据。而社会科学研究目标就是:基于可观察的数据,尽可能准确地描述现象、解释现象之间的因果关系,并检验和发展理论以帮助人们更好地理解和解释社会现实。

(二)科学研究的基本特征

科学研究既然是创造知识、加工知识、应用知识,那么科学研究活动和人类物质生产活动相类似,也是一种生产活动。科学研究具有如下基本特征:

1. 探索性

科学研究就是不断探索,把未知变为已知,将对知识从较少程度的掌握转变为较多程度的掌握的过程。这一特点决定了科研过程及成果的不确定性,要求科研的组织计划具有一定的灵活性。

2. 创造性

创造性是科学研究的灵魂。科学研究就是把原来没有的东西创造出来,没有创造性就没有科学研究。这一特点要求科研人员具有创造能力和创造精神。

3. 继承性

继承性是科学创新的基础。科学研究是在前人成果基础上的创造,是在继承中实现的,这一特点决定了科研人员只有掌握了一定的科学知识、才有资格和可能进行科学研究。

4. 连续性

科学研究是一项长期性的活动,必须持续不断地进行。这一特点决定了只有在科研组织管理中,给科研人员提供充分必要的条件,才能使其保持较高的效率并取得成果。

5. 风险性

科学研究的探索性和创造性特点决定了它是一项充满风险的事业,这种风险性主要体现在三个方面:可能会受到传统观念的反对;科学研究可能会受到失败的威胁;科学研究具有很强的竞争性。

二、定性研究与定量研究

在社会科学研究的基本范式中,通常可以将一项研究纳入定量研究或者定性研究之列,相应地便可以将社会科学研究划分为定量和定性两大类。定性研究和定量研究具有不同的内涵与特征。定量研究与定性研究同属经验研究,指向经验问题。但定量研究是区别于定性研究的另一种思维方式,其资料采取数字的形式,一般指的是统计数据,例如统计指标、政府预算或者是透过电话访谈以及面对面访谈所搜集的调查资料。定量研究来自以建立知识的客观性为目的的实证主义方法论传统,以变量形式,探求事物之间的因果关系。量化分析在方法观、研究对象、研究者、研究目的、研究表述及资料收集上均与质性分析有所差异,详见表 13-1。

表 13-1 定性与定量：理论观点的对照

	量化	质性
方法观	实证方法观	诠释方法观
研究对象	现实是客观存在的	意义是主观流动的
研究者	现实可以客观地加以理解掌握	现实或意义均受理解角度的影响
研究目的	掌握现实的方式是因果关系,以此便可控制、改造现象界	感知意义的方式是互动,目的在人与人间的相互理解与沟通
研究表述	普遍因果关系	深刻的启发理解/参照推论
资料搜集方法	研究者适度疏离,保持客观(一致的量表/预设的问卷)	研究者积极互动投入,发展深刻理解(参与互动/解释互动)

资料来源:汤京平、耿曙:《质性研究专题》,http://spea.shufe.edu.cn/sfrucfure/pxyt/kc-nrydg/kcydg_51783_1.hfm,最后访问时间:2014.07.24。

三、研究过程与研究伦理

(一)研究过程

研究过程是指研究者为完成一项完整的科学研究所需经历的一系列研究步骤。在一般来说,研究过程可以划分为八个步骤:(1)分析研究问题。分析研究问题是对现实世界中的现象进行分析、归纳、综合,形成研究问题,进而进行关系构建的过程。研究问题的分析可以从三个方面入手,即研究中的问题源自何处?过去的研究和现在新的研究之间有什么关系?在研究分析过程当中有哪些基本的思想?(2)研究设计概念化。研究设计概念化是在分析问题的基础上,对研究所采取的方法进行设计、选择的过程。研究设计概念化的内容包括:明确研究目的、明确研究条件、明确关注对象、考虑研究背景等。(3)构建资料收集工具。研究所需资料来源包括一手资料与二手资料。一手资料收集的工具包括观察法、访谈法和调查问卷法。二手数据为其他研究者曾为某目的而收集的数据,未必能够完全满足研究的需要。(4)选择样本。样本选择取决于研究时间限制、成本限制及研究对象限制。选择样本的基本原则包括避免在样本选择上的偏离以及在给定资源情况下提高准确性。(5)研究计划。撰写研究计划时一般包括如下内容:关于研究问题与研究目的的说明、要验证的假设、准备使用的研究设计、研究背景、计划使用的研究方法、关于样本大小和样本设计的信息、关于数据收集的说明、研究的体系框架、研究的局限性、研究的起止时间等。(6)收集数据。常见的收集方式主要有观察、访谈、问卷等方式。(7)处理数据。处理数据包括编辑数据、分析数据、展示数据三部分。数据处理方法的选取基于数据的类型以及撰写研究报告的方式。(8)撰写研究报告。一份标准的研究报告包含三方面的内容:做了什么;发现了什么;从发现中得到的结论。

(二)研究伦理

研究伦理是指研究者在从事科学研究过程应遵循的道德规范。研究中的每一个步骤都可能涉及伦理问题。一般来说,科学研究的伦理主要包括两个主要层面:诚信原则与尊重和保护研究参与者原则。

1. 科学研究中的诚信原则

研究者在科学研究中应该讲求诚信,决不能搞虚假研究、编造数据、伪造研究成果、抄袭他人成果。诚信是科学研究的基本规范,而造假是与科学完全背道而驰的。但一些研究者因名利诱惑或政治压力,违背了基本的诚信原则,这样的例子在国内外都时有发生。社会科学领域中,诚信缺失更多地体现在抄袭他人研究成果上。在我国,诚信缺失有体制上的原因,但作为研究者自身应抵制各种诱惑,恪守科学研究中的诚信原则。

2. 尊重和保护研究参与者原则

研究者不能以科学研究为民,损害研究参与者的利益。社会科学研究中,研究对象通常不会因某项研究遭受如此巨大的损害,但如果不尊重或不保护向研究者提供信息的参与者,有可能会使参与者在就业、晋升或声誉等方面遭受伤害。因此,研究者应遵循不损害参与者原则,采用匿名与保密等方式尊重和保护研究参与者的利益。

第二节 公共行政学研究方法发展史

正确的方法是从事科学研究必不可少的重要前提条件,公共行政也不例外。对于公共行政学研究方法的讨论,最早出现在伍德罗·威尔逊所著《行政学研究》一文。威尔逊认为,由于在与行政管理职能相关的各个方面,一切政府都具有很强的结构方面的相似性,因此,应该运用历史方法和比较方法对不同政府所共有的行政管理规律进行研究。这成为公共行政研究方法的原初性探索。从威尔逊开始,公共行政学就较为重视学科研究方法的理论建构。1940 年,行政学者约翰·菲弗纳(John M. Pfiffner)出版了第一部公共行政学的研究方法教程。由此,公共行政研究方法正式成为公共行政研究的重要领域。公共行政的发展历史证明,正是由于公共行政方法的不断创新与突破,才使得公共行政学在过去的一个世纪中面对各种挑战得以不断发展与完善。

一、公共行政学研究方法发展的实践

研究方法在公共行政理论和实践上都是至关重要的领域。由于公共行政学

第十三章 公共行政研究方法

的跨学科性质,更多公共行政理论者和实践者在进行公共行政相关领域的研究与实践过程中,往往采用不同的方法和途径。纵观公共行政学过去一百多年的发展,要考虑的许多重大问题都与数据管理和研究方法密切相关。公共行政学意味着对公共事务的有效管理,无论是提高工作效率还是改善服务质量,都必然涉及对数据的管理,甚至可以说,在一定程度上公共行政的目标在于如何使数字更为准确。通过梳理公共部门数据管理的技术以及相关部门的活动,可以考察公共部门研究方法与数据管理的演进与发展过程。本节按照时间顺序评价数据管理和研究方法的发展。公共行政学数据管理和研究方法的发展实践主要包括三个阶段:第一阶段为数据管理与统计技术初步引入时期(1887—1945年)。第二阶段为案例研究与系统分析引入时期(1946—1960年),第三阶段为社会科学研究方法全面渗透阶段(20世纪70年代到21世纪初期)。

(一)数据管理与统计技术初步引入时期(1887—1945年)

早期的公共行政数据管理实践更多体现出政府管理技术上的革新,其主要受到行政改革的影响。1894年,里士满·梅奥-史密斯在哥伦比亚大学建立一个统计实验室,其目的在于积累和分析有关该城市社会状况的数据。1879年,美国政府开始在统计事务中引入了机械计数器,使得大批量处理数据得以有效处理。在数据处理得以保证的情况下,1902年美国政府建立了一个永久性的机构——人口普查局。

1. 城市研究局的数据管理

1907年纽约城市研究局建立。该局的雇员背景都在工程学、会计、统计学和行政学内。他们使用统计方法来比较并划分城市机构和部门的活动。一般的机构改革路径是,对一个机构进行问卷调查,在收集了相关数据后,进行检验,并提出变革建议。可以说,城市研究局的工作是弗雷德里克·泰勒的科学管理理论在现实中的应用。根据泰勒及追随者的设计,科学管理包括计划、定量评估以及规范化,强调投入固定但产出最大。这些理念的价值指向都集中于行政效率。而城市研究基本按照泰勒的科学管理理论进行设计,在准确的数据和操作理性化基础上改革或者重组政府机构。

2. 职业组织的发展

20世纪之前,公共行政官员就被组织起来进行经验交流和信息沟通。例如美国公共卫生协会和警官协会等组织在1900年以前就存在。许多州立城市联盟也在20世纪初期形成,国际城市经理人协会1913年成立。学术领域中,美国政治科学协会于1930年成立。成立于20世纪30年代末期的芝加哥大学公共行政信息交流中心是推动公共行政信息交流不断扩大的重要机构。美国公共行政学会于1939年成立,对于推动公关部门更好地管理提供了交流机会,并为学术人员和实践者之间的互动提供场所。

3. 统计学被引入公共部门

在数据管理史上,"一战"与"二战"是政府部门数据管理与资料统计的重要的历史发展契机。第一次世界大战期间,心理学家及心理统计方法被引入到政府部门进行军事测试和人事测评,在此基础上,一些心理学家成立美国公务员委员会研究会,专门设计人事测评和人才选拔的方法。同时,统计学作为一种更为严格的方法被引入到政府中来。在"一战"成立的联邦规划和统计局,严格采用统计分析方法。除了提供信息交流之外,还具有数据系统集成的作用,战后在联邦规划和统计局基础上,成立了国家经济研究局,成为政府统计数据的主要来源。而"二战"则给数据管理领域提供了重大突破。经济学家在政府中的地位和作用日益明显。经济信息的收集、分类、分析和规划都仰赖于统计技术。在这期间,问卷调查方法以及实验方法也不断被政府部门采用,用于调查公众意见、态度以及政府工作人员的行为动机问题。同时,内容分析也不断被研究者采用,用于分析评估政治行为与动机。

(二)案例研究与系统分析引入时期(1946—1960年)

二战后公共行政学领域最瞩目的学术发展是抛弃了政治—行政二分法。与该发展密切相关的事案例教学和研究法的兴起。同时,运筹学和系统分析被引入到公共行政研究和教学中。

1. 案例研究进入公共行政教学与研究视野

案例教学法始于1948年。哈罗德·斯坦在哈佛大学建立了公共行政案例委员会,并编撰《公共行政和政策发展:案例教程》一书。此外,这一时期经典的案例研究还包括考夫曼的《森林护林员》、塞尔兹尼克的《田纳西流域管理管理局于基层组织》等等。这些案例教程或者案例研究方法呈现出的特点是:案例研究集中于单一的决策层面上,强调具体组织、群体与个体的行为。案例单独或者作为总体而言并没有为科学的一般化提供经验基础。案例研究呈现出一种启发式的态势并为更多的假设检验提供实践材料。

2. 运筹学与系统分析的广泛应用

1948年,美国军队成立运筹学研究室。约翰·霍普金森大学承担了其中大量的研究项目。二战后,兰德公司受雇于美国国防部,组建了社会科学和经济学处,开始在国防部管理中广泛使用系统分析。到了60年代,系统分析被应用于计划项目预算体系。作为一种重要的计算工具,电子计算机被应用于上述统计活动中。

在研究焦点上,这一时期的公共行政开始关注政府组织、个体行为以及重新审视政治与行政的关系层面的问题。在研究方法上,开始强调行政学概念的总结与归纳,并试图提出概念的归纳与总结所依赖的证据。当证据不足时,需要经验研究来检验命题。系统分析可以提供足够多的分析数据,在缺乏广泛比较的数据时,案例研究在一定程度上弥补了研究的不足。

(三) 社会科学研究方法全面渗透阶段(20世纪70年代到21世纪初期)

随着六七十年代计算机的使用扩展至不同政府层级与部门,推动了政府数据管理与统计分析的运行效率。美国学者们运用计算机技术研究城市信息系统,来评估信息技术带来的影响。与此同时,这一时期学者们收集数据并试图衡量城市政府绩效的产出和结果,进而分析这些涉及公共行政经典问题——"效率"与"公平"关系的资料所反映出的行政结果。由此,这一阶段反映出的是社会科学研究方法全面渗透进入到公共行政学界,学者们使用多种研究方法展开相关研究,在研究过程中对研究方法不断反思与批判,推动了公共行政研究方法的发展。

1. 更系统地使用案例研究

20世纪六七十年代的学者们发展了一个更为严格的案例研究方法。罗伯特·殷(Robert Yin)大力提倡将案例研究吸纳到社会科学研究范畴。实际上,一些社会科学经典著作,比如怀特的《街角社会》等就是纯粹的案例研究。因此,罗伯特·殷认为,没有理由排斥采用案例方法。以莫舍与阿利森为代表的公共行政学者在研究中采用了规范的案例方法。莫舍运用描述性案例研究方法,考察了公共服务和管制过程的机构、教育机构和市政管理机构等公关部门的代表性案例,研究了政府结构的重组,进而系统探讨和验证行政行为的效度。在《决策本质》一书中,阿利森运用诠释性案例研究方法,建构了理性行动者模式、组织过程模式以及政府政治模式等三个竞争性组织模型来解释1962年古巴导弹危机事件。阿利森进一步说明了这种解释能够应用到其他国外政策场景,例如美国卷入越南战争。雅各布森在《美国大城市的生与死》一书中,以纽约、芝加哥为例,考察了都市结构的基本元素以及它们在城市生活中发挥的作用。罗伯特·殷在《变革中的城市官僚机构》一书中,通过19个实地案例以及90多个城市的电话访谈,提炼出了六种创新类型。

2. 对公共行政研究方法的批评

虽然公共行政研究方法得到了较大范围的应用和推广,但是许多学者仍不满意公共行政研究方法的状态。对公共行政研究方法的批评主要集中在以下几个方面:

(1) 针对公共行政研究的性质和范围进行的批评。这一批评主要是从方法论角度展开。学者们认为公共行政应该发展不同的框架和途径。尤其是在实证性研究占据公共行政研究方法主导地位情况下,发展诠释性研究和批判性研究对于丰富公共行政研究途径具有重要意义。

(2) 针对公共行政研究的质量进行的批评。学者们主要从公共行政博士论文和学术期刊文章的方法论使用情况进行了分析,发现大多数论文并没有研究公共行政的重大问题,也很少运用严格的研究方法展开研究。

二、公共行政研究方法的特征

(一) 理性化取向显著

纵观百年公共行政发展的过程,就方法论而言,个人主义的理性思维与经验的实用分析方法为其显著特征。公共行政的研究方法以无所不在的理性与科学为理论基础,以工具理性的线性思维方式为主导,对公共行政的研究集中于实证主义的功能性研究方面,把公共行政看作是一个达成目标的工具,注重对公共行政的科学性、规范性、单一性、非人性化的实证主义研究,使行政达到了高度的"理性化"。

(二) 综合吸收多学科的研究方法和技术

公共行政的研究方法在不同的历史时期都表现出综合性特征。依公共行政历史发展的顺序先后运用了政治学、管理学、心理学、社会学、行为科学、系统科学、信息科学、统计学、信息技术、经济管理、企业管理等方法。这些研究方法从来不是单一的,而是多学科相融合的。公共行政发展过程中环境的复杂性,所需解决问题的多样性,决定了公共行政本身发展的综合性,而这种综合性又体现在对其他学科发展的吸纳性及依赖性。公共行政发展的这一特征,使得公共行政的研究方法也表现出综合性的特征。

(三) 强调实证研究忽略非实证研究

公共行政上述研究方法的运用,一方面使得公共行政有了长足的发展及不断的完善;另一方面也使公共行政的发展陷入困境。然而,站在现今公共行政理论发展的高度来反思这种研究方法,可以发现这种研究方法也存在着缺陷:只注重对公共行政进行工具性、经验性的研究,缺少哲学的形上层面的理论研究,没有形成具有超前性、指导性的行政理念;原有公共行政研究方法的工具性特征,使得对公共行政的研究只注重正向性、单一性(线性)、内向性的单一维度的研究,缺少多维度的研究方法,使公共行政的研究方法缺少人性化及非理性因素的研究视角;过于注重对个人规范的刚性的、强制性、非人性化的外在制度建设,缺少伦理的维度,缺少对政府组织、政府政策的内在的伦理约束。

第三节 公共行政定性研究方法

社会科学中的定性研究是与社会事实与社会现象的性质和特征有关的研究,通常包括对事物的性质、质量、特征、意义和趋势的评价、估计、判断、再现和预计。在公共行政研究中应用定性方法有助于研究者发现隐藏但却重要的问题;有助于深入地描述公共行政现象;有助于发展并形成公共行政理论或假设。① 因此,实践中定性研究受到公共行政学者更多的青睐。公共行政学历史上的名篇、经典著作大多数为定性研究方法。② 耶格尔(Yeager, S.J)指出,案例研究、访谈、非介入方法、参与式观察和问卷调查在公共行政研究中应用较多。③ 根据耶格尔的观点,本节将重点介绍公共行政研究中几种主要的定性研究方法,主要包括田野工作、访谈法、民族志和案例研究等方法。

一、田野工作概述

田野工作源自于人类学家的工作。早期的人类学家,包括考古学、语言学、体质人类学以及文化人类学家,他们收集资料的工作通常在民间田野里进行。由此,田野工作也就逐渐延伸为人类学研究方法的代名词。田野工作作为收集第一手材料的重要方式之一,也已在其他人文社会科学的研究中得以广泛应用。

(一) 田野工作的意义

田野工作是指研究者深入到研究对象的生活场域和劳动现场,去体验和感受研究对象所在的生活世界的一种方法,是研究者获得田野经验和收集资料的重要途径。在现代社会与文化人类学的发展过程中,田野工作的训练成了人类学专业训练的必备部分。同时,在社会科学的众多研究领域中,大量定性研究都需要通过田野调查来进行研究,如社区研究、各种组织研究、政治经济行为研究以及社会心理研究等。田野工作方法已经成为定性社会研究中一项极其重要的研究手段和方法。

田野工作方法在定性社会研究中的重要意义主要表现在:

第一,田野工作是对人的观念及行为加以直觉认知的必由途径。研究者通过在田野工作中的亲身体验,与所要研究的人和社会的直接接触,会获得大量关

---

① 雷志宇:《论定性研究在公共行政学中的规范应用》,《武汉大学学报(哲学社会科学版)》2007年第6期,第936—937页。
② 张梦中:《定性研究方法总论》,《中国行政管理》2001年第11期,第41页。
③ Yeager, S. J., "Classic Methods in Public Administration Research", *In Handbook of Public Administration*, J. Rabin, W. B. Hildreth, and G. J. Miller (eds.), New York, NY: Marcel Dekker. 1989, pp.683-794.

于研究对象的直觉认知,这些直觉将对我们形成关于研究对象的理性认识发挥引导作用。

第二,通过田野工作可以从整体上全面地认识社会现象。一些社会和文化科学的研究,需要从整体上去把握和认识那些复杂的社会与文化现象。田野工作让研究者不仅可以观察到重点研究的现象或问题,而且能全面了解这些现象产生的大环境,以及这些现象与大环境、大背景中的其他现象之间的关系。

第三,田野工作是获得第一手社会事实材料的有效方法。定性研究的信度和效度在较大程度上取决于定性材料的获取方式以及资料本身的可靠性和有效性。社会科学研究尤其是定性研究,获得第一手资料越多、越充分,对理论分析和解释越有利。

第四,田野工作是理解社会世界中观念及行为意义的重要方式。在社会与文化研究领域里,对有些问题的研究无法按自然科学的逻辑去验证某种规律,而只能去理解或意会其中的意义和机理。理解是社会科学研究的重要目标,一些对历史、文化以及社会行动的研究,就是要达到对历史及社会文化现象意义的理解。

最后,田野工作也是进行定性的实证研究的基本方式。定性研究并不都是思辨性的、纯推论的、纯描述性的研究,也包括按照现代科学逻辑规则进行的实证研究,而且这种定性的实证研究在社会科学的诸多研究领域发挥着重要作用。如人类学、心理学、管理学中的一些个案研究,就是通过对所选个案的田野调查,并以所获得的经验材料,作为检验某种理论假设或与某种理论进行对话的基础。

(二) 田野工作的内容

田野工作既是一种收集定性研究素材的方法,也是进行定性研究的过程。因此,田野工作的内容可以分为两大类:一是资料收集,二是思考研究。

1. 资料收集层面的田野工作

资料收集方面,田野工作的主要内容包括:

第一,收集和掌握田野点的地理及生态环境特征方面的资料。对田野调查地点自然环境特征的认识,虽然可以从一些文献资料中了解大体的情况,如地方志以及地区概况等一般会介绍当地的地理、气候等方面的基本情况。但是,对于田野工作者来说，仍需要在此基础上，根据实地的调查体验，把握当地自然环境的主要特征。

第二，整体把握田野点的社会关系及组织结构的基本情况。一个社会包含着各种各样的人际或社会关系，如亲属关系、族群关系以及组织关系等。田野工作者要想从整体上理解所研究的社会，就必须收集构成该社会的主要社会关系网络、组织结构等方面的材料。

第三，收集当地文化法则、交往规则以及民风民俗方面的资料。田野调查的重要目的之一在于理解地方性文化。对文化的理解，仅靠对当地文化现象的了解是不够的，必须深入调查事实与现象背后的一些基本法则或规则。只有通过对这些文化法则和规则的了解和分析，才能进一步理解当地人的观念世界，才能真正理解当地文化逻辑及意义。

第四，收集社会记忆及个人生活史方面的资料。田野工作者不仅要了解和理解所研究社会的文化，而且还需要认识该社会的文化的变迁过程。社会记忆材料是留存于当今社会、反映社会文化变迁过程中重要事件或经历的材料，包括民间传说、故事、神话以及一些史料记载等。生活史资料反映个体在现实生活中的社会感受、态度和反应。在田野工作了解当地人的生活感受和社会态度，对于理解该社会的文化及其变迁来说有着重要参考意义。

2. 思考研究层面的田野工作

除了要获取直接生活经验、收集第一手资料外，思考研究问题也是田野工作中的一项重要内容。田野工作者的思考研究内容可以用"W-H-W"模式概括，即what-how-why。田野工作者首先需要思考的问题是：我们看到和听到了什么？深入思考是什么人、在什么时候、什么地方做了什么或说了什么，这些经验现象有什么特征，属于什么性质或归于什么类型，它们之间有什么内在联系。

对"怎么"（how）这一问题的思考，是田野调查与问卷调查的重要区别之一。田野工作者既要关注自己在田野看到和听到了什么，还要关注所看到的和所听到的事是怎么发生的，也就是社会事实的发生过程和变动机制。

对"为什么"（why）这一问题的思考，就是分析和思考田野中发现的重要社会事实为什么会发生。通过深入思考，田野工作者才会预知下一步需要调查的内容，以及需要掌握的材料。

(三) 田野工作的策略

在田野工作中,研究者需要运用两种研究策略去研究田野点的社会与文化,一是主位取向的策略,二是客位取向的策略。主位取向的策略也叫"行动者"或"当地人"取向的策略,研究者在研究中首先需要掌握行动者或当地人是怎么做、怎么说以及怎么想,即了解当地人的原初观念。客位取向的策略指的是研究者或观察者取向,也就是研究者站在客观的立场去对社会文化现象加以客观地分析和解释。

二、民族志与参与观察法

民族志研究是指研究者参与到研究对象的日常生活之中,并通过与其社会成员的直接互动来获得研究资料,由此再现研究对象整体全面的研究范式。民族志研究既是定性研究资料的收集方式,又是定性研究的一个过程,因而它是定性研究的重要策略和方式之一。

作为资料收集的方法,民族志的特点主要表现为:(1)收集资料途径的参与性;(2)收集资料的简洁性和整体性;(3)收集资料过程的互动性。民族志中的材料需要研究者亲自参与到地方性社会的日常生活中,即研究者必须直接参与收集研究资料,而不能由他人或助手替代。

民族志研究技术有两个核心要领:一是直接参与研究对象的日常生活,二是与研究对象进行亲密的互动。把握好这两个要领,就能更好地理解当地的文化及社会行动的动机和意义。民族志的两个核心技术要领可以通过两种方法来掌握,即参与观察法和深度访谈法。参与观察可以解决研究者的直接参与问题,深度访谈可以拉近研究者与研究对象之间的距离,并通过亲密交谈去理解研究对象的观念世界。

(一) 观察及参与观察法

观察是人类认识外部世界的重要方式之一,也是科学研究的方法之一。观察法就是通过对研究对象的系统、重复地观察,以认识事物特征及变化规律。观察法是实验研究方法的核心构成,在自然科学研究及发展中发挥了积极作用。

作为系统科学研究方法,观察法被引入社会科学领域,社会科学中的观察法借鉴了自然科学实验研究中的观察法原理,通过对社会现象和人的行为的直接、系统地观察,来理解或解释社会现象和行为动因。

1. 参与观察法的优势及有效性

参与观察法是定性研究中收集资料和证据的重要方法。这一方法的优势在于:首先,它要求研究者亲自参与到研究对象的社会生活情境之中,这样可以更直接、更近距离、更全面地观察和了解所要研究的对象,从而可以更有效地获得关键性信息或资料。其次,研究者通过参与过程以及在参与过程中与研究对象的社会互动,实际在演绎和复原社会事实与现象,由此研究者能亲身感受到研究对象的内心世界的变化过程,从而有助于更深入地理解研究对象。最后,参与观察相对于一般观察而言,更具有灵活性、针对性和选择性。研究者能够通过参与过程来不断提高它的效度。

参与观察法的有效性取决于两个要件:一是参与,二是观察。有效的参与观察,要求研究者根据具体的研究设计,选择适度的参与方式。所谓"适度",就是研究者参与到研究对象情境的程度较为合理、合适。

2. 参与观察的过程

通过参与观察法获得的研究资料的效度和信度问题,是该方法运用中的核心问题。参与观察的效力或者说效度,是指所观察的内容对于揭示问题或解释现象的有效性程度。参与观察的信度主要指观察材料的客观性程度。为了提高参与观察的效度和信度,通常的做法就是尽量使参与观察的过程达到标准化,也就是通过标准化的、系统化的程序来实施参与观察。这样一方面既可以使观察过程能被复制,另一方面也可减少参与观察过程中观察者的主观随意性,提高观察的客观性和可信度。

运用参与观察来收集定性研究资料,第一步就是要合理选择适当的研究对象来加以观察研究。研究对象的选择直接关系到观察资料的有效性,选择得当就能获得效度高的研究资料。选择好研究对象关键在于要根据研究问题以及对相关社会背景的把握,尽量避免随意性和偶合性。第二步就是要通过一定的社会关系网络,与研究对象的当地社会取得联系,以便进驻到研究对象的生活和劳动场所中去。第三步是在进入研究对象的地方性社会之后,通过当地关系人以求达到能参与到当地社会与文化活动之中去,也就是尽可能融入当地社会。第四步就是在进入和参与当地社会文化活动的同时,观察和了解当地社会的各种社会现象和事物。第五步是根据具体研究问题,有选择地重点观察相关人物、社会事实与现象,以便获得解答研究问题的有效信息。第六步就是在参与观察之后,系统记录和整理观察中所获得的各种信息。参与观察者不能像新闻记者那样,随身携带笔记本、照相机、录音器等记录工具。如果这样就把自己变成了局外的观察者而非参与观察者。因此,在参与观察过程中,研究者必须事后记录和整理观察内容。①

(二)深度访谈法

在田野工作中,研究者除了通过参与观察来获取有效信息之外,访谈也是收集定性研究资料的重要甚至是必要的方法。因为通过访谈所得到的信息对于解答研究问题来说具有直接或间接的作用。此外,访谈之所以对田野工作是必要的,还因为在有些方面用观察法是难以获得有效信息的。这些方面主要包括:当地人或被访者的观念世界,如态度、想法、动机和喜好等;过去发生的事件及其细节;人们赋予某些行为和事物的意义。在这些用观察法效用不大的方面,访谈则是必要的收集定性社会研究资料的手段。在那些应用性的评价研究中,访谈法是掌握和了解利益相关者态度、意向、期望、建议和评价的重要方法。由此看来,访谈法在定性社会研究中具有较广泛的应用范围。

1. 访谈法的内涵

访谈法是指在社会科学研究中通过有目的的提问或谈话来收集信息资料的方法。简言之,访谈法就是有研究目的的询问和谈话。

作为一种科学研究的方法,访谈法有五个基本要件:(1)访谈者。访谈者是访谈的实施者。(2)受访者或被访者。受访者或被访者是接受访问或与访谈者交谈的对象。田野调查中的受访者可以是当地社会的所有成员,也可以是其中的重要人物或焦点人物,即在当地有较大影响,或有较高威信,或信息灵通,或与某些事件有重要关系的人。(3)社会场景。访谈离不开一定的社会场景,访谈

---

① 〔美〕M.安格罗西诺和K.德培雷:《"反思观察:从程序到文本"》,载〔美〕邓津、林肯编:《定性研究:经验资料收集与分析的方法》,重庆:重庆大学出版社2009年版,第716—730页。

的场景既是访谈的条件,也是理解访谈信息的重要背景。尤其在田野调查中,访谈场景的意义更为重要。(4)询问和谈话过程。询问和谈话过程是访谈的主体构成。询问和谈话过程是由访谈者向受访者提出问题或进行交谈的过程。(5)信息或资料。

2. 访谈的意义

访谈在社会生活及科学研究领域中的重要作用主要体现在以下几个方面:第一,访谈是获得关于社会世界的经验材料或数据的必要途径。第二,访谈是认识和理解社会主体的主观世界和意义世界的独特路径。第三,访谈是当代社会信息传播的重要方式。第四,访谈是访谈者与受访者建构的言语事件。

3. 访谈的类型及特征

在社会科学研究实践中,有多种多样的访谈方式。所以,关于访谈法的分类,也就有多种不同的观点。不论是何种分类,其实都是对访谈法结构和特征的分析和概括。具体来说,访谈主要包括如下类型:

(1) 结构性访谈与非结构性访谈。

从访谈法的结构特征角度看,访谈基本可划分为结构性访谈与非结构性访谈。结构性访谈是指访谈限定于一定的结构模式,即按照设计好的访谈结构进行的访谈。非结构性访谈与结构性访谈相对,是指不受固定结构模式限制而进行的访谈。非结构性访谈无论在形式、程序上,还是在内容方面,都具有较大的灵活性、开放性,以及独特性。

(2) 创造性访谈。

研究对象的内在和主观世界并不总是开放的、自动呈现的,而是最为深层、难以接近的。因此,访谈者要在访谈中理解被访者的深层体验,就必须运用创造性的访谈策略和技巧,来促使被访者增大其内在世界的开放度。创造性访谈策略的关键在于相互开放,也就是访谈者通过向受访者开放自己的内心世界,以促成受访者开放其内心世界。所以,创造性访谈首先需要与受访者建立较为亲密的、信任的人际关系,这种关系要靠多次的互动交往才能形成。此外,访谈者还需营造交流谈心的氛围,以使受访者敞开心扉,畅谈自己的深层体验。

(3) 演绎性访谈。

演绎性访谈就是将访谈与交往互动的实践融合在一起,一方面通过访谈来演绎"人际戏剧";另一方面,通过人际交往互动来建构访谈的内容。演绎性访谈的特点就在于强调表演性的交互行动,以及社会互动的过程。在演绎性访谈中,访谈者所要重点关注的是访谈过程而非访谈资料,也就是要强调交往互动的实践,互动实践及其内容就是访谈资料。访谈者的任务就是要不断地表演和参与互动实践,而不是要专门从受访者那里获取信息和资料。

(三)深度访谈及其策略

深度访谈是田野工作中收集定性研究材料的重要途径之一。相对于标准化访谈和一般性谈话,深度访谈就是在田野调查中与当地居民尤其是重要人物进行深入而全面地访问和交谈。深度访谈的目的在于从历史的角度、从整体上去理解当地社会和文化的深层意义。深度访谈的典型特征主要体现在"深度"二字上,它包含了两个基本要求:一是要求访谈过程有深度,也就是说田野工作者要深入田野之中、深入访谈之中,认知研究访谈问题和访谈策略,使访谈本身具有一定的深度。二是要求访谈要达到揭示当地社会文化深层意义的效果,也就是访谈材料有深度,而不是一般现象和表面事实的再现。要达到深度访谈的两个基本要求,合理运用访谈策略显得尤其重要。①

深度访谈是一项综合性的、复杂的访谈,一方面它要遵循访谈的一些基本程序和步骤,另一方面又要在此基础上进一步拓展和深入。关于访谈的基本步骤,克维尔曾提出实地调查访谈有七步骤:

(1)定出议题;将访谈目的以及欲探讨的概念明确化。

(2)设计:列出达成目标需经过的过程,包括伦理方面的考察。

(3)访谈:进行实地访谈。

(4)改写:建立关于访谈内容的文件。

(5)分析:确定搜集到的资料与研究之间的关联。

(6)确证:检查资料的信度和效度。

(7)报告:告诉别人你们学到了什么。

深度访谈要求访谈者除了完成以上步骤的基本任务之外,还需注意运用以下策略:

---

① 陆益龙:《建构论与社会学研究的新规则》,《学海》2009年第2期,第21页。

(1) 深入到所描述经验的表面之下。

(2) 停下来探究一个命题或问题。

(3) 要求更多的细节或解释。

(4) 询问研究对象的思想、感情及行动。

(5) 让研究对象针对主题。

(6) 回到早期的观点。

(7) 复述研究对象的观点,检验是否准确。

(8) 放慢或加快速度。

(9) 转换当前的话题。

(10) 承认研究对象的品性、视角或行动。

(11) 使用观察技巧和社会技巧来推动讨论。

(12) 尊重研究对象并且对他们接受访谈表示感谢。

三、个案研究

个案研究是定性研究的主要研究方式之一。它通过对某一方面的一个或几个典型或案例进行深入、全面地考察,由此来描述、概括和解释个案所代表事物的一般特征和规则。个案研究方法在定性研究方法中具有非常重要的地位,成为一种越来越重要的研究工具。个案研究不仅在社会科学研究中发挥其独特的作用,而且在众多管理及社会工作实践中,也具有较为实用的工具性功能。无论在组织管理方面,还是在社会工作中,对具体个案的深入研究和分析,是管理决策和工作方式选择的必要步骤。

在个案研究中,通常有两种基本类型:一是单案例研究.另一种是多案例研究。前者是对一个研究对象的整体性研究,如一个村庄、一个县的文化或政治的研究。后者是在研究中对多个不同案例进行考察和分析,这些案例可能来自一个对象,也可能来自不同对象。

(一) 单案例研究

单案例研究的考察和分析的对象只有一个案例,因此这种研究也有其相应的适用范围。首先,单案例研究通常用于对个案所代表的某类事物的整体性理解和认识。其次,单案例研究还适合于检验某种理论的研究。最后,单案例研究通常适用于对特殊人群或特殊现象的深入研究和描述。

单案例研究设计的步骤主要包括:

第一,典型个案的选择。由于单一个案研究所要考察和分析的对象只有一个,因此个案选择显得格外重要。在确定研究的个案时,主要看所选个案是否满足如下条件:一是具有所探讨问题的典型特征;二是研究者对个案较深刻的理解;三是个案具有可接触性。选择具有代表性、典型性的个案,且研究者又能便利地接触个案、从个案中获取丰富的素材,这在单一个案研究中具有关键性的作用。①

第二,掌握研究个案的背景材料。个案研究同实验研究相似,需要对个案进行有控制性的观察或考察。在自然实验中,对实验对象的控制可以通过控制采取分组和控制实验环境等途径来实现。而在个案研究中,控制主要就是通过对个案背景的全面掌握。当我们详细了解研究个案的具体背景材料后,就能把握所观察的现象与个案的背景之间的关系。

第三,确定焦点问题。个案研究虽然主要是通过对个案的整体性认识来实现研究目标,但在研究中同样需要有针对性,尤其是理论针对性。也就是说,在研究中必须明确对个案的考察是针对何种理论问题的。在明确理论针对问题之后,才能将研究聚焦于某一方面。

第四,计划考察的内容及路径。在对单一个案进行考察和分析时,需要针对焦点问题,明确和策划所要考察的重点内容以及考察的途径。有针对性地收集个案材料是个案研究的重要策略。面对一个个案,研究者如何从其广泛而复杂的经验中发现问题的本质,这就需要研究者选择一条有效的途径。有效的途径对于解释和说明焦点问题是非常重要甚至是必由之路。

(二) 多案例研究

多案例研究是指对多个个案进行考察和分析的个案研究。个案研究作为定性研究的重要方式之一,并不仅仅是对一个个案或案例的研究,在有些情况下,个案研究会在研究中包含多个不同的个案或案例。比如在对一个社区、一个村

---

① 〔美〕罗伯特·K.殷:《案例研究:设计与方法》,重庆:重庆大学出版社2007年版,第46页。

庄、一件事件或一个仪式的研究中,通常会涉及多个个人、团体或活动等案例来加以充实,以便更加深入和全面地揭示个案的特征及规律。此外,在政治学、心理学和管理学的个案研究中,通常需要运用多个案例来进行比较分析,通过选择不同类型的案例来加以考察和分析,即可比较出某种现象的特征及运行规则。再者,有时还需要选择多个相似的个案进行反复考察和分析,以检验所发现的结果是否具有一致性。

多案例研究主要有三个基本类型:一是多层次案例研究,即在一个大个案中要对其所属的不同个案进行考察和分析;二是多类型案例研究,也就是对多个不同类型的案例进行分析和比较;三是多个案重复研究,即选择多个个案进行重复观察和分析,以检验和验证对第一个个案的观察和分析的结果。

在设计多案例研究方案时,首先需要明确多案例研究的类型。如果个案研究属于多层次个案研究,就需要规划和设计进一步考察的个案,并要理顺所涉及个案之间的关系。如果个案研究属于多案例研究,那么,研究设计的重点在于将案例进行分类。合理、准确的分类,是发挥案例比较作用的关键。只有将多个案例加以分类,对不同案例的考察和分析就相当于描述和揭示不同案例间的差异及原因。

在设计多个案重复研究中,需要效仿重复实验法的原理和程序.一是要精心挑选多个相似的个案,二是要严格控制观察和研究程序,即按照实验法的复制原则,确保观察和研究程序的一致性和相近性。也就是说,要对多个个案的观察和分析结果来说明或解释某种现象,就必须保证多个个案是在相同或相近的条件下呈现出各自的特征和规律的。

第四节 公共行政定量研究方法

公共行政定量研究方法是一种基于实证主义的研究方法,主张在观察的基础上收集大量相关数据,从这些数据中概括各种社会现象,发展、总结隐藏在各种现象、行为背后的共同规律、规则等。其核心是强调对事物的数量特征、数量关系与数量变化的分析。一定程度上看,定量分析非常倚重于统计技术,因此,本部分主要介绍定量分析中常用的基础概念及分析技术。

一、变量

规范研究探讨的问题常基于不同角度定义的概念,在经验研究中,我们通常用到的是变量。变量用来表明那些能有不同取值(两个及其以上)的概念。比如,对某项政策的态度,这里的变量是态度,同意与否的回答,有"同意","不同意","不知道"三种不同的变量取值,这就是态度变量内部的变化状态。

根据变量取值的特点,变量可以被分为数量变量和属性变量两类:前者是指变量按照随机规律所取的值是数量,数量变量也称为随机变量或数值型变量,比如年龄、男性的数目等等;后者是指那些非数量值取值的变量,属性变量也称为分类变量,比如性别、教育程度等等。

二、测量

变量是靠测量来区分差别或差异,所以测量其实就是把变量值进行分配的过程。在对变量值进行分配的过程中,根据变量值提供信息量的差异,可以分为四类测量:

(1) 类别测量,也被称为定类测量或名义测量。类别测量是四种测量方式中层次最低的一种,这表明类别测量所包含的信息资料最少。这里的类别是指按某个标准进行分类,比如"性别"这个变量,它将每个样本按照其性别特质进行分类,变量值为"男"和"女",这代表两种不同类别。类别测量所使用的类别仅表明不同类别之间的差异,无法表明差异的大小或是程度。可以用数字代表不同类别,比如用"1"代表男性,"2"代表女性。但1和2不表示类别间存在大小关系。

(2) 顺序测量,与类别测量相比,顺序测量不仅可以进行类别区分,并且可以按照变量性质的多寡依序排列。因此,当我们用数字来分别代表变量值的类别时,数字的大小就会显示出性质的不同和程度,并可以进行比较。比如美国社会心理学家李克特于1932年改进的李克特量表中的李克特选项就是顺序测量,它包括五个有程度差异的选项:"非常同意"、"同意"、"不一定"、"不同意"、"非常不同意",并且可以分别被赋予1、2、3、4、5分,分值的差异可以表明研究对象态度的强弱程度。但是,顺序变量的变量值通常没有被赋予分值,那么各个变量值的大小排序可以得到,但并不清楚它们之间的距离,如教育程度变量,大学究竟比高中高出多少,大学与高中之间的距离和高中与初中之间的距离是否相等,我们并不知道。因此,顺序测量所取的变量值通常只具有大于或小于的性质。

(3) 距离测量。距离测量除了包括顺序测量的特点外,还能准确测量不同变量值之间高低、大小次序之间的距离,具有加与减的特质,因而距离测量所包含的数据信息远远多于类别测量与顺序测量。

(4) 比例测量。比例测量是测量层次最高的一种,与距离测量的唯一区别是具有绝对零点,比如智商变量,某人智商为零并不表示没有智力,而收入变量,月收入为零表示没有收入,因此,前者是距离测量,后者是比例测量。比例测量可以进行乘除运算,表示倍数,距离测量只能表明变量值之间的距离。在这两种测量方式下的变量均属于连续变量,即数量变量,在统计软件中,通常将这两种测量合并为距离测量。包括年龄、收入、温度等变量。

表 13-2　不同测量类型的特点

主要特点	分类	排序	固定距离
距离测量	有	有	有
顺序测量	有	有	
类别测量	有		

表 13-2 对三类测量进行了归纳,从中我们可以看出,距离测量作为高层次测量包含了顺序测量与类别测量的特点,顺序测量包含了类别测量的特点。从距离测量到类别测量,信息量依次递减。不同测量所包含的信息量的多寡将影响到分析的方式,我们将在后面进行介绍。

三、单变量分析

量化研究方法是基于对数据的处理,也就是对变量值的处理,这里的变量值也可以称为统计学意义上的观测值,如表 13-3 的虚拟资料中,我们可以看到身高、体重、性别三个变量,四个样本,3×4 个观测值。

表 13-3 变量与观测值

姓　名	身高(cm)	体重(kg)	性别
刘兴强	182	75	男
李小明	172	87	男
王　慧	160	48	女
宋建国	165	58	男

数据本身并不会说话,我们必须用一定的方法来分析这些数据,使这些数据的意义呈现出来。首先,结合测量的四类方式,我们将数据进行以下分类,具体见图13-1。不同的数据类型对应着不同的分析方法。

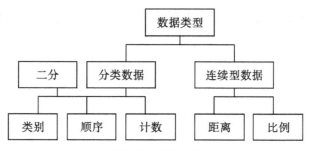

图 13-1 数据类型

单变量数据通常呈现两种数据分布形态,集中趋势(Central tendency)与离散趋势(measures of dispersion),对数据资料的简化与归纳需要使用到在这两种状态下的统计量,具体见表13-4的单变量分析的内容结构。

表 13-4 单变量分析内容结构

变量	描述		推断
	集中趋势	离散趋势	
类别	众数(mode)	异众比(variation ratio)	区间估计 (interval estimation) 假设检验 (hypothesis testing)
顺序	中位数(median) 四分位数(quartiles)	级差(Range) 四分位差 (inter-quartile range)	
距离	均值(mean)	标准差(Std. deviation) 方差(variance)	

（一）集中趋势

集中趋势是指一组数据向其中心值靠拢的倾向和程度，测度集中趋势就是寻找数据一般水平的代表值或中心值，能平均或典型地代表一个数据集，不同类型的数据用不同的集中趋势测度值，低层次数据的集中趋势测度值适用于高层次的测量数据，反过来，高层次数据的集中趋势测度值并不适用于低层次的测量数据，选用哪一个测度值来反映数据的集中趋势，要根据所掌握的数据的类型来确定。

众数是指出现频率最高的数，即一个分布中出现最多的变量值，如一组数据，"5,6,4,5,5"的众数为5。众数不受极端值的影响。一个分布中可能没有众数，或有几个众数，众数主要用于类别数据，所以众数用来描述集中趋势具有现实意义，比如大多数公众对某项政策具有偏好。由于众数不受极端值的影响，所以在某些情况下，使用众数才比较合理，比如公众对某项政策的评分分值出现频次最多的为8分，而平均分值为5分，主要原因是极端值的影响，那么在进行政策分析时就需要注意到众数，而不能仅仅只看平均值。

中位数是指将全部观测值按数值大小排列，排在最中间位置的观测值即为中位数，也就是数据分布中最居中的点，大于或小于中位数的数据各占数据总数的一半。如"3,4,5,6,7"这组数据的中位数为5，因为观测值的数量为奇数，所以中位数取中间位置的观测值，当观测值数量为偶数时，取位于中间位置的两个观测值的平均数。当观测数据中出现极端值时，对均值的影响非常大，但中位数不受极端值的影响，此时，使用中位数比均值更合理，收入变量最常出现极端值，因此对收入变量的分析要特别考虑到中位数。中位数主要用于顺序数据，不能用于类别数据。

四分位数是指将数据从小到大排列后划分为四个相等的部分，此时会形成三个分割点，那么四分位数是指数据排序后处于25%和75%位置上的值，如"10,36,40,42,53,67,81,85,87,92,96"的四分位数为40,67与87，两个四分位数加上中位数，正好把观测值分为四份，因此，第二个四分位数正好与中位数相等。取分位值时，如果正在处在某观测值上，就取该观测值，如果正好处在两个观测值中间，就取两个观测值的平均数。与中位数一样，四分位数不受极端值的影响,主要用于顺序数据,不能用于类别数据。

中位数、四分位数都是分位数的特例,分位数是根据数据的升序阵列计算得到的特征数,用符号 Qj/m 表示,Qj/m 指示处于升序阵列的第 j/m 位置的值,也就是说,数据中有 j/m 的测量值小于这个值,在频数直方图或频数曲线图中,如果过 Qj/m 作一条垂直线,那么这条垂直线左边图形的面积为总面积的 j/m。也就是说,我们还可以定义任何分位数,比如十分位数等,当定义 N 分位数时,即表示 N 分之一的数值小于第一分位值。

均值又称算术平均数,指一个分布中数值的总和除以数值的总数,如"10,5,9,13,6,8"的均值为8.5。均值是最常用的测量集中趋势的方法,易受极端值的影响,用于距离型数据,不能用于类别数据和顺序数据。

在数据的集中趋势中,需要注意的是均值、中位数与众数三者之间的关系。当数据分布完全对称时,均值、中位数与众数的位置重合,数值相等;当数据形态呈左偏分布时,由于极端小的数值影响了均值,则众数最大,中位数次之,均值最小;当数据形态呈右偏分布时,由于极端大的数值影响了均值,则均值最大,中位数次之,众数最小。

(二) 离散趋势

我们先来看下列两组数据:
A 组:70,91,91,90,85,85,100,95
B 组:60,150,92,20,115,85,80,105

表 13-5 统计量

		A 组	B 组
N	有效值	8	8
	缺省值	0	0
均值		88.38	88.38
标准差		8.911	38.467

从表 13-5 中我们可以看出两组数据的中心倾向一致,两组数据的均值都是88.38,但 A 组数据集中在均值附近,但 B 组数据相对于中心的变异较大。通过

集中趋势的几个测度值可以描述一组数据的总体变化趋势,但集中趋势相同的两组数据的分布可能存在较大的差异。离散趋势(measures of dispersion)是对数据离散程度所作的描述,反映各变量值远离其中心值的程度。离散程度越高,均值的代表性越小,离散程度越小,则均值的代表性越高。所以观察数据的分布特征,也需要观察数据的离散趋势,离散趋势也从另一个侧面说明了集中趋势测度值的代表程度,不同类型的数据有不同的离散程度测度值。

异众比(variation ratio)是指非众数组的频次占总频次的比率,用于衡量众数的代表性,适用于类别数据。如"5,6、4,5,5"这组数据总频次为5,众数为5,众数的频次为3,非众数的频次为2,异众比计算出来为0.4。

极差(range)也称全距,是指一个分布中最大值和最小值之间的差距。它是离散程度的最简单测度值,如数据"3,4,5,6,7"的极差为4。极差的优点是计算方便,缺点是只利用了最大值与最小值,忽略了中间一些数值的差异,极差不适用于出现极端值的情况。

四分位差(inter-quartile range),也称四分间距,指第一个四分位数与第三个四分位数之差,如前面提到的这组数据"10,36,40,42,53,67,81,85,87,92,96"的四分位数为40,67与87,67也是中位数,第一个四分位数87与第三个四分位数40的差为47,也就是四分位差。四分位差反映了中间50%数据的离散程度,不受极端值的影响,所以,四分位差较极差稳定,常与中位数一起,描述不对称分布资料的特征。

方差(variance)和标准差(standard deviation),这是离散趋势中非常重要的测度值,一般适用于常态分布资料,前者是后者的平方。在具体了解方差与标准差之前,我们需要了解偏差(deviation)与平均偏差(average deviation)的含义,偏差也称离差,是指数据中各个数值相对于均值的距离,平均偏差也称平均离差,是指数据中各个数值相对于均值的距离的平均数。平均偏差适用了所有的数据,很好地反映了数据的离散程度。由于偏差与平均偏差的公式使用的是绝对值,所以偏差与平均偏差的局限是绝对值在更高级的统计分析中不易处理。方差对这个问题进行了修正,用平方代替了绝对值,因此,方差是一个分布中偏差平方和的均值,即一组数据中各个观测值与均值的差的平方的总和再除以观测值个数。方差很好地反映了数据的离散程度,且数学处理较容易,方差相对于平均偏差的优点还在于它关注到数据中的极端值,对分布中的偏离程度更加敏感。方差的单位是原始数据单位的平方,所以为了回到测量的初始单位,取方差的平方根,就得到了标准差。标准差是方差的平方根,是实际中最常使用的描述数据离散程度的测度值。

在观察数据分布时,我们常常结合集中趋势与离散趋势,比如用均值来测度数据中心,用标准差来测度离散程度。均值是我们再熟悉不过的了,标准差就是找出观察值和均值的平均距离,若你不习惯于公式,就先仔细理解这句话,标准差是"一组数据中,每个数据与平均数相距的平均距离"。所以要算出 n 个观测值的标准差首先要找出每个观测值距平均数的距离,并将距离平方,再把所有的距离平方加起来,并除以 $n-1$,最后再取平方根。

总体标准差与样本标准差是不同的概念,通常我们无法获得总体标准差,而以样本标准差来估计总体标准差,S 代表样本标准差,从上面的公式中,你会发现分母是 $n-1$,而不是 n。一般来说,当样本为大样本时,用 $n-1$ 和 n 都可以。当样本量不足够大时,$n-1$ 与 n 的差别有专门解释,简单来说,当用样本的标准差估计总体标准差时,如果分母为 n,这个估计值是有偏的。而分母为 $n-1$ 时,所得到的估计是总体标准差的无偏估计,即估计值的数学期望等于标准差的真实值。

为什么标准差可以测度数据的离散趋势呢?对这个问题的理解是比计算公式更为重要。标准差测度的是以均值为中心的偏离程度,只有在用均值来描述数据分布的中心时,才可以用标准差来描述偏离程度。在所有观测值都相同的情况下,标准差等于零,这表示没有偏离程度,即观测值没有离散,全部都在同一点,否则,标准差一定是不为零的数。所以当观测值距离均值越远时,标准差就越大。我们来思考一个实例:你现在手上有一笔不少的资金,你在考虑是存进银行还是进行投资,若是投资,该不该用于买股票呢?你想想,存款获得的利息是不是相对较小,利息率变化不大,股票的收益则可能刚好相反,收益大,变化大。如果你将手上的资金一半用于存款,一半用于买股票,在一段较长的时间内(你可以将这段时间分成几个时间点),存款的利息收益数据与股票的收益数据会呈现什么样的变化趋势呢?经过前面我们对数据集中趋势与离散趋势的分析,现在你已经可以自己解释这个问题了。

四、多变量关系分析

数据分析常常会探析两个或多个变量之间的关系,在分析变量之间关系的时,常用的基本模型有两个,一是相关模型(correlation model),一是回归模型(regression model),前者探析变量间的共变关系状况,后者探析变量间的因果关系。对相关模型和回归模型的选择基于变量的不同测量类型和我们想要实现的分析目标,表13-6显示了基于变量测量类型的数据分析方法的选择状况。

表13-6 变量关系分析内容结构

变 量	描 述	推 断
分类与分类	Phi,Lambda	χ^2检验
顺序与顺序	Gamma,Tau-b,Tau-c,dyx,ρ	Z检验,t检验
分类与距离	Eta,ANOVA	t检验,F检验
距离与距离	Pearson's r,Regression	F检验

(一) 相关分析

对变量进行相关分析主要包括三方面的内容:首先是判断样本数据是否存在相关关系,其次是判断样本所代表的总体是否存在同样的关系,最后是考察样本数据关系的强弱程度。

1. 相关关系的判断

如果说变量 X 与变量 Y 有相关关系,也就是说它们一同起变化,即 X 有变化、Y 也有变化,反之也一样。在相关关系中,一般无法区分哪个是原因,哪个是结果,同时,具有相关关系的变量在数量上确实存在共变关系,但是具体关系值是不固定的,对于某个变量的某个数值,另一个变量可以有若干个数值与之对应,这些数值表现出一定的波动性。例如,身高与体重存在一定的共变关系,但是体重除了与身高有关外,还受年龄、性别等诸多因素影响,身高与体重并无严格的对应关系,具有同一身高的人,在大多数情况下体重是不相等的,但即使如此,身高与体重之间仍然存在规律性,一般来说,身高越高,体重越大。判断变量间是否存在相关关系,最直观的方式是观察散点图。散点图展示了两个距离变量之间的关系。散点图的横轴与纵轴分别用来标示不同的变量的值,所有散点的位置由横轴与纵轴上的两个变量的值决定。如果两个变量中有一个是解释变量,一般用横轴来标示解释变量的值。通过观察散点图的整体形态,可以描述图中散点的分布形式和分布方向,并可以关注到异常值,即落在由绝大部分散点构成的整体形态之外的散点。如果要在散点图中判断不同变量间的相关关系,也就是说,如果当变量 X 的值高于平均水平时,变量 Y 的值也倾向于高于平均水平,当变量 Y 的值低于平均水平时,变量 Y 的值也倾向于低于平均水平,则变量 X 与变量 Y 是正相关关系,此时散点图是从左到右往上倾斜的;如果当变量 X 的值高于平均水平时,变量 Y 的值倾向于低于平均水平,当变量 Y 的值低于平均水平时,变量 Y 的值倾向于高于平均水平,则变量 X 与变量 Y 是负相关关系,此时散点图是从左到右往下倾斜的。在使用符号表示时,"+"表示正相关,"-"表示负相关,其中要注意一点,即正负号并不表示关系的强度,而仅表示变化的方向。

如果一个变量的变化不引起另一个变量的变化,即为不相关,两个变量则存在虚无关系。虚无关系说明从某一变量的变化很难预计到另一个是以怎样的方式发生变化的,它表明一个变量与另一个变量不存在共变关系。在数据的统计分析中,通常要对虚无关系进行检验,即对虚无假设进行检验,如果虚无假设被否定,那么对命题中各变量的关系,就给予了更令人信服的证实。

2. 假设检验

假设检验是推断统计的内容,统计推论是根据样本数据来对总体做结论,并利用概率来表示结论的可靠程度,比如"该政策客体的平均年龄是多少?"这类问题针对的是总体的值,叫做总体参数,总体参数需要估计。对总体参数的估计值是通过样本算出来的值,即样本统计量,但是用样本统计量估计总体参数是有风险的。如果没有整个总体的数据,结论不是完全确定的。解决该问题的方式是放弃百分之百的准确性,提供估计的不确定程度。因此,置信区间提供了一个估计的信心区间。目前常用的是 95% 的置信区间。置信区间是从样本数据中算出来的一个区间,表明在所有样本当中,有 95% 会把真正的总体参数包含在区间之中。

在统计分析过程中,对数据的推论需要有假设检验来支撑,也就是说,置信区间估计一个未知参数。假设检验是要评估对某一未知参数估计的证据。例如,某个篮球队员的宣称他的罚球命中率是百分之九十,但在实际测验中,该篮球队员投了十个球,结果进了三个,这时如何评估他早期宣称的百分之九十的命中率呢?一般而言,可能会有两种判断:一种是该篮球队员说谎,如果真如他所说的命中率,他怎么可能十球只中两球;另一种是他具备百分之九十的命中率,但这次他运气太差,才会十球只进三球。从统计学上看,这两种判断正好相反,但是背后暗含的统计思维是一致的,即在结论正确时很少会发生的结果发生了。第一种判断结果表明,在结论正确时很少会发生的结果发生了,就是结论不正确的有力证据,第二种判断结果表明,结论正确时很少会发生的结果发生是偶然性因素。显然研究者不能确定该篮球队员一定是在说谎,因为测试的罚球结果可能真的是偶然造成的。但是,这样的一个结果完全是由偶然造成的概率非常小,所以我们有信心做出第一种判断,这也是小概率事件原理。

所以,检验要判断的是,如果研究中抽取许多样本而且结论正确,出现偶然结果的可能性很小。把很少出现的偶然结果用概率来表示,就可以得到样本证据的强度,称为显著性水平。那么什么是显著性呢?显著性意味着,当观察到的结果如果大到某种程度,光靠机遇产生这种结果的概率很小时,可以认为此结果具有显著性,也就是说,变量之间或样本统计量与总体参数之间的任何差异是由于系统因素的影响所致而非偶然性因素影响所致。由于存在偶然性问题,因此研究结果不能百分百认定是哪些要素引致该结果,研究中始终存在做出错误推论的可能性。可以用显著性水平处理可能性。在研究中定义了风险水平后,如果研究结果落在显著性范围内,也就是说这不是偶然出现的,是有其他因素在产生影响。

在假设检验中,受检验的假设叫零假设,用 H_0 代表。检验是用来评估否定零假设的证据有多强,通常零假设的陈述是"A 与 B 之间没有差别"。因为在没有其他信息的情况下零假设就是可被接受的真实状态,比如前面的例子,零假设为"某篮球队员的罚球命中率与观测到的罚球命中率之间没有差别",再比如"一班与二班学生的身高没有差异",也是一个零假设。报告中的备择假设,用 H_1 代表,与零假设的陈述刚好相反,如"他的罚球命中率与观测到的罚球命中率之间存在显著差别",再比如"A 班与 B 班学生的身高存在显著差异"。与零假设对应的概念是备择假设,备择假设是研究者为研究预设的结果。

假设检验也被称为显著性检验,显著性检验会寻找对零假设不利,但对备择假设却有利的证据。如果观测的结果在零假设为真的情况下是出人意料的,而在备择假设为真时却较容易发生,这个证据就很强。

统计检验的 p 值是指在零假设为真的情况下,所得到的样本结果会像实际观测结果那么极端或更极端的概率。实际上,P 值是零假设拒绝域的面积或概率。显然,p 值越小,数据所提供否定零假设的证据就越强。

研究者通常会事先规定,显著性水平①必须强到何种程度才可以否定零假设。$\alpha=0.05$ 表示观测数据的结果否定零假设的证据要强到当这种结果发生的概率不超过5%,即二十次中发生一次,$\alpha=0.1$ 表示观测数据的结果否定零假设的证据要强到当这种结果发生的概率不超过1%,即一百次中发生一次。如果 p 值小于或等于 α 值,我们称该观测数据有 α 的统计显著性水平。

需要说明的是,多数定量分析软件仅给出 p 值,而不给出 α 值,因为 p 值是实际观测到的显著性水平,会比 α 值提供的信息更多,让我们可以对选择的任意水平进行统计显著性的评估,所以在软件中输出 p 值的位置,常常用"p-value"或"significant"的缩写"Sig."来表示。

统计显著性表明零假设为真的情况下拒绝零假设所要承担的风险水平,所以不管是 α 还是 p 都以 H_0 为真作为前提,但是 H_0 有可能不为真,这时若拒绝了零假设,就犯了一个错误,这类错误通常表现为,检验统计量的观察值落入了接受域,因而没有否定本来不正确的原假设。

假设检验在实际执行时的基本步骤如下:首先,提出 H_0 和 H_1,H_0 表示样本与总体或样本与样本间没有差异,差异是由抽样误差引起的,H_1 表示样本与总体或样本与样本间存在本质差异,差异是由其他因素引起的。预先设定的显著性水平为0.05,即当 H_0 为真,但被错误拒绝的概率,记作 α,通常取 $\alpha=0.05$ 或 $\alpha=0.01$;其次,选择统计方法,由样本观察值按相应的公式计算出统计量的大小,如卡方值等,根据变量的测量类型,可分别选用卡方检验,T 检验等。最后,

---

① 显著性水平通常用希腊字母 α 表示。

根据统计量的大小及其分布确定 H_0 成立的可能性 p 的大小并判断结果。若 $p > \alpha$，结论为按 α 所取显著性水平不显著，证据不足，无法拒绝 H_0，即认为差别很可能是由于抽样误差造成的，在统计上不成立；如果 $p \leq \alpha$，结论为按 α 所取显著性水平显著，拒绝 H_0，接受 H_1，即认为差别很可能是实验因素不同造成的，故在统计上成立，此时犯第一类错误的概率最多为 α。研究者在做假设检验时需要注意统计显著不一定等于实际显著，也就是说研究者需要考虑实际问题的背景，统计意义上的差别在实际应用中有无意义。

假设检验要解决统计假设是否正确，常见的统计假设包括总体均值等于或大于或小于某一数值，总体相关系数等于零，两总体均值或两总体方差相等，总体分布服从常态分布等。表13-6介绍了测定不同类型变量所用到的不同假设检验类型。

3. 相关系数

通过绘制散点图，可以基本判断变量间相关关系的方向和程度，但这只是相关分析的开始，如果通过散点图发现变量间是线性相关，那么如何判定其线性关系的密切程度呢？这可以用相关系数来衡量。

相关系数是用来表示两个变量之间的直线关系，并判断其相关程度的方法。表13-6介绍了测定不同类型变量所用到的不同相关系数，如两个类别变量通常用 Lambda 系数，两个顺序变量用 Gamma 系数。本书主要介绍皮尔逊相关系数 r（Pearson's r）。皮尔逊相关系数以它的发明者卡尔·皮尔逊（K. Pearson）命名，主要用于测量两个距离变量，皮尔逊相关系数（r）没有单位，其值域是 $[-1, +1]$，相关系数的绝对值越接近 1，两个变量之间的直线相关程度越高，越接近 0，相关程度越低。r 的数值在 $[0, +1]$ 之间表示一个变量的数值随另一个变量的数值增大而不成比例地增大，或者随另一个比例的数值减小而不成比例地减小。比如身高和体重一定呈正相关的关系，但不一定是正比的关系。r 的数值在 $[-1, 0]$ 之间表示一个变量的数值随另一个变量的数值增大而不成比例地减小，或者随另一个比例的数值减小而不成比例地增大。相关系数 r 不能表达直线以外，如各种曲线之间的关系。根据 r 数值的大小，相关程度可分为以下几个等级：r 在 0 到 0.2 表示弱相关或无关，r 在 0.2 到 0.4 之间表示低度相关，r 在 0.4 到 0.6 之间表示中度相关，r 在 0.6 到 0.8 之间表示强相关，r 在 0.8 到 1.0

之间表示非常强的相关，r 等于 1 表示两个变量的关系为完全的正相关或成正比关系，r 等于 -1 表明两个变量为完全的负相关或成反比关系。

借助于统计软件，研究者很容易算出相关系数，但是如果知道 r 值的计算方法，研究者能更理解相关系数的性质。首先了解一下常态曲线与常态分布。常态曲线是一种理论模式，虽然实际观测数据不可能是这种完美的理论模式，但非常接近这种模式，因此可以假定它们的分布是常态的，这使研究者可以运用常态曲线的特点。

常态曲线是形状左右对称的钟形曲线，该曲线的众数、中位数及平均数是相同的值，其曲线两尾向两端无限延伸，只要知道平均数和标准差，就可以确定常态曲线，平均数确定曲线的中心，即在 x 轴上的位置，标准差决定曲线的形态。统计学上主要用偏度系数来测量曲线的形态，当分布对称时，偏度系数为 0，偏度系数为正值即为右偏或正偏形态，反之为左偏或负偏形态。

常态分布有一个重要性质：在常态曲线下，以平均数 $\bar{x}$ 为中心，任何一个在左边的点与 $\bar{x}$ 之间在常态曲线下的面积与另一相对在右边同距离之点与 $\bar{x}$ 之间的面积相等，同时在常态曲线下，平均数与标准差之间所占面积的比例有一定关系，如果一个变量的分布接近常态曲线，那这个面积的比例也代表所占观测值的比例，大约有 68% 的观测值落在距 $\bar{x}$ 一个标准差范围内，95% 的观测值落在距 $\bar{x}$ 两个标准差范围内，99.7% 的观测值，落在距 $\bar{x}$ 三个标准差范围内，所以，就常态分布而言，只有少数观测值是在平均数加减三个标准差以外。

研究过程中常常要处理不同形态的分布，当对它们进行比较时，研究者需要一定的标准，即标准分，也叫 Z 值或 Z 分数，是以标准差为单位，把观测值表示成距离平均数几个单位。将原来数据中的观测值转变为 Z 值是数据标准化的方法，标准化后的平均数为 0，标准差为 1。比如，A 的分数为 120 分，此分数是比样本平均数多一个标准差，即 10 分，转换成 Z 值，即为 1。任何观测值的标准分为：

$$\text{标准分} = \frac{\text{观测值} - \text{均值}}{\text{标准差}} \quad 即, Z = \frac{X_i - \bar{X}}{S}$$

其中，X_i 是各观测值，$\bar{X}$ 是均值，S 是标准差。由此公式可知，当 $X_i = \bar{X}$ 时，$Z=0$，此外，一个原来分数等于原来的 $\bar{X}$ 加上一个 S 时，代入公式转换后，$Z=1$，

即 $X_i = \bar{X} + 1S$ 时，

$$Z = \frac{(\bar{X} + 1S) - \bar{X}}{S} = 1$$

那么标准分为 1 的意思是所对应的观测值在平均数之上一个标准差的位置，同理，标准分为 -1 表示该观测值在平均数之下距离一个标准差的地方，也就是说，Z 值是偏离均值的标准差的个数。我们需要注意到，均值以下的数值对应的 Z 值是负数，均值以上的数值对应的 Z 值是正数。所以，标准化的观念是将原有的数值转换成一种标准值，使得不同的样本分布经标准化后可以比较。此时，原来的分数所构成的常态分布也就转变为标准常态分布（standard normal distribution），标准常态分布是常态分布的标准化，其特点是平均数为零，标准差为 1。同时，标准常态分布也有前述常态分布的所有特点。我们用峰度系数（Kurtosis）来测量标准常态曲线的形态，峰度系数是对数据分布平峰或尖峰程度的测度，峰度系数为 0，表明数据为标准常态分布，若峰度系数大于 0，则数据为尖峰分布，反之为平峰分布。

现在再来观察相关系数的公式，假设两个变量为 x 与 y，其相关系数 r 为：

$$r = \frac{1}{n-1} \sum \left(\frac{x_i - \bar{x}}{s_x}\right)\left(\frac{y_i - \bar{y}}{s_y}\right)$$

x_i 表示变量 x 的各观测值，y_i 表示变量 y 的各观测值，从公式可以看出，相关系数 r 的算法是先分别算出 x 与 y 的均值与标准差，然后在分别计算出 x 与 y 的各观测值的标准分，最后，相关系数 r 就是这些标准分乘积的平均，但注意，分母是 $n-1$。这也看出相关系数的大小与 n 有关，因此，我们在做出两个变量关系的判断时，除了看 r 值的大小，还需要再考虑到样本个数 n 以及显著性水平 α。一般而言，n 越小，r 值需越大，才能说明两个变量间有相关存在。相反，n 越大时，r 不需太大，也可以说明两个变量间有相关存在。α 越小，则 r 必须越大，才能说有相关存在。

相关系数 r 的化简公式为：

$$r = \frac{s_{xy}}{s_x \cdot s_y} \frac{\sum (x_i - \bar{x})(y_i - \bar{y})}{\sqrt{\sum (x_i - \bar{x})^2 \sum (y_i - \bar{y})^2}}$$

即，

$$相关系数 = \frac{变量(x,y)的协方差}{变量x的均方差 \times 变量y的均方差}$$

协方差是指两个变量之间的方差，其大小在一定程度上反映了 X 和 Y 之间的关系，但协方差还受 X 与 Y 本身度量单位的影响，在这一意义上，相关系数是对协方差的标准化。

需要注意的是相关的程度不是与 r 成正比，相关系数只是表示变量之间关系密切与否的指标，所以不能将相关系数视为比率或等距变数，如：$r_1 = 0.6$，$r_2 = 0.02$，则不能说 r_1 为 r_2 的四倍；在使用相关系数时，x 和 y 的所有数值，一定要成对出现且每个数对相互独立，我们可以把这些数对看成平面上的点，直观了解相关系数与两个变量的实际关系：相关系数为零时表明变量间无线性相关关系但不等于说变量间没有相关关系，因为变量间可能具有曲线相关关系。

与平均数及标准差一样，相关系数会受到少数异常值的影响，有无异常值会使相关系数产生较大的变化。特别重要的一点是 r 公式中的两个变量都是随机的，因而改变两者的位置并不影响 r 的数值，这也表示相关系数不能解释两变量间的因果关系，这看起来很容易理解，但相关经常会被误解，我们得牢记变量的关联现象与因果是不同的。

(二) 回归分析

回归一词最早由英国生物学家高尔顿提出。在对父代和子代在身高、性格及其他特点的相似性问题进行研究时提出了"回归"这一概念，他的学生皮尔逊继续把回归的概念和数学方法联系起来，把代表现象之间一般数量关系的直线或曲线叫回归直线或回归曲线。后来，回归这个名词被用来泛指变量之间的一般数量关系。

回归分析的目的在于深入了解两个或多个变量间的相关关系，如果变量之间没有关系，就无法进行回归，回归需要建立在变量间有相关关系的基础上。如果在散点图中画条直线来勾勒散点分布的形态，那么可以运用线性关系实现一个变量对另一个变量的解释与估计，所以回归描述的是一个解释变量和一个反应变量之间的相关关系。回归曲线是一条直线，描述解释变量 x 变化时，反应变量 y 的变化情况，可以用回归直线来估计在给定 x 值的条件下 y 值的大小。

根据研究变量的多少，可以分为一元回归和多元回归，本书主要介绍一元回归。

在回归分析中，最简单的模型是只有一个因变量 Y 和一个自变量 X 的线性回归模型，这类模型就是一元线性回归方程。该类模型假定因变量 y 主要受自变量 x 的影响，它们之间存在着近似的线性相关关系，其基本形式是：$\hat{y} = a + bx$。

上述一元线性回归模型中，$\hat{y}$ 表示因变量的估计值，a,b 是待定的未知参数，要根据样本的实际观测值加以确定，其中 a 是回归直线的起始值，为直线纵轴截距，即 x 为 0 时 $\hat{y}$ 的值，它表示在没有自变量 x 的影响时，其他各种因素对因变量 y 的平均影响。b 是回归系数，为直线的斜率，它表示自变量 x 每变动一个单位时，因变量 y 平均变动 b 个单位，同时它还表明 x 与 y 的变动方向，即 b 为正值表明 x 与 y 是正相关，b 为负值表明 x 与 y 是负相关。

确定回归方程中的待定参数是根据最小平方法的原理，即最小二乘法，在自变量和因变量的原始数据资料的基础上求出的。利用这种方法可以使得当自变量确定时，相应的因变量估计值与实际观测值之间的离差平方和最小，即 $\Sigma(y-\hat{y})^2$ 与 $\Sigma(y-a-bx)^2$ 相等并且值最小。其计算公式为：

$$b = \frac{n\Sigma xy - \Sigma x \Sigma y}{n\Sigma x^2 - (\Sigma x)^2}$$

$$a = \hat{y} - b\bar{x}$$

当 $\hat{y}$、$\bar{y}$ 求出后，一元线性回归方程 $\hat{y} = a + bx$ 便可确定了。

回归方程关键在于根据自变量来估计因变量，根据回归方程取得的回归估计值 $\hat{y}$ 与对应的实际观测值 y 之间是有一定误差的，因此需要考虑到估计的准确性问题，如果差距小，说明估计结果准确性高，所以，需要了解实际值和估计值离差的一般水平，这可以通过计算估计标准误差来实现。回归估计标准误差说明观测值围绕回归直线的变异程度，是衡量回归直线代表性大小的分析指标，这一指标可以衡量利用线性回归方程对因变量做出回归估计的准确程度。估计标准误差就是回归分析的估计值与对应的实际观测值之间误差的平均值，其计算公式为：

$$s_{yx} = \sqrt{\frac{\Sigma (y - \hat{y})^2}{n - 2}}$$

其中，s_{yx} 表示估计标准误差，$\hat{y}$ 是根据回归方程计算的估计值，y 是与自变量对应的因变量的实际观测值。s_{yx} 数值的大小，说明回归估计值的准确程度和回归线的代表性。s_{yx} 越小，说明回归估计值的准确程度越高，回归线的代表性越好。回归估计标准误差与一般标准差的计算方法一致，两者都是反映平均差异程度。一般标准差反映的是各变量值与其平均数的平均差异程度，表明其平均数对各变量值的代表性高低，回归估计标准误差反映的是因变量各实际值与其估计值之间的平均差异程度，表明其估计值对各实际值的代表性高低，其值越小，估计值的代表性就越高，用回归方程估计或预测的结果就越准确，反之，代表性越低，准确性越低。

回归直线的拟合程度可以用误差消减比例来表示，误差消减比例是相关系数 r 的平方，被称作决定系数 r^2。决定系数反映回归直线的拟合程度取值范围在 0 和 1 之间，决定系数越倾向于 1，说明回归方程拟合得越好，决定系数越倾向于 0，说明回归方程拟合得越差。

用回归方程来表示变量之间的关系需要满足一定的假定条件。这些假定条件是包括正态性假定、零均值假定、等方差假定、独立性假定和线自性假定。这些假定条件中有一个不满足，回归方程都是没有价值的。由于上述的假定都是对总体而言的，而总体的情况又属于未知，因此在建立回归方程后应该用样本观测值对上述假定进行检验。

相关分析和回归分析都是研究和测度两个或两个以上变量之间的数量关系的方法，二者相互补充又有区别。相关分析中，变量 x 变量 y 处于平等的地位，回归分析中，变量之间不是对等的关系，要根据现象之间的因果关系或研究目的确定自变量和因变量。变量 y 称为因变量，处在被解释的地位，x 称为自变量，用于预测因变量的变化；相关分析中所涉及的变量 x 和 y 都是随机变量；回归分析中，因变量 y 是随机变量，自变量 x 可以是随机变量，也可以是非随机的确定变量；相关分析主要是描述两个变量之间线性关系的密切程度，回归分析不仅可以揭示变量 x 对变量 y 的影响大小，还可以由回归方程进行预测和控制。

需要注意的是，变量之间是否存在真实相关是由变量之间的内在联系决定。

相关分析和回归分析只是量化分析的手段，通过相关分析和回归分析，虽然可以从数量上反映变量之间的密切程度及其联系的数量形式，但是无法准确判断变量之间是否存在内在的联系，也无法判断变量之间的因果关系。

本章小结

社会科学研究目标在于依靠可观察的数据，尽可能准确地描述现象、解释现象之间的因果关系，并检验和发展理论以帮助人们更好地理解和解释社会现实。公共行政学是一门社会科学，公共行政学的研究应该遵循科学研究的规范。科学研究具有探索性、创造性、继承性、连续性、风险性等特征。社会科学研究划分为定量和定性两大类。社会科学的研究过程可以划分为八个步骤：分析研究问题、研究设计概念化、构建资料收集工具、选择样本、研究计划、收集数据、处理数据及撰写研究报告。科学研究的伦理主要包括诚信原则与尊重和保护研究参与者原则。

研究方法在公共行政理论和实践上都是至关重要的领域。公共行政学数据管理和研究方法的发展实践主要包括三个阶段，即数据管理与统计技术初步引入时期、案例研究与系统分析引入时期、社会科学研究方法全面渗透阶段。公共行政研究方法的特征表现为理性化取向显著、综合吸收多学科的研究方法和技术以及强调实证研究忽略非实证研究。

在公共行政研究中应用定性方法有助于研究者发现隐藏但却重要的问题、深入地描述公共行政现象以及发展并形成公共行政理论或假设。公共行政研究中几种主要的定性研究方法，主要包括田野工作、访谈法、民族志和案例研究等方法。

对变量与测量的理解是驾驭数据的起点，也就是理解数据分析的前提。描述数据的中心和偏离程度有两种常用方式，分别是五数综合和均值及标准差。五数综合包括最大值、上四分位数、中位数、下四分位数和最小值，旨在全方位描述一组数据的分布状况；均值与标准差常一起使用，前者定位中心，后者测量离度。其次，大部分的数据分析都在探讨变量之间的关系，包括变量之间关系的方向、形式、程度以及对可能出现的异常值的处理。变量间关系分为相关关系与因果关系,分别用相关模型与回归模型进行分析。

 关键词

科学研究　定性研究　定量研究　研究过程　研究伦理　田野工作　访谈法　民族志　案例研究　变量　测量　集中趋势　离散趋势　方差　标准差　相关关系　回归分析

思考题

1. 科学研究的内涵是什么?
2. 试述定性研究与定量研究的关系。
3. 规范的研究过程应该包括那些步骤?
4. 社会科学研究伦理的基本原则是什么?
5. 试述公共行政方法的发展历程及特征。
6. 试述田野研究的内容。
7. 试述参与观察的过程。
8. 请叙述深度访谈的步骤与策略。
9. 试述单案例研究的步骤。
10. 如何理解变量?
11. 测量有哪几种类型?请举例说明。
12. 标准差与标准误的区别与联系是什么?有人说标准误是推断统计的基础,你认为呢?为什么?
13. 如何确定两个变量之间有相关关系?

 推荐阅读

1. 〔美〕苏珊·韦尔奇:《公共管理中的量化方法:技术与应用(第三版)》,北京:中国人民大学出版社2003年版。

2.〔美〕肯尼斯·迈耶、杰里弗·布鲁德尼:《公共管理中的应用统计学(第五版)》,北京:中国人民大学出版社2004年版。

3.〔美〕艾尔·巴比:《社会研究方法(第十一版)》,北京:华夏出版社2009年版。

4.〔美〕戴维·穆尔:《统计学的世界(第五版)》,北京:中信出版社2003年版。

5.吴喜之:《统计学 从数据到结论(第二版)》,北京:中国统计出版社2006年版。

6.张文彤:《SPSS统计分析基础/高级教程》,北京:高等教育出版社2005年版。

7.梁莹:《公共管理研究方法论》,北京:中国人民大学出版社2010年版。

8.张建民:《公共管理研究方法》,北京:中国人民大学出版社2012年版。

9.陆益民:《定性研究方法》,北京:商务印书馆2011年版。